［明］张居正 著

張居正全集

【三】

长江出版传媒
崇文书局

目录

帝鉴图说

圣哲芳规

狂愚覆辙

通鉴直解 下

林翠霞　点校

卷之十五

唐纪

太宗

三年三月，上谓房玄龄、杜如晦曰："公为仆射，当广求贤，随才授任，此宰相之职也。比闻听受辞讼，日不暇给，安能助朕求贤乎！"因敕尚书细务属左右丞，唯大事应奏者，乃关仆射。

仆射，是官名。初，唐置尚书省，有尚书令，总理六尚书之事，有左右仆射为之佐，又有左右丞分理其事。其后以太宗曾为尚书令，遂不设此官，但以仆射为省长，即宰相之职也。

贞观三年三月，太宗谓房玄龄、杜如晦说道："宰相之职，莫大于进贤。卿等为仆射，事当急其大者，必广询博访，求得真贤，随其才能，授以职任，乃为称职。近闻卿等身亲细务，听受辞讼，至于每日勤劳，应给不暇，安能从容咨访，助朕求贤乎！"于是敕令六部尚书，凡一应琐细事务，俱属左右丞分理，惟军国大事，应当奏闻的，乃关白仆射，听其处分。

太宗之意，盖欲使房、杜二人，事简而心专，庶能求贤以图治也。盖百官之职，在于任事；宰相之职，在于任人。故人君择一相，宰相择庶官，而后天下之事可不劳而举。不然，一人之才力有限，天下之事务无穷，虽日劳心焦思，身亲辞讼而遍听之，何益于治哉！太宗可谓知治体矣。

玄龄明达政事，辅以文学，夙夜尽心，惟恐一物失所。用法宽平，闻人有善，若己有之。不以求备取人，不以己长格物。与如晦引拔士类，常如不及。至于台阁规模，皆二人所定。上每与玄龄谋事，必曰："非如晦不能决。"及如晦至，卒用玄龄之策。盖玄龄善谋，如晦能断故也。二人深相得，同心徇国，故唐世称贤相者，推房、杜焉。

这一段是因太宗属任宰相，遂并记房、杜之相业如此。

房玄龄之为人，才学兼备，既明达百官庶吏之事，又能以文学济之，夙夜孜孜，尽心为国，惟恐天下或有一物不得其所。故用法则宽厚而和平，待人又虚心而能恕。闻人有善，便如自己有的一般。不以求备之心取人，而苛责其所不能；不以一己之长拒人，而沮绝其所可用。每与杜如晦引拔士类，使人之同升，其心汲汲然，常如有所不及。至于台阁中政事规模，亦皆二人相与裁定，以为一代之章程焉。是时太宗每与玄龄谋议政事，必说道："所谋虽善，然非如晦，不能断决。"及如晦到来，相与裁议，又竟用玄龄所谋之策。盖玄龄性资明敏，善于图谋；如晦性资刚果，善于断决故也。二人谋断，彼此相资，契合无间，同心协力，以徇国家，故能举贤任能，弼成贞观之治。唐时称贤相者，必推重于房、杜焉。

古语说：中臣以身事君，上臣以人事君。盖以身事君者，所及有限；以人事君者，所及无穷。今观房、杜之所为，庶几乎休休之臣，是以保我子孙黎民者矣。然非太宗亲信之笃，委任之专，何以得行其志哉！故太宗任相，不以躬亲细务为能，而惟以求贤为先。房、杜为相，不以同心徇国为足，而尤以进贤为务。此万世为君、为相者之所当法也。

四月，上御太极殿，谓侍臣曰："中书、门下，机要之司，诏敕有不便者，皆应论执。比来唯睹顺从，不闻违异。若但行文书，则谁不可为，何必择才也！"房玄龄等皆顿首谢。故事：凡军国大事，则中书舍人各执所见，杂署其名，谓之五花判事。中书侍郎、中书令省审之，给事中、黄门侍郎驳正之。上始申明旧制，由是鲜有败事。

中书省、门下省，都是唐时宰相衙门。舍人，是中书省属官。侍郎，是中书省佐贰官。令，是中书省长官。给事中，是门下省属官。黄门侍郎，是门下省佐贰官。

贞观三年四月，太宗御太极殿，谕侍臣说道："国家建立宰相，设中书省，掌佐天子执大政，凡制册诏敕，皆属其宣署申复。设门下省，掌出纳帝命，凡国家之务，皆与中书参总。此两省乃机务紧要之司，诏敕如有不稳便处，都该辩论执奏，方为称职。近来两省官，惟见阿旨顺从，不闻一言违异。夫宰相若但奉行诏敕文书而已，则凡人谁不能做，何必选择贤才而任之乎！"于是中书令房玄龄等皆顿首谢罪。两省相传故事：凡遇军国大事，有关系难裁决的，则中书省先令舍人各执所见以判断之，因各佥署其名于所断之后，谓之五花判事，盖以其言之者非一人，参错而不齐也。众舍人判讫，中书侍郎至中书令都省览审察一过，酌其是非以为取舍。犹恐中间还有差失，仍行于门下省，令给事中至黄门侍郎，次第参详驳正，然后施行。这规矩已久废了，太宗始申明之，使一一都照旧行，由是事皆停当，少有差谬者。

盖天下之事，非一人智力所能周，故天子委之宰相，宰相参之僚属，不以往复为烦，不以异同为病，然后众思毕集，而庶政惟和。后世庸暗之主，令惟主于必行；柔佞之臣，心惟在于保位。是以有顺从而无匡弼，讳过失而惮改更，几何而不败天下之事哉！太宗此举，可谓深识治体者矣。

茌平马周，客游长安，舍于中郎将常何之家。六月，以旱，诏文武官极言得失。何武人不学，不知所言，周代之陈便宜二十余条。上怪其能，以问何。对曰："此非臣所能，家客马周为臣具草耳。"上即召之。未至，遣使督促者数辈。及谒见，与语甚悦，令直门下省。寻除监察御史，奉使称旨。上以常何为知人，赐绢三百匹。

茌平，是县名，即今山东东昌府茌平县。

太宗时，茌平人马周，有奇才，以贫贱不修细行，为人所轻，乃感激西行，客游于京师，先投见中郎将常何，馆于其家。贞观三年六月，太宗因旱灾，诏令文武百官各上本，极言时政的得失，以图修省。常何是个武官，平日未尝学问，不知有何事可说，乃央托马周代笔。马周就替他做个本稿，条陈时政便宜，可以弭灾者凡二十余件，都是当世切务，凿凿可行的。太宗看了这本，疑怪说："常何怎么会做得这本，必是有人代笔。"乃面问常何，常何从实对说："这本非臣所能作，乃臣之门客马周替臣具稿耳。"太宗即时宣马周入见。未到间，连差了几起人去催促他，其欲见之急如此。及来到朝见，太宗亲与之谈论，见他应对明敏，甚喜其才，就命他直宿于门下省，以待顾问。不久便除授监察御史之职，差他出去巡行郡县。马周果能激浊扬清，除奸革弊，甚称合上旨。太宗越发喜他，恩眷日厚。以常何能荐马周，为有知人之明，乃赐绢三百匹以赏之。其后竟用马周为宰相，为唐初名臣，其遇合之奇如此。

夫贤才之在天下，何代无之。但或阻于疏贱，而无左右之容；或失于跅弛，而乏乡曲之誉，往往困穷湮塞，莫能自见。惟明主旁搜博访，拔之于常格之外。然后可以搜罗遗佚，兴起事功。马周以一布衣，太宗偶览其文，即召见擢用，首置禁近，旋参机密，虽古之求贤于版筑、取士于屠钓者，亦何以远过哉！此所以能得天下之才，而成贞观之治也欤。

十二月，突利可汗入朝，上谓侍臣曰："往者太上皇以百姓之故，称臣于突厥，朕常痛心。今单于稽颡，庶几可雪前耻。"

突利可汗，是北虏突厥酋长。太上皇，是太宗之父高祖。单于，即是可汗。

贞观三年十二月，突利可汗慕太宗威德，举国内附，亲入京师朝见。太宗因谕侍臣说道："先年太上皇以隋政暴虐，百姓困苦，起兵救之。那时突厥强盛，欲借他兵马以为助，不得已卑词厚礼，至为之称臣，其屈辱如此，朕常以是痛心。岂知今日我中国强盛，外夷震服，突厥君长，稽首来朝，前日称臣之耻，庶几可以洗雪矣。"

壬午，靺鞨遣使入贡，上曰："靺鞨远来，盖突厥已服之故也。昔人谓御戎无上策，朕今治安中国，而四夷自服，岂非上策乎？"

靺鞨，是北狄一种，其地与突厥相邻。至是遣人到唐朝，贡献方物。太宗与群臣说道："靺鞨地方隔远，不通中国，今乃远来朝贡者，盖突厥在四夷中，最为强盛，今已臣服，故靺鞨亦知朝廷威德，从而顺化也。昔人严尤曾说御戎无上策，盖以夷狄非我族类，叛服不常，攻之则劳费无已，置之则时来侵犯，所以说自周、秦、汉以来，未有得上策者。若我今日，未尝劳民伤财，勤兵于远，惟务修政立事，治安中国，而四夷闻风慕义，自然相继来庭。然则专修内治，岂非御戎之上策乎？"

大抵制服夷狄之道，惟在先安中国。譬如人之一身，元气充实则四肢之病自不能入也。若乃穷兵黩武，快心无用之地，斯之谓无策者矣。然推其本原，又在人主之一心。伯益所谓"无怠无荒，四夷来王"，盖内修外攘之大本也。

三月，四夷君长诣阙，请上为天可汗。上曰："我为大唐天子，又下行可汗事乎？"群臣及四夷皆称万岁。是后以玺书赐西北君长，皆称天可汗。

贞观四年三月，太宗既破灭突厥，威声远播，于是四夷酋长，都来朝于阙下，请上太宗尊号为天可汗。可汗，是虏王名号，称天可汗者，所以尊太宗也。太宗笑说："我已做了大唐天子，统御万方，乃又下行可汗之事，为夷狄君长乎！"太宗此言，虽若不屑其请，而实有矜夸自许之意，于是群臣及四夷酋长同呼万岁称贺。自后以诏书颁赐西番北虏的酋长，都加称天可汗之号，以从其请焉。

这虽是太宗抚御夷狄之权宜，然以堂堂天子之尊，而甘同虏酋之号，则陋莫甚焉。是以终唐之世，其治杂夷，至于中季，往往借夷兵以平内乱，遣宗女以嫁番虏，驯至五代，而中原之地，悉为戎马之场，皆太宗好大喜功之一念启之。故先王之制，内华外夷，正名辨类，不以夷狄乱我中国，亦不以中国变于夷狄。太宗此举，不足法也。

突厥颉利可汗至长安，上御顺天楼，盛张文物引见，诏馆于太仆，厚廪食之。上皇闻擒颉利，叹曰："汉高祖困白登，不能报；今我子能灭突厥，吾付托得人，复何忧哉！"上皇召上与贵臣十余人及诸王、妃、主置酒凌烟阁。酒酣，上皇自弹琵琶，上起舞，公卿迭起为寿，逮夜而罢。

此时突厥的部落，有两个酋长，一个是突利可汗，先已归顺唐朝；一个是颉利可汗，这一种最为强盛，不服中国。太宗命大将李靖往征之，遂擒获颉利，送至长安。太宗御顺天门楼，盛陈威仪文物，引见颉利，赦了他的罪，待以不死，命馆待他在太仆官署中，厚供廪给食用。太上皇高祖闻之擒了颉利，心中甚喜，叹息说道："昔汉高祖一代英雄之主，被那冒顿单于围困在白登城中，七日方解，其后毕竟不能报复。今吾儿乃能大奋兵威，将突厥擒灭，是汉高祖所不及也。吾以天下付托与他，可谓得人矣，又何忧哉！"于是召太宗及公卿贵臣十余人，并宗室诸王、皇妃、公主，在凌烟阁上置酒大宴，以庆成功。饮至半醉，上皇自弹琵琶，太宗离席起舞，公卿大臣都以次起来，称觞上寿。君臣欢饮，至夜方罢。

盖突厥在唐初时，极其桀骜，高祖借其兵力，奉之以卑辞；太宗患其凭陵，申之以盟誓，其强如此。一旦命将出师，扫平朔漠，擒其酋长，献至阙廷，是诚不世之奇功也。父子君臣，交相庆幸，宜矣！然昔人有言，自非圣人，外宁必有内忧，则治定功成，正人主忧勤之日。他日虏酋请朝，太宗自谓且喜且惧，盖亦有得于警戒无虞之旨，岂徒以成功为幸哉！

六月，发卒修洛阳宫以备巡幸，给事中张玄素上书谏，以为："洛阳未有巡幸之期而预修宫室，非今日之急务。陛下初平洛阳，凡隋氏宫室之宏侈者皆令毁之，曾未十年，复加营缮，何前日恶之而今日效之也？且以今日财力，何如隋世？陛下役疮痍之人，袭亡隋之弊，恐又甚于炀帝矣！"上谓玄素曰："卿谓我不如炀帝，何如桀、纣？"对曰："若此役不息，亦同归于乱耳！"上叹曰："吾思之不熟，乃至于是！"顾谓房玄龄曰："朕以洛阳土中，朝贡道均，意欲便民，故使营之。今玄素所言诚有理，宜即为之罢役。后日或以事至洛阳，虽露居亦无伤也。"仍赐玄素彩二百匹。魏徵闻之，叹曰："张公论事，有回天之力，可谓仁人之言哉！"

洛阳宫，是隋时旧宫。兵戈之后，百姓犹带伤残，故叫做疮痍之人。土中，是天下地土适中的去处。

贞观四年六月，太宗命调发徒卒，修治洛阳旧宫，以备他日巡幸。时有给事中张玄素上书进谏说："洛阳去京都数百里，圣驾无故必不轻出，今巡幸尚未有日期，乃预先修造此宫，恐非今日要紧的事务。窃见陛下当初平定洛阳时，恶隋氏以奢侈亡国，凡洛阳宫室宏壮侈丽者，都下令拆毁，以垂后人鉴戒。到今曾未有十年之久，乃又重新修理起来，何前日这等恶他，而今日反效其所为也？且今日财用民力，正在困穷，如何比得隋家那样富贵？陛下不思撙节爱养，乃役此疲敝疮痍之民，而踵袭亡隋的弊政，恐怕百姓财力困竭，祸乱将作又甚于炀帝之时矣！"太宗遂问玄素说："卿说我不如隋炀帝，却比夏桀、商纣二君如何？"玄素对说："桀、纣也只因不爱百姓，不听忠言，以至于乱。若此工役不肯停息，劳民致怨，亦将与桀、纣同归于乱耳！"太宗闻此言叹说："我一时思虑不熟，乃至于此，是我之过也。"因回顾宰相房玄龄说："朕以洛阳居天下之中，四方入朝进贡的人，道路均平，意欲居之，取民方便，故令营造官室，以备巡幸。今闻玄素的言语，诚为有理，当即为之停罢工役。后日或有事要到洛阳，就在露地暂居，亦无伤也。"仍赐玄素彩帛二百匹，以赏其敢言之忠焉。比时魏徵闻之，叹息说道："这修造事已有成命了，主上闻张公一言，即为停止。是其论事，实有回天之力，因此省了许多民财，宽了许多民力。天下人谁不受福？真可谓仁人之言哉！"盖魏徵谏主之心，与玄素相同，故不觉其嘉叹而称美之也。

夫玄素肯犯颜敢谏，固是忠臣，而太宗能虚己受言，尤见盛德。观其诏令已发，工役已兴，一闻正论，即时停止，且以桀、纣、炀帝比之，不怒其言过直，而复加以厚赏。其纳谏如流，一至于此，则忠言岂有不竭，政令岂有不善者哉！传曰："兴王赏谏臣。"太宗有焉，其兴也宜矣。

上问房玄龄、萧瑀曰："隋文帝何如主也？"对曰："文帝勤于为治，每临朝，或至日昃；五品已上，引坐论事；卫士传餐而食。虽性非仁厚，亦励精之主也。"上曰："公得其一，未知其二。文帝不明而喜察，不明则照有不通，喜察则多疑于物，事皆自决，不任群臣。天下至广，一日万机，虽复劳神苦形，岂能一一中理！群臣既知主意，唯取决受成，虽有愆违，莫敢谏争。此所以二世而亡也。朕则不然，择天下贤才置之百官，使思天下之事，关由宰相，审熟便安，然后奏闻。有功则赏，有罪则刑，谁敢不竭心力以修职业，何忧天下之不治乎！"因敕有司："自今诏敕行下有未便者，皆应执奏，毋得阿从，不尽己意。"

餐，是熟食。太宗一日问左仆射房玄龄、御史大夫萧瑀说道："隋文帝是何等的人主？"二臣对说："文帝日夜勤劳，留心治道，每临朝听政，直到过午方休。群臣自五品以上，有事奏对，都引上赐坐，与他从容议论。临朝既久，侍卫的军士不得退散，就在殿陛之间传递熟食以充饥。其勤如此。虽其天性刻薄，固非仁厚，却也是励精图治之君。"太宗辩说："卿等所言，只得他好处一边，却不知他那不好处。盖文帝为人本自昏昧不明，却乃喜于间察。不明则于人情物理既不能兼照，喜察则于群臣百姓又多所猜疑，所以事无大小都要自决，不任群臣。殊不知天下至广，一日万机，人君以一人聪明，纵使内劳精神，外苦形体，亦岂能事事合理，无少差错？群臣窥见人主意思，在于自用，也就大家推避，不肯担当，凡事唯取主上裁决，受其成命而行，虽于事理有过差处，都只推说上面的意思要如此，我辈岂敢有违，也只含糊缄默不敢明言谏争。由是上下日隔，政事日非，至于大坏极敝，而人主不知。此隋所以二世而亡也。朕意却不如此，唯选择天下贤才，布列在百官之职，使之各尽所长，图思该干的职业。凡事俱经由宰相，任其精审熟思，区处停当然后奏闻于上，请命而行。若是臣下之中，有任劳任事，而功绩著闻者，朝廷自有恩赏；有阿意曲法，而罪状昭彰者，朝廷自有刑罚。赏罚既明，谁敢不竭尽心力以修职业。百官既尽其任，则政事自无不理，何忧天下之不治，而至于劳心焦思，下代百司之职乎！"因敕有司："自今诏敕行下，有不稳便处，都该明白执奏，另请处分，毋得心知不便，却只阿旨曲从，不尽其意之所欲言也。"

大率文帝之意，在于自用，故君骄臣谄而政日乱；太宗之意，在于任人，故君逸臣劳而政日成。此二主得失之辨也。然古之帝王，所谓兢兢业业，一日二日万机，与夫自朝至于日中昃、不遑暇食者，又岂安享无为而一无所用其心哉！然则居敬以行简，又审治体者所当知也。

上读《明堂针灸书》，云："人五脏之系，咸附于背。"诏自今毋得笞囚背。

《明堂针灸》，是医书，相传是黄帝所著。太宗一日因看此书，见上面说道："人腹中五脏经络相为连属，其根蒂悬系的去处，都靠在背上。"因想如今有司断囚，有笞背之刑，岂不摇动脏腑，伤人性命？况应笞的人，本是轻罪，若反令致死，尤为可悯。于是诏谕所司，自今以后，一断囚人不许笞背。自太宗此令一行，而笞背之法，至今遂不复用矣。

夫笞罪本非重典，似不须人主留心。只缘长民断狱之官，不能仰体德意，往往以严刑峻法，刻剥无辜，故虽鞭朴之刑，亦有极其惨痛者。盖不待丽于大辟，而民命之伤残者众矣。自非人主加意矜怜，而朝廷怀保之仁，何由而下布乎？太宗节医经一语，而念及有司之笞背，可见刑无大小，皆在其矜恤之中。其仁至矣。厥后一岁断狱，止于二十九人，刑措之风比隆三代，岂非其不忍人之心所致哉！

诸宰相侍宴，上谓王珪曰："卿识鉴精通，复善谈论，玄龄以下，卿宜悉加品藻，且自谓与数子何如。"对曰："孜孜奉国，知无不为，臣不如玄龄。才兼文武，出将入相，臣不如李靖。敷奏详明，出纳惟允，臣不如温彦博。处烦治剧，众务毕举，臣不如戴胄。耻君不及尧、舜，以谏净为己任，臣不如魏徵。至于激浊扬清，嫉恶好善，臣于数子，亦有微长。"上深以为然，众亦服其确论。

太宗一日宴群臣于丹霄殿，众宰相都在侍宴。太宗与侍中王珪说道："卿平日识见鉴别，精明通达，有知人之哲，且又善于谈论，曲中人情，如今房玄龄以下诸臣都在此侍宴，你可将他每众人所长，悉加品题藻鉴，并说你自己的才能，比他众人何如。"王珪对说："臣观今日执政诸臣，各有所长，类非臣愚所能及者。若孜孜汲汲，一心只在奉公报国，凡有所知者，无不竭尽心力而为之，这等样公忠，臣不及左仆射房玄龄。若才兼文武，出可以将三军、定四方，入可以相天子、理天下，这等的才略，臣不及右仆射李靖。若敷陈章奏，详细明白，出纳命令，的确允当，这等样详慎，臣不如尚书令温彦博。处烦难之事，治匆遽之务，料理有方，事事修举，这等的干才，臣不能及民部尚书戴胄。若以道事君，惟耻其君到不得尧、舜的地位，献可替否，以直言谏净为自己的责任，这等责难陈善，臣不能及尚书右丞魏徵。至于推激那污浊之流，扬显那清白之士，嫉恶如仇雠，好善如不及，欲以振纪纲、正风俗，这等的去处，以臣比之诸臣，亦似微有所长，不敢多让也。"太宗见王珪评品诸臣，个个停当，深以其言为是。一时同列诸臣，亦心服其言，以为至当精确之论也。

夫君臣相遇，自古为难。观王珪所论房、魏诸臣，皆极一时妙选，唐之得人，于斯为盛。然诸臣者非隋室遗才，则建成旧党，若非遇太宗英主拔而用之，不过亡虏戮民耳，恶能各尽所长而建不世之功哉！以是知天下不患无才，患不遇主。有太宗之君，则房、魏诸臣，将接踵而至矣。千古称隆贞观政治之美，庶几成、康，皆太宗知人善任之效也。

上之初即位也，尝与群臣语及教化。上曰："今承大乱之后，恐斯民未易化也。"魏徵对曰："不然。久安之民骄佚，骄佚则难教；经乱之民愁苦，愁苦则易化。譬犹饥者易为食，渴者易为饮也。"上深然之。封德彝非之曰："三代以还，人渐浇讹，故秦任法律，汉杂霸道，盖欲化而不能，岂能之而不欲邪！魏徵书生，未识时务，若信其虚论，必败国家。"徵曰："五帝、三王不易民而化，行帝道而帝，行王道而王，顾所行如何耳。昔黄帝征蚩尤，颛顼诛九黎，汤放桀，武王伐纣，皆能身致太平，岂非承大乱之后邪？若谓古人淳朴，渐至浇讹，则至于今日，当悉化为鬼魅矣，人主安得而治之！"上卒从徵言。元年，关中饥，米斗直绢一匹。二年，天下蝗。三年，大水。上勤而抚之，民虽东西就食，未尝嗟怨。是岁，天下大稔，流散者咸归乡里，米斗不过三四钱，终岁断死刑才二十九人。东至于海，南及五岭，皆外户不闭，行旅不赍粮，取给于道路焉。帝谓群臣曰："此魏徵劝我行仁义既效矣，惜不令封德彝见之。"

这一段是叙太宗致治之由。

蚩尤，是黄帝时诸侯。九黎，是黎氏九人，颛顼时诸侯。魅，是精怪。关中，即今陕西西安府地方，乃唐时建都之处。五岭，即今两广地方。

太宗初即位时，常与在廷诸臣说道："如今经隋家大乱，方才宁静，天下之人，渐染于旧俗久矣，一旦施之以仁义教化，恐斯民未易以服从也。"那时魏徵对说："以臣论之，殊为不然。大凡天下太平，那百姓每久处宴安，未遭患难，便都骄惰放佚，不遵礼法。骄佚，则长恶之机熟，而向善之思少，故其教之也反难。若是天下有事之后，那百姓每曾经离乱，出自水火，方且忧愁困苦，日不聊生。愁苦，则望治之情切，而思善之心起，故其化之也反易。譬如饮食一般，人不甚饥，所食多不适口，若是那饥了的人，但得些饭食，即足以克饥，岂不易为食？人不甚渴，所饮多不适口，若是那渴了的人，但得些水浆，即足以解渴，岂不易为饮？然则大乱之后，教化易兴，亦犹是也。善为治者，正宜乘此有为，岂可反以为难耶！"太宗一闻徵言，深以为是。有封德彝在旁，心中不服，说道："自三代以来，风气日漓，天下人心渐以浇薄讹伪，故秦继周以后不以道德化民，而专任法律，汉承秦之弊，不以纯王为治，而参以霸术，本是欲施教化，而势有不能，岂是能施教化而心反不欲耶！可见天下风俗，一日不如一日，所以人君治道，一时难仿一时。今魏徵本是书生，拘泥旧闻，不通当世之务，若信其虚谈，欲任教化，必至粉饰弥文，坏了国家实政，不可从也。"魏徵驳他说道："治有隆污，人无今古，就是五帝三王，也只是这些百姓，不曾把世上人民都换过一番，方才施化。只是他行帝道以化民，即成帝者之功；行王道以化民，即成王者之功。只看他所行何如耳。试以其事言之，昔神农氏之衰，蚩尤强暴，黄帝举兵征之；少昊氏之衰，九黎乱德，颛顼举兵诛之；夏桀无道，成汤放之于南巢；殷纣不君，武王伐之于牧野。此四君者，皆能移风易俗，身致太平，岂非承大乱之后，而施以教化耶！若如德彝之言，谓古人淳朴，渐致浇讹，则三代之时，已自不如五帝，秦、汉以后，又当远谢三王，至于今日年代愈多，天下之民都该变成鬼魅，无复人形矣，人主岂得而治之耶！即今日之人心，未必不如古，则古人之教化，未尝不可行也。德彝之言，不亦过乎！"大率德彝之意，欲任威刑；魏徵之意，欲行仁义。太宗折其可否，竟从魏徵之言。于是省刑薄敛，偃武修文，休养生息，与民更始，行之数岁，果能身致太平。史臣因追叙说，比先贞观元年，天下初定，京畿地方，五谷不登，民遭饥饿，米价踊贵，一匹绢才买得一斗米。贞观二年，各处都有蝗虫为灾。贞观三年，又遇大水淹没，连岁饥荒，生民困苦。只因太宗以德化为治，日夜忧勤，加意安抚，百姓每虽东西趁食，展转流离，然感太宗抚恤之仁，无有嗟怨之意，都安分求生，以待丰岁。至是贞观四年，岁时和调，五谷成熟，天下大稔，那先年流移的百姓，都还归乡里。米价之贱，每一斗只值三四文钱，其丰收如此。由是衣食既足，礼义自兴，百姓皆不犯法，一年之内，通计天下问死罪者，止有二十九人。地方之广，东至于海滨，南及于五岭，处处生民乐业，盗贼不兴，人家门户，夜间都不关闭，就是行路的人，也不必自赍粮食，随处充足，可以取给于道路焉。于是太宗自喜，与群臣说道："昔魏徵尝劝我躬行仁义以化天下，封德彝却以为非；今民皆乐业安生，礼教成俗，是行仁义有实效矣。恨今封德彝已故，不及见这太平景象，使自知其所言之妄也。"

夫唐太宗一行仁义，其效遂足以安民生、兴教化，贞观之治固非偶然者矣。但不本于正心修身之学，而徒求之于政理，是以不能如五帝三王之盛也。图治者可不求其本哉！

上谓长孙无忌曰:"贞观之初,上书者皆云:'人主当独运威权,不可委之臣下。'又云:'宜震耀威武,征讨四夷。'唯魏徵劝朕偃武修文,中国既安,四夷自服。朕用其言。今颉利成擒,其酋长并带刀宿卫,部落皆袭衣冠,徵之力也。"徵再拜谢曰:"突厥破灭,海内康宁,皆陛下威德,臣何力焉!"上曰:"朕能任公,公能称所任,则其力岂独在朕乎!"

这一段记太宗称赏魏徵的说话。

太宗既听魏徵之言,力行仁义而有效矣。一日谓大臣长孙无忌说道:"贞观初年,天下甫定,朕方虚心听纳,以图治理。群臣上疏的,都只说生杀予夺是人主的威权,这威权须由自己主张运用,不可听信臣下,委之于人,使得干预。又说今中国已定,威武既张,宜乘此时益加震耀,选将出兵,征讨四夷,使之畏服。群臣都要我以威严为治,独有魏徵劝我说:'戡乱用武,致治用文。如今百姓每方脱干戈,未沾德化,须是偃息了这武事,修起那文德,以仁义教化,惠养斯民,使中国安生乐业。既已治平,则四夷向风慕义,自然归服,何用震之以威武邪!'朕听从其言,不数年间,天下大治。突厥破灭,颉利成擒,胡越一家,更无疑贰。其酋长都心悦诚服,各带刀剑,日侍左右,为我宿卫,亲近不疑;其部落种类,都变夷为华,沿袭衣冠,一如中国,果然应前日所言。这是魏徵劝我偃武修文之功也。"魏徵以太宗归功于己,不敢承当,乃再拜谢曰:"突厥破灭,海内安静,都是陛下神威圣德所致,微臣何功之有!"太宗说:"天下事须是君臣各任其责。臣能自效,不能必君之信任;君能任臣,不能必臣之称职。今朕固能听从公言,信任不疑;至于耻君不若尧、舜,以谏诤为己任,则公之能称所任也。然则今日所以致此,岂朕一人之力乎!所赖于公者,亦不少矣。"

夫图治之初,君臣各致其力;治成之后,君臣各让其功,虽唐、虞之气象,何以如此。然群臣所言,虽未必尽可挣,至谓人主当独运威权,不可委之臣下,在太宗时,固不待言,若继体守成之君,则药石也。

房玄龄奏:"阅府库甲兵,远胜隋世。"上曰:"甲兵武备,诚不可阙,然炀帝甲兵岂不足邪!卒亡天下。若公等尽力,使百姓乂安,此乃朕之甲兵也。"

阅，是看验。

房玄龄奏说：“臣看验府库中，见所收藏的盔甲兵器，件件都好，远过于隋时所藏的。”太宗说：“坚甲利兵，乃是武备，虽在治世，实不可缺。然人君为治，不专恃此。如隋炀帝时，府库甲兵，岂是缺乏？只因他暴虐无道，朝无良臣，阿谀苟容，不恤百姓，终至于亡失天下。虽有甲兵，何益于用？可见国家所恃，不在甲兵，只在有贤臣耳！若你每诸臣，为朕辅佐，都肯替国家尽力，兴利除害，使百姓治安，则内治修举，外患自除。这就是朕的甲兵了。岂在府库所藏，能胜前代哉！”

太宗此言，诚得保天下之道。盖甲兵之盛，用以戡乱，固为国家之利；用以黩武，亦为国家之害。岂若贤臣，有事足以却敌制胜，无事足以致治保邦。故古之人有以良吏当胜兵，惠政为保障者。此其潜消奸宄之心，增重国家之势，过甲兵远矣。然承平既久，武备渐弛，则除戎器以戒不虞，亦不可缓也。

上谓侍臣曰：“治国如治病。病虽愈，犹宜将护。傥遽自放纵，病复作，则不可救矣。今中国幸安，四夷俱服，诚自古所希。然朕日慎一日，唯惧不终，故欲数闻卿辈谏争也。”魏徵曰：“内外治安，臣不以为喜，唯喜陛下居安思危耳。”

这一段是记太宗兢业保治的说话。

太宗见天下已平，恐不能保守，故谕侍臣说道：“人君治国，如人之治病一般。凡人有病之时，求医服药，慎起居，节饮食，唯恐病不得好。及至病略好些，便不似有病时谨慎。殊不知病势虽愈，还该将息调护，方得全安。倘或恃其小愈遽自放纵，不肯爱惜性命，保养精神，以致受患益深，元气日损，一旦前病再发，虽有良医，亦不能救治矣。正如治国家者，虽是祸乱已平，天下安定，还该日夜忧勤，以守其治。若自恃已安已治，以为无复可忧，便就骄奢纵逸，不肯谨慎，以致人心瓦解，天命不留，一旦祸乱复作，虽有智者，亦不知所以善其后矣。今中国经隋朝危乱之后，幸得安宁，四夷皆来归顺，一统之盛，真自古以来所不多见。然朕之心，不敢自足，一日谨慎似一日，只怕太平功业，有始无终。所以常要卿等把忠言正论来谏争我，或是政有过差，所当更改，或是心有怠惰，所当警惕，都要极言无隐，使我得以改过从善，庶可以保其始终也。"于是魏徵对说："方今内外治安，本是可喜，然臣不敢以为喜，正恐恃此而骄，则大有可忧也。唯是陛下处安宁之日，而有危亡之思，只此一念常存，自然不至放肆。这才是久安长治之机，斯则深可喜耳。"

大抵治乱无常，只在人主一心。故恃其治安而骄心生，则必至于危乱；忧其危乱而惧心生，则常保其治安。太宗当天下既平而能日加畏慎，且戒勉臣下，以求直言，真可谓安不忘危者矣。后之明主，其尚知所法哉！

上尝罢朝，怒曰："会须杀此田舍翁。"后问为谁，上曰："魏徵每廷辱我。"后退，具朝服立于庭，上惊问其故。后曰："妾闻主明臣直，今魏徵直，由陛下之明故也，妾敢不贺！"上乃悦。

田舍翁，譬如说庄家老，言其村野直戆，不知礼体也。

魏徵在朝，每竭忠尽言，无所忌讳，至有人主所不堪处。一日，太宗罢朝还宫，心里恼怒不已，不觉形于词色说："这庄家老好生无礼，少顷定须杀了他。"长孙皇后说："是谁？"太宗说："是魏徵。他每于大廷朝会众臣僚面前，数说我过失，当面耻辱我，忍受他不过，以此要杀之。"皇后平日也闻得魏徵是个忠直的臣，要申救他，思量太宗这时正恼怒，若说不该杀，便越发激起怒来。于是暂且退去，换了朝服，站立在宫庭下。太宗看见，惊问说："你何故穿这朝贺的衣服？"皇后答说："妾闻古语说，人主明圣，能容受直言，然后臣下乃敢直言无忌。今闻魏徵冒犯天威，直戆如此，乃由陛下明圣，能开之使言，彼知言之无罪故也。人主明圣，天下之福，敢不称贺！"于是太宗方才欢喜，解释了前时恼怒，而于忠直之言，愈加听用矣。

当是时，外既有魏徵之直，以裨补阙遗，内又有长孙后之贤，以保护忠直，此太宗所以益成其明圣也。然面折廷诤，中主所不堪。太宗既能勉强容受于殿廷，又能克己从善于宫禁，此其不废药石之言，能扩转圜之量，尤后世人主所不能及欤。

上宴近臣于丹霄殿，长孙无忌曰："王珪、魏徵，昔为仇雠，不谓今日得此同宴。"上曰："徵、珪尽心所事，故我用之。然徵每谏，我不从，我与之言辄不应，何也？”魏徵对曰：“臣以事为不可，故谏；若陛下不从而臣应之，则事遂施行，故不敢应。”上曰：“且应而复谏，庸何伤！”对曰：“昔舜戒群臣：‘尔无面从，退有后言。’臣心知其非而口应陛下，乃面从也，岂稷、契事舜之意邪！”上大笑曰：“人言魏徵举止疏慢，我视之更觉妩媚，正为此耳！”徵起，拜谢曰：“陛下开臣使言，故臣得尽其愚；若陛下拒而不受，臣何敢数犯颜色乎！”

妩媚，是和柔的意思。

太宗一日宴近臣于丹霄殿中，时有开府仪同三司长孙无忌在宴上说道：“侍中王珪、秘书监魏徵，昔日为隐太子宫僚，本是仇雠，不想陛下忘其旧怨，置在左右，使今日得同臣等在此侍宴，这是二臣遭逢之幸也。”太宗说：“魏徵、王珪，当时也是各为其主，尽心事奉，本是忠臣，故我不记其仇，特任用之。但只有一件，魏徵每每直言谏我，固知其为忠，然我或一时未即听从，与他讲说，他再不答应，这是何故？”魏徵对说：“臣原以其事为不可行，所以直言谏诤。若陛下来及依从，而臣漫然应之，则事必施行，再难救正，所以不敢承应，正欲陛下三思而止耳。”太宗又说：“你权且答应，从容又谏何伤！”魏徵对说：“昔舜戒群臣稷、契辈曰：‘汝无面从，退有后言。’盖人臣于君之过宁可当面谏诤，不可背后非毁。若臣心里分明知道不该行，口里却只阿旨承应，图陛下一时欢喜，这就是面从了，岂稷、契所以事舜之意邪！”于是太宗甚喜，乃大笑说：“人只说魏徵在我面前举止疏慢，我看起来，越见他和柔可爱，正为他一念忠爱之心，不忍面欺我耳。”徵乃感激，起而拜谢说：“臣数有献纳，屡犯天颜，皆因陛下开心见诚，引臣使言，故臣得尽其朴愚；若陛下拒而不受，臣虽心有所见，亦岂敢数犯颜色，而无所忌讳乎！”

魏徵归美太宗如此，可谓知所将顺者矣。至于“汝无面从”一言，真万世事君之法。盖面折廷诤之臣，外虽不肯曲从，而心无欺慢；谀诌面诔之人，心虽知其不可，而口无违言。此忠佞之所以分也。故伊尹告太甲说：“有言逆于汝心，必求诸道；有言逊于汝志，必求诸非道。”听言者以此为准可也。

秘书少监虞世南上《圣德论》，上赐手诏，称：“卿论太高，朕何敢拟上古，但比近世差胜耳。然卿适睹其始，未知其终。若朕能慎终如始，则此论可传；如或不然，恐徒使后世笑卿也。"

太宗为君，英明仁恕，任贤纳谏，节己爱民，以致中国治安，外夷归服。那时秘书省少监官虞世南，日侍左右，亲见圣德，就作论一篇，叙述太宗许多好处，以尧、舜为比，叫做《圣德论》，上献御前。太宗览毕，特赐手诏答说："上古圣君，莫如尧、舜。览卿所论，就把今事来比拟，说得太高，朕何敢当。但自量所行，兢兢业业，不敢失道，比近世人主淫暴纵肆的，为稍胜耳。然善始非难，慎终为难。卿适才见我始初如此，尚未知后来如何。若朕果能常持此心，日慎一日，到得后来，也如今日，则卿所论的，都是实事，方可传信后人。设或不然，因此骄纵，有始无终，人但见后来所为不副其言，只说今日所论，都是粉饰，恐无益于朕，徒使后世笑卿为谄谀耳。"

夫太宗闻人之誉，不以为喜，而反以为惧如此，其君臣交警，以为保终之图者，意可想矣。大抵人臣事君，将顺其美与匡救其失，二者不可偏废。匡救，譬则药之攻击者也；将顺，譬则药之滋补者也。若一于匡救，而有美不为称扬，固非善则归君之义，亦非人臣之所以爱君者矣。故危言未必皆忠，逊言未必皆佞，亦顾其君听受何如耳。诚能闻匡救而不罪，如太宗之于魏徵；闻将顺而不骄，如太宗之于虞世南，则二者适所以相济，而莫非纳忠之地矣。彼是魏徵而非世南者，此迂儒之见，非确论也。

帝与侍臣论安危之本。中书令温彦博曰："伏愿陛下常如贞观初，则善矣。"帝曰："朕比来怠于为政乎？"魏徵曰："贞观之初，陛下志在节俭，求谏不倦。比来营缮微多，谏者颇有忤旨。此其所以异耳。"帝拊掌大笑曰："诚有是事。"

太宗一日与近侍之臣论及天下所以安危的根本。中书令温彦博说道："天下安危，其本在人君之心。若此心常存敬畏，慎终如始，便是治安之本。一或不能敬畏，有初无终，便是危乱之本。今日之治，不必远有所法，只愿陛下常以贞观初年那等励精图治，即可以永享太平，而为尽善之道矣。"太宗闻温彦博之言，心中警惕，因问说道："据这等说，想是我近来怠于为政，不如贞观之初乎？"魏徵对说："陛下今日志意，委与当时不同。盖贞观之初，陛下鉴隋朝之奢侈，志在节俭，惟恐劳民伤财；鉴隋朝之偏听，求言不倦，惟恐臣下不肯尽言。近年以来，营造宫室，稍觉过多，是节俭不如初了；群臣进谏者，颇有违忤旨意，以致得罪，是求谏不如初了。即此两事，皆不似前时，此其所以异耳。彦博所言，盖有见于此也。"太宗见魏徵说得是，遂拊掌大笑说道："诚有是事。"盖自言得闻其过也。

大抵为治之道，只在撙节财用，嘉纳直言。节用，则可以养天下之财力，而不至于虚耗；受言，则可以尽天下之人情，而不至于壅蔽。二者诚安危之所关也。太宗当贞观之初，欲构一殿，财用已具，因鉴秦而止，是何等节用。因孙伏伽直言，以公主田园赏之，是何等纳谏。及其太平逸豫，而戒慎之念稍弛，遂不自觉其骄侈之萌，可以见保治之难矣。然能因二臣之言而自知其非，则改过不吝之风，亦足法也。

上谓魏徵曰："为官择人，不可造次。用一君子，则君子皆至；用一小人，则小人竞进矣。"对曰："然。天下未定，则专取其才，不考其行；丧乱既平，则非才行兼备不可用也。"

造次，是急遽、苟且的意思。

太宗面谕魏徵说道："朝廷设官，职掌不同，士人待用，才品亦异，或启沃论思，或承流宣化，或钱谷，或甲兵，须是精加选择，必其人之所长，与官之所职相称然后可，不可一时轻易苟且，胡乱便与人做。虽是才与官相称，又必看其人品如何。若所用的是有德行的君子，他所汲引，必然都是君子，故用一君子，则众君子皆至，君子满朝，天下岂有不治者。若所用的是无德行的小人，他所汲引，必然都是小人，故用一小人，则众小人争进，小人满朝，天下岂有不乱者。此用人之际，所以不可不慎也。"魏徵对说："任官当择君子小人，此言诚是。盖如今太平之时，与当初创业之时不同。彼时天下未定，只求能成功济世，或有勇力的，或有智谋的，便都擢用，更不必看他人品邪正、心术好歹。今丧乱既平，不但要他有才能，又要他心术好，有德行，方可用之。若但有才无行，乃是小人之才，用之适足以蠹国殃民，诚不可不慎择也。"

盖天下之治乱，系于人才；人才之邪正，系于心术。若心术不好，虽有才能适足以济其奸恶。人主不察而误用之，必为天下大害。此唐、虞官人必以九德，而后世使贪使诈之说，所以至于误国家也。

去岁，帝亲录系囚，见应死者，闵之，纵使归家，期以来秋来就死。仍敕天下死囚，皆纵遣，至期来诣京师。至是九月，去岁所纵天下死囚凡三百九十人，无人督帅，皆如期自诣朝堂，无一人亡匿者。上皆赦之。

太宗于去岁贞观六年尝亲自审录罪囚，见那该死的囚犯，心里怜悯，不忍便杀他，都放了回家看视父母妻子，限到明年秋间，着他自来就死。因此又敕令法司，将天下死囚也都暂放还家，亦限至明年秋里自来赴京。至是岁贞观七年九月，去年所放的罪囚共三百九十人，都感太宗不杀之恩，不要人催督帅领，个个照依期限，齐到朝堂听候处决，没一个逃亡隐匿下的。太宗见这些囚犯依期就死，是他能守信改过了，乃皆赦其罪而遣之。

这是太宗恩德所及，感动人心，能使极恶罪人，视死如归，可谓难矣。然帝王以刑赏治天下，自有个大中至正之道。人而无罪，即不当刑；罪而可杀，奚有于纵？倘或纵而不来，将何以示信？若使来而论死，又至于伤恩。所以后人论纵囚之事，以为可偶一为之，非圣人之法。且罪囚至三百余人，一年之间，宁无物故死亡之事？乃谓绝无一人亡匿，此则史臣欲纪太宗之德政，而不觉其辞之过。观者但法其一念好生之心可也。

十一月，以开府仪同三司长孙无忌为司空，无忌固辞，曰："臣忝预外戚，恐天下谓陛下为私。"上不许，曰："吾为官择人，惟才是与。苟或不才，虽亲不用，襄邑王神符是也；如其有才，虽仇不弃，魏徵等是也。今日之举，非私亲也。"

开府仪同三司，是唐时官名。司空，在唐朝为三公。

是年十一月，太宗以开府仪同三司长孙无忌为司空，无忌固辞不敢当，说道："臣是皇后之弟，忝预外戚，若处以三公尊位，恐天下人议论，说陛下私厚亲戚。"太宗不许其辞，说道："司空大臣，未易称职，我只要替这样官选择个好人，但是有这样大才的，就与他做，不论亲戚。设或不才，纵是亲戚也不用，如襄邑王李神符，本是朕的叔父，只因他无功劳，但封为王，不任他以官职，所谓虽亲不用也。若是有才能的，虽平日所仇恨也不轻弃，如魏徵等诸人，先事隐太子，同谋害朕，本是仇人，只因他有才能，故倾心委任，忘其旧恨，所谓虽仇不弃也。今日举卿为司空，盖因卿有才德，能称此官，故以此位处之，不因为是皇后的亲戚而用之也。"

这一段见得唐太宗用人至公的意思。这长孙无忌随太宗定天下，本是开国功臣，与其他外戚不同。若论国家待亲戚的道理，还是不要他干预政事，才得常保富贵，又不可藉口太宗之言，以私厚其亲而误国家也。

十二月，帝从上皇置酒故汉未央宫，上皇命突厥颉利可汗起舞，又命南蛮酋长冯智戴咏诗，既而笑曰："胡越一家，自古未有也！"帝奉觞上寿曰："今四夷入臣，皆陛下教诲，非臣智力所及。昔汉高祖亦从太上皇置酒此宫，妄自矜大，臣所不取也。"上皇大悦。殿上皆呼万岁。

上皇，是唐高祖。未央宫，是汉时宫名。下面太上皇，是汉高祖之父。

贞观七年十二月，太宗陪侍上皇高祖，在旧时汉家所遗的未央宫中置酒宴会。那时太宗平定天下，四夷君长都为左右宿卫之臣，也随着群臣侍宴。饮酒中间，高祖命突厥酋长颉利可汗在筵前起舞，又命南蛮酋长冯智戴在席间歌诗，因喜不自胜，笑说："自古中国之患，不是北虏，便是南越。今日胡越酋长，同堂宴会，歌舞为欢，都做了一家人。这等盛事，自古以来未尝有也。"于是太宗自捧酒觞，为高祖上寿，说："这四夷君长，皆来臣服，都是奉父皇陛下平日教诲，不是臣之智力所能及也。昔汉高祖微时不事生产，他有一个兄刘仲，却会治产业，他父太上皇只道高祖不如刘仲。后来高祖得了天下，也曾陪太上皇在这未央宫中置酒，自奉玉卮上寿，却说：'当初父亲以臣为无用，不如我哥会治家业，今日看臣所创的事业，却比我哥何如？'其言如此，是在他父母面前自夸其能，妄自矜大，臣平日甚不取他，岂如我今日父子君臣聚会之盛耶！"高祖见太宗这等谦退，越发喜欢。殿上群臣，皆呼万岁。

大汉高祖、唐太宗，皆以盖世之雄起自闾巷，削平僭乱，混一华夷，乃至大业已成，太平无事，又皆尽孝养之典以奉其亲，故未央上寿之仪，前后数百年，若合符节，虽其词之工拙，若有不同，而其情之殷勤，则无或异，真旷世之美谈也。况以继体守成之君，而当四海升平之日，则所谓养以天下，而奉亲之欢心者，当不在二主之下矣。

帝谓左庶子于志宁、右庶子杜正伦曰："朕年十八,犹在民间,民之疾苦情伪,无不知之。及居大位,区处事务,犹有差失。况太子生长深宫,百姓艰难,耳目所未涉,能无骄逸乎!卿等不可不极谏。"太子好嬉戏,颇亏礼法,志宁与右庶子孔颖达数直谏。上闻而嘉之,各赐金一斤,帛五百匹。

左庶子、右庶子,俱是东宫官名。

太宗面谕左庶子于志宁、右庶子杜正伦说道:"太子乃继体之君,不但要涵养德性,又要通晓世务。然世务甚不易晓也。朕年十八岁时,为将家之子,未有官职,尚在民间,凡民间疾痛困苦的事,与人之诚实的、诈伪的诸般情状,皆耳目所闻见,无不尽知之。及居太子的大位,区处世务,或思虑之所不及,或计画之所未精,一日万机,犹不免于差失。况今太子生长深宫,未尝出外,百姓每的艰难,如饥寒困乏之苦,鳏寡孤独之人,皆耳目见闻所未经涉,但安享富贵,不知忧勤,安能无骄纵放逸乎!卿等为东宫官,各有辅导之责,不可不极言谏正,使动皆由礼,而无骄逸之过也。"那时太子承乾,性好闲游戏耍,于圣贤礼法,颇有亏损。于志宁与右庶子孔颖达因遵奉太宗责成之意,凡有过差,每每直言谏止。太宗闻之,嘉此二人忠说,各赐金一斤,帛五百匹,以褒赏之。

这一段是纪唐太宗勉东宫官预教太子的事。盖太子天下之本,四方之人心系焉。教训之功,不可不预;辅导之人,不可不择。是以古之帝王,最慎乎此。自襁褓之中,以至于成人之日,左右前后,罔非正人;出入起居,皆有法度。养成元良之德,而立太平之基,此三代所以有道之长也。有天下者,当知所法矣。

上问魏徵曰:"群臣上书可采,及召对多失次,何也? "对曰:"臣观百司奏事,常数日思之,及至上前,三分不能道一。况谏者拂意触忌,非陛下借之辞色,岂敢尽其情哉! "上由是接群臣辞色愈温,尝曰:"炀帝多猜忌,临朝对群臣多不语。朕则不然,与群臣相亲如一体耳。"

太宗问魏徵说道:"朕近观群臣上本奏事,其本内说的话,多有可采取的。及至召他面问,听其奏对,便多仓皇错乱,失其次第,此何故也? "魏徵对说:"臣观百司之中,惟有御前奏对实为至难。每欲奏一事,常在数日之前，昼夜寻思，要到上前，如何敷陈，如何议论，莫不预先想下，记忆在心。及到御前，仰见天威严重，把那要说的话，三分之中，说不得一分，已自忘失错乱，不成次第了。况因朝廷过失，直言进谏者多是违怫意旨、触犯忌讳的说话，若非陛下假借他些温和的辞色，而直以天威临之，彼将恐惧畏怕，愈觉仓皇，虽有恳款忠爱之情，亦何由得尽于君上之前哉！"太宗闻魏徵之言，自此以后，接待群臣，辞气颜色越发温和，惟恐不尽其情，尝说："隋炀帝当时性多猜忌，每临朝接待群臣，不出一语，所以上下不交，君臣间隔。我却不然。看那大小群臣，都是股肱耳目，相亲相信，真如一体，政事得失，只管虚心访问，他每有所欲言，也都着他说尽，唯欲通上下之情而已。"

夫人主尊如天地，威如雷霆，堂陛分严，君臣礼隔，若不使臣下尽言，则天下之利病，何由得知？若不降辞色延访，则臣下之忠悃，岂敢自尽？所以唐、虞君臣，都俞吁咈一堂之上，而为千古明良之会也。后世谀佞之臣，欲壅蔽人主聪明，以为天子之尊不可与臣下接谈，故有临朝渊默，不发一语，如隋炀帝之所为者，真覆亡之轨辙也。宜太宗以之为鉴也与。

八年正月，上欲分遣大臣为诸道黜陟大使，未得其人，李靖荐魏徵。上曰："徵箴规朕失，不可一日离左右。"乃命：靖与太常卿萧瑀等凡十三人分行天下，察长吏贤不肖，问民间疾苦，礼高年，赈穷乏，褒善良，起淹滞，俾使者所至，如朕亲睹。

箴规，是谏正的意思。长吏，是郡守县令。

贞观八年正月，太宗念天下至大，郡邑至众，朝廷上耳目或有不及，思虑或有不到处，要分遣有才望的大臣，为诸道黜陟大使，一时难得其人。李靖荐魏徵可充此差。太宗说："魏徵能直言无隐，朕有过失，全赖他谏正，得以省改，岂可一日离朕左右，舍根本之地，而任出使之事乎？"于是遂命：李靖同太常寺卿萧瑀等一十三人，分投出去，巡行天下，访察天下有司官员，那个贤良该褒升，那个不才该罢斥。又询问民间所疾痛困苦的事，为他处置。民有高年的，优加礼敬；有穷乏的，厚为赈恤；善良的，褒扬而录用之；贤能而淹滞于下位的，荐拔而疏通之。凡远方小吏，下民隐情，朝廷不能遍历而周知者，都看他每所到地方一一经理，就如朕亲看见的一般。庶几朝廷之政教，无远不举，朝廷之恩泽，无微不被，以称朕爱民求治的意思。

这黜陟大使，就是如今巡抚官一般。夫常置魏徵于内，以匡辅君德，间遣李靖等于外，以勤求民瘼，太宗可谓明于治体而善于任人者矣。

中牟丞皇甫德参上言："修洛阳宫，劳人；收地租，厚敛；俗好高髻，盖宫中所化。"上怒，谓房玄龄等曰："德参欲国家不役一人，不收斗租，宫人皆无发，乃可其意邪！"欲治其谤讪之罪。魏徵谏曰："贾谊当汉文帝时上书，云可为痛哭者一，可为流涕者二。自古上书不激切，不能动人主之心。所谓狂夫之言，圣人择焉。惟陛下裁察！"上曰："朕罪斯人，则谁敢复言？"乃赐绢二十四。

太宗时，有个中牟县丞叫做皇甫德参，上本条陈时政，说道："朝廷修盖洛阳宫殿，用许多丁夫，劳了人力；有司收地亩租粮，起科太重，厚敛百姓；又民间风俗，妇人好梳高髻，盖因宫女髻高而仿效之也。"其大意如此，不过欲朝廷轻徭薄赋，表正风俗而已。太宗看了震怒，谓宰相房玄龄等说道："我才修一宫，便说是劳民；才收些地租，便说道厚敛；至于民间髻高，也说是宫中所致。凭他说起来，必欲使朝廷不役民间一夫，不收百姓斗粟，宫人都无发可梳，方才可其意邪！这等妄言谤讪，宜加以罪。"魏徵劝说："人臣进谏之言，容有过当。如贾谊当汉文帝时，是何等治平，他上《治安策》，还说当时事势，可为痛哭者一件，可为流涕者二件。可见自古以来，上书建言者，若词不激切，则不能耸动人主之心，所以宁为过甚之言，而不敢忌讳也。古人曾说：'狂夫之言，本无足采，圣人恐其或有一得，犹加选择。'今德参固是狂愚，未必有心谤讪，望陛下裁度鉴察，未可深罪也。"太宗一闻徵言，当时省悟，说道："朕方虚怀下问，嘉纳谠言，若因此人之言，遽加罪责，以后大小群臣，谁敢再谏？"即赦德参之罪，仍赏绢二十四以旌其直焉。

夫德参一郡邑小臣，乃能抗疏阙廷，规切时政，虽其言语识见，未必能知大体，而其一念为国之心，不以卑贱而自诿，诚亦有足谅者。太宗始因其辞之已甚，而欲以罪加之；一闻魏徵之言，而洞然开悟，不惟不罪，又从而赏之。虽谤木谏鼓之设，不是过也。岂非万世之所当法者哉！

九年，上谓魏徵曰："齐后主、周天元皆重敛百姓，厚自奉养，力竭而亡。譬如馋人自噉其肉，肉尽而毙，何其愚也！然二主孰为优劣？"对曰："齐后主懦弱，政出多门；周天元骄暴，威福在己。虽同为亡国，齐主尤劣也。"

馋，是穷饿、贪食的意思。噉，是吃。毙，是死。北朝齐后主，叫做高纬，为周宇文邕所灭。周天元帝，叫做宇文赟，为隋杨坚所篡。

太宗一日谓魏徵说道："近时齐后主、周天元都穷奢极欲，不恤其民，寻常用度，恣意征取，重敛于百姓，以厚自奉养，竭万民之脂膏，以供一己之逸乐，至于民穷财尽，遂以亡国。就如那穷饿口馋的人，只要他腹饱，乃割自身上的肉，食之以充饥，不知肉既噉尽，身亦随亡。如此昏愚，岂不可笑！然就这两人较论，孰为稍优？孰为最劣？"魏徵对说："齐后主性资懦弱，凡事都无主张，只听那左右的拨置，那左右的人，都得以窃弄权柄，朝政出于多门；周天元性资骄暴，虽是奢侈残虐，却自家能主张国柄，不至下移，威福之权，尚由己出。故虽同为亡国，然周天元在时，杨坚尚不敢篡位。若齐后主遂为敌国所擒，把祖宗的基业，徒供群小的愚弄，尤下愚最劣者也。有天下者，可不戒哉！然二主之事，虽优劣稍殊，而亡国则一。盖'民为邦本，本固邦宁'，自古圣帝明王，莫不惓惓然以约己厚下、节用爱民为务，故深仁厚泽，结于民心，而享国长久。若竭天下之力，以奉一人，而不顾百姓之困穷，至于人心怨叛，瓦解土崩，虽有善者，亦无如之何矣。"

究观二主之事，咸以重敛百姓，厚自奉养，力竭而亡，后先一辙，其刚暴之与懦弱，不过五十步之笑百步耳，何足为优劣哉！然则人主欲为宗社万年长久之计，惟在保民而已。

长孙皇后性仁孝俭素，好读书，常与上从容商略古事，因而献替，裨益弘多。上或以非罪遣怒宫人，后亦阳怒，请自推鞫，因命系囚，俟上怒息，徐为申理。由是宫壶之中，刑无枉滥。及疾笃，与上诀，时房玄龄以谴归第，后言于上曰："玄龄事陛下久，小心慎密，奇谋秘计，未尝宣泄，苟无大故，愿勿弃之。仍愿陛下亲君子，远小人，纳忠谏，屏谗慝，省徭役，止游畋，妾虽没于九泉，诚无所恨。"崩于立政殿。后尝采自古妇人得失事为《女则》三十卷。及崩，宫司奏之，上览之悲恸，以示近臣曰："皇后此书，足以为范百世。朕非不知天命而为无益之悲，但入宫不复闻规谏之言，失一良佐，故不能忘怀耳！"乃召房玄龄，使复其位。

这一段是记长孙皇后的女德之美。说皇后天性仁慈孝顺，无所违忤；俭约朴素，不喜纷华。平日宫中无事，只好读书。间常与太宗从容议论古人行过的事，于凡善恶是非、兴亡理乱，皆能一一评品，就中献可替否，以为劝戒，所以补助治道甚为不少。太宗有时将无罪的宫人偶加谴怒，后心知其枉，待要当时分解，又恐违忤上意，也就阳为恼怒，奏请亲自问理，因命左右将这得罪的宫人，囚系在掖庭狱中，待太宗怒气已消，却慢慢的与他申理。以此宫壸之中，刑责所加，再没有冤枉滥及者。其内政之善如此。到后来得病沉重，与太宗永诀，那时正遇宰相房玄龄偶被太宗谴怒，罢归私宅，后因与太宗说道："房玄龄奉事陛下为日最久，平时极是小心，谨慎周密，凡与主上商量的奇谋秘计，不可使人闻者，他出到外边，再不肯泄露，其慎密如此。近日谴归私第，不知为何？若是原无大事，愿陛下照旧任用，不可轻弃之也。仍望陛下自此以后，亲近有德之君子，斥远邪佞之小人，嘉纳忠直之言，屏弃谗慝之语，减省不急之征徭，罢止无益之田猎。如此，则圣德日新，太平可保，妾虽没在九泉，亦无遗恨矣。"说罢，遂崩于立政殿。史臣又记皇后在日，曾将自古妇人，上自后妃，下逮士庶，善可为法、恶可为戒的事，采辑成一部书，叫做《女则》，其目有三十卷。太宗一向不曾看见，至是女官方将此书进与太宗。太宗览之，不胜悲恸，将出与侍臣看，说道："皇后此书，劝戒详明，有关风化，真可以垂法百世矣。人之生死，本有大数。朕非不知天命，而为无益之悲，但往时朕有过失，多赖皇后规正，自他没后，入到宫中，再没人把好言语来规谏我，恰似失了一个贤相一般，所以不能忘情耳！"因想皇后的遗言，即召回房玄龄，复其官职，任之如旧。

盖闺门之际，实为万化之原，故自古圣贤之君，未有不以内助而成者，三代以来，皆可考而知也。太宗躬行仁义，为一代之贤君，而长孙后宣教宫闱，为一代之贤后，太平之业，固相须而成者矣。然推其令德之所自，则本于性好读书，是以能涵养德性，多识古今，而不流于燕昵之私也。此又不可不知。

治书侍御史权万纪上言："宣、饶二州银大发，采之，岁可得数百万缗。"上曰："朕贵为天子，所乏者非财也，但恨无嘉言可以利民耳。与其多得数百万缗，何如得一贤才。卿未尝进一贤、退不肖，而专言税银之利。昔尧、舜抵璧于山，投珠于谷，汉之桓、灵乃聚钱为私藏，卿欲以桓、灵俟我邪！"是日，黜万纪，使还家。

宣州，即今南直隶宁国府地方。饶州，即今江西饶州府地方。缗，是穿钱的绳，每钱一千为一缗。俟字，解作待字。

太宗时有个治书侍御史权万纪，上言说道："近时宣州、饶州两处山中矿银大发，若差人收采，一岁所得，可以值钱数百万缗，亦足以济国家之用。"太宗说："朕贵为天子，纳四海九州的贡赋，所缺之者，不在钱财，但恨无贤臣，不得闻好言语可以利益生民者耳。与其多得钱数百万缗，其利有限，岂如得一贤才，为国尽心，为民造福，其利无穷。卿为侍御史，不能荐举一个贤人，退去不肖的人，而专言税银之利，是诚何心？古时圣君如唐尧、虞舜，不以珠玉为宝，抵璧于山岩，投珠于渊谷，弃掷不用，万世称颂其美。惟是汉朝桓帝、灵帝昏乱之君，听信小人欺诳，别于府库之外，积聚钱财为自己的私藏，万世鄙笑他。卿不劝我学尧、舜，却要我做桓、灵，把这等昏乱之君来待我，将谓朕为何等主邪！"即日黜退权万纪，罢职还家，以示朝廷不用言利之臣也。

夫自古小人献谄，常说替国家生利，故人主容易信之。如权万纪所言，若非太宗聪明英断，未有不受其欺者矣。今既拒绝其言，又黜退其人，则天下人皆知太宗重贤才，轻货利，虽有怀奸献佞，欲引诱以非礼者，谁敢妄言哉！此贞观之治所以为盛也。

魏徵上疏，以为："人主善始者多，克终者寡，岂取之易而守之难乎？盖以殷忧则竭诚以尽下，安逸则骄恣而轻物。尽下则胡越同心，轻物则六亲离德，虽震之以威怒，亦皆貌从而心不服故也。人主诚能见可欲则思知足，将兴缮则思知止，处高危则思谦降，临满盈则思挹损，遇逸乐则思撙节，在宴安则思后患，防壅蔽则思延纳，疾谗邪则思正己，行赏爵则思因喜而僭，施刑罚则思因怒而滥。兼是十思，而选贤任能，固可以无为而治，又何必劳神苦体以代百司之任哉！"

殷，是盛。抯，是酌。僭，是过。

魏徵上疏于太宗说道："人主取天下本难，守天下本易，然自今观之，创业垂统，善其始者恒多，而治定功成，保其终者恒少，岂取天下反易，而守天下反难乎？盖由缔造之初，有敌国外患，常怀莫大之忧，故能竭其诚心，以尽下情，当此之时，虽匹夫之言，有重于泰山者矣。及祸乱平定，而身居安逸，则骄泰放恣，而轻忽物情，慢不加意，当此之时，虽公卿之言，有轻于鸿毛者矣。夫能尽下情，则人人乐为效力，虽远而胡越之人，亦与我同心，而况于英雄豪杰乎！故取天下本不易而反易也。待人轻忽，则人人不肯用情，虽近而六亲之人，亦与我离德，而况于四方之远乎！虽震之以威，劫之以势，也只是外貌从顺，心中其实不服，亦终于背叛而已，故守天下本不难而反难也。人主诚能留意于此，事事致思，不敢怠忽，凡声色货利之交，虽若可欲，必思知足而不贪；凡宫室土木之工，虽欲经营，必思知止而不费。托侯王士庶之上，虽高而实危，则思谦虚以自降；处丰亨豫大之时，既满而且盈，则思抯损以自保。遇逸游快乐之事，则思乐不可极，而撙节其放荡之情；居宴安无事之日，则思治不可常，而预防乎后来之患。虑左右壅蔽，则思招贤纳善，以广吾之聪明；恶谗邪之害正，则思正己率下，以杜人之欺罔。爵赏因喜而过，则人无所劝，务思赏当其功，而不使有非分之获；刑罚因怒而滥，则人必自危，务思罚当其罪，而不使有无辜之枉。夫人君能慎思此十事，而兢兢不怠，则内立保业之本；又能选任贤能，共图化理，则外有保业之具。如是固可以端拱无为，而天下自治矣，又何必劳神苦体以代百司之任为哉！"

魏徵此疏不过数十语，而人君为治之大法，已尽于此，真可谓嘉谋嘉言矣。要之十思虽多，总只是一个敬字，随事而见，《书》所谓"兢兢业业，一日二日万机"，"予临兆民，若朽索之御六马"，皆此意也。然非有读书穷理之功，亦何以持养此心，而不流于慢易哉？此又徵之所未发也。

五月，魏徵上疏，以为："陛下欲善之志不及于昔时，闻过必改少亏于曩日，谴罚积多，威怒微厉。乃知贵不期骄，富不期侈，非虚言也。昔隋之未乱也，自谓必无乱；其未亡也，自谓必无亡。故赋役无穷，征伐不息，以至祸将及身而尚未之悟也。夫鉴形莫如止水，鉴败莫如亡国。伏愿取鉴于隋，去奢从约，亲忠远佞，以当今之无事，行畴昔之恭俭，则尽善尽美，固无得而称焉。夫取之实难，守之甚易，陛下能得其所难，岂不能保其所易乎！"

贞观十一年五月，此时太宗幸洛阳，以供献不齐备，谴责有司。魏徵既当面谏正，退又上疏说道："陛下初年，欲善无厌，改过不吝，存心仁恕，待下温和。如今孜孜为善的意思，似不如昔时；闻过必改的勇决，稍亏于往日；谴罚渐积太多，威怒微觉峻厉。这等看来，乃知古人说：贵不与骄期，而骄自至，盖既贵，则尊崇无比，必至于骄矜；富不与侈期，而侈自至，盖既富，则用度有余，必至于奢侈。今以陛下行事观之，岂非富贵已极，自不觉其骄侈乎！古人之言，信非虚语矣。且陛下代隋而有天下，昔隋恃其府藏之富，甲兵之强，户口之多，其未乱也，自谓必无乱；其未亡也，自谓必无亡。以为子孙帝王万世之业，虽妄用些财力，以开拓边境，有何不可？故赋敛差役，无有了期，东西征伐，不得休息，以至民心怨叛，天下土崩，危亡之祸，将及其身，尚不觉悟。隋事之可鉴如此。夫鉴形容之妍媸者，莫如止水；鉴政事之得失者，莫如亡国。隋既以骄侈而致败亡，则今日岂可复蹈其覆辙乎！伏愿陛下取鉴于隋，屏去奢侈，从事俭约，亲近忠直，斥远谀佞，务反隋之所为，毋蹈隋之所败。况当今天下太平无事，而礼贤节用，又陛下初年所已行者。以今之无事，行昔之恭俭，则尽善尽美，无一毫疵议，就如尧、舜之荡荡难名，又何得而称焉。夫天下未定，亲与群雄斗智角力以次收取，其实艰难；天下既定，席已成之业，谨守勿失，甚是容易。陛下昔日既能取天下，得其所难，则在今日岂不能守天下，保其所易乎！惟不忘昔日之恭俭，便可以贻子孙而垂万世。不然，得之艰难，而失之容易，甚可惜也。"

魏征此疏，大要劝太宗以力行恭俭，保守鸿业，可谓忠爱激切之至者矣。不独太宗，万世有天下者所当深思也。

魏徵上疏，以为："《文子》曰：'同言而信，信在言前；同令而行，诚在令外。'自王道休明，十有余年，然而德化未洽者，由待下之情未尽诚信故也。今立政致治，必委之君子；事有得失，或访之小人。其待君子也敬而疏，遇小人也轻而狎。狎则言无不尽，疏则情不上通。夫中智之人，岂无小慧！然才非经国，虑不及远，虽竭力尽诚，犹未免有败，况内怀奸宄，其祸岂不深乎！夫虽君子不能无小过，苟不害于正道，斯可略矣。既谓之君子，而复疑其不信，何异立直木而疑其影之曲乎！陛下诚能慎选君子，以礼信用之，何忧不治。不然，危亡之期，未可保也。"上赐手诏褒美曰："昔晋武帝平吴之后，志意骄怠，何曾位极台司，不能直谏，乃私语子孙，自矜明智，此不忠之大者。得公之谏，朕知过矣，当置之几案以比弦韦。"

魏徵见太宗推诚任下，渐不如初，遂上疏说道："昔《文子》书中曾说：'上下之间，贵以诚信相与。比如一般样的言语，而独能取信于人者，以其有不欺之信，孚于未言之前也，不然，则虽言不信矣；一般样的法令，而独可行行于下者，以其有无伪之诚，格于法令之外也，不然，则虽令不行矣。'由此观之，可见为国之道，固必以诚信为本也。自陛下即位以来，励精图治，中外咸宁，王道休美章明，已十有余年于此矣。然而朝廷之德化，犹未浃洽于天下者，盖由待下之情，未尽出于诚信，而多以疑贰参之故也。臣每见朝廷欲修立政事，图致化理，则必委托于君子，而责其成功，至于所行之事，或有得失，则又咨访于小人，而唯其可否。是使智者谋之，而与愚者论之，使贤者虑之，而与不肖者疑之也。其待君子也，非不敬而重之，然实惮其正直，而与之疏远；其遇小人也，固亦轻而贱之，然实乐其柔佞，而与之狎昵。狎昵则形迹相忘，而其言无所不尽；疏远则君臣间隔，而其情不得上通。夫使小人之言得尽，而君子之情不通，委任之不诚也，无足怪矣！然小人之所以见听者，不过以其捷给之材，或足以中人主之心而已。殊不知中智庸常之人，岂无些小辩慧！然其才不足以经国，识不足以虑远，纵使竭力尽诚，实心为国，尚不免于倾败。况心藏奸宄，谲诈多端，而唯承颜顺旨，以为容悦者，乃欲倚而信之，则其坏法乱纪，蠹国殃民也必矣，其为祸患岂不深乎！此小人之所以不可任也。君子之所以见疑者，或以其偶有小过，遂不察其平生。殊不知所谓君子者，只是大节过人，才德出众，至于心思之所不及，智虑之所不周，亦岂能全无小过。但其无心之失，不害于正道，即当略而不论矣。今既谓之君子，则已知其正，而复疑其不信，则又以为邪，何异立直木于日中，而又疑其影之邪曲者乎！盖既曰直木，则其影未有不正者也；既曰君子，则其心未有不诚者也。又何疑之有哉！此君子之所以不可不任也。陛下诚能慎选于群臣之中，察其立心行己，光明正大，而确然为君子者，因而接之以礼，驭之以恩，诚心任用，如手足腹心，相为一体，而不使邪曲小人，得以媒蘖其间，则彼方能殚竭忠猷，展尽底蕴，君臣同志，上下一心，庶事自无不康，万几自无不理，何忧天下之不治哉！不然，诚信之道一亏，即阻忠良之志；疑贰之心一起，即开群枉之门，天下之事，将日趋于倾败，而危亡之期，不可保也。可不戒哉！"太宗览魏徵之疏，心甚嘉悦，即降手诏褒美说道："昔晋武帝既平定东吴，天下一统，志意骄怠，不复留心政治。那时有太傅何曾退朝，私谓其子何劭说：'吾每见主上，不论经国远图，只说平生常语，此非贻厥孙谋者。一二世之间，定要大乱，尔辈犹可以免。'因指着诸孙说：'此等必遇乱而死。'后来晋室大乱，其孙何绥，仕至尚书，果为东海王越所杀。前史美之，以为明于先见。朕常以为曾位极三公，责任至重，明知其主骄奢，不能直词正谏，却乃私语子孙，自夸明智，此人臣不忠之甚者也。若使曾能直言匡救，武帝因而改悔，岂至于一传而乱乎！朕今溺于宴安，不自觉其怠忽，兹得闻公之言，方知从前所行，多有不是，所当省改。昔西门豹性急，常佩韦皮以自缓；董安于性缓，常佩弓弦以自急。今朕亦将此疏，置在几案，朝夕省览，以为警戒，就如古人佩韦、佩弦以自矫其过一般，庶可以保其有终也。"

尝观自古人君，未有不欲任贤以图治；自古人臣，未有不思竭忠以报主。然上每苦下之不忠，下每苦上之不任者，则以推诚之道，有所未尽也。若必上之任下，无一毫疑贰之心，而后臣之事君，无一念顾忌之意，圣帝明王所以无为而治者，唯以是道而已。魏徵推而言之，深切明著。太宗即能引咎受规，比以韦弦，真可谓能纳忠言者矣。至其论何曾数语，尤中后世人主之病。人主即此而推之，则臣下之忠佞，可不察而知矣。

侍御史马周上疏，以为："三代及汉，历年多者八百，少者不减四百，良以恩结人心，人不能忘故也。自是以降，多者六十年，少者才二十余年，皆无恩于人，本根不固故也。陛下当隆禹、汤、文、武之业，为子孙立万代之基，岂得但恃当年而已！今之户口，不及隋之什一，而给役者兄去弟还，道路相继。陛下虽加恩诏，使之裁损，然营缮不休，民安得息！臣观自古以来，百姓愁怨，聚为盗贼，其国未有不亡者。盖幽、厉尝笑桀、纣矣，炀帝亦笑周、齐矣。不可使后之笑今，如今之笑炀帝也。贞观之初，天下饥歉，斗米直匹绢，而百姓不怨者，知陛下忧念不忘故也。今比年丰穰，匹绢得粟十余斛，而百姓怨咨者，知陛下不复念之，多营不急之务故也。自古以来，国之兴亡，不以畜积多少，在于百姓苦乐。且以近事验之，隋贮洛口仓而李密因之，东都积布帛而世充资之，西京府库亦为国家之用，至今未尽。夫畜积固不可无，要当人有余力，然后收之，不可强敛以资寇敌也。夫俭以息人，陛下已于贞观之初亲所履行，在于今日为之，固不难也。陛下必欲为长久之计，不必远求上古，但如贞观之初，则天下幸甚。又，百姓所以治安，唯在刺史、县令。苟选用得人，则陛下可以端拱无为。今朝廷唯重内官而轻州县之选，刺史多用武人，或京官不称职始补外任，边远之处，用人更轻。所以百姓未安，殆由于此。"疏奏，上称善久之，谓侍臣曰："刺史朕当自选；县令宜诏京官五品以上，各举一人。"

茌平人马周，以布衣遭遇太宗，不次超擢为侍御史，感激恩遇，知无不言。尝上疏说道："自夏、商、周三代，以及两汉，子孙相承，所历年数多的至八百年，少的也不减四五百年。这等长久，盖因他祖宗开创之初，躬行节俭，以为家法，不劳民之力，不费民之财，深仁厚泽，固结民心，虽其后嗣未必皆贤，赖有先德维持，人心思慕，不忘故也。自魏、晋以降，至于周、隋，多的只五六十年，少的才二十余年。这等短促，盖因他祖宗开创之初，不为子孙远虑，残虐其民，厚敛重役，以致人心怨叛，本根不固故也。今陛下承隋之后，鉴隋之亡，当以三代圣王为法，隆夏禹、商汤、周文、武的德业，由一世以至万世，传之无穷，为子孙立万代之基，岂可但恃当年，只顾目前安享富贵便了。若不恃当年，必为子孙万世之计，则所以厚施恩泽、固结民心者，何可不加之意哉！隋家开皇年间，户口最盛，几至九百万，如今的户口，不及隋家十分中之一，而百姓每供给力役的，终岁不息，户中丁口，更替上班，兄去替役，弟才得还，道路往返，累累相继。陛下虽有恩诏，命有司裁减夫役名数，然朝廷土木繁兴，工作不息，须要人丁充役，如何得裁减。所以有司视恩诏为虚文，必至民穷盗起而后已。臣观自古以来，征役不息，百姓愁怨，至于相聚而为盗贼，所在蜂起，则其国家未有不丧亡者。但衰世昏主，多不自知，千古一律，为后世所笑。盖周家幽王、厉王，尝笑夏桀、商纣，以无道亡其国家，而不悟己之所为亦如桀、纣。近时隋炀帝，尝笑周天元、齐后主，以无道亡其国家，而不悟己之所为亦如周、齐。今日正当以此为戒，不可又蹈其覆辙，使后之笑今，亦犹今之笑炀帝也。且人君之心，其为民与否，动于一念，即彰闻于百姓。如贞观初年，天下饥荒，一斗米价值一匹绢，米贵如此，宜乎民不聊生，然而不怨者，知陛下志在养民，忧念不忘，今日虽困苦，终必安乐故也。如今连年丰熟，一匹绢可换米十余斛，米贱如此，宜乎民皆乐生，然而怨嗟者，知陛下志骄意怠，不复忧念百姓，而妄兴土木，其所营缮的，都是没紧要的工作，以此烦民，虽年谷丰登，终必转死沟壑故也。然则陛下可不察百姓之心，而停不急之务哉！自古以来，国家有兴有亡，然其所以兴者，不是为钱粮蓄积得多，其所以亡者，不是因钱粮蓄积得少，只在百姓苦乐而已。若是暴征横敛，朘削民财，使百姓愁苦思乱，则民穷盗起，其亡无日矣，蓄积虽多何益？若是轻徭薄赋，培养休息，使百姓都安生乐业，则本固邦宁，大业可长保矣，蓄积虽少何伤？只以近日所共见之事证之：隋家父子，壅利行私，将民间财物，尽皆搜索，以为私藏，于洛口仓中，贮下许多粮米，后来被反贼李密占据，开仓散施，道路米厚数寸，洛水两岸，望如白沙。又于东都洛阳城中，积下许多布帛，后来贼臣王世充篡位，资以固守，至以帛汲井，用布为纆。又于长安西京府库，积下许多金宝，后来我国家平定关中，就因其所遗，以为军国之需，至今二十余年，用之未尽，其多可知。由此观之，隋之积蓄，岂不丰富？只因失了人心，所以社稷不保；积下多少财物，适足为敌人之资而已。这便是蓄积的明验。夫国以食为命，蓄积故不可无。然民以食为天，征敛尤不可过。必须家给人足，财力有余，然后以正额收之，彼方不怨，不可将贫敝之民，强行搜括以为寇敌之资也。夫敦行俭约，以休息小民，陛下在贞观初年，亲自行过，年来海内治平，皆其明效。在于今日，若肯将已试之政，加意施行，固不难也。然则陛下必欲为长治久安之计，亦不必远求上古，取法前王，只是照依贞观初年所行，以清心省事、节用爱民为主，则天下苍生自然受福，为幸多矣。又一件最紧要的，欲要王业长久，须是百姓得安。然百姓所以治安，其机只在刺史、县令。这两样官，最为近民，关系甚重。若是刺史选用得人，则一州之民皆受其福；县令选用得人，则一县之民皆受其福。官得其人，则百姓自然乐业，陛下即可以端拱穆清，无为而治矣。乃今日朝廷用人，只是崇重京官，把那州县官看得太轻了。如刺史乃一州之主，却多以武将为之。那武官只能用兵，不晓民事，如何为有司表率？又或京官不能称职，方调补外任。夫州县之事，更难于京官，彼既不称京职，如何能临民莅众？至于边方远处，动系安危，却乃以其荒僻险远，越不经心，只将庸才冗流充之而已。夫设官分职，本以为民，而于亲民之官，乃轻忽之如此。朝廷既轻其选，则其人必不自重，由是迁延岁月，以苟升斗之禄，则视其官如传舍，甚或恣肆贪渔，以充溪壑之欲，则以其民为寇仇，所以百姓不得安生，为此故也。今欲培植国本，为久长之计，则守令之选，其可不加之意哉！"马周疏上，太宗览毕，道他说得好，称赞不已，谕侍臣说："守令之官，委的当重。今后刺史有缺，朕当自选于群臣，择其可者。至于县令，当令京官五品以上，访有才力操守、可任治民者，各举一人，以备选择，庶不至失人耳。"

详观马周一疏，大意欲太宗轻徭薄赋，固结人心，以为子孙万世之业，而其要归在于重守令，诚为致治之急务。至谓朝廷重内轻外，以京官不称职者补外任，以迁谪之人守远方，则又古今通患。古之圣王，详内而略外者，但指法制政令之类而言，若夫亿兆之众，则一般样都是朝廷赤子，岂可以远近视之乎！官不得人，则民不乐业，外郡骚动，则近地亦为之不宁，其所系非浅浅也。愿治之主，宜加意焉。

卷之十六

唐纪

太宗

三月，著作佐郎邓世隆表请集上文章。上曰："朕之辞令，有益于民者，史皆书之，足为不朽。若其无益，集之何用！梁武帝父子、陈后主、隋炀帝皆有文集行于世，何救于亡！为人主患无德政，文章何为！"遂不许。

著作佐郎，是秘书省属官，以撰集文章为职。

贞观十二年三月，著作佐郎邓世隆见太宗万几之暇，曾有制作，恐其散逸，请将平日御制的文章，集成一部，传示天下后世。太宗说："文章不贵虚词，在裨实用。朕平日所撰的辞令诏敕等类，其关系国体，有益民生的，史臣都已采而书之，载于国史，不至磨灭，何须更集！若其他一时感触，因事漫言，诗文等类，非关国体，无益民生的，即使集成，将何所用！若近代梁武帝，与其太子萧统最好文章，他如陈后主、隋炀帝这三君，都有文集刊行于世，然武帝身遭侯景之乱，陈、隋二主同为亡国之君，虽有文集，何救于乱亡！可见为人主的，只怕无大德实政，足以覆被生民流传后世者耳。区区文章，乃雕虫小技，何足为轻重哉！"遂不准所奏。

按太宗此言，可谓识其大者矣。盖人主留意文章，虽贤于声色逸游之好，但所以仰承天地祖宗，永保子孙黎民，固自有其大者，不在章绘句间也。自古帝王以经天纬地为文，以法祖安民为务，岂与文人学士争一字一句之长？如唐太宗虽无文集，而其善政善言，至今炳炳尚在史册，万世称圣明焉。有天下者，可不知所务哉！

皇孙生，宴五品以上于东宫。上曰："贞观之前，从朕经营天下，玄龄之功也。贞观以来，绳愆纠缪，魏徵之功也。"皆赐之佩刀。

绳，是木匠的墨线。愆，是过。绳愆，是攻其过失如木理之不直者，匠人以墨线弹之而加以裁削也。纠，是矫之使正的意思。

太宗因皇孙新生，临幸东宫，宴朝官五品以上，因与诸臣说道："人君以武功定祸乱，必有佐命之元勋；以文治开太平，必有辅理之贤相。昔在贞观以前，天下未定，那时从朕东征西讨，经营四方，奇谋秘计，日陈于帷幄之中，使朕克有成功者，都是房玄龄之功。及是贞观以来，宴安日久，朝廷之上，肯面折廷诤，以绳朕之过失，纠朕之差缪，使动无过举者，却是魏徵之功。当时若不得玄龄，则一统之大业，何由而成！后来若不得魏徵，则一代之治功，何由而定！二臣之功，均可为一时之冠矣。"因各赐之佩刀以宠异之。

尝考太宗之定天下，外则有二十四功臣，为之宣力军旅，乃独称一玄龄者，盖以运筹决胜，其功大也；内则有十八学士之流，论思左右，乃独称一魏徵者，盖以献可替否，其益宏也。然玄龄任于危难，魏徵出自仇雠，若非太宗倾心委任，则二臣亦无以自效矣。然则二臣之功，由太宗知人善任成之也。

上谓徵曰："朕政事何如往年？"对曰："威德所加，比贞观之初则远矣。人悦服则不逮也。"上曰："远方畏威慕德，故来服。若其不逮，何以致之？"对曰："陛下往以未治为忧，故德义日新；今以治为安，故不逮。"上曰："今所为，犹往年也，何以异？"对曰："陛下贞观之初，恐人不谏，常导之使言，中间悦而从之。今则不然，虽勉从之，犹有难色。所以异也。"上曰："其事可闻欤？"对曰："陛下昔欲杀元律师，孙伏伽以为法不当死，陛下赐以兰陵公主园，直百万。或云：'赏太厚。'陛下云：'朕即位以来，未有谏者，故赏之。'此导之使言也。司户柳雄妄诉隋资，陛下欲诛之，纳戴胄之谏而止。是悦而从之也。近皇甫德参上书谏修洛阳宫，陛下恚之，虽以臣言而罢，勉从之也。"上曰："非公不能及此，人苦不自知耳！"

这一段是魏徵劝太宗慎终如始的意思。

太宗宴五品以上官于东官，因从容问魏徵说道："朕近日的政事，比之往年何如？"魏徵对说："近日吐谷浑既破，突厥来降，吐蕃、朱俱波、甘棠等国，都遣使入贡，陛下神威圣德，不但平定海内，又且加于四夷，比之贞观初年，所及更远。若论天下的人，心悦诚服，则不及贞观之初。"太宗说："远方蛮夷不可以力制，惟是畏惧我之威，悦慕我之德，故来输服。若人心悦服，不逮初年，何以能致远人畏慕如此？"魏徵对说："臣所谓不逮者，正为陛下之心恃此而骄，比前不同。盖贞观初年，天下甫定，四夷未服，陛下方以未治为忧，兢兢业业，惟恐失坠，故一举动不敢纵逸，一施措不敢苟且，而德义日新，天下改观易听，自然心服。到如今天下太平，四夷宾服，陛下遂以既治为安，志得意满，侈然自足，无复意外之虑，天下的人，口虽不敢言而心实不满，故虽勉强服从，终不及初年之悦服也。"太宗因问说："朕自家省察，如今所为也与往时一般，何故不同？"魏徵对说："陛下在贞观初，惟恐己有过差，人不肯谏正，故常委曲开导使之尽言；群臣谏诤，中间有可采者每欢喜听受，无所勉强。今则不然，外面虽勉强听受，中心实不喜，尚有苦难之意见于颜色，是陛下虚心受善不及往时，所以不同。"太宗说："此非谩言，必有事实可指，愿闻其详。"魏徵对说："往时元律师犯法，陛下要杀他，孙伏伽执奏说：'此人所犯，论以律法，罪不至死。'陛下即听从其言，又重赏之，就将兰陵公主的园地价值百万者，给赐与他。或云一言而赐百万，恐过于厚，陛下说：'朕自即位以来，每事岂能尽善？未闻臣下有敢谏正者。今伏伽独能直谏，是以赏之。'这是明示臣下以虚心纳谏之意，开导之，使人人得以尽言无隐也。又如司户柳雄，妄诉隋时出仕的资级，以冒迁转。那时方有明诏，令诈冒者自首，不首者罪死。柳雄既犯此令，陛下欲诛之以示众。戴胄执法谏诤，言雄罪只应流。陛下嘉纳，遂止不诛。这是悦而从之，非勉强也。近日中牟县丞皇甫德参，上疏谏修洛阳官，言不当劳民。陛下赫然震怒，欲加之罪，虽因臣言得免，其实出于勉强，非是悦从。盖此时治功已成，故陛下志骄意满，不复虚心受善，以此人心悦服不及往时。"太宗感悟说："非卿忠说，不能为此言。人情常苦不自知，须时时得人规谏，庶几得省改耳！"

按魏徵这段说话，乃万世人主之药石。盖致治非难，保治为难；立志非难，持志为难。人主之志，每能励精于多难之时，而不免忽意于功成之后。故忧其未治，乃所以成治，而恃其已治，此所以隳治也。譬之御骏马者，历九折之坂，执辔甚谨，曾无失足，及骋乎康庄，自以为无患，稍弛其衔勒，忽不觉其纵逸而失坠矣。图治者其戒之哉！

上问侍臣："帝王创业与守成孰难？"房玄龄曰："草昧之初，与群雄并起，角力而后臣之，创业难矣！"魏徵曰："自古帝王，莫不得之于艰难，失之于安逸，守成难矣！"上曰："玄龄与吾共取天下，出百死，得一生，故知创业之难。魏徵与吾共安天下，常恐骄奢生于富贵，祸乱生于所忽，故知守成之难。然创业之难，既已往矣；守成之难，方当与诸公慎之。"玄龄等拜曰："陛下之言及此，四海之福也。"

太宗问侍臣说道："帝王开创基业与保守成业，这两件何者为难？"房玄龄说："开创之始，英雄并起，各以材力斗争，战胜攻取，费尽心力，然后得之，可见创业为难。"魏徵说："天下之事，每成于勤苦，而坏于怠荒，而人之常情，每谨于有初，而忽于成事。观自古帝王得天下，都从艰难勤苦，即成大业，后来失天下，只因安逸骄肆遂至乱亡，可见守成为难。"太宗说："玄龄与我共取天下，亲见我出百死得一生，故晓得创业之难。魏徵与我共安天下，常恐我安享富贵，或至骄纵奢侈，一时一事，忽略不留心，祸乱必从此生，故晓得守成之难。二人之言，皆有所见。然创业之难，既已往矣，固不必言；守成之难，正是今日君臣该警戒的事，方当与诸公谨慎而保守之。"玄龄等拜说："陛下肯念守成之难，命臣等同加谨慎，言及于此，必不肯恃富贵而起骄奢，必不肯因安逸而忘祸乱，庶乎太平可以常保，苍生有所利赖，真四海之福也。"

这是记太宗与群臣相警戒谨守成业的意思。古来帝王保自己新创的基业，谨守者多；惟是享祖宗见成的基业，谨守者少。盖因不曾见前人开创之艰难，故不信天命人心之可畏，既无深远之虑，又无劝戒之人，所以祖宗得之甚难，后人失之甚易，有由然也。太宗身兼创、守，君臣相警如此，其垂戒后世，亦深切矣！使唐之子孙，能留心谨守，常如太宗之治，则乱亡之祸，何从而起哉？有天下者，当知所监戒也。

十五年正月，上指殿屋谓侍臣曰："治天下如建此屋，营构既成，勿数改移。苟易一榱，整一瓦，践履动摇，必有所损。若慕奇功，变法度，不恒其德，劳扰实多。"

榱，是屋上的椽子。

贞观十五年正月，太宗在便殿，指着殿屋对左右侍臣说道："人君治天下，就如建造这殿屋一般。初时须聚集工匠，经营结构以成之，及营构既成，只宜安处其中，谨守勿动，不可数数改移。若轻易抽换一椽，整理一瓦，虽是小小动作，然更变之际，攀援践踏，屋宇皆为动摇，必有所伤损处，终不若初时结构之牢固也。人君初有天下，为子孙黎民万世之虑，创制立法，以贻后人，必须熟思审处，一成而不可变。法制既定，只宜与天下遵守，慎勿轻易纷更。若慕非常可喜之功，而变一定不易之法，今日如此，明日如彼，便是不恒其德了。这非但无益于治，将见官无定守，民无定志，朝廷之上，议论纷纭，方以为可行，而又复止，方以为可罢，而又复兴，其为劳扰，不亦多乎！"

这一段是说法度不可轻变的意思，喻以建屋，其理甚明。法祖图治者，可以深省矣。

上谓侍臣曰："朕有二喜一惧。比年丰稔，长安斗粟直三四钱，一喜也；北虏久服，边鄙无虞，二喜也。治安则骄侈易生，骄侈则危亡立至，此一惧也。"

太宗一日与侍臣说道："朕今为天下主，当太平之日，有两件可喜，有一件可惧。盖自古国家，只怕年岁饥荒，民生不遂，今连年以来，天下丰登稔熟，长安城中，每一斗米只直三四文钱，百姓富足如此，则国家根本坚固，这是第一件可喜；自古国家，最怕四夷侵扰，边境不宁，今北虏突厥，久已服属，边鄙安静，无有意外之虞，疆宇宁谧如此，则国家基业益隆，这是第二件可喜。然自古以来，人君处艰难多事之时，皆知谨慎，唯是天下治安，无可忧虞，则骄慢奢侈之心不觉自生，骄侈一生，民受其害，则危亡倾覆之祸，不期而至矣，这一件深可惧也。看来可惧之事，正伏于可喜之中，故当可喜之时，常不忘可惧之念，朕之保治如此。"

大抵宴安酖毒，实人主之通患，而"骄侈"二字，则其膏肓之病也。骄则一人临天下，而不见其可忧，由是怠荒毒虐，而过不自闻矣；侈则以天下奉一人，而犹以为未足，由是穷奢极欲，而民不堪命矣。如秦始皇、隋炀帝，威命灵爽，振耀华夷，只因骄侈心生，遂至于败亡而不可救，人主可不鉴哉！

并州大都督长史李世，在州十六年，令行禁止，民夷怀服。上曰："隋炀帝劳百姓，筑长城以备突厥，卒无所益。朕唯置李世于晋阳而边尘不惊，其为长城，岂不壮哉！"乃以世为兵部尚书。

并州，即今山西太原府地方。

唐时每州置一大都督府，佐以长史，镇守其地。贞观中，以功臣李世为并州大都督府长史，在任一十六年，世有才能，又居官久，百姓都信服他，所下的政令，无有不奉行者，凡有所禁约，无有不即止者，内而吏民，外而夷狄，皆悦慕其德，畏服其威。太宗闻而嘉之，谓侍臣说："昔隋炀帝怕突厥犯边，乃抽丁起役，劳动中国的百姓，往筑一带长城以备御之，然终不能限隔虏骑，使不得入，虽劳无益。今朕不然，惟以李世置于并州督府，着他保守晋阳地方。今一十六年，民夷怀服，虏骑不侵，至令塞上烟尘不动，百姓宴然，只用这一员良将，就足以折冲御侮，比之长城，岂不更为雄壮哉！"乃召李世，入为兵部尚书，虽以赏功，亦平内外、均劳逸之意也。

按太宗称世之言，实万世守边之要。盖御虏固以守险为急，尤以得人为本。苟得其人，则整练军马，修葺城堡，皆其职任事耳。不然，或假借修边之名，以糜费财力；或虚饰修边之功，以冒滥升赏；或奏报方行，而旋见倾坏；或堵堞空存，而乏人防守，虽长城万里，只益边民之困耳。守边者不可不知。

上尝临朝谓侍臣曰："朕为人主，常兼行将相之事。"给事中张行成退而上书，以为："禹不矜伐而天下莫与之争。陛下拨乱反正，群臣诚不足望清光，然不必临朝言之。以万乘之尊，乃与群臣校功争能，臣窃为陛下不取。"上甚善之。

太宗一日临朝，与侍臣说道："朕虽贵为天子，深居九重，然内而裁决庶政，巨细必亲，外而统驭三军，所向无敌，是常兼行将相之事也。"太宗此言，盖自夸其才，以为群臣莫能及耳。时有给事中张行成，与闻此言，退朝之后，即上一疏谏说："自古帝王功德，莫盛于禹，观其地平天成，万世永赖，是何等事业！然禹未尝自矜其功，而天下莫与之争功；禹未尝自伐其能，而天下莫与之争能。使禹而自矜自伐，与臣下校量，则禹亦小人矣。今陛下拨转乱世，反之于正，雄才大略，振古无前，一时群臣诚不足以仰望清光。然帝王之体，与臣下不同，纵使功烈过人，皆其分内之事，亦不必临朝对众，自言所长。至以万乘之尊，而与将相群臣校一日之功，争一艺之能，似非圣人不矜不伐之道也。臣之私心，窃所不取。"太宗览奏，深以为善。盖自觉其非矣。

尝谓人君之道如天，天不自有其功，而四时五行之序，皆天之功也。君不自以为能，而群臣百官之事，皆君之能也。尧、舜之治天下，垂衣拱手，恭己南面，而皋、夔、稷、契之流，为之寅亮天工，共成雍熙之化，万世之下，何尝不以为尧、舜之功哉！太宗乃以将相之才自负，而喋喋言之，盖亦昧于大体者矣。

十六年，上谓谏议大夫褚遂良曰："卿犹知起居注，所书可得观乎？"对曰："史官书人君言动，备记善恶，庶几人君不敢为非，未闻自取而观之也。"上曰："朕有不善，卿亦记之邪？"对曰："臣职当载笔，不敢不记。"黄门侍郎刘洎曰："借使遂良不记，天下亦皆记之。"上曰："朕行有三：一，监前代以为元龟；二，进善人共成政道；三，斥远群小，不受谗言。朕能守而勿失，亦欲史氏不能书吾恶也。"

谏议大夫、黄门侍郎，都是门下省官。起居注，是史官所记天子言动，其以他官兼者，叫做知起居注。

贞观十六年，太宗问谏议大夫褚遂良说："卿还兼知起居注之事，所纪录的史书，我可得见乎？"遂良对说："史官之职，凡人君一言一动皆当书之，或善或恶，都要备细记载，庶几为君者有所警惧，恐后人讥笑，不敢为非。若是人主自家要看，则史官不敢从实直书，何以取信后世？

从前未闻人主自观史书者也。"太宗问说："朕所行或有不善，卿也纪录之邪？"遂良对说："臣之职掌，在秉笔以记事，若隐讳不书，便是废职，臣岂敢不记。"黄门侍郎刘洎奏说："人君的举动，天下人所观望，或善或恶，远近传布，决不能掩。纵使遂良要隐讳那不善的事，不肯记载，天下人既皆知之，亦皆私记之，岂能都使他隐讳不书哉！"太宗说："朕平日所行有三件：一件是看前代古人的行事，以为元龟，取其善者为法，鉴其恶者为戒；二件是进用善人君子，与他共成治道；三件是斥远谗邪小人，不听他巧言，被其欺蔽。朕能谨守这三件，不敢差失，正要史官从实记载。我无有不好的事，他自然不能书吾恶也。"

按太宗这三件事，真是万世为君之法。盖欲监观前代，必然日亲经史，日接儒臣，古人的善恶才能通晓；欲进用善人，必然亲信委任，谏行言听，治道才能共存；欲斥远群小，必然察之极真，断之极决，邪党才能销灭。果能如此，则君德日进，治道日隆，史官书之以为美谈，万代仰之以为准则矣。有天下者，岂可一日不留心于此哉！

特进魏徵有疾，上手诏问之，且言："不见数日，朕过多矣。今欲自往，恐益为劳。若有闻见，可封状进来。"徵上言："陛下临朝，尝以至公为言，退而行之，未免私僻。或畏人知，横加威怒，欲盖弥彰，竟有何益！"徵宅无堂，上命辍小殿之材以构之，五日而成，仍赐以素屏风、素褥、几、杖等以遂其所尚。

特进，是唐时宰相加官。

史臣记特进魏徵有疾，于私宅调理，不能朝参，太宗心甚想念，即降手敕，差人往问其疾，因说："自卿给假，已数日不见，朕之所行，无人规正，过失必多。今欲亲自临幸，与卿一言，只恐越增劳扰，故特遣官往问。卿若有闻见朕行的不是处，可封本进来，以便省改。"魏徵回奏说："陛下临朝与群臣议论，常说为政要至公无私，及退朝之后，行出来的事，未免有偏私颇僻的去处。或有时自觉其非，怕人窥见，却又横加威怒，以震慑其心。殊不知人心至愚而神，上之意向所在，无有不知，欲要遮盖，越发彰显，竟有何益！总不如无偏无党，以大公至正之心行之，方是人君之体也。"其疏中大意如此。此时魏徵寝疾已笃，所住的私宅中，尚未有厅堂，太宗知之，那时方欲构一小殿，材用已具，即命撤去，与魏徵起盖厅堂，只五日就完成了。又知徵素性俭朴，室中所须器物，都赐以素屏风、素褥及几、杖等物，以遂其所好，正以彰其贤也。

夫太宗之待徵，数日不见，则想闻其言，其信之专如此；私第无堂，至辍殿以营之，其遇之厚如此，真可谓恩礼兼尽者矣！为之臣者，安得不鞠躬尽瘁，忘身报主，而天下之治，又安有不成者乎！

上曰："朕为兆民之主，皆欲使之富贵。若教以礼义，使之少敬长、妇敬夫，则皆贵矣。轻徭薄赋，使之各治生业，则皆富矣。若家给人足，朕虽不听管弦，乐在其中矣。"

百万叫做兆。

太宗谓侍臣说："国以民为本，民以食为天。朕荷上天眷命，为兆民之主，以天下养一人，可谓富矣；以天下事一人，可谓贵矣。天既与朕以富贵，而朕独不思所以安养兆民，岂上天之意哉？故朕已富，要使百姓每都富；朕已贵，要使百姓每都贵，只在教养之而已。诚能教以礼义，使知尊卑内外之理，上下事使之宜，年少的都尊敬那年长的，为妇的都尊敬那为夫的，则父兄役使子弟，男子役使女人，虽无爵位，也如官府一般，这就是贵了。轻徭役，不尽其力，薄赋敛，不尽其财，使百姓每都有余闲，各去治理生业，为长的得以怀其少，为夫的得以育其妇，渐有蓄积，不至匮乏，这就是富了。既然如此，那百姓每家家饱暖，无有不给的；人人优裕，无有不足的。这等安乐，朕为民父母，也自安乐，不须听那丝竹管弦之声，自然快活，天下极乐的事，也就在这里面了。"

此与民同乐之道，而不徒以九重之贵、四海之富，自奉其身者也。夫前代中主，莫不挟其贵以侮百姓，而太宗欲教以礼义，使之皆贵；莫不恃其富以夺百姓，而太宗欲导以生养，使之皆富；莫不溺于声色以为娱乐，而不恤其民，太宗乃以家给人足为乐，胜于听丝竹管弦。为人君者，能常存此心，天下岂有不治者哉！

二月，上问谏议大夫褚遂良曰："舜造漆器，谏者十余人。此何足谏？"对曰："奢侈者，危亡之本。漆器不已，将以金玉为之。忠臣爱君，必防其渐，若祸乱已成，无所复谏矣。"上曰："然。朕有过，卿亦当谏其渐。朕见前世帝王拒谏者，多云业已为之，或云业已许之，终不为改。如此，欲无危亡，得乎？"

业，是已成的意思。

贞观十七年二月，太宗问谏议大夫褚遂良说："昔帝舜始造漆器，其臣谏者十余人。一器之微，何关得失，而纷纷论谏如此？"遂良对说："人君好尚，所系甚大。惟崇尚节俭，乃是治安之本；若崇尚奢侈，便是危亡之本。以漆为器，虽未至奢侈，然为漆器不已，必将以金玉为之，是乃奢侈之渐也。大凡忠臣爱君，惟恐德业不成，故不待其过失昭彰，方去救正，只从那微细的去处，预先提防。如费用稍有不节，便恐渐入于奢侈；起居稍有不敬，便恐渐流于怠荒；闻直言稍不乐从，便恐渐至于拒谏；任君子稍有疑贰，便恐渐惑于谗邪。是以朝夕图惟，必防其渐。若使见之不早，防之不豫，至于大坏极蔽，祸乱已成，则虽有爱君之心，无所复用其谏矣。"于是太宗说道："卿之言，说的极是。朕一日万几，岂能无过，卿亦当谏其渐。每见前世帝王，拒阻谏诤者，多以成心为主。或是政事有当改行的，只说业已做就了，诏旨有当改正的，只说业已许他了，文过遂非，终不为改。如此，则君德必然日损，政事必然日非，欲无危亡，其可得乎？"

这一段说话，于人臣忠君爱国之心，人君防微杜渐之道，最为明切，不可不深体也。

上曰："人主惟有一心，而攻之者甚众。或以勇力，或以辩口，或以谄谀，或以奸诈，或以嗜欲，辐辏攻之，各求自售，以取宠禄。人主少懈，而受其一，则危亡随之，此其所以难也。"

辐，是车轮中木。辏，是集。

太宗谕群臣说："人主居万民百官之上，应接事务，只有一个心。下面小人，欲希图富贵，千方百计，只要引诱君心，把那许多不好的事，来攻之者甚众。故人主或好武功，他便以勇力来动之；或好谈论，他便以口辩来动之；或喜人赞扬，便献其谄谀，称颂功德，以迎合之；或略可欺瞒，便行其奸诈，颠倒是非，以蛊惑之；或意向有所偏好，便以各样嗜欲，如声色、器玩、宫室、游幸等事来奉承之。以众人之巧计，攻人主之一心，就如那车轮众辐，都攒凑做一处，各人都要求售其计，以图得上心，而规取宠禄。人主少有懈怠，一时不堤防他，这几件中，但只有一件引动，则君心迷惑，政事废弛，危亡之祸，随之而至矣。此君道之所以为难也。"

这一段是论人君当持守此心的意思。太宗天性英明，又历练世故，下人的情状，都看得透彻，然犹虑攻之者众，自觉其难，不敢少有懈怠。此其所以成贞观之治也。有天下者，能以此言常自警省，则众欲之攻，何足以动之哉！

李世尝得暴疾，方云须灰可疗，上自剪须，为之和药。世顿首出血泣谢。上曰："为社稷，非为卿也，何谢之有！"世尝侍宴，上从容谓曰："朕求群臣可托幼孤者，无以逾公。公往不负李密，岂负朕哉！"世流涕辞谢，啮指出血。因饮沉醉，上解御服以覆之。

这一段是记太宗信任功臣的意思。那时李世忽然得个病症，甚是危急，医方上说用人须烧灰，可治此病。太宗只要世的病好，就将自己的须剪与他和药。世病愈，感太宗这等恩眷，叩头出血，涕泣谢恩。太宗说："朕赖卿以安社稷，卿安则社稷安，今剪须以治卿病，乃是为着社稷，非是为卿一身也，何用叩谢！"一日世侍太宗饮宴，情意欢洽，太宗从容向世说："朕在位久，太子幼弱，朕为社稷远虑，遍求群臣中，可付托以幼孤的，莫过于卿。记卿往时在李密部下，那时李密败降，卿据守其地，尚念这土地人民原是李密的，虽决计来降，然不欲邀功，必启李密自献，不负他一时恩德。况今朕之待卿，忘形迹，披腹心，义虽君臣，恩同父子，卿岂不尽忠于朕所托之幼孤，而负朕恩德哉！"世见太宗这等信任他，不胜感激，既荷知遇，又怕不能胜任，遂流涕辞谢，乃自啮其手指，至于出血，以见此身可捐，此恩不可负的意思。因忘分尽欢，无复疑忌，饮至沉醉，昏卧殿上，太宗就解脱自己所御的袍服，以覆盖之。一时君臣之遇，真不啻家人父子之亲也。夫君之待臣如此，人臣有不感戴上恩，而誓死图报者，此岂有人心者哉！

上谓侍臣曰："朕自立太子，遇物则诲之。见其饭，则曰：'汝知稼穑之艰难，则常有斯饭矣。'见其乘马，则曰：'汝知其劳，不竭其力，则常得乘之矣。'见其乘舟，则曰：'水所以载舟，亦所以覆舟。民犹水也，君犹舟也。'见其息于木下，则曰：'木从绳则正，后从谏则圣。'"

太宗既立晋王为太子，一日谕侍臣说："朕自立太子之后，凡遇一物一事，必委曲诲谕之以启发他的志意。如见太子进膳，就教之说：'农夫终岁勤苦，耕耘收获，种得谷成，方有此饭。汝若用饭之时，即念稼穑艰难，此饭不容易得，推此心去体恤农夫，节省用度，则天禄可以永保，而常得用此饭矣。'如见太子乘马，就教之说：'马虽畜类，亦是生命，所当爱惜。汝若乘马之时，即念此马之劳，驱驰有节，不尽其力，则马不至于困敝，而常得乘之矣。'如见太子乘舟，就教之说：'水本以载舟，故舟藉水以运，然而水亦能覆舟，则舟不可倚水为安。那百姓每就譬之水一般，为君上的譬之舟一般，君有恩德及民，则民莫不戴之为君，若是暴虐不恤百姓，则人亦将视之为寇仇而怨叛之。譬之于水，虽能载舟，亦能覆舟，不可不慎也。'如见太子息阴于树下，就教之说：'木生来多有枉曲，惟匠氏以绳墨正之，则斫削的端正，可为官室器物之用。人君生长深宫，未能周知天下之务，行事岂无差错，惟虚心听从那辅弼谏诤之臣，则智虑日明，历练日熟，自能遍知广览而成圣人矣。'这是《书经》上的说话，不可不知也。"

太宗教诲太子，其用心谆切如此，惟以太子将有君人之责，故欲成就其德而诲之，不得不详耳。况于人主之身，正天下安危所系，岂豫养者所可比。诚能因物自警，如太宗之所指，则其为进德讲学之助，岂浅浅哉！

十八年，上曰："盖苏文杀其君，残虐其民，今又违诏命，不可不讨。"褚遂良曰："陛下指麾则中原清晏，顾盼则四夷詟服，威望大矣。今乃渡海远征小夷，万一蹉跌，伤威损望，更兴忿兵，则安危难测矣。"李世勣上伐之。上欲自征高丽，褚遂良上疏谏，上不听。

高丽国，即今朝鲜。

贞观十八年，太宗将征高丽，先与群臣商议说："今高丽乱臣盖苏文，弑其君高武，残虐其国中百姓，又无故兴兵，侵扰新罗的疆界。朕特遣使谕使罢兵，盖苏文抗违诏命，不肯听从。这等凶暴梗化之人，法不可容。

朕为华夷之主，岂可不声罪致讨？"褚遂良谏说："陛下初起晋阳，平定海内，但一举手指麾，中原便清肃晏安，一举目顾盼，四夷便恐惧畏服，这是何等威望，震古耀今，盛大无比。今区区东夷，限隔辽海，乃劳王师渡海远征，冒风涛之险，以问罪于小夷，若能指期克捷，似无不可，设或不虞，万分之中，一有挫折，彼小夷得以藉口，说大唐天子也无奈我何，岂不伤损了威望？到那时节，甘休不得，更起忿兵，夫兵忿者败，臣恐胜负安危，难以逆料，非万全之计也。"彼时朝臣皆以征辽为不可，独李世勣劝太宗发兵讨之。盖世武人，识见不足，太宗以其意与己合，遂决计亲征。褚遂良退而上疏说："天下譬如一身，四夷乃身外之物。高丽诚有罪，必要征他，只消发四五万兵，遣一二员将帅便了，何至劳车驾亲行？"然此时太宗之意已决，终不能听从也。

盖太宗平生，百战百胜，当时群雄如李密、王世充等，与我角力者，今皆削平；四夷如突厥、吐蕃等，为我借资者，今皆臣服。独高丽僻处东隅，隋炀帝竭天下之力以从事于此，而不能克。今幸当其危乱之时，又恃我富强之力，以为取之若振槁，可以震动四方，夸耀千古也。故虽在位既久，而雄心未忘，至于劳万乘而不辞，违群议而自用，卒之辽左无功，竟以天下之众，困于小夷，终其身悒郁追悔，皆一念好大喜功之心为之也。有天下者，可不戒哉！

上好文学而辩敏，群臣言事者，上引古今以折之，多不能对。刘洎上书谏曰："帝王之与凡庶，圣哲之与庸愚，上下悬绝。是知以至愚而对至圣，以极卑而对极尊，徒思自强，不可得也。陛下降恩旨，假慈颜，凝旒以听其言，虚襟以纳其说，犹恐群下未敢对扬。况动神机，纵天辩，饰辞以折其理，引古以排其议，欲令凡庶何阶应答？且多记则损心，多语则损气，心气内损，形神外劳，初虽不觉，后必为累。"上飞白答之曰："非虑无以临下，非言无以述虑。比有谈论，遂致烦多。轻物骄人，恐由兹道；形神心气，非此为劳。今闻谠言，虚怀以改。"

飞白，是字体。

史臣记太宗天性嗜好文学，辩论敏给，遇群臣奏事，必援引古今，与之折辩，群臣多不能对。侍中刘洎上疏谏说："凡人名分相同，智识相若,方好彼此往复辩论。若乃帝王之与凡庶,圣哲之与庸愚,势位智识,上下相去,悬绝甚矣。故群臣奏事于明主之前,乃是以至愚而对至圣,以极卑而对极尊,堂陛既已森严,才识又复短浅,往往慑于天威,仓惶失措,徒欲勉强自效,不可得也。陛下于群臣论奏,虽明降恩旨,假借慈颜,凝旒静听,使之得尽其词,虚襟广纳,使之得行其说,犹恐群下不能对扬休命。况复内动神机,外纵天辩,文饰词说以屈其理,旁引古事以排其论,却教那凡庶之流何由应答,而尽其所言哉? 然此不但失待下之体,亦非自养之道。盖记闲事太多,则心必为所损,言语太多,则气必为所损,心气既内损,又且外散形神,虽今日春秋鼎盛,不觉其劳,然日积月引,久后必受其累矣。"太宗见刘洎所言,剀切忠爱,乃自写飞白字答之说:"人君居上临下,若于所陈章奏,不加思虑审究,中间取舍,岂能无失? 然思虑在心,若非言语,又无以发之,所以近来每有谈论,遂致烦多。由此不改,将至于矜己傲物,恃才陵人,诚有如卿之言者。若形神心气,则不以此为劳也。今既闻忠说之言,即当虚怀以改。"

夫天下事重,万几至繁,若非君臣相与当面商确,岂得事事停当? 但或以才辩高人,而果于自用,则臣下反不得尽言。此刘洎之所为惓惓于太宗也。

上以辽左不能成功,深悔之,叹曰:"魏徵若在,不使朕有是行也。" 乃驰驿祀徵以少牢,复立所制碑。

高丽国在辽水之东,故称辽左。少牢,是羊。

魏徵平生能直言极谏,面折廷争,太宗甚重之,但有举动过差处,常怕他知道,或未行而止,或因谏而罢,就是太宗决意要做的,若于事理未当,他也能极力挽回。魏徵没后,太宗眷念不忘,亲制碑文,立于墓所,表扬他平生好处,后乃被人谗谮,把这碑仆了。及车驾亲征高丽,无功而还,止取得盖州、辽州二城,反折了许多人马,大损威望,太宗深自追悔,却思量起魏徵来,叹息说道:"朕此一行,轻举妄动,若魏徵尚在,必能谏阻,不使朕有是行也。"于是遣人驰驿到魏徵墓所,祭以少牢,仍将前时御制的碑文,立于墓上,以见追思魏徵之意。

大抵忠鲠之臣,人主所畏惮。当其时为苦口之言,逆耳之听,若龃龉而难入，然徐而思之，裨益甚大。盖惟心有畏惮，则事无过差，一举一动，必然斟酌停当，而可免于后悔。然非明圣英断之君，能省身克己，改过不吝，从善如流，亦未有不后事而追悔者也。如唐太宗造次征辽，功隳而后思魏徵；唐玄宗仓皇幸蜀，乱成而后思张九龄，亦无及矣。故为人主者，必持志养心，惩忿窒欲，不以强盛而骄，不以治平而怠，常若法家拂士之在侧，师保箴规之在耳，则何至有后事之悔哉！

萧瑀性狷介，与同僚多不合。尝言于上曰："房玄龄与中书门下众臣，朋党不忠，执权胶固，陛下不详知，但未反耳。"上曰："卿言得无太甚！人君选贤才以为股肱心膂，当推诚任之。人不可以求备，必舍其所短，取其所长。朕虽不能聪明，何至顿迷臧否乃至如是！"

史臣记特进萧瑀天性狷洁孤介，独行己意，不能谐俗，与同僚共处，多不相合。一日奏太宗说："陛下以房玄龄为勋旧，信任不疑，却不知他与中书门下诸臣结成朋党，不肯尽忠朝廷，执掌大权，私意胶固，其所行的事，陛下不得详知。看他专擅之状，已甚明著，但未至于反耳。"太宗闻萧瑀之言，心甚不悦，面斥之说道："卿之所言，岂不太过！人君选择贤才，置之辅弼，托以为股肱心膂，当推一片诚心去委任他，方肯尽忠为国，无所顾忌。若一心以用之，又一心以疑之，人臣谁不解体？且人之才行，本不能全，有所长，必有所短，用人者岂可求全责备？只宜略其所短，取其所长，然后人人得以自效。若将那好处不说，只就其一事之短，以概人之平生，则天下无可用之人矣。朕因玄龄忠谨，所以倾心委任，你却说他朋党不忠，是朕之用人贤否混淆、邪正颠倒矣。朕虽不能聪明，无帝王知人之哲，亦岂应顿迷贤否，至于如是？卿之所言不亦过乎！"

按玄龄奉公体国，知无不为，诚一代之贤相。萧瑀乃以素不相合而极力攻之，使非太宗之明哲，鲜不为所惑矣。夫自古以来，攻任事之臣者，大率有二：非诬之以专擅，以动人主之心，则指摘其一言一行之失，以掩其所长。故任人之道，莫善于推诚，莫不善于求备。能推诚而器使，则二者之言，无由而入矣。太宗数语，真可为万世法也。

齐州人段志冲上封事，请上致政于皇太子。太子闻之，忧形于色，发言流涕。长孙无忌等请诛志冲，上手诏曰："五岳陵霄，四海亘地，纳污藏疾，无损高深。志冲欲以匹夫解位天子，朕若有罪，是其直也；若其无罪，是其狂也。譬如尺雾障天，不亏于大；寸云点日，何损于明！"

齐州，即今山东济南府。封事，是奏章。亘字，解做遍字。疾，是毒害之物。

太宗在三代以后，可谓希世贤君，但其末年，征伐并兴，土木继作，以此稍失人心。那时齐州有个狂人，叫做段志冲，无故上本，说太宗在位日久，厌倦政事，莫若自家退闲，及早把这天下传与皇太子罢。太子闻得这话，甚不自安，心切忧惧，形于颜色，每一发言，辄为流涕。国舅长孙无忌等，请太宗诛戮此人以正典刑，太宗不听，手诏答说："五岳为群山之宗，陵逼霄汉，何等高峻；四海为众水之会，横亘地脉，何等深广。这五岳四海，也容纳那污浊的，也包藏那疾恶的，然岳常自高，海常自深，何曾有纤毫亏损。今志冲乃一匹夫耳，就要朕解去大位，使天子退闲，此不必论其言之是非，但当自省朕之罪过。若朕果有罪，天心弃之，民心厌之，要是他正直敢言也，直的固不当诛；使朕果无罪，上不负天，下不负民，便是他颠狂妄言也，狂的亦不必诛。天下后世，自有公论，区区狂言，岂足为轻重？譬如天被尺雾障蔽，依旧是这等广大，不因此而少亏；日被寸云点缀，依旧是这等光明，不因此而少损。今只当置之不问便了，何用诛戮？"

然志冲狂言，不但不足以累太宗，天下后世，因此益见太宗度量之大，识见之明，能容人所不能容，忍人所不能忍，出于寻常世主万万也。

二十二年正月，上作《帝范》十二篇以赐太子，曰《君体》《建亲》《求贤》《审官》《纳谏》《去谗》《戒盈》《崇俭》《赏罚》《务农》《阅武》《崇文》。且曰："修身治国，备在其中。一旦不讳，更无所言矣。"又曰："汝当更求古之哲王以为师，如吾，不足法也。夫取法于上，仅得其中；取法于中，不免为下。吾居位以来，不善多矣。锦绣珠玉不绝于前，宫室台榭屡有兴作，犬马鹰隼无远不致，行游四方，供顿烦劳，此皆吾之深过，勿以为是而法之。顾我弘济苍生，其益多；肇造区夏，其功大。益多损少，故人不怨；功大过微，故业不堕。然比之尽美尽善，固多愧矣。汝无我之功勤而承我之富贵，竭力为善，则国家仅安；骄惰奢纵，则一身不保。且成迟败速者，国也；失易得难者，位也。可不惜哉！可不慎哉！"

这一段是记太宗教诲太子的事。

贞观二十二年正月，太宗自作一书，叫做《帝范》，凡十有二篇。赐与太子。第一曰《君体》，言人君当正身修德，以端万化之原；其次曰《建亲》，言人君当敦睦宗藩，以固本支之祚；其次曰《求贤》，盖得贤者昌，故必广求人才，以资理道；其次曰《审官》，盖知人则哲，故必甄别贤否，以正官常；其次曰《纳谏》，盖从谏则圣，故言路不可不开；其次曰《去谗》，盖偏信生奸，故谗佞不可不远；其次曰《戒盈》，言满则必覆，当持之以戒慎；其次曰《崇俭》，言富不期侈，必守之以撙节；其次曰《赏罚》，盖赏罚人主之大权，故必当其功罪，而后人心服；其次曰《务农》，盖农桑天下之大本，故必使之力本，而后百姓足；其次曰《阅武》，言肄兵讲武，以备非常，帝王之武功也；其次曰《崇文》，言重道隆儒，以施教化，帝王之文德也。其书中篇目如此。因教太子说："这十二篇书，帝王修身治国的道理备在其中。我若一旦不讳，临终之时也更无别言嘱咐，只是这一部书就尽了。"又命太子说："汝当更求古之贤哲帝王以为师，如我为君，不足法也。盖取法那上等的人，仅能成中等，若取法那中等的人，将不免为下等矣。岂可不求法乎上哉！我自居位以来，所为不善的事多矣：如古人不贵异物，贱用物，而我锦绣珠玉，不绝于前；古人不作无益害有益，而我宫室台榭屡有兴作；田猎本非美事，我则犬马鹰隼无远不致；巡幸，民之所苦，我则行游四方，供顿烦劳。这都是我之深过，汝不可当做好事去仿效。然我所以不败者，盖隋政不纲，天下大乱，我能翦除暴乱以拯济苍生，其有益于民甚多，混一土宇以创造华夏，其有功于世甚大。后来虽有这些过失，却以益人处多，损人处少，故人心不怨；有功处大，有过处微，故基业不堕。若比那古帝王尽善尽美，无一事之可议者，则羞愧多矣。汝不曾有我之功勤，而承受我之富贵，从此竭力为善，则国家仅可少安；若再骄惰奢侈，则一身恐不自保。且成之甚迟、败之甚速者，国家之业也；失之甚易、得之甚难者，天子之位也。岂可不自爱惜哉！岂可不自慎重哉！"

太宗之教太子，恳切如此。盖开创之君，以百战得天下，故知大业难成，天位难保，是宜其言之谆谆也。使继体守成者，能一一遵而行之，则何至于颠覆哉！伊尹之告大甲曰："率乃祖攸行。"傅说之告高宗曰："监于先王成宪，其永无愆。"有天下者，不可不深长思矣。

上营玉华宫，务令俭约，惟所居殿覆以瓦，余皆茅茨。徐惠以上东征高丽，西讨龟兹，翠微、玉华，营缮相继，又服玩颇华靡，上疏谏，其略曰："以有尽之农功，填无穷之巨浪；图未获之他众，丧已成之我军。昔秦并吞六国，返速危亡之基；晋武奄有三方，翻成覆败之业。岂非矜功自大，弃德轻邦，图利忘危，肆情纵欲之所致乎？"又曰："珍玩伎巧，乃丧国之斧斤；珠玉锦绣，实迷心之酖毒。"又曰："作法于俭，犹恐其奢，何以制后？"上善其言，甚礼重之。

徐惠，是贤妃徐氏，名惠。龟兹，音丘慈，是西域国名。翠微宫、玉华宫，都是京师游幸的去处。鸩鸟的羽有毒，入酒中能杀人，叫做酖毒。

太宗晚年颇兴土木，尝选胜地，营造玉华宫一所，戒饬督工诸臣，务从俭约，惟是临御的正殿覆盖用瓦，其余的皆用茅草苫盖，虽极节省，然所费亦不少矣。那时宫中有个贤妃徐氏名惠者，甚有贤德，读书能文。见太宗东征高丽，西讨龟兹，外面征伐不息，又作翠微宫、玉华宫，内里营缮相继，又御前服饰器玩，俱尚华靡，渐见奢侈成风，乃上疏规谏，其大略说道："农夫终岁劳动，所得几何？今征辽之役，乃裹粮渡海，轻冒不测，往往漂没。把这有限的农功，填委在那无涯巨浪之中，岂不可惜！我军几年训练方才成就，今即用以东征西伐，要四夷臣服，然他方之众，未必便来臣服，而我训练已成之军，反先自丧失了，岂不可悯！昔日秦始皇并吞了韩、赵、魏、楚、齐、燕六国，天下一统，似可无虞，乃仅二世而亡，曾不旋踵，其速如此；晋武帝奄有了魏、蜀、吴三方，天下一统，似可无虞，乃仅数传而灭，覆败之祸，若在朝夕。这是何故？盖秦始皇既灭六国，矜其功高，恃其势大，不务修德保邦而轻弃之，心以强盛而骄，故方兴而忽亡；晋武帝既平吴、蜀，止顾目前利便，遂忘意外之变，不悟危亡所伏，而快意荡情，纵肆无极，武备弛于外，女谒盛于内，心以治平而怠，故方成而遽败。此前事之明鉴也，可不戒哉！"疏中又说："人知斧斤之能伤物，不知珍玩之器、技巧之工，非但耗蠹财力，亦且妨废农桑，也能断丧人国，如斧斤一般。人主好此，是怀斧斤以自戕也。人知酖毒之能害生，不知珠玉之宝、锦绣之华，非但诱引耳目，亦且蛊惑志意，也能迷乱人心，如酖毒一般。人主好此，是饮酖毒以自害也。"又说："人主创业垂统，乃后世子孙所观望，顾其作法者何如。诚使躬行节俭，以为后世表率，尚恐子孙每生长富贵，渐忘艰难，日盛一日，以至于奢；若作法于前者，先自奢侈，则后来骄溢，何所不至？动以祖宗藉口，谁能裁制之？诚不可不慎也。"其言词剀切如此。太宗道他说得好，甚加礼重焉。

按徐妃虽一妇人，乃其告太宗者，类皆格言，有裨于君德治道。人主所当朝夕体念者也。

房玄龄疾笃，谓诸子曰："吾受主上厚恩，今天下无事，惟东征未已，群臣莫敢谏，吾知而不言，死有余责。"乃上表谏，以为："陛下每决一重囚，必令三覆五奏，进素膳，止音乐者，重人命也。今驱无罪之士卒，委之锋刃之下，使肝脑涂地，独不足愍乎！向使高丽违失臣节，诛之可也；侵扰百姓，灭之可也；他日能为中国患，除之可也。今无此三条而坐烦中国，内为前代雪耻，外为新罗报仇，岂非所存者小，所损者大乎！愿陛下许高丽自新，倘蒙录此，死且不朽！"上自临视，握手与诀，悲不自胜。薨。

太宗晚年，征讨高丽，不能成功，又选将练兵，欲图再举，海内为之骚然。那时宰相房玄龄得病沉重，因与诸子说："吾奉事主上，三十余年，荷蒙厚恩，不能图报。如今天下已定，无事可言，只是东征辽左，不肯休兵，在廷群臣，惟恐违拂意旨，不敢进谏。我既知其不可，若是终于无言，虽死亦有余责矣。"因上一表谏说："陛下盛德宽仁，每决一重囚，定要三覆五奏，始命行刑，且为之进素膳，止音乐，无非怜悯人性命的意思。今辽左之役，兴师不已，驱迫那无罪的士卒，委弃在锋刃之下，任他身死草野，肝脑涂地，这许多性命，独不可怜悯乎！夫不忍一囚之死，而忍三军之命，陛下之心，必有不能安者矣。然天下之事，亦有出于不得已者。向使高丽违失臣节，不肯奉顺朝廷，诛其罪可也；或是侵犯边境，扰害百姓，灭其国可也；或是他兵势强盛，他日能为中国之害，及早除之亦可也。今高丽既不曾失了臣节，又不曾侵扰百姓，蕞尔小夷又不能为我患害，三者无一于此，而坐烦中国之民，以事无用之地，内则因隋朝不能平定，而为之雪耻，外则因新罗被其侵伐，而为之报仇，岂非所存者小，所损者大乎！愿陛下因高丽服罪，计其自新，休兵息民，以固根本，自然华夷庆赖，远迩得安。臣临终之言，倘蒙录用，虽死亦不朽矣！”表上，太宗闻知玄龄病重，遂幸其所居，亲握其手，与之为别，悲痛之怀，不能自胜。玄龄遂薨。然辽左之师，自是亦不复出矣。

夫玄龄以济世之才，遭不世出之主，佐成帝业，遂致升平。三十余年，帷幄密勿之中，所以弥纶匡赞者，世皆不得而闻，所以号为贤相，而无迹可寻。至于一息尚存，而犹忧念国家，冀以垂绝之言，动人主之听，可谓鞠躬尽瘁，死而后已者矣，岂非万世人臣之轨范哉！

高宗

高宗皇帝，名治，太宗第九子。在位三十四年。

永徽元年正月，上召朝集使，谓曰：“朕初即位，事有不便于百姓者悉宜陈，不尽者更封奏。”自是日引刺史十人入阁，问以百姓疾苦，及其政治。有洛阳人李弘泰诬告长孙无忌谋反，上立命斩之。无忌与褚遂良同心辅政，上亦尊礼二人，恭己以听之。故永徽之政，百姓阜安，有贞观之遗风。

朝集使，是各处朝觐官。刺史，即今之知府。

高宗永徽元年正月，召天下朝觐官面谕之，说道：“朕今初即位，要为天下兴利除害，作新化理，以永保我皇考洪业。但朕生长深宫，外面的事，未能周知。尔等分职四方，于凡民情苦乐、政令得失，必能知其详细，除事体停当，百姓称便的，都照旧执行。外若事有不便于百姓，或建置非宜，所当更革；或措理未善，所当改定；或行之已久，而时势不同；或法意本良，而条理未备，尔等须一一为朕据实陈奏。若地方事多，奏对之间，一时仓卒不能尽陈者，更须具疏实封奏闻。庶乎朕虽不出户庭，得以尽知天下之事。”高宗既宣谕众朝觐官，从此后遂每日引诸州刺史十人，使由阁门见于便殿，问以百姓每所患苦的情状，及刺史所施行的政治，究观其可否如何，用知他才调短长，人品高下，以为黜陟兴革的张本。其留心吏治，勤求民瘼如此。又用先帝顾命大臣长孙无忌、褚遂良为相。那时有洛阳人李弘泰，诬告长孙无忌谋反。高宗知无忌忠勤为国，更不推究，即时传命将弘泰处斩，使小人不敢妄生谗谤，摇动朝廷。无忌与遂良同心协力，辅佐新政。高宗亦尊重二臣，优加礼貌，恭己南面，凡朝廷事务，虚心委任，听其裁决，绝无嫌疑。其信任贤臣，不惑谗间又如此。所以永徽初政清明，百姓每阜盛安乐，有太宗贞观之遗风焉。

夫笃信耆旧，以端化理之本原；博访外短，以悉闾阎之利病。高宗初年，励精图治如此。使能持之有常，其盛德可少訾哉！惜乎溺爱衽席，渐不克终，无忌、遂良竟见疏弃，孽后干政，宗社几危，可为永鉴也。

显庆元年，上谓侍臣曰："朕思养人之道，未得其要，公等为朕陈之。"来济对曰："昔齐桓公出游，见老而饥寒者，命赐之食。老人曰：'愿赐一国之饥者。'赐之衣，老人曰：'愿赐一国之寒者。'公曰：'寡人之廪府安足以周一国之饥寒！'老人曰：'君不夺农时，则国人皆有余食矣；不夺蚕桑，则国人皆有余衣矣。'故人君养人，在省其征役而已。"

显庆元年，高宗谕侍臣说道："朕为天下之主，常思惠养小民，使之各得其所，但不得其要，卿等宜为我言之。"中书令来济对说："养民之道无他，惟在不扰而已。昔者齐桓公出游郊外，见一个年老的人，饥寒可悯，桓公命赐之以食。那老人说：'国中之人，不独我一人受饥，愿赐一国之饥者。'桓公又赐之以衣。那老人说：'国中之人，亦不独我一人受寒，愿赐一国之寒者。'桓公说：'寡人仓廪府库所积有限，安足以遍一国之饥寒！'那老人说：'所谓赐之以食者，不必分君之粟米，以济人之饥；所谓赐之以衣者，亦不必分君之布帛，以济人之寒也。只想那百姓为何受饥，因不得力农故耳。为民上者，但能不夺其务农之时，使得尽力于畎亩，则粟米丰登，而国人皆有余食。这就是君赐与他食了，何必人人而食之哉！百姓为何受寒？因不得蚕绩故耳。为民上者，但能不夺其蚕桑之时，使得尽力于纺织，则布帛充足，而国人皆有余衣。这就是君赐与他衣了，何必人人而衣之哉！'观老人之言如此，可见人君欲养天下之民，不在于家赐而人给之，只是体恤下民，善立法治，省其征求，使财不竭于暴敛，省其徭役，使力不困于公家，则民皆乐业安生，而衣食自足。所谓养民之道，莫要于此矣。"

夫来济以省征役为养民之要，其言固已甚当，然非省费用则不能省征求，非省工作则不能省徭役。必须将用度之过当者，皆为撙节，然后费出有经，而征求可薄；工作之不急者，一切停罢，然后征调有度，而徭役可轻。此又济之所未及也。

麟德元年。初，皇后能屈身忍辱，奉顺上意，故上排群议而立之。及得志，专作威福，上欲有所为，动为后所制。自是上每视事，则后垂帘于后，政无大小，皆预闻之。天下大权，悉归中宫，黜陟生杀，决于其口，天子拱手而已，中外谓之"二圣"。

这一段是记武后擅权之由，以著唐家的祸本。

高宗麟德元年，此时武后裁决政事，权侔人主。史臣追述其初时，武后以太宗才人废弃为尼，因高宗后王氏与萧淑妃争宠，荐引入宫。武后巧慧有机权，能自甘卑屈，忍受耻辱，委曲奉顺人主的意思，得其欢心。以此高宗被他蛊惑，大见宠幸，拜为昭仪，就要废了王皇后、萧淑妃，立他为皇后。那时长孙无忌、褚遂良、韩瑗极力谏止，高宗不听，竟排斥众议，册立武氏为皇后。武后既已得志，便肆无忌惮，乘高宗之昏，窃弄权柄，遍置私人，内杀皇后、萧淑妃，外杀长孙无忌、褚遂良、韩瑗，专作威福，但是高宗要做的事，动辄为他所牵制，不得自由。高宗怒其专恣，尝命近臣上官仪草诏欲废之，竟为武后所胁沮，反诛了上官仪。自此以后，高宗每出临朝视事，武后便随出垂帘坐于其后，外廷政事，不论大小，皆得预闻。高宗昏庸，又都委他裁决，以此天下大权悉归中宫，凡官员之黜陟、刑狱之生杀，都决断于武后之口，天子不能做主，但拱手听命，尸位而已。于是中宫之尊，与天子并，内外臣民称为"二圣"，而威福之柄，不自天子出矣。

《易经》上说："男正位乎外，女正位乎内。男女正，天地之大义也。"《书经》上说："牝鸡司晨，惟家之索。"自古妇人不与外事；阴干阳位，鲜有不致祸败者。唐自武后专政之后，遂以女主临朝，革唐为周，实开辟以来所未有之大变。然原其始，则高宗一念之嬖爱为之也。是以人君必清心寡欲，贵德贱色，修身齐家，谨于幽独之中，察于燕私之际，使妇不得乘夫，内不得干外，然后君权无旁落，而宗社可常保也。

时承平既久，选人益多。是岁，司列少常伯裴行俭始与员外郎张仁祎设长名姓历榜，引铨注之法，又定州县升降、官资高下。其后遂为永制，无能革之者。大略唐之选法，取人以身、言、书、判，计资量劳而拟官。始集而试，观其书、判；已试而铨，察其身、言；已铨而注，询其便利；已注而唱，集众告之。各给以符，谓之告身。

这一段是记唐时选法之详。

司列少常伯，即吏部侍郎。告身，即今之诰敕。

唐初承兵革之余，人不乐仕，候选者少。到高宗时，天下承平日久，入仕之途渐广，每年应选的人数，比旧增多。是岁，司列少常伯裴行俭与吏部员外郎张仁祎，见人材壅滞，乃调停斟酌，设为长名姓历榜法，以定其留放；引铨注之法，以为之规格；又将州县大小分为八等，因量官资除授，如资望高者，授以上等州县，资望卑者，授以下等州县。自二人更定，此法甚为便利，以后吏部铨选，遂守以为定制，无有能变之者。大抵唐之选法，其取人有四：一曰身，是观其仪状；二曰言，是听其应对；三曰书，是试其书写；四曰判，是考其批判。合是四者，又计其资俸之浅深，量其效劳之多寡，而后拟官以授之。每年十月以里，天下候选人员，皆集于吏部，选至三月而尽。初集则先考试，所谓观其书、判是也；已试而后铨择，所谓察其身、言是也；已铨而后填注，面问其地方相宜、官资相当与否，以注其阙；已注而后唱名，使选者皆集，各以其官告之，于是上问下省审定，请旨奉行，各给敕文，以为符验，叫做告身。其详节如此。

盖辨官论材，是朝廷第一要务，固贵处得其当，犹须任得其人。当时裴行俭有知人之明，其详品士类，必以器识为先，而浮华浅躁之流，虽材不取。故唐初以来，掌铨者以为称首，固不专恃立法之善而已。自此以后，铨总之法益密，而伪滥之途益增，至于糊名易书、假手代进，而所谓身、言、书、判者，亦不过文具而已，则任法之不如任人可见矣。

上既封泰山，欲遍封五岳，监察御史里行李善感谏曰："数年以来，菽粟不稔，饿殍相望，四夷交侵，兵车岁驾，陛下宜恭默思道以禳灾谴，乃更广营宫室，劳役不休，天下莫不失望。"上虽不纳，亦优容之。自褚遂良、韩瑗之死，中外以言为讳，无敢逆意直谏，几二十年。及善感始谏，天下皆喜，谓之"凤鸣朝阳"。

监察御史里行，是官名，如今之试御史。菽，是豆。稔，是熟。殍，是饿死的人。

此时高宗仿秦汉封禅之仪，既亲幸泰山，加土于山上以祭天，因欲并封嵩山、霍山、华山、恒山，遍周五岳，遂于嵩山之南，营造奉天宫，以为驻跸之所。监察御史里行李善感上疏谏说："封禅之举，本以天下太平告成功也。今数年以来，天下凶荒，五谷不熟，饿死的人举目皆是，又四夷都来侵犯，我中国兵车岁岁驾行，不得休息，这等景象，岂是太平！意者天降灾谴，以为言戒。陛下正宜深居内省，端拱静默，思量治道，以消禳灾谴，庶乎天变可回，人心可慰。今乃更事巡游，广营宫室，劳役百姓，耗天下之财力，所在骚然，民不堪命，岂不大失天下仰望之意乎！"这疏内所言，高宗虽未听纳，亦宽容而不罪也。盖自高宗初年，褚遂良、韩瑗二人谏立武后，得罪贬死，由是内外群臣以言事为忌讳，虽心知其非，未有敢违逆上意而直言极谏者，天下不闻谏疏，几二十年。至是善感始有此疏，天下闻之，莫不喜庆，比于"凤鸣朝阳"。盖凤凰之鸣，旷世而一见，善感之谏，亦数十年而始闻，诚悲其稀阔，幸其仅有，又深叹其难得也。

夫言路，国家之血脉也。血脉流通，则荣卫调畅；血脉壅塞，则疾病横生。今以言官之常职，比于世所希有之物，此岂盛世之事哉！故惟明主不罪逆耳之言，然后人臣敢陈苦口之说，使言路常通，则政事可无阙失而天下治矣。

卷之十七

唐纪

中宗

中宗皇帝，名显，是高宗第七子。即位之后，太后武氏废为卢陵王，后复正位。前后在位六年，中间武后革命二十一年，今通作中宗年分。

有告皇嗣潜有异谋者，太后命来俊臣鞫其左右。太常工人安金藏大呼谓俊臣曰："公既不信金藏之言，请剖心以明皇嗣不反。"即引佩刀自剖其胸，五脏皆出，流血被地。太后闻之，即命俊臣停推。睿宗由是得免。

昔武后生四子：长太子弘，次雍王贤，皆为武后所杀；又次中宗，即位之后，亦为武后所废；止有少子豫王旦，因立为皇帝，是为睿宗。已而武后改唐为周，自称帝号，又以睿宗为皇嗣，使之退处东宫。是时，武后任用酷吏来俊臣等，大兴罗织之狱，将唐家宗室、大臣诛灭殆尽，仍欲立其侄武承嗣为太子，皇嗣不能自保。有一人承望风旨，上本告皇嗣暗怀别心，图谋争位，欲假此陷害睿宗，以绝唐家社稷。武后听信其言，就命来俊臣将皇嗣左右的人拿去鞫问。俊臣用酷刑拷讯，那皇嗣左右人受苦不过，都要招认。此时有个太常寺工匠，叫做安金藏，也是东宫人数，独一力保救皇嗣，大声叫呼，向俊臣说道："皇嗣实无异谋，公既不信金藏之言，情愿将我的心剖出以明皇嗣不反。"即拔所带的刀，自家剖破胸腹，五脏皆出，血流满地。太后闻知，方信皇嗣受诬，为之感叹，即命来俊臣将这东宫左右停止推问。睿宗由此得免于祸，皆安金藏之力也。

按武后以女主当阳，潜移大命，唐室宗支，枝连蔓引，横遭屠戮，虽其子亦不免焉，如线之绪，止有中宗、睿宗二人而已。使当时一有动摇，则高宗、太宗之基业，自此倾矣。金藏一区区贱役，乃能不惜其身，剖心为主，以上感武后之心，而下消觊觎之望，可谓有功于社稷者矣。可见忠义之在人心，不以贵贱而有异，亦可见人心之思唐室，虽以武后之虐焰，而不能加于匹夫，岂非其祖宗德泽入人之深哉！

十五年春三月，帝还东都。武承嗣、三思营求为太子，太后意未决。狄仁杰每从容言于太后曰："文皇帝栉风沐雨，亲冒锋镝，以定天下，传之子孙。大帝以二子托陛下，陛下今乃欲移之他族，无乃非天意乎！且姑侄之与母子孰亲？陛下立子，则千秋万岁后，配食太庙，承继无穷；立侄，则未闻侄为天子而祔姑于庙者也。"又劝太后召还卢陵王，太后意稍悟，由是遣徐彦伯召卢陵王诣行在。九月，立卢陵王为皇太子。

武承嗣、武三思，都是武后的侄。

初，武后既僭帝位，废中宗为卢陵王，徙居房州，至十五年春三月，始召还东都。然中宗所以废而复正，唐家社稷危而复安者，皆狄仁杰之功。史臣叙其始末说道：初，武后二侄武承嗣、武三思听信小人拨置，以武后既为天子，改唐为周，岂可复用李姓为嗣，乃百计营求武后立他为皇太子。武后之意，犹豫未决。狄仁杰为宰相，每乘间从容以天理人情切要求处，开悟武后，说道："今日天下，原是我太宗文皇帝及大帝高宗的天下。昔文皇帝开创之初，历了许多艰难辛苦，昼夜暴露，与群雄战争。头不暇梳，风为之梳；面不暇洗，雨为之洗。亲身冒犯刀刃箭镞，间关行阵，出百死得一生，方才能剪除群雄，平定海内，创造基业，传与子孙。此乃天之所授，岂是容易。大帝高宗，兢兢嗣守，临崩之际，亲把他二子卢陵王及豫王，付托与太后。以太后国母，可以托孤，必不负平生之言也。今乃欲立武氏为嗣，灭绝唐家社稷，其无乃违上天眷顾李氏之意乎！违天者不祥，虽夺之，恐亦不能有也。且武承嗣、武三思是太后之侄，太后乃姑也；卢陵王、豫王是太后之子，太后乃母也。人家姑侄与子母，那个最亲？妇人从夫，以父母家为外家，侄是外人，子母乃天性之爱。太后若立子为嗣，则子有天下，太后千秋万岁后，配食高宗，永享太庙之祭，子子孙孙，永继无穷。若立侄为嗣，则自古以来，未闻有侄为天子，而其姑得以配享太庙者也。为太后远计，亦不当舍子而立侄矣。今卢陵王见在房州，莫若召还以为皇嗣，则人心安，天意得，而太后亦永有所托矣。"因力劝之。太后以仁杰言词削切，稍稍开悟。由是遣职方员外郎徐彦伯，宣召卢陵王还东都。是年九月，立卢陵王为皇太子，中宗之位始定。而武承嗣等，不敢复萌侥幸之心。其后张柬之等，因得奉中宗以正大位，反周为唐，皆狄仁杰之力也。

大抵人心蔽锢，非以从容开导之，则不入；非以至情感动之，则不从。姑侄子母之说，始发于李昭德，仁杰不过申明其意耳。然武后不悟于昭德，而悟于仁杰，则仁杰之重望至诚，又太后之所深信故也。故人臣谏君，必以积诚养望为本，又能徐伺机会而不骤，切中肯綮而不泛，则天下无不可悟之君，无不可成之事矣。

以天官侍郎苏味道为凤阁侍郎、同平章事。味道前后在相位数岁，依阿取容。尝谓人曰："处事不欲明白，但摸棱持两端可矣。"时人谓之"苏摸棱"。

武后时，改吏部为天官，中书省为凤阁，门下省为鸾台。平章，即古百揆之任，言揆度百事，而使之平正章显，乃宰相之职也。摸棱，是含糊两可的意思。

武后临朝，擢天官侍郎苏味道为凤阁侍郎，与凤阁鸾台长官，一同平章政事。史臣因记说：味道前后再入相位，共有数年，其任不为不重，却只依附阿私，以取容悦，不能奉公守法，有所匡正。曾与人说道："大凡处天下事，不要十分明白，恐惹嫌怨，但只摸着边棱，在是非可否之间，两下里都占些分数。使其事行之而有利，我固可以安享其成功；使其事行之而有害，我亦可以苟免于罪责。"味道此言，都是全身远害的意思，其人品心术，因可概见。故当时之人，闻其言者，皆非笑之，因呼他做"苏摸棱"，其鄙之如此。

大抵人臣之事君，只当论义理可否，不当顾一身利害。事苟有益于国，虽众人皆以为非，亦断然行之而不疑；事苟有害于国，虽众人皆以为是，亦决然止之而不为。至于成败利钝，又未尝期必于其间。这才是为国为民之心。岂有身为宰相，而以摸棱为计者乎？味道之言，不惟一时之所鄙，亦后世之深戒也。

娄师德薨。师德性沉厚宽恕，狄仁杰之入相也，师德实荐之；而仁杰不知，意颇轻师德，数挤之于外。太后觉之，尝问仁杰曰："师德知人乎？"对曰："臣常同僚，未闻其知人也。"太后曰："朕之知卿，乃师德所荐也，亦可谓知人矣。"仁杰既出，叹曰："娄公盛德，我为其包容久矣。吾不得窥其际也。"是时罗织纷纭，师德久为将相，独能以功名终，人以是重之。

武后僭位之十六年，宰相娄师德薨。史臣叙说：师德之为人，性资沉深厚重，待人宽恕有容，有恩不使人闻知，有仇不与人计较。初，武后用狄仁杰为相，实为师德疏荐其贤，而师德未尝自言。仁杰不知，意颇轻忽师德，以为不堪宰辅，屡屡要排挤他出为外任。武后觉得仁杰不能容师德，盖由不知其荐引之故，因问仁杰说："宰相以知人为先，师德亦可谓知人乎？"仁杰答说："知人甚难。臣尝与师德为同僚，相处最熟，未尝闻他有知人之明。"武后说："我所以知卿之贤，而用为宰相者，实由师德荐引之故。他能知卿之贤而举之，不可谓不知人矣。"仁杰闻武后之言，才知由师德汲引，故至宰相。既出，不觉叹服说道："娄公盛德长者，于我有荐举之恩，我乃薄待之，而娄公终不以为言，是我在其包容之中，非一日矣。其度量宽广，真如沧海一般，吾不得窥其涯涘也。"那时武后开告密之门，任鸷酷之吏周兴、来俊臣等，罗织人罪，纷纭多事，文武大臣动辄为人所告，指为谋反，或下狱，或贬死，虽仁杰不免。而师德在朝最久，出将入相，独保全功名终其身，绝无间隙，则以其盛德长者，上下信之，不为世所疑忌故也，人以此莫不敬重焉。

大抵宰相荐贤，本以为国，非为私也，故荐人而人不知，乃谓之公。若一求人知，则不免有市恩之心。有市恩之心，则不免有望报之意，而其弊将至于借公举，以树私人，为害有不可胜言者矣。仁杰若知师德之荐己，宁肯以薄待？乃师德之终身不言，则庶几乎断断无他技，休休如有容者矣。此可为相天下者之法。

太后信重内史梁文惠公狄仁杰，群臣莫及，常谓之国老而不名。仁杰好面引廷争，太后每屈意从之。太后尝问仁杰："朕欲得一佳士用之，谁可者？"仁杰曰："未审陛下欲何所用之？"太后曰："欲用为将相。"仁杰对曰："文酝藉，则苏味道、李峤固其选矣。必欲取卓荦奇材，则有荆州长史张柬之，其人虽老，宰相材也。"太后擢柬之为洛州司马。数日，又问，仁杰对曰："前荐柬之，尚未用也。"太后曰："已迁矣。"对曰："臣所荐者宰相，非司马也。"乃迁秋官侍郎，久之，卒用为相。仁杰又尝荐夏官侍郎姚元崇、监察御史桓彦范、太州刺史敬晖等数十人，率为名臣。或谓仁杰曰："天下桃李，悉在公门矣。"仁杰曰："荐贤为国，非为私也。"

这一段是记狄仁杰的事。

仁杰封梁国公，谥文惠。卓荦，是超绝的意思。长史、司马，都是刺史佐贰官。秋官，是刑部。夏官，是兵部。

史臣记：武后晚年，以梁文惠公狄仁杰素有德望，因擢为宰相，甚是委信敬重他，在朝群臣，皆莫能及。每见仁杰奏对，只称为国老，而不呼其名，其信重之如此。仁杰亦感激知遇，尽心辅理，遇有所行不当，辄面引廷争，无所顾忌。武后虽天性暴虐，然谅其忠恳，亦每每屈意从之。武后曾问仁杰说："朕要得一贤士用之，只今群臣中谁为可者？"仁杰说："不知陛下欲用为何官？"太后说："要堪为将相者。"仁杰对说："今群臣之中，若论文章学识，酝藉抱负，则凤阁侍郎苏味道、成均祭酒李峤，一时人望所推，无出其右，只用此二人可矣。若必欲求卓荦出格的奇材，可以担当大事者，目前却不多得，只有荆州长史张柬之。此人年纪虽老，观其器略，却是个宰相之材，不可不及时而用之也。"武后闻仁杰之言，就升柬之做京畿洛州司马，尚未决意大用。数日之后，又问仁杰访求贤士，仁杰对说："臣前荐张柬之，陛下尚不曾用，何必他求？"武后说："张柬之因卿之荐，已迁为洛州司马矣。"仁杰说："臣荐柬之，谓其可为宰相，非司马也。若止以司马处之，岂足尽其才耶？"武后见仁杰之荐，遂升柬之为秋官侍郎，久之，卒用为宰相。仁杰又曾荐夏官侍郎姚元崇、监察御史桓彦范、太州刺史敬晖等，共有数十人，都是当时贤士，武后一一任用，其后皆能建功立业，为唐室名臣。或谓仁杰说："方今天下贤才，皆为公所引进，一似种了许多桃李在门墙之下，不亦盛乎！"仁杰答说：

"引荐人才，只是要同心共济，为国家分猷宣力，岂为树恩于人，以图一己之私乎！若有一毫自私之心，虽汲引无遗，亦非为国之公矣，我之心不如是也。"

夫自古以来，名臣贤相，未有不以荐贤为首务者，然心之公私少异，而其孚格顿殊。武后虽猜忌之主，而于仁杰所荐，用之如恐不及，不少致疑者，盖谅其心之纯于为国故也。若一有树恩好名，徇情为己之心，则虽以太宗英明之君，不能不疑魏徵之为党，况其他乎！可见为宰相者，不徒贵于能荐贤，尤贵于至公也。

是岁苏安恒复上疏曰："臣闻天下者，神尧、文武之天下也。陛下虽居正统，实因唐氏旧基。当今太子追回，年德俱盛，陛下贪其宝位而忘母子深恩，将何圣颜以见唐家宗庙，将何诰命以谒大帝坟陵？陛下何故日夜积忧，不知钟鸣漏尽！臣愚以为天意人事，还归李家。陛下虽安天位，殊不知物极则反，器满则倾。臣何惜一朝之命而不安万乘之国哉！"太后亦不之罪。

前此十八年，武邑人苏安恒上疏请武后禅位东宫，自怡圣体，武后慰谕而遣之矣。既阅岁不行，至是十九年，苏安恒又上疏说："臣闻今日之天下，非武氏之天下，乃我高祖神尧皇帝、太宗文武皇帝，栉风沐雨，亲冒锋镝得来的天下。太后今日改唐为周，虽居正统，非偏安窃据之比，其实因唐家旧时开创的基业，还是李氏子孙的故物，岂容久假不归？方今太子幸自房陵追回东宫，年垂五十，阅历既多，孝敬著闻，德亦甚盛，天下人心，朝夕属望。太后以母代子，贪恋大宝之位，遂忘母子天性之爱，孤负高宗大帝之付托，使九庙无依，不知太后将何颜面以见唐家的宗庙，将何词命以谒大帝的坟陵？名不正，言不顺。明有人非，幽有鬼责，反之于心，得无愧乎？且天位至重，机务至烦，太后有子在，可以代劳，何故日夜自积忧勤？譬之天色将明，钟已鸣矣，漏已尽矣，年衰力倦，犹贪恋权势，不肯少休，岂不愚乎？臣愚以为高宗、太宗功德在人，人心如此，天命可知。今日天意人事，不在武氏，还归李家。太后虽欲据之以为安，殊不知安危相倚，无往不复。大凡物理到那极处，其势必反。如热极则寒，荣极则悴；又如虚器注水，至于盈满，必然倾覆，不可不戒。故能传位太子，则安如泰山；若贪位不止，则危如朝露。臣固知触犯忌讳，言出而祸随之，然万一开悟，则国家之福，臣何惜一朝之命，而不以安万乘之国哉！惟太后采纳，臣死且不朽。"

是时武后年已衰耄，故安恒之疏，虽词多触犯，亦不加罪也。夫以一布衣而能奋其气于鼎镬之前，即此可以见人心之在唐，天理之不泯。而唐室诸臣，乃俯首听命，唯唯不敢出一言，或反为诸武画策者，视此可以内愧矣。

神龙元年，春正月，太后疾甚，张易之、张昌宗居中用事。张柬之、崔玄与中台右丞敬晖、司刑少卿桓彦范、相王府司马袁恕己谋诛之。谓右羽林卫大将军李多祚曰："将军今日富贵，谁所致也？"多祚泣曰："大帝也。"柬之曰："今大帝之子为二竖所危，将军不思报大帝之德乎？"多祚曰："苟利国家，惟相公处分。"遂与定谋。柬之又用彦范、晖及右散骑侍郎李湛皆为左右羽林将军，委以禁兵。

神龙，是中宗复位年号。中台右丞，是尚书省佐贰官。司刑少卿，即大理少卿。相王府司马，是王府官僚。右羽林卫大将军，是上直宿卫官。右散骑侍郎，亦是领亲军官名。

神龙元年春正月，武后寝疾在宫，病势沉重。此时中宗为皇太子，不得进见，只有两个嬖臣叫做张易之、张昌宗，朝夕在里面用事。这两人自知罪过深重，人心不平，恐武后一旦不讳，为朝臣所诛，因潜谋倾陷太子，势甚危急。宰相张柬之、崔玄与中台右承敬晖、司刑少卿桓彦范、相王府司马袁恕己五人，同心商量，要诛戮二贼，以安社稷，只少一个管领禁兵的人，为之内应。时有右羽林卫大将军李多祚，他是高宗的旧臣，柬之等要引他共事，只不知他心事何如，先把一句言语去打动他，说道："将军，你今日这富贵，是谁与你的？"多祚因想起高宗来，不觉垂泣说："我今日这富贵，都是先帝的恩。"柬之因说："如今皇太子是大帝之子，被易之兄弟二竖谋害，旦夕不保，将军既知追感先帝之恩，可不思所以报之乎？如今若能除了二贼竖，保全得皇太子，则先帝之恩报，而将军之富贵可以长保矣。"多祚遂感奋说道："当今事体，苟有可以利国家者，随相公如何处置，我无有不从。"柬之见多祚忠义，遂与定谋。又恐他一人不能独济，再用桓彦范、敬晖及右散骑侍郎李湛皆为左右羽林将军，将宿卫禁兵委之管领。已而同谋举兵，诛戮二张，迎中宗于东宫，复正大位。重立唐家社稷，皆五人之功也。

按武后改物革命二十余年，虽用狄仁杰之言，立中宗为太子，以系属天下人心，然内而二张之流，盘据禁苑，外而诸武之党，布列朝廷，瞬息之间，事不可测矣。柬之等乃能协力同心，匡复神器，使唐之宗社，绝而复兴，其功可谓大矣。然柬之等皆狄仁杰所荐用，故后世论功者，不称柬之等之定难，而称仁杰之能荐贤也。

二张之诛也，洛州长史薛季昶谓张柬之、敬晖曰："二凶虽除，产、禄犹在，去草不去根，终当复生。"二人曰："大事已定，彼犹机上肉耳，夫何能为！所诛已多，不可复益也。"季昶叹曰："吾不知死所矣。"朝邑尉刘幽求亦谓桓彦范、敬晖曰："武三思尚存，公辈终无葬地；若不早图，噬脐无及。"不从。

二张，即前张昌宗、张易之。吕产、吕禄，是汉吕太后的侄，吕后称制时，并封为王，及后崩，二人领南北军，欲为乱，为太尉周勃所诛。机，是切肉的案。噬，是啮。麝脐有香，被人追急，乃自啮脐抉出其香，以求脱免。

初，张柬之与中台右丞敬晖、司刑少卿桓彦范等，既诛张昌宗、易之，而迎中宗复位，那时武氏族人，尚有武三思在。洛州长史薛季昶忧之，对张柬之、敬晖说："今昌宗、易之二凶虽诛，而武三思尚在，就如汉时吕产、吕禄一般，使其居中用事，为祸不浅。譬如去草不去其根，这根在土，终当复生，至于滋蔓，便难图矣！"张柬之、敬晖二人都无远虑，不着三思在意，不从其言，说道："今反周为唐，大事已定，区区一三思，其生死在我辈手中，就如案上的肉，要割便割，要切便切，量这竖子干得甚事。且二张之党，一时诛杀已多，岂可又加杀戮！"季昶见计不从，知祸乱且及己，乃叹息说："留此祸根未能除灭，吾不知此身当死在何处矣！"又有朝邑尉刘幽求，亦知三思必能为祸，也对桓彦范、敬晖说："武三思尚在，公等必为所害，终无葬身之地；若不及今早图，恐一旦得志，悔之晚矣！虽复噬脐求免，将何及哉！"彦范等亦不能听。

后来韦后专权，三思与之私通，依旧如武后时，中宗暗弱不复能制，将柬之等五王，尽都杀了，为武氏报仇，而唐之社稷几于再乱，果如季昶、幽求之言。古语云："树德务滋，除恶务本。"又云："焰焰不灭，炎炎若何？涓涓不塞，将成江河。毫末不伐，将寻斧柯。"由是观之，乱常生于所忽，几常失于不断，祸常伏于不足畏，功常隳于无远图。有天下者鉴诸。

睿宗

睿宗皇帝，名旦，高宗第八子。初封相王，中宗末年举兵诛韦后而即位。在位二年。

上将立太子，以宋王成器嫡长，而平王隆基有大功，疑不能决。成器辞曰："国家安则先嫡长，国家危则先有功。苟违其宜，四海失望。臣死不敢居平王之上。"涕泣固请者累日。大臣亦多言平王功大宜立。刘幽求曰："臣闻除天下之祸者，当享天下之福。平王拯社稷之危，救君亲之难，论功莫大，语德最贤，无可疑者。"上从之，立平王隆基为太子。

宋王成器，是睿宗长子。平王隆基，即玄宗，是睿宗第三子。

中宗复位之后，皇后韦氏又乱政，鸩毒中宗，诸韦之党，布列左右，此时唐家社稷，几于再危。睿宗时在潜邸，其子隆基与太平公主同谋，举兵诛韦氏，拥立睿宗。睿宗即位，欲立太子，以宋王成器是嫡长子当立，而平王有匡复社稷之功，因此心下狐疑，不能决断。成器亦知平王功大，内不自安，因向睿宗力辞说："天下之事，有经有权。假如国家无事，固当先立嫡长以正本宗；若是国家多难，幸有非常之才，出而平定之，当此之时，社稷事重，须要以功为先，不必论长。若平定大难的人，不享其报，却只以长幼之序，使无功享其成，则事违其宜，岂不失四海臣民仰望之心乎！今日之事，必立平王为是。臣宁死决不敢居平王之上。"因涕泣固请，累日不止。那时在朝大臣也都说："平王有大功，当立为太子。"中书令刘幽求亦奏说："臣闻天位至重，不可虚享，必是能除得祸乱的人，为天命人心所归，方当享受天下之福。近日女主临朝，国家不造，陛下在危疑之地，亦不能自保，赖平王仗义讨贼，拯济社稷之危，救护君亲之难，其功甚大。且孝友著闻，在诸王又为最贤。功德兼隆如此，正当立为太子，无可疑者。"睿宗见成器谦让，人心有归，因从诸臣之请，立平王为太子。

夫古之立后者，嫡均以长，长均以贤，此不易之常道。但或遇有非常之功，如太宗之创业，玄宗之中兴，则不可以例论。高祖不能舍建成而立太宗，故建成不保首领，而太宗亦贻万世之讥；睿宗能舍成器而立玄宗，故成器得享富贵，而玄宗亦全友爱之名。二事相类，而得失之效较然矣。

玄宗

玄宗明皇帝，名隆基，是睿宗第三子。平韦后之乱，奉睿宗即位，以功立为皇太子，寻受禅。在位四十三年。

以同州刺史姚元之为兵部尚书、同中书门下三品。上初即位，励精为治，每事访于元之，元之应答如响，同僚唯诺而已，故上专委任之。元之请抑权幸，爱爵赏，纳谏诤，却贡献，不与群臣亵狎，上皆纳之。

唐制凡朝廷政务，中书省裁决，门下省审验，尚书省施行，这三省长官便是宰相。后以他官作相，或阶秩稍卑，则令同侍中中书令视事，给三品禄秩，叫做同中书门下三品。姚元之，即姚崇，初为武后宰相，再相睿宗，以计黜太平公主得贬。玄宗素知其才，欲相之。此时元之做同州刺史，在畿辅近郡，玄宗猎于渭川，遣中使召至，即拜兵部尚书、同中书门下三品。初玄宗即位，承韦、武大乱之后，乃励精求治，既任元之为相，凡朝廷政务，事事咨访于他。元之素有干济才略，于天下事无不经心，随问随答，如响应声，更无疑滞，其余同僚在政府者，都只唯诺承顺而已。以此元之独称上意，玄宗专一委任，亲信无间焉。元之初拜相时，亦尝以十事要说玄宗，度上可行，然后受命。其中紧要的在于劝玄宗，裁抑权幸之臣，使不得干犯法禁；爱惜朝廷爵赏，不至于滥及匪人；中外群臣皆得触犯忌讳，以容纳谏诤；罢却戚里贡献，以塞媚悦之门；勿与群臣亵狎，以肃朝廷之礼。皆关系国体，切中时弊，玄宗一一嘉纳焉。

尝观玄宗之任姚崇，诚千载一时之遇。君之任相也，拔之投闲置散之余,用之众忌群猜之日,可谓独断于心。臣之为相也,本以识机应变之才,济以量时救弊之略,可谓不负所任。此其君臣相得,树立可观,而开元之治庶几贞观之风也。

姚元之尝奏请序进郎吏,上仰视殿屋,元之再三言之,终不应。元之惧,趋出。罢朝,高力士谏曰:"陛下新总万机,宰臣奏事,当面加可否,奈何一不省察?"上曰:"朕任元之以庶政,大事当奏闻共议之。郎吏卑秩,乃一一以烦朕邪!"会力士宣事至省中,为元之道上语,元之乃喜。闻者皆服上识人君之体。左拾遗曲江张九龄以元之有重望,为上所信任,奏记劝其远谄躁,进纯厚。元之嘉纳其言。

左拾遗,是门下省官。曲江,是地名,即今广东始兴县。

玄宗即位之初,以姚元之为宰相,倾心信任。一日,元之将升转郎官名次,面奏请旨,玄宗不答,只仰面看殿屋。元之又再三奏请,玄宗终不答应。元之只说玄宗怪他,恐有得罪,不敢再奏,疾趋而出。及朝罢,内侍高力士谏说:"陛下新即大位,总理万机,宰相奏事,正宜面定可否,何故只仰看殿屋,通不察省?"玄宗说:"我以元之为相,将国家庶政都付托与他,委任至重,惟有军国大事,不能自决者,方当奏闻,我与他商议。今郎吏小官,只可便宜处补,却也来一一奏请,使朕裁决,岂朕所以任元之之心耶?"这是玄宗专任宰相的意思,元之却不知,心怀疑惧。适遇高力士以传奉旨意到中书省中,因将玄宗的言语备细说与元之。元之心上方安,不胜欣喜。群臣闻知,都说玄宗不亲细事,而委任贤相,得为君之体。此时,左拾遗曲江张九龄以元之负天下重望,为玄宗所信任,正是可以有为之时,只恐他所用非人,无裨治道,乃上一书与元之,劝其屏斥谄谀浮躁之流,奖进纯谨忠厚之士。盖谄躁之人,凡可以阿意求容者,无所不至,必至大坏风俗,为国家之害;若是那纯厚的人,一心惟知奉公守法,必不至纷纷造作,以长事端。元之见他说得是,嘉纳其言。自是一时所用皆贤人君子,而开元之治成矣。

夫人主劳于求贤,而逸于任人。玄宗之任元之,真可谓知大体矣。然须是真知宰相之贤,乃可以委任责成,不劳而治;若不择其人,而轻授以用舍之柄,将至于威权下移,奸邪得志,其危害又岂浅浅哉!故以玄宗论之,开元之中专任姚元之、宋璟而治;天宝之中专任杨国忠、李林甫而乱。委任非不同,而治乱之效如此,岂非万世之明鉴哉!

上素友爱,近世帝王莫能及。初即位,为长枕大被,与兄弟同寝。于殿中设五幄,与诸王更处其中,谓之五王帐。薛王业有疾,上亲为煮药,回飙吹火,误爇上须,左右惊救之。上曰:"但使王饮此药而愈,须何足惜!"

幄,是帷幕。回飙,是旋风。爇,是烧。

玄宗平日与众兄弟每极相友爱,及即大位,也不改变,近代为帝王的都莫能及他。初登宝位,即制为长枕大被,与众兄弟每一处宿歇。又于便殿中安设五个幄次,与兄宋王成器、申王成义、弟岐王范、薛王业、从兄豳王守礼,每日更递居处其间,饮食行坐,都不相离,就叫做五王帐。一日,薛王业患病,玄宗自己替他煎药,偶被旋风吹起药炉中火来,误烧着玄宗的须,左右侍人惊慌上前扑救。玄宗说:"但愿薛王服了这药,病得痊可,我须虽焚,何足爱惜!"其友爱恳切如此。

夫兄弟至亲,本同一气,然常情多以其势分之逼而生猜忌之心,故亲之欲其贵,爱之欲其富,一忧一喜,莫不与共,惟舜能之。玄宗之友爱,近世莫及,非虚语矣。考之唐史,叙长枕大被,继以睿宗闻知喜甚。此玄宗不独全兄弟之爱,亦以顺父母之心也。彼以兄弟相残,贻忧父母,而祸延国家,如晋、隋之世者,独何心哉!

上以风俗奢靡,秋七月,制:"乘舆服御金银器玩,宜令有司销毁,以供军国之用;其珠玉锦绣,焚于殿前;后妃以下,皆毋得服珠玉锦绣;天下更毋得采珠玉、织锦绣等物;罢两京织锦坊。"

玄宗初年,见当时风俗奢侈华靡,心甚恶之,欲痛革其弊。乃下诏:凡上用服御器玩,系是金银妆饰打造的,着有司尽行销毁;却将这些金银就充朝廷军国的费用。其内府所积珠玉锦绣,都取在殿前用火烧了,以示不用。又以后宫不先禁止,外面人未免效尤,乃诏后妃以下,勿得用珠玉锦绣为服饰。又诏天下官民人等,再不许采取珠玉,织造锦绣等物。两京旧日有织锦坊,也命撤去了不复织造。

盖珠玉锦绣,徒取观美,其实是无益之物。人君喜好一萌,必至征求四方，劳民伤财，无所不至。又且天下化之，习尚奢侈，渐至民穷财尽，贻害不小。玄宗初年，心志精明，能刻励节俭如此，所以开元之治大有可观。到后来溺于女宠，心志蛊惑，作为奇技淫巧，穷奢极丽，竭天下之财，不足以供之，至于倾覆而后已。可见治乱之机，惟系于人主之一念而已。有天下者尚鉴之。

宋王成器等请献兴庆坊宅为离宫，制许之，始作兴庆宫。仍各赐成器等宅，环于宫侧。又于宫西南置楼，题其西曰"花萼相辉之楼"，南曰"勤政务本之楼"。上或登楼，闻王奏乐，则召升楼同宴，或幸其所居尽欢，赏赉优渥。

天子所御宫殿外，别有临幸处所，叫做离宫。初玄宗在藩邸与宋王成器等五兄弟同居兴庆宫，号五王宅。及为天子，成器等以潜龙旧邸，不敢复居，请献兴庆坊宅为天子离宫。诏从宋王等所请，始就其处盖造宫殿，名为兴庆宫。仍各赐成器等别宅一区，环列于兴庆宫之旁。又于宫之西南，置楼二座，各题匾额。西边的题做"花萼相辉之楼"，盖取《诗经》上"棠棣之华，鄂不韡韡"二句，以棣花相映比兄弟相好的意思；南边的题做"勤政务本之楼"，盖言于此察民俗，采风谣，观稼穑，劝农功的意思。玄宗暇时登楼眺望，偶闻楼下诸王宅中奏乐，即遣侍臣宣召登楼与之宴饮，兄弟同乐。或车驾亲幸其宅，酌酒赋诗，从容尽欢。赏赐金帛，优裕隆渥，近古以来，未之有也。

考之玄宗事势，与太宗同。宋王成器能让，故终身享其荣；太子建成不能让，故不旋踵受其祸。此可见兄弟之际，让则福成，而彼此俱荣；争则祸成，而彼此俱辱。非独其身，且延及国家，不可不察也。

山东大蝗，民或于田旁焚香膜拜，设祭而不敢杀。姚崇奏遣御史督州县捕而瘗之。议者以为蝗众多，除不可尽，上亦疑之。崇曰："今蝗满山东，河南北之人流亡殆尽，岂可坐视食苗，曾不救乎！借使除之不尽，犹胜养以成灾。"上乃从之。卢怀慎以为杀蝗太多，恐伤和气。崇曰："昔楚庄吞蛭而愈疾，孙叔杀蛇而致福。奈何不忍于蝗而忍人之饥死乎！若使杀蝗有祸，崇请当之。"

　　唐时建都关中，自陕以东都叫做山东。膜拜，是长跪而拜。姚崇，即姚元之，因避开元年号，复名为崇。蛭，是水虫，即今之蚂蝗也。

　　开元三年，山东各处地方，有蝗虫食民禾稼，民间以为天灾流行，无计可施，都只在田地之旁焚香设祭，长跪叩首，祈祷于神以为禳解，终不敢捕杀。宰相姚崇因奏请差遣御史，分诣被灾地方，督率州县官民夜间于田旁设火，凿成坑坎，将蝗虫四面驱扑，焚而埋之。议者以为蝗虫众多，恐驱除不尽，枉费人力，玄宗心亦疑之。姚崇说："今蝗满山东，将田禾食尽，那河南、河北的百姓不能自存，都流离就食，几于尽绝，其为害至于如此，即尽力捕之，犹恐不及，岂可坐视食苗而不为之救乎！借使人力有限，不能除尽，然除得一分，亦救得一分，犹胜养之以遗患也。"玄宗见姚崇如此说，方允所奏。那时宰相卢怀慎私与姚崇商议说，蝗虫都是生命，恐杀得太多，有伤和气，反致为灾。姚崇说："祸福之来，自有定数，只当以为民除害为主。昔楚庄王因食寒菹中有蛭虫，思量饮膳不洁，监食之臣其罪当死，若露而不罚，则法令有亏，若谴而诛之，则中心不忍，因将那蛭虫吞食，使人不见，以此腹中有疾，不能饮食。适遇令尹问疾，庄王以此告之，令尹说：'王有如此仁德，疾不为伤。'已而王疾果愈。又楚人孙叔敖为儿时，路上遇见两头蛇，杀而埋之，回家涕泣。母问其故，叔敖说：'闻见两头蛇者必死，我今遇之，所以涕泣。'母问：'蛇今安在？'叔敖说：'恐后来人复见，已杀而埋之矣！'其母说：'吾闻有阴德者，天必报以福，汝不死矣！'其后官至令尹，享受福禄。可见人之祸福，原不在此。如今日这等拘忌，蛭也不该吞，蛇也不该杀了。今蝗灾已甚，纵而不捕，民将饿死，奈何不忍于蝗，而忍民之饿死乎？若使多杀蝗虫，果有祸报，崇请以一身当之，不以累人也。"

　　夫王者以好生为心，故虽昆虫草木，皆当爱惜，然以大分较之，则民命为重，物命为轻。况物之害于民者，若不驱而除之，岂所以全好生之德乎！自魏以来，世皆溺于佛家杀生之戒，往往不敢伤害物命，而于小民之疾苦，反不相关，熟视其转于沟壑而莫之救，真可谓倒施矣！姚崇之言，因为捕蝗救灾而设，然即此而推之，则凡以其不爱及其所爱者，皆可以反观矣。

或言于上曰："今岁选叙太滥，县令非才。"及人谢，上悉召县令于宣政殿庭，试以理人策。惟鄄城令韦济词理第一，擢为醴泉令。余二百余人不入第，且令之官，四十五人放归学问。

县令，即今知县。鄄城县，在今山东濮州。醴泉县，在今陕西乾州，唐时都关中，醴泉为京师大县。理人，是治民，唐高宗名治、太宗名世民，故唐人讳治为理，讳民为人。

玄宗时，有人建言说："今年吏部铨选叙用官员，大为冒滥，各处县令，皆非其才，全不简择，朝廷宜察之。"及新选官入朝谢恩，玄宗乃尽召那除授县令的都在宣政殿丹墀中，亲自出题考试，问他治理百姓，当如何设施，各对策一篇。那时县令所对的策，惟有鄄城令韦济，词理都好，取居第一，就擢用他做京兆府醴泉县令，量才优处之。其余二百余人，文不中第，考居中等，姑令赴任，以观其政绩何如。又四十五人，考居下等，放回原籍读书学问，以其学问未成，则道理不明，事体不熟，恐不堪作民父母故也。

夫县令亲民之官，县令不好，则一方百姓都受其害，故愿治之主，每加意此官。观玄宗初政，励精如此，那为县令的，谁敢不尽职？吏部选官的，谁敢不尽心？此所以成开元之治也。

十二月，姚崇、源乾曜罢，以刑部尚书宋璟、苏颋同平章事。璟为相，务在择人，随材授任，使百官各称其职，刑赏无私，敢犯颜直谏。上甚敬惮之，虽不合意，亦曲从之。突厥默啜，自则天世为中国患，朝廷旰食，倾天下之力不能克。郝灵荃得其首，自谓不世之功。璟以天子好武功，恐好事者竞生侥幸，痛抑其赏，逾年始授郎将。灵荃恸哭而死。

默啜，是突厥可汗。

开元四年十二月，宰相姚崇、源乾曜罢政，遂以刑部尚书宋璟、紫微侍郎苏颋同平章事。史臣因记：宋璟为相，专以选择人才为主，每有铨补，必随其材器所宜，而授以职任，使大小臣工各尽所长，以修职业，无有不称其官者。且有罪必刑，有功必赏，皆秉公道而行，无所私曲。又遇政事有失，敢犯颜色正谏，不肯阿谀顺旨，以取容悦。玄宗见他这等正直，甚敬惮之，虽所言不合意旨，亦常委曲从之。其忠诚感动人主如此。突厥可汗默啜，在北虏中最为雄黠，自武后时即侵扰边境，为国患害且三十年。朝廷设谋备御，常至日晏不食，倾尽天下财力，竟不能制。后于开元三年间，有大武军子将郝灵荃，奉使突厥，因得默啜之首，献于朝廷，自谓建了不世奇功，必有破格升赏。时遇宋璟当事，思量玄宗亲平内乱，本好武功，灵荃之功虽奇，若是骤加重赏，恐有干宠喜事之人，争欲生心侥幸，图立奇功，致开边患，因痛抑灵荃之赏，守候一年，始授右武卫郎将之职。灵荃见功大赏薄，心怀恚愤，恸哭而死。

盖宋璟是唐时贤相，故即拜相之日，并记其大略如此。其抑灵荃之赏，盖以防人主未萌之欲，故虽一夫抱愤而有所不恤。后来天宝年间，玄宗果然好尚边功，宠任蕃将，致有安禄山之乱，方知璟之深谋远虑，非人所可及也。然考默啜之死，本为别种胡夷所杀，适遇灵荃奉送，遂传首京师，不过因人成事而已，故虽裁抑其赏亦不为过。向使灵荃果能身履行阵，得虏酋之首，而朝廷曾无以激励之，则赏功之典不信于天下矣。宋璟必不为也。

姚、宋相继为相，崇尚应变成务，璟善守法持正，二人志操不同，然协心辅佐，使赋税宽平，刑罚清省，百姓富庶。唐世贤相，前称房、杜，后称姚、宋，他人莫得比焉。二人每进见，上辄为之起，去则临轩送之。及李林甫为相，虽宠任过于姚、宋，然礼遇殊卑薄矣。

殿檐下叫做轩。

玄宗开元初年，姚崇、宋璟继为宰相。姚崇资性明达，善应事机，于人所难处的，能委曲通变以成国家之务；宋璟资性刚直，善守法度，于所迁就的，能执持坚定，不失事理之正。这二人志向操行，虽各不同，然皆忘私徇国，协力同心，彼此相资，先后共济，辅佐玄宗，经理天下，使赋役宽平，刑戮减省，百姓每都财产饶足，户口蕃多，而天下治安。故唐家三百年贤能宰相，前在太宗时只称房玄龄、杜如晦，后在玄宗时只称姚崇、宋璟。盖玄龄善谋，如晦善断，共成贞观之治；姚崇尚通，宋璟尚法，共成开元之治。他人为相者，皆莫得而比焉。姚崇、宋璟这两人为相，玄宗甚加优礼。每进见时，玄宗在御座上站起来接待；及事毕退去，必出至檐下亲临送之，似宾客一般，其礼遇之隆如此。后来李林甫为相，虽是玄宗爱幸的人，宠眷信任，过于姚、宋，然心里便轻忽他，不加敬重，礼貌接遇甚是卑贱鄙薄，不及姚、宋远矣。

此可见人主之心，其于忠佞，未尝不明。但佞臣每顺人主之欲，而人主狎之；忠臣每拂人主之欲，而人主惮之。狎者易亲，惮者易疏，其势然也。然玄宗任姚、宋则成开元之治，任林甫则成天宝之乱，敬贤狎佞，只在一念之间，而治乱遂有霄壤之别。任相者可以鉴矣。

十年。初，诸卫府兵自成丁从军，六十而免，其家又不免杂徭，浸以贫弱，逃亡略尽，百姓苦之。张说建议，请召募壮士充宿卫，不问色役，优为之制，逋逃者必争出应募。上从之。旬月得精兵十三万，分隶诸卫，更番上下。兵农之分，从此始矣。

这一段是记唐家府兵废坏之由。

成丁是二十岁。

开元十年，始募兵充宿卫。初太宗既定天下，内设十二卫，分领诸府；外设六百三十四府，分隶诸卫。凡民六家共出一兵，无事则散耕于野，而以农隙讲习武事。每月量地远近，更番上京，以备宿卫。粮饷资装，六家共备。有事征伐，则以鱼书下府征发，而命一卫将统行；事毕则将归于朝，兵散于野。国无养兵之费，兵无失业之患，将无握兵之权，而京师又得居重之意，本是良法。但其定制，民自二十岁成丁，即简选为军，至六十岁衰老才免役回籍，中间四十年在官，而其家隶于有司，庸调之类一概征派，又不免其杂徭，以此府兵渐至贫穷削弱，宿卫之士，逃匿殆尽，百姓被累，甚病苦之。至是宰相张说建议："请出榜召募壮士，以补宿卫之缺，不必追问他是何色人役，既募为军，一切杂徭，量行优免，著为定制。那府兵逃匿的，必争出应募，不待勾摄佥补而自充矣。"玄宗从其所请，下诏募兵。才及旬月，便得兵十三万，以分隶于十二卫，谓之"骑"；定为六番，更番上下。自是长从宿卫，不免税民以供军，而兵农之分，实自此始矣。此府兵之一变也。

夫自古有国家者，其祖宗立法，虽至精至当，然数世之后，亦未有不坏者，要在善守法者，补其偏，救其敝，期不失立法之初意可也。一举而更新之，不可也。唐之府兵，虽为良法，然至于中季，闾阎贫困，宿卫单弱，则其法已敝，亦有不容不变者。但尽改更番之制，而用召募充之，兵不土著，类皆市人，徒有虚名，不胜战斗。其后宿卫之兵渐弱，而方镇之势益强，此不善变之过也。

十八年四月，以裴光庭兼吏部尚书。先是，选司注官，惟视其人之能否。或不次超迁，或老于下位，有出身二十余年不得禄者。又，州县亦无等级，或自大入小，或初近后远，皆无定制。光庭始奏用循资格，各以罢官若干，选而集，官高者选少，卑者选多。无问能否，选满即注。限年蹑级，毋得逾越，非负谴者，皆有升无降。其庸愚沈滞者皆喜，谓之"圣书"，而才俊之士无不怨叹。宋璟争之不能得。

开元十八年四月，以侍中裴光庭兼吏部尚书，掌管铨选。唐制吏部选司，铨注官员，惟视其人之能否，以为升降。若有才能卓越者，或不拘次序，超拔升迁。至于庸才凡品，或终身不得升转，老于下位，甚至有出身二十余年，尚以铨试黜落，不得食禄者。中材之人，不免淹滞。又且州县大小，亦无等级分别，或由大州大县反补简僻地方，或初任附近，及至再迁，反得边远，升降高下，皆无一定之制。至是裴光庭为吏部尚书，始奏请用循资铨选之格，大略候选人员，只据他在先考满去任之后，经选凡几，各以多少为次，而集于吏部，原官高者，人数不多，少候几选；原官卑者，人数本众，多候几选，通不问其贤愚优劣，只是候选期满，即挨次铨注。限其年之浅深，以为升转之级，若是资俸尚浅，就有奇才异等，也不得超过前人。应选之人，自非有罪负谴，不得叙用的，都照年限迁转，有升无降。此法一行，那庸愚的人，平日淹滞下僚，一旦得积日累月，历级而升，不至沉废，人人欢喜，把光庭这选法称为"圣书"。而才能俊杰之士，反为资序所限，不得超拔，以致老于常调，无不怨叹。宰相宋璟以为不便，极力争之，竟不能回。自此以后，升转铨选，皆以资格为准，无能变之者矣。

大抵资格之法，如工之治木，规矩准绳，一定而不可易，虽拙匠可守而行。超迁之法，如医之诊疾，聆音察色，洞视五脏，必卢、扁而后可耳。然人固不可常得，而法亦不可纯任，守一定之法，而任通变之人，于资格之中而寓超拔之意，则选法不患其不平矣。

二十一年三月甲寅，以韩休为黄门侍郎、同平章事。休为人峭直，不干荣利，及为相，甚允时望。始，萧嵩以休恬和，谓其易制，故引之。及与共事，休守正不阿，嵩渐恶之。宋璟叹曰："不意韩休乃能如是！"上或宫中宴乐及后苑游猎，小有过差，辄谓左右曰："韩休知否？"言终，谏疏已至。上尝临镜，默然不乐。左右曰："韩休为相，陛下殊瘦于旧，何不逐之！"上叹曰："吾貌虽瘦，天下必肥。萧嵩奏事常顺指，既退，吾寝不安。韩休常力争，既退，吾寝乃安。吾用韩休，为社稷耳，非为身也。"

开元二十一年三月甲寅日，玄宗用尚书右丞韩休为黄门侍郎、同平章事，盖宰相之职也。韩休为人，峻峭质直，未尝阿意希宠，以干求荣贵利达，那时人都敬重他，至是拜相，甚协时望。宰相萧嵩，初时只说他恬柔和顺，容易钤制，故引荐他。及与他同在政府议论国事，韩休守正不阿，事有未当，每每坚执，不肯曲意附和，萧嵩渐不能平，意颇憎恶之。夫尽心于国事，而不徇私恩，尽言于官长，而不为私党，这正是韩休的好处。宋璟此时罢相在京，闻知叹说："不意韩休为相，乃能持正如此！"玄宗有时在宫中宴乐，及后苑游猎，或举动非礼，稍有过差，怕韩休知道，辄问左右说："韩休曾知道否？"恰才说了，他的谏疏已到御前。其知无不言，为人主所敬惮如此。玄宗一日临镜，照见貌瘦，默然不乐。左右揣知其意，便逢迎说："自韩休为相，凡事固执，违拂上意，以致陛下圣容比于往时甚是消瘦，何不逐去他，以自快乐？"玄宗叹说："韩休乃贤相，每事规正我以礼，我得他为辅佐，百姓每都阴受其福，我容虽是消瘦，天下必然充肥，岂可爱一身而忘天下！他与萧嵩共事，萧嵩每来奏事，事有不可，常顺我的意指，委曲承奉，我心非不欢喜，及退而思省，这等行去，甚有害于百姓，自其终夜睡卧不安；韩休每来奏事，事有不可，却极力谏诤，不肯顺从，我心虽不欢喜，及退而思省，这等行去，甚有益于百姓，自觉终夜睡卧得安，可见韩休是社稷之臣。我用韩休以为社稷，非为一身，岂可忘社稷之安危，而计一身之肥瘠乎！"

由是观之，韩休守己之正，事君之忠；玄宗知人之明，任贤之笃，皆可见矣。至于敬惮韩休一节，尤为盛德。盖自常情言之，人主尊无二上，势莫予违，况外庭临御，既劳心于万机，则宫中行乐，虽稍有过差，似亦无害者。人臣于此，岂宜与闻，就使得闻，何须苦谏？而玄宗乃兢兢然若师保在前，惟恐其见知，使能常持是心，岂有一念之纵肆，一事之过差乎！惜乎韩休去，而李林甫进，玄宗敬贤之心，终不胜其悦佞之意，而开元之治，遂转而为天宝之乱矣。

二十四年，张守珪使平卢讨击使安禄山讨奚、契丹叛者，禄山恃勇轻进，为虏所败。夏四月，守珪奏请斩之。禄山临刑呼曰："大夫不欲灭奚、契丹邪，奈何杀禄山？"守珪亦惜其骁勇，欲活之，乃更执送京师。张九龄批曰："昔穰苴诛庄贾，孙武斩宫嫔，守珪军令若行，禄山不宜免死。"上惜其才，敕令免官，以白衣将领。九龄固争曰："禄山失律丧师，于法不可不诛，且臣观其貌有反相，不杀必为后患。"上曰："卿勿以王夷甫识石勒，枉害忠良。"竟赦之。

平卢讨击使，是幽州部下军官。穰苴、孙武，都是春秋时名将。王夷甫，是晋人王衍的字。石勒，是胡人，称帝秦陇，国号后赵。

先是营州塞上有胡人安禄山，逃入中国，养在幽州节度使张守珪部下，官至平卢讨击使。至开元二十四年，适有奚、契丹二种胡人反叛，守珪遣禄山追讨，禄山恃勇率兵轻进，遂为虏所败。守珪奏闻朝廷，请将禄山依军法处斩，有旨允奏。禄山临刑大呼说："大夫不要平灭奚、契丹二虏耶？若要平灭二虏，如何将禄山杀了，何不留我以责后效！"守珪见他辞壮，惜其骁勇，欲全活之，但已奉有明旨，不敢自专，乃执送京师，听朝廷处断。奏至中书省，宰相张九龄不从所请，遂引古事批说："昔楚景公以司马穰苴为将，使宠臣庄贾监军，那庄贾素日骄贵，穰苴与他约定日午会于军门，庄贾至日夕方至，穰苴遂对众斩之，以令三军，由是军威大振。可见君之宠臣，若犯了军法，尚不可赦，况其他乎？又吴王阖庐，曾出宫中美女，令孙武试阵法，以宠姬二人为左右队长，约束已定，鸣鼓进兵，那宠姬大笑，孙武即将这二姬斩了，别用两个妇人为队长，鼓声一振，那妇人每左右前后跪起，皆中规矩，于是吴王知孙武善用兵，任以为将。可见君之宠姬，即试以军法尚难假借，况其他乎？今守珪为大将，军令若果能行，禄山既犯军法，即当处死，不宜轻免。"玄宗见禄山有才，不忍即杀，有旨革其官职，只着以白衣领兵，立功赎罪。九龄固争说道："禄山失了纪律，丧败师徒，于法不可不诛。且臣见他状貌有谋反之相，今日若不早杀，后来必为国家之患。"玄宗说："卿要学王夷甫识石勒乎？当时石勒微时，曾随人行贩洛阳，王夷甫见而异之，说：'这胡雏有奇志，将来必为天下患。'即遣人追之，不及而返。后果扰乱中原，为晋室之祸。这是王夷甫有识见处。但禄山本是忠良之臣，如何比得石勒？卿乃以是律之，岂不枉害了他？"竟将禄山赦免，仍加宠任。后来禄山果反，玄宗方思九龄之言，虽悔无及矣。

按禄山失律丧师，罪本当死，即使其无反相，亦不可赦。况骁雄黠狡之人，必有一段过人之材，足以竦动人主，而其奸猾叵测之情状，亦必有不可掩者，九龄之断，固有所试矣。玄宗不能行法，反从而崇养之，宜其及于祸也。

秋八月壬子，千秋节，群臣皆献宝镜。张九龄以为以镜自照见形容，以人自照见吉凶，乃述前世兴废之源，为书五卷，谓之《千秋金鉴录》，上之。上赐书褒美。

开元二十四年秋八月初五日壬子，乃玄宗生辰。是日受群臣朝贺，叫做千秋节。朝中群臣都献宝镜以祝圣寿，寓圆明久照之意。独宰相张九龄说："古时镜铭上两句道得好，以镜自照见形容，以人自照见吉凶。盖把镜来照面不过见自己的形容而已，若把他人行过的事来反观内照，便知那件合道理是吉祥的事，当以为法；那件悖道理是凶祸的事，当以为戒。岂不尤切于君身，有关于治理？"于是乃备述前代帝王行事，起初兴创必有所以兴创之由，后来废败必有所以废败之故，如水有源而流之清浊皆出于此，作事鉴十章，分为五卷，以备法戒，叫做《千秋金鉴录》，献上玄宗。盖于祝颂之中，致规讽之意。玄宗览其书甚喜，特赐御札褒答称美焉。

当初太宗尝说："以铜为鉴，可正衣冠；以古为鉴，可知兴替。"这《千秋金鉴录》，便是此意。贤相之嘉谟，即烈祖之成法，所当置之座右，以备观省也。然非人主留心体验，加意推行，则亦徒具虚文，存故事而已，竟何补哉！玄宗徒能赐书褒美于献纳之时，而不能体验推行于政事之实，故天宝以后，渐不克终，质之《录》中所载前代事迹，往往悖其所以兴，蹈其所以废。当是时九龄虽去，而《金鉴录》犹存，尚能观省否邪？悦而不绎，玄宗之谓矣。

初，上欲以李林甫为相，问于中书令张九龄，九龄对曰："宰相系国安危，陛下相林甫，臣恐异日为庙社之忧。"上不从。时九龄方以文学为上所重，林甫虽恨，犹曲意事之。侍中裴耀卿与九龄善，林甫并疾之。是时，上在位岁久，渐肆奢欲，怠于政事。而九龄遇事无细大皆力争。林甫巧伺上意，日思所以中伤之，日夜短九龄于上，上浸疏之。于是耀卿、九龄并罢政事。以林甫兼中书令；牛仙客为工部尚书，同中书门下三品。

先是，吏部侍郎李林甫，为人柔佞奸猾，能迎合上意，玄宗甚宠爱之，要用为宰相。访问于中书令张九龄，九龄知林甫是奸臣，即对说："宰相之职，辅佐人主，统率百官，关系国家安危。若用得其人，则政事清明，而天下安；若用非其人，则纪纲紊乱，而天下危。岂可不择人而授？林甫乃邪佞之臣，陛下若以为相，臣恐其误国殃民，异日为宗庙社稷之忧，悔之无及。"玄宗正喜林甫，不信九龄之言，竟以林甫为礼部尚书、同中书门下三品。那时九龄方以文章学术为玄宗所重，宠遇甚隆，林甫闻其言，心虽怀恨，外面还曲意奉承，不敢显露。时有侍中裴耀卿，与九龄相厚，林甫因恨九龄，遂连耀卿也疾恶，谋欲并伤之，只不得间隙。适是时玄宗在位年久，见天下治平，心志懈惰，渐肆奢欲，将国家政事，怠而不理。九龄却不肯阿顺，遇事无大小，都要正言力争，玄宗心里已有些不快。那李林甫善于窥伺，揣知上意，每日寻思要暗害九龄，见有一二事忤旨，遂日夜在玄宗面前谮毁九龄之短。玄宗不知林甫之奸，只以所言为实，待九龄渐觉疏慢。至是，以耀卿、九龄为阿党，并罢政事，即令林甫兼中书令以代九龄。又朔方节度使牛仙客，曾被九龄沮抑，因拜为工部尚书，同中书门下三品，与林甫并相，盖林甫欲引九龄所不悦之人，以固其党耳。

按玄宗即位以来，所用宰相如姚崇、宋璟、卢怀慎、韩休、张说、张九龄，都是正人君子，各尽所长，同心匡辅，所以二十四年之间，海内宴然，闾阎富庶，治平之效，直与贞观比隆。只因用一李林甫，被他以甘言佞辞，逢迎为悦，外面却专权乱政，壅蔽朝廷，以致政事日非，生民受害，至于酿成天宝之乱。则君子小人进退之间，乃治乱安危之机也，可不慎哉！

上以户部郎中王鉷为户口色役使。鉷志在聚敛，按籍戍边六岁之外，悉征其租庸，有并征三十年者，民无所诉。上在位久，用度日侈，后宫赏赐无节，不欲数于左、右藏取之。鉷探知上指，岁贡额外钱帛百亿万，贮于内库，以供宫中宴赐，曰："此皆不出于租庸调，无预经费。"上以鉷为能富国，益厚遇之。鉷务为割剥以求媚，中外嗟怨。

这一段是记玄宗用聚敛之臣，以快己欲而失民心的事。

藏，是库藏，唐设左、右藏，以收贮每岁天下额征的钱帛。其取民只有三件：有田则有租，如今税粮便是；有身则有庸，如今差徭便是；有家则有调，如今绢布便是。

天宝四年，玄宗用户部郎中王鉷为户口色役使，盖管理民间户口及杂色徭役之官也。王鉷是个邪媚小人，他的意向只在聚敛钱帛以供人主之费，全不顾百姓的穷苦。且如旧制抽丁戍边，六年一换，这六年中都免纳粮当差，后来只因那戍边死者，边将多不申报，以致原籍未与开豁，空有籍贯，本无人丁。王鉷乃按据户籍，逐一查出那戍边死亡的，只除六年不征外，其余不拘年月久近，一概都问他追征粮差。其最久的，有连征三十年者。这都是里中百姓赔偿，家家被累，无处告诉。只举这一件，别事可知。此时玄宗在位日久，心志荒惑，御前用度日渐奢侈，后宫赏赐滥费无节，不欲数数关白有司，就左藏右藏里面取给，要别做个方法。王鉷探知玄宗这意思，乃于每年租庸调正额外，更贡献钱帛百数十万，别贮于内庭库藏，专以供给宫中宴乐赏赐之费，奏说："这钱帛都不出于租庸调三件里面，不关系正经钱粮，无损于民者。"玄宗只道他会设法取用，以富足国家，是个有才干的人，愈加宠任，礼遇优厚。王鉷亦自以为得计，专一额外巧取，刻剥小民，以媚悦主上。民不能堪，内而京师，外而郡国，无有不嗟叹怨恨者矣。

玄宗初政清明，足称有唐英主，末年乃信用聚敛之臣，驯致大乱而不悟，何哉？盖内蛊于多欲，外惑于巧佞故也。夫天地生财，止有此数，不在民，则在官，安得常赋之外，又有百亿万之入？巧佞之臣借言不加赋而用足，其实都是刻剥小民取来。人主但见眼前充足，便喜其能，而不知闾里号啼之声，困苦之状，有耳目所不忍闻见也。然使为人主者清心寡欲，节用爱人，绝无益之玩好，裁无名之赏赐，则虽有聚敛之徒，工为巧佞，亦何至于中其术哉！此治乱安危之几，不可不深念也。

八载春二月，引百官观左藏，赐帛有差。是时州县殷富，仓库积粟帛，动以万计。上以国用丰衍，故视金帛如粪壤，赏赐贵宠之家无有限极。

玄宗末年，用宇文融、王铁之流，掌理天下财赋，暴征横敛，无所不至，故一时帑藏充溢，自古未有。至是年天宝八载二月，玄宗因率领百官进到左藏中，阅视所积金帛，以夸耀富盛，因以帛分赐百官，大小有差。盖是时天下承平日久，各处州县，都殷实富足，所以诸臣巧立名色，竞为聚敛，仓库中所积的粟米布帛，动以万计。玄宗晚年志昏，又见财用丰足，心遂侈荡，无有撙节，看那金帛等物犹如粪土一般，任意浪费。一时贵宠之臣，但是心中所喜的，即横加赏赐，无复限量。如杨国忠五宅珠玉锦绣，充溢街衢；为安禄山造第，宫室器具皆以金银为饰。自古赏赐之滥，用度之奢，未有甚于此矣。

夫朝廷之财赋，皆百姓之脂膏，有司头会箕敛，棰楚诛求，小民至于鬻妻卖子，以充赋役。人主深居九重之中，不知财货之所由来，艰苦如此，往往暴殄天物，以作无益之事，赏无功之人，而乱亡之祸随之，盖亦深可哀矣。有天下者，尚鉴之哉！

十一月，李林甫薨。上晚年自恃承平，以为天下无复可忧，遂深居禁中，专以声色自娱，悉委政事于林甫。林甫媚事左右，迎合上意，以固其宠；杜绝言路，掩蔽聪明，以成其奸；妒贤嫉能，排抑胜己，以保其位；屡起大狱，诛逐贵臣，以张其势。自皇太子以下，畏之侧足。凡在相位十九年，养成天下之乱，而上不之悟也。

天宝十一载十一月，宰相李林甫薨。史臣因记林甫为相，大略以著其奸邪之状，说：玄宗自开元以来，励精图治，海内无虞。及至天宝年间，自恃天下承平，以为治功已定，无复可忧，遂只深居宫中，专以音乐女宠自取娱乐，将国家政事都委托于林甫，任其所为。于是林甫独掌大权，威福由己，日惟曲为谄媚，以奉事左右。探知玄宗心所欲为，每每先意迎合，要奉承得主上欢喜，以固结其宠眷；又恐臣下进言发其奸状，于是杜绝言路，使大小群臣都不敢上疏建言，以掩蔽朝廷耳目，因而自遂其奸；

又且妒忌贤能，不使进用，若有才望功业胜似自家的，必百般排抑之，以保其禄位；这等专权用事，又恐天下人心不服，于是用一般深刻的人，屡起大狱，将朝廷贵臣牵连罗织，诛戮贬窜，以张大自家的权势，使人人惧怕。其平日所为，虽不能尽述，大率不出此四者。那时自皇太子以下，贵戚大臣莫不畏其倾陷，侧足而行，其权势薰灼，至于如此。凡在相位专任十九年，致海内绎骚，人心离叛。天下之乱，虽由禄山等发之，其实是林甫养成，而玄宗不之悟也。

夫自古人主若明知臣下之奸，必不肯用；惟是不知其奸，而终以为贤，所以信任而不疑。然使其将大小政事，件件自家留心，则虽有奸臣，亦不能壅蔽；惟是安于逸乐，而不亲庶政，所以壅蔽而不知。然则明于知人之道，固所当求，而逸于任人之说，尤不可不讲也。

侍御史李宓将兵七万击南诏，全军皆没。杨国忠隐其败，更以捷闻，益发中国兵讨之，前后死者几二十万人，无敢言者。上尝谓高力士曰："朕今老矣，朝事付之宰相，边事付之诸将，夫复何忧！"力士对曰："臣闻云南数丧师，又边将拥兵太盛，陛下将何以制之？臣恐一旦祸发，不可复救，何谓无忧也！"上曰："卿勿言，朕徐思之。"

南诏是蛮夷国名，即今云南地方。唐时南诏，在剑南边外。自高宗以来，世入中国朝贡，至玄宗末年，因宰相杨国忠用其故人鲜于仲通为剑南节度使，处置乖方，将南诏激反，后遂连兵不解。至是国忠遥领剑南节度使，以侍御史李宓为留后，领兵七万进讨南诏。那夷王阁罗凤故诱官军深入重地，举国攻围，李宓遂为所擒，全军皆没，无一人生还者。国忠以启衅由己，失事地方又是自家所管，遂将这败军情由隐下，反报功奏捷，欺罔朝廷，益大发中国之兵，分道讨之。那云南在万里之外，又多瘴疠，师老财费，不能取胜，前后死者几有二十万人。朝中群臣明知此事，只畏国忠之威，无人敢说。玄宗不知，只道天下无事，曾向内侍高力士说道："朕在位四十余年，今已老矣。看来天下承平，不必劳心，今只将朝廷政事付托与宰相，使之办理；边上军情付托与诸将，使之防御，朕只恭己无为而已，夫复何忧！"力士对说："陛下深居禁中，不知外面的事。臣闻云南自用兵以来，虽屡有捷报，其实丧了许多人马，都隐匿不闻，又各边节度使专制一方，坐拥强兵，威权太盛，陛下将何以制之？臣恐养成祸乱，一旦窃发，将至不可复救，何谓无忧也！"力士此言，明指杨国忠、安禄山二人。玄宗心里也觉悟，因说："你且莫言，待我慢慢思量，再作区处。"盖亦知其不可，而老耄偷安，不能决断耳。

古人有言："堂上远于百里，堂下远于千里。"言壅蔽之害深也。明皇以朝事付之杨国忠，至于丧师二十万而不知；以边事付之安禄山辈，至于逆谋已成而不悟。当其祸机之伏，岂止力士知之，下至咸阳父老亦知其必败，而玄宗方自以为泰山之安。壅蔽之祸至于如此，可不戒哉！

十一月甲子，禄山发所部十五万众，反于范阳，于是引兵而南。时海内久承平，百姓累世不识兵革，猝闻范阳兵起，远近震骇。河北皆禄山统内，所过州县，望风瓦解，守令或开门出迎，或弃城窜匿，或为所擒戮，无敢拒之者。

范阳，即今顺天、永平一带地方。

天宝十四载十一月甲子日，安禄山反。初，安禄山以平卢节度使兼河北、河东，专制三道，久蓄异志。宰相杨国忠又数以事激之。至是遂假密诏，尽发其部下兵共十五万众，反于范阳，引兵而南。此时天下承平日久，百姓安乐，累世以来不识兵革，一旦闻范阳兵起，远近震骇。河北地方，又在禄山统属之内，威令素行，但是贼兵所过的去处，大州小县都望风瓦解，不能抵挡。那为郡守县令的，或开门迎降，或弃城逃避，或稍稍出战便被擒缚诛戮，无有敢拒敌者。于是东京不守，而贼势日逼，天子幸蜀，而宗社几亡矣。

原其所以至此，非禄山能乱唐，乃唐自乱耳。盖玄宗末年，溺于声色，用度奢侈，信任小人，专意聚敛，剥民膏血，天下人心久失，法令不行，武备废弛。而禄山本胡雏异类，乃引为腹心，宠任太过，养成骄悍。又使之专制三道，委以重兵，听选番夷以代汉将，是启其异志，而资其横行也。虽欲不乱，其可得乎！人主察此，则所以固人心，振武备，慎威福，节宠幸者，诚不可一日不兢兢矣。

初，平原太守颜真卿，知禄山且反，因霖雨，完城浚濠，料丁壮，实仓廪。禄山以其书生，易之。及禄山反，牒真卿以平原、博平兵七千人防河津。真卿遣平原司兵李平间道奏之。上始闻禄山反，河北郡县皆风靡，叹曰："二十四郡，曾无一人义士邪？"及平至，大喜曰："朕不识颜真卿作何状，乃能如是！"真卿使亲客密怀购贼牒诣诸郡，由是诸郡多应者。真卿，杲卿之从弟也。

平原、博平，是唐时河北二郡，俱在今山东地方。

史臣记说当时安禄山未反时，有平原太守颜真卿，因在河北统内，与范阳相近，见禄山阴蓄异志，知其将反，要预先防备，恐他知觉，适遇霖潦，因假以为名，修筑城垣，浚深濠堑。又金补民间丁壮，以备选兵；积蓄仓廪粟米，以储粮饷。禄山只道他是个书生，无能为，心里轻易他，不把来当事。及禄山已反，发兵南下，河北郡县都是所属地方，大半降附，因行文牒与真卿，着他领平原、博平二郡兵七千人，防守黄河渡口，以备官军。真卿拒而不从，即遣平原司兵参军李平，由小路潜入京师奏报。玄宗初时闻禄山反，河北郡县都望风而靡，因叹息说："河北地方共有二十四郡，这许多官员都是朝廷臣子，就没一个忠义之士替国家出力耶？"及李平赍奏至京，方知平原一郡不肯从贼，玄宗大喜说："朕平昔不认得颜真卿是怎么模样，乃能尽忠为国如此！"真卿又遣所厚宾客密怀文牒"悬购贼赏格"，分诣邻近各郡。那各郡守臣见真卿如此忠义，也都感奋相率起兵，推真卿为盟主，同心讨贼。真卿乃常山太守杲卿从弟。常山亦在河北统内，杲卿仗义勤王，与真卿声势相倚，随为禄山所攻，力不能支，骂贼而死。后来真卿官至太师，奉使贼臣李希烈军中，亦不屈而死。这是颜真卿兄弟始末。

按唐太宗有言："疾风知劲草，板荡识忠臣。"人臣平居之时，俱享朝廷爵禄，一旦国家有难，往往全躯自保，甚至甘心从贼。而真卿兄弟独能以二郡之兵，纠合忠义，同奖王室，至于先后节死，若合符契。其芳名大节，直与日月争光，真万世人臣所当法也。

卷之十八

唐纪

肃宗

肃宗皇帝，名亨，是玄宗第三子。开元中，立为皇太子。安禄山之乱，玄宗幸蜀，太子分兵北行，至灵武为诸将所拥立。在位七年。

上惧，召宰相谋之。杨国忠首倡幸蜀之策。上然之。乙未，出延秋门，至咸阳，日向中，上犹未食。国忠自市胡饼以献，于是民争献粝饭。有老父郭从谨进言曰："禄山包藏祸心，固非一日，亦有诣阙告其谋者，陛下往往诛之，使得逞其奸逆，致陛下播越。是以先王务延访忠良，以广聪明，盖为此也。臣犹记宋璟为相，数进直言，天下赖以安平。自顷以来，在廷之臣以言为讳，惟阿谀取容，是以阙门之外，陛下皆不得知。草野之臣，必知有今日久矣。但九重严邃，区区之心无路上达。事不至此，臣何由得睹陛下之面而诉之乎！"上曰："此朕之不明，悔无所及。"慰谕而遣之。

蜀地，即今四川。唐时长安禁城西门，叫做延秋门。咸阳，即今陕西西安府咸阳县。

初，安禄山既反，宰相杨国忠尚以为不足忧。及潼关失守，玄宗方才畏惧，乃召宰相商议计策。杨国忠独先倡说，请车驾幸蜀地，以避贼兵。那时玄宗仓皇失措，便道他说的是。六月乙未日黎明，玄宗带领宫眷、皇子、皇孙径出延秋门，望西去，行四十里，至咸阳县。所过地方，官吏逃窜，供给缺乏，日已向中，玄宗尚未进膳。杨国忠自往民家买得些蒸饼，献上充饥。于是百姓每知道御前不择美恶，争献粗饭。那皇孙辈以手掬食，须臾而尽，其途中困苦如此。有个年老的百姓，叫做郭从谨，因进前说道："安禄山恃宠眷，拥强兵，阴怀反意，要倾危社稷，已非一日。人皆知其谋，也曾有亲到阙下，告他谋反者，陛下往往不信，反将告的杀了。遂使安禄山肆无忌惮，得逞其奸逆，以致今日乘舆播迁，道路颠沛，皆壅蔽之为祸也。是以古先帝王，不敢偏信独任，务在延访忠良，以天下为耳目，广开聪明，使上下之间无有间隔，为是故耳。臣犹记开元之初，宋璟为相，凡朝政得失，四方利病，往往直言无隐，故主上聪明日广，天下赖以治平。近年以来，在廷诸臣，惟恐直言得罪，以为忌讳，每事只阿顺谄谀，徒取容悦而已。是以人主深居禁中，耳目有限，阙门之外皆不得知，上下隔绝，奸宄恣行。臣在草野，必知国家有此祸乱，不待今日。但君门远于万里，下情不得上通，向使事不至此，则陛下高拱九重，无由与百姓相接，臣亦何能仰睹天颜，而诉此衷曲乎！"玄宗说："此朕往时昏蔽不明，致有今日，实其自取，虽复追悔，亦何及哉！"因慰谕郭从谨而遣之，以谢其殷勤之意焉。

由是观之，此一君之身耳，当其清明，直臣在朝，民情无所蔽则治；当其昏惑，佞臣在朝，民情无所诉则乱。方其治也，端居九重，玉食万方而有余；及其乱也，道路播迁，粝食充饥而不足。治乱安危之几，亦可畏矣。况幸蜀之举，又失策之甚者。安有为天下主，乃委弃其宗庙社稷、九族百官于贼，而苟图自全者乎？且蜀地虽险，偏安一隅，可以退守，不可以进取。向非天意祚唐，百姓拥留太子，收兵灵武，克服两京，则天下事去矣。然则人君守社稷，即有急难，国都岂可轻弃哉！

太子至平凉数日，朔方留后杜鸿渐迎太子于平凉北境，说太子曰："朔方，天下劲兵处也。今吐蕃请和，回纥内附，四方郡县大抵坚守拒贼，以俟兴复。殿下今理兵灵武，按辔长驱，移檄四方，收揽忠义，则逆贼不足屠也。"秋七月，太子至灵武。裴冕、杜鸿渐等上太子笺，请遵马嵬之命，即皇帝位。太子不许。冕等言曰："将士皆关中人，日夜思归，所以崎岖从殿下远涉沙塞者，冀尺寸之功。若一朝离散，不可复集。愿殿下勉徇众心，为社稷计。"笺五上，太子乃许之。是日肃宗即位于灵武，尊玄宗曰"上皇天帝"，赦天下，改元至德。

平凉，即今陕西平凉府。朔方，即今宁夏地方。署掌节度使叫做留后。灵武，即朔方镇城。马嵬，是驿名，在今陕西兴平县地方。

先是，禄山攻破潼关，玄宗出奔幸蜀，行至马嵬驿，父老百姓都遮道请留。玄宗不住，命太子在后面宣慰。那父老人等遂拥住太子，请回兵兴复长安。玄宗因宣旨传位，太子不受。于是车驾西幸，太子领兵北行，至平凉，屯驻数日。时有朔方留后杜鸿渐，闻太子此来，欲请至朔方共图匡复。乃令人整顿资储，亲自迎接太子，至平凉北境，因说太子道："朔方一镇，士马精强，四方无比，乃天下劲兵处也。西面则吐蕃请和，北面则回纥内附，皆可以借兵入援。内而四方郡县虽被贼攻掠，然大率都为国家坚守拒贼，以待大兵东讨，兴复社稷，可见天下大势未至动摇。今殿下只驻札灵武，整兵蓄锐，按辔徐行，长驱而进，传布文檄于四方，收揽忠臣义士，以为己用。将见四方人心，闻风响应，出兵勤王，唯恐或后。量这些逆贼岂有不屠灭者乎！"太子从其言。秋七月，遂至灵武。时又有河西司马裴冕也在灵武，与鸿渐图谋，因见玄宗入蜀，恐人心离散，遂上笺太子请遵马嵬传位之命，即皇帝位，以系属人心。太子以未经请命，不肯允许。冕等因说："殿下不即大位，固是孝思。但这些从行将士都是关中人，离家远来，日夜思归。所以不惮崎岖艰难，跟随着殿下远到这沙漠穷边，无非欲乘时讨贼，希望立尺寸之功，以求爵赏。今若不正位号，则人心失望，倘或一旦解散，恐再不可收集，凭何恢复？愿殿下勉强曲徇众心，为社稷大计。"笺凡五上，太子方允其请。是日甲子，肃宗即位于灵武城南楼，遥尊玄宗为"上皇天帝"，大赦天下，改元至德。

灵武使者至蜀，上皇喜曰："吾儿应天顺人，吾复何忧！"乃制："自今改制敕为诰，表疏称太上皇。四海军国重事，皆先取皇帝进止，仍奏朕知。俟克复上京，朕不复与事。"仍命韦见素、房琯、崔涣奉传国宝玉册，诣灵武传位。

肃宗既即位于灵武，因遣使奉表入蜀，奏知玄宗。使者至蜀，具陈群臣恳请，太子辞避之意。玄宗大喜说道："朕避贼西行，中原无主，天命人心皆归太子。吾儿此举，上应天命，下顺人心，使宗社有所付托，苍生有倚寄，吾复何忧！"乃下诏说："自今以后，凡朕所出的制诏敕命，改称为诰；臣下所进的表章奏疏，只称太上皇，以别于新君。天下事务，但关系军国大事，都先奏知皇帝，取其裁决以为进止，然后奏朕知道。待后克复长安，还归都邑，朕自退居别宫，不复预闻政事，悉听皇帝处分。"于是特命宰执大臣韦见素、房琯、崔涣等赍捧传国宝玺，及玉制册文，亲诣灵武，传授天位。此玄宗与肃宗父子授受之始末也。

按此时玄宗既已西幸，中原无主，其事势亦有不得不然者。但肃宗久在东宫，令德素著，使其拥储副之重，称制讨贼，天下人心，谁不归之，何假位号以为重？玄宗知之，亦必致命传位，不待灵武使者之至而后发册矣。乃当时大臣不知学术，不能以道事君，致使肃宗有自立之名，而奸邪小人，又从而构煽其间。至于西内劫迁，贻讥后世，殊可惜也。

上与李泌出行军，军士指之，窃言曰："衣黄者，圣人也。衣白者，山人也。"上闻之以告泌曰："艰难之际，不敢相屈以官，且衣紫袍以绝群疑。"泌不得已受之，服之入谢。上笑曰："既服此，岂可无名称！"出怀中敕，以泌为侍谋军国、元帅府行军长史。泌固辞。上曰："朕非敢相臣，以济艰难耳。俟贼平，任行高志。"泌乃受之。

唐制，三品以上官，衣紫袍。

先是，肃宗为太子时，曾以京兆处士李泌为宾友。及自马嵬北行，遣使召至灵武，与之图议大政，旦夕不离。尝欲以为宰相，李泌不受。适一日，肃宗与李泌同出巡视军营，军中一时不能分辨，只见军士每指着肃宗、李泌，私相告语说："那穿黄袍的，是圣上；那穿白的，乃是山人李泌也。"肃宗要授李泌以官，正无方略，忽闻此言，因与李泌说："方今军旅艰难之际，卿既不受官职，朕亦不敢相屈，但将士耳目所属，若只服山人之衣，恐人心疑惑，可且穿一件紫袍，以便出入。"李泌不得已拜受，因衣紫袍入谢。肃宗即笑说："卿既穿了这样服色，岂可无官职名号。"因怀中取出一道敕命，以李泌为侍谋军国、元帅府行军长史。此时，皇子广平王俶为天下兵马元帅，故以李泌佐之，仍朝夕参谋军国大事。这是肃宗计用李泌。李泌原是隐士，不愿做官，仍固辞不拜。肃宗乃说："卿志在物外，本是布衣之交，朕非敢以官爵相臣。但今宗社未复，国步艰难，欲暂劳弘济，不得不假以职名。待逆贼既平，天下无事，那时任你辞职归山，以行高志，不敢复强矣。"李泌见肃宗如此说，方肯受职。后来两京平复，车驾还朝，李泌果然归隐，肃宗亦不苦留矣。

夫肃宗在羁旅之中，而能屈己下贤，委曲任用如此，故能扫荡胡尘，光复神器。得贤者昌，信非虚语。至于李泌以奇谋大略，历事三朝，运筹帷幄，再襄大难，而又翱翔物外，不贪荣宠。考其平生出处，与汉之子房颇有相类，固一时之间气也。

房琯喜宾客，好谈论，多引拔知名之士，而轻鄙庸俗，人多怨之。北海太守贺兰进明诣行在，言于上曰："晋用王衍为三公，祖尚浮虚，致中原板荡。今房琯专为迂阔大言，以立虚名，所引用皆浮华之党，真王衍之流也。"上由是疏之。

车驾暂驻的去处，叫做行在。板、荡，皆雅诗篇名，是说天下丧乱的意思。

此时房琯自蜀奉册宝至灵武，肃宗见其仪度庄整，言语明畅，又闻他素有重名，遂倾心信任，委以政事。房琯平日喜接宾客，延揽豪俊，又好与人谈论，引拔当世知名的士人，而轻忽鄙薄那寻常庸俗的人，过于分别，不能包容，以此被他轻鄙的，都怨恨他。那时有北海太守，姓贺兰名进明者，素与房琯有隙，偶至行在朝见，遂奏肃宗说道："晋家只为轻徇虚名，任用王衍以为三公，秉执朝政。王衍祖尚老、庄，崇事浮虚，专以清谈为事，不把国家政务在意，以致人心邪僻，法度废弛，中国丧乱，沦于夷狄，其祸如此。今房琯平日也只好谈老子、浮屠，遗落世事，务为迂阔大言，高自称许，以窃虚名。他所引用的也都是这般样人，浮薄虚华，言过其实，无裨世用。琯在今日，正是王衍之流。若重用之，必误天下。"肃宗因贺兰进明之言，自是遂疏房琯，不甚亲信矣。

然进明之言，实中房琯之病。可见延揽人才，讲求政务，虽是宰相之职，亦必综核精审，体验真切，循名而责实，察言而观行，使浮华之人，不得售其欺，迂阔之言，不得淆其听，然后可。不然，是蹈房琯之覆辙，而踵王衍之祸机也。万世而下，君之择相，与相之择人，皆不可不知。

上谓李泌曰："今郭子仪、李光弼已为宰相，若克两京，平海内，则无官以赏之，奈何？"对曰："古者官以任能，爵以酬功。汉、魏以来，虽以郡县治民，然有功则锡以茅土，传之子孙，至于周、隋皆然。唐初未得关东，故封爵皆设虚名，其食实封者，给绢布而已。贞观中，太宗欲复古制，大臣议论不同而止。由是赏功者多以官。夫以官赏功有二害：非才则废事，权重则难制。倘使禄山有百里之国，则亦惜之以传子孙，不反矣。为今之计，俟天下既平，莫若疏爵土以赏功臣，则虽大国不过二三百里，可比今之小郡，岂难制哉！"上曰："善。"

肃宗与李泌说道："近日安禄山之乱，全得朔方节度大使郭子仪与河东节度使李光弼二臣率兵破贼，立大功于国家。见今加升官阶至同平章事，都是宰相职衔，名位已极。若以后克复两京，平定海内，那时无官以赏之，为之奈何？"李泌对说："以官赏功原非古制，盖古者设官分职，只要任那有能力的人，如其才堪为某官，方授以某官之职。至于有功之臣，则以封爵酬之，而不任以事。汉、魏以来虽立郡县，任守、令以治民。然人臣立有功绩，则分茅胙土，封以国邑，使之世有其地，以传之子孙，至于后周及隋，亦莫不然。至我唐初开国时，止有关中之地，关东各路尚为群雄所据，未及版图，故一时封爵功臣，虽有国邑之号，皆是虚名。中间有食实封者，只是给以绢帛布匹而已，亦未有分土也。是自三代以来封建之法，至唐初而始废。贞观年间，太宗欲复古制，分封世袭，因大臣议论不同，其事遂止。自是以后，封爵不行，有功者多以官赏之。夫以官赏功有二不便：其人虽有功，然其才未必能称此官，而强以任之，必至于废弛职业，一不便也；官职太崇，则权势因之而重，或至骄纵难制，二不便也。不如以爵赏之，于事体为便。盖人一有爵土，则自保之念重。向使安禄山有百里之国，可以为世业，则亦谨守爱惜以传之子孙，必不谋反矣。可见赏功当以爵，而不当以官也。为今之计，俟天下既平，莫若分疏爵土以赏有功之臣，则虽国邑至大者，亦不过二三百里，只好比得今之一小郡而已，操纵指使唯朝廷所命，岂难制哉！若以官赏之，恐二者之患，不能免也。"肃宗闻李泌之言，深以为是。

然赏功之典，实朝廷激劝大权。官为职业所系，固不可轻，而爵为名器所关，亦不可滥。肃宗之时，府库无蓄积，诸将出征皆给空名告身，以备赏功，至应募入军者，一切衣金紫，而官爵俱滥矣。李泌虽欲复封建之法，亦不能救也。论功辨才者，宜慎之。

　　十一月，广平王俶、郭子仪来自东京，上劳之曰："吾之家国，由卿再造。"十二月，上皇至咸阳，上备法驾迎于望贤宫。上皇即日幸兴庆宫，遂居之。上累表请避位还东宫，上皇不许。

　　广平王俶，是肃宗长子，即代宗。唐以长安为西京，洛阳为东京。咸阳，是西京县名。县东有望贤宫，是天子游幸的去处。兴庆宫，是玄宗旧邸，改为宫，叫做南内。

　　肃宗初在灵武，以长子广平王俶为天下兵马元帅，郭子仪为副元帅，统兵讨贼。至德二年九月，收复西京。十月，收复东京。十一月，肃宗在西京，广平王俶、郭子仪自东京来朝见。肃宗慰劳郭子仪说道："自禄山叛乱，两京失守，我祖宗创造的基业几至丧亡。今日荡平逆贼，收复两京，朕之家国，危而复安，乱而复定，乃由卿等奋勇效忠所致，恰似替我重新创造一番。这等大功，社稷所赖，卿辈劳苦，实切朕怀。"这是肃宗归功臣下的意思。

　　初，肃宗收复西京时，即遣使入蜀奉迎玄宗。十二月丙午，玄宗还至西京咸阳县，肃宗即备仪仗卤簿，亲往迎接于望贤宫中。那时肃宗虽已为天子，身上还着紫袍，下马趋拜，玄宗特取黄袍着他换了。次日，玄宗入都城，暂御大明宫，宣慰百官，告谢九庙。即日，幸兴庆宫，遂居之，盖退就南内，以避正殿也。肃宗屡次上表，请避天位，还居东宫，玄宗终不听从。盖其君臣父子之际，亦出于天理人情之至，而非由于矫饰矣。惜乎良心虽见于艰难厎定之初，而私意竟昏于宴安嬖幸之后。故郭子仪再造唐室之功，不能不夺于鱼朝恩之谮；上皇兴庆宫之养，不能不迁于李辅国之谋。夫小人谗说之害人国家，可畏也哉！

　　十二月，平卢节度使王玄志薨，上遣中使往抚慰将士，且就察军中所欲立者，授以旌节。高丽人李怀玉为裨将，杀玄志之子，推侯希逸为平卢军使。朝廷因以希逸为节度副使。节度使由军士废立自此始。

　　平卢，即今永平、卢龙等处地方。

乾元元年十一月，是时河北未平，适遇平卢节度使王玄志薨，肃宗只当别命重臣往代其任，方是朝廷体统，却只为用兵之后，恐一有处分，人心摇动，遂为姑息之政，差中使往平卢军中安抚慰劳将士。因访察军中将士要立何人为帅，即授以旌节。那时平卢部下的副将李怀玉，原是高丽人，平日与副将侯希逸为党，遂杀玄志之子，而推希逸为平卢主帅，以待朝命。朝廷不得已，因从其请，即以希逸为节度副使。自此以后，各镇将士观望成风，节度使若抚恤不周，失了众心，即为军士所逐。其部下将士以私恩小惠，邀结人心的，即共推以为主帅。其废其立，皆不由朝廷，只由军士，实自侯希逸始也。

夫人君所以制驭海内，而统人群者，不过以威福予夺之柄，在上而不在下也。今乃以军士之向背为主帅为废立，由是偏裨士卒逐杀主帅，朝廷不治其罪，反以其位授之，而纪纲法度荡然无复存者矣。欲天下之不乱，其可得乎！然求其所以，不过一念之姑息所致也。有天下者其鉴诸。

代宗

代宗皇帝，名豫，是肃宗长子。在位十七年。

六月，礼部侍郎杨绾上疏，以为："古之选士必取行实，近世专事文辞。自隋炀帝始置进士科，犹试策而已。至高宗时，考功员外郎刘思立始奏进士加杂文，明经加帖括。从此积弊，转而成俗。朝之公卿以此待士，家之长老以此训子。其明经则诵帖括以求侥幸。又举人皆令投牒自应。如此，欲其返淳朴，崇谦让，何可得也！请令县令察孝廉，取行著乡闾，学知经术者，荐之于州。刺史考试，升之于省。任各占一经，朝廷择儒学之士，问经义二十条，对策三道，上第即注官，中第得出身，下第罢归。又道举亦非理国所资，望与明经、进士并停。"或以为明经、进士，行之已久，不可遽改。事虽不行，识者是之。

唐时取人，有明经、进士两科。帖括，是就所书经中掩其两端，中间惟开一行，帖三字以试之，而括取萃会其义。今之科场出题试士，即其遗意也。

广德元年六月，礼部侍郎杨绾上疏说道："古时选举贤士，必取其有德行之实，方荐之于朝。近世以科目取士，专校文辞，不察行检。自隋炀帝时始设进士之科，然其初犹只试时务策而已。至我朝高宗时，考功员外郎刘思立始奏将进士加词赋、杂文二篇，以考其文艺；明经加试帖之法，以验其记诵。自此以后，天下之士，皆以声病记问为进身之阶，积弊相沿，展转成俗。在朝之公卿惟以此待天下之士，而不复观其志行；人家父兄长老惟以此训其子弟，而不复教以进修。其明经亦不全通经旨，只将那有司常帖的括取萃会为书，转相诵习，以求侥幸。又明经、进士每年入试皆令投文州县，自求应举，与古人辟举征聘之意甚相背戾。如此，欲其返淳朴之风，崇廉让之道，何可得也！请如汉、魏以来举孝廉之法，令天下县令各察境内孝友廉洁之人，取其德行著于乡里，而学又能通知经术者，即荐之于本州。本州刺史就所习之经再加考试，升之于尚书省。任其精通一经，不必多占，朝廷选择儒学之士，使为主司，亦不必帖经及试杂文，只问本经大义二十条，对时务策三道。经义及策全通者，为上第，即便铨注官职；经义十条中通得七条，策通得二道者，为中第，即与出身候选；其不中此格者，为下第，罢归原籍。只用一科取士，其现行明经、进士皆当停革。又开元年间，曾设道举一科，乃异端之教，亦非治国所资，望与明经、进士并停，庶不失古人乡举里选之遗意也。"此疏既上，下廷臣会议，或以明经、进士行之已久，若一旦遽革，恐士失所习，多有不便，其议遂寝。然有识之士，皆以绾言为是，惜其不行也。

按杨绾之言，诚得古人兴贤举能之意，但人心不古，浇伪多端，文艺虽是虚名，犹有凭据。至于荐举行义，反开奔兢之门，其得失盖相当矣。若能于文艺之中而存尚实之意，亦未必不可以观人也。

自丧乱以来，汴水湮废，漕运者自江、汉抵梁、洋，迂险劳费。三月，以太子宾客刘晏为河南、江淮以东转运使。时兵火之后，中外艰食，关中米斗千钱。百姓援穗以给禁军，官厨无兼时之积。晏乃疏浚汴水，遗元载书，具陈漕运利病，中外相应。自是每岁运米数十万石以给关中。唐世称漕运之能者，惟晏为首，后来者皆遵其法度云。

汴水，在今河南地方。江水、汉水，在今湖广地方。梁、洋，二州名，即今陕西汉中府及洋县地方。太子宾客，是东宫官名。

唐时都关中，每岁漕运东南之粟，由淮入汴，由汴入河，由河入渭，以达京师。自天宝以来，经安禄山、史思明之乱，中原扰攘，汴水湮塞废绝，漕运粮米都由江、汉二水绕从湖广地，以至梁州、洋州，迁远险阻，劳费数倍。代宗广德二年三月，以太子宾客刘晏素有心计，着他做河南、江淮以东转运使，兼领三道漕运。那时兵火之后，田地荒废，年岁不登，京师内外米价腾贵，米一斗值钱千文。朝廷催科又急，百姓每耕种不及其熟，将那才结实的禾穗，拔取将来用手搓挪取米，以供给禁卫之军。就是宫中庖厨御膳，及六宫支用的，也只够得目前取用，更无多余蓄积，其匮乏如此。刘晏思量今日匮乏，实由汴水湮塞，漕运艰阻之故，于是将汴河故道疏通挑浚，依旧接淮达河，以便转输省劳费。又念此时元载为相，居中用事，若不关白，恐有牵制，乃投书政府，备细陈说漕运的利病，使其事理晓然明白，庶不惑于浮言，中外同心，彼此相应，然后疏浚之功可成。自是汴渠复通，每岁运东南之米数十万石以给关中，上下赖之。盖唐世称漕运之能者，推刘晏为第一，后来为转运使的都遵守他的法度而行，无所改变焉。

时成德节度使李宝臣，魏博节度使田承嗣，相卫节度使薛嵩，卢龙节度使李怀仙，收安、史余党，各拥劲卒数万，治兵完城，自署文武将吏，不供贡赋。朝廷专事姑息，不能复制。虽名藩臣，羁縻而已。

成德，即今真定府。魏博，即今大名府。相卫，即今彰德、卫辉两府。卢龙，即今永平府。这都是唐时藩镇之名。姑息，是苟安的意思。羁，是马络；縻，是牛缰，总是牵制的意思。

这一段是史臣叙唐家藩镇跋扈事迹，见天子威命所以不行于河北的根由，以为后戒也。

代宗时，成德节度使李宝臣，魏博节度使田承嗣，相卫节度使薛嵩，卢龙节度使李怀仙，这几人都是安禄山、史思明的将，后来安、史败灭，归顺了朝廷。代宗无有远略，苟幸无事，就把他每分授为河北诸镇节度使。这几人原是背叛朝廷，曾经做贼的人，见天子柔弱，都强梁放肆，不守法度，收拾旧日禄山、思明余党，号召团结。每人拥健卒数万，整治甲兵，缮完城郭。凡文武将吏都自家私授，不请命天子；地方贡赋都自家私享，不供奉公家。朝廷既惮于振作，又畏其强悍，只是听其所为，专事姑息，不复能以法度制之。这几人虽叫做唐家藩臣，实不用其命令，不过寄一名分以羁縻之而已。

按代宗即位之初，河北诸州皆已降服，若乘战胜之威，图经远之略，处置得宜，谁敢不兢兢奉命？况薛嵩辈残贼遗孽，方喙息虑死之不暇，而敢有他念乎！乃怵于仆固怀恩之邪说，分建贼帅，俾相党援，遂成藩镇之祸。河北之土地人民，迄于唐亡不复为国家所有。失在苟一时之安，而不知流患若是之深远也。然则审庙谟，揽威柄，固明主所当时时加意者哉！

四月，以杨绾为中书侍郎，常衮为门下侍郎，并同平章事。绾性清俭简素，制下之日，朝野相贺。郭子仪方宴客，闻之，减坐中声乐五分之四。京兆尹黎幹驺从甚盛，即日省之，止存十骑。中丞崔宽第舍宏侈，亟毁之。上方倚杨绾，使厘革弊政。会绾有疾，七月薨。上悼痛之甚，谓群臣曰："天不欲朕致太平，何夺朕杨绾之速！"

京兆尹，即今府尹。

大历十二年四月，以太常卿杨绾为中书侍郎，礼部侍郎常衮为门下侍郎，并同平章事。史官因记说：杨绾为人清介简静，不嗜荣利，自奉俭素，能甘淡薄，以清德重望，为时所推仰。及拜相命下之日，在朝在野都互相庆贺，以为得人。勋臣郭子仪素颇奢侈，时方大宴宾客，盛张声乐，闻杨绾拜相，即将坐中音乐五分中减了四分。京兆尹黎幹，平日仪卫甚盛，每出入常用百余人随从，至是即日减除，止留十骑。又御史中丞崔宽，宅舍宏侈，有逾常制，至是亦即拆毁。盖因杨绾素有清俭之名，今居宰相之位，故一时大臣之奢侈者，皆惕然严惮，改其所为，而相率效法之恐后也。其为人所畏服如此。代宗乘多难之后，用杨绾为相，方倚赖他将各衙门弊政，一一厘革，以复旧制。会绾有疾，至七月中遂薨。代宗痛悼之甚，对群臣说："想天不欲使朕致太平，若欲使朕致太平，何夺我杨绾之速耶！"

夫以当时在朝之臣，多贪婪纵肆，各处藩镇因而效尤，借侈无度，一时风俗纪纲，败坏极矣。一闻相杨绾，人心回响，恪守礼法，不惟风俗移易，而纪纲亦且振兴。可见政本重地，所用得人，其效捷于影响如此。任人者可不慎哉！

平卢节度使李正己，拥兵十万，雄据东方，邻藩皆畏之。是时，田承嗣、李宝臣、梁崇义相与根据蟠结，虽奉事朝廷而不用其法令，官爵、甲兵、租赋、刑杀皆自专之。上宽仁，一听其所为。虽在中国名藩臣，实如蛮貉异域焉。

李正己原是平卢的偏将，旧名怀玉，因与军士逐了节度副使侯希逸，代宗就除他做节度使，赐名李正己。是时，各镇皆挟重兵，然惟李正己军力最盛，拥兵十万，雄据一方。那诸镇与他邻近的，恐被他侵害，无不畏惧。李正己又与魏博田承嗣、成德李宝臣、山南梁崇义结为婚姻，相与党助，就如大树的根，据地蟠结，彼此纠缠，牢不可破，声势日盛，越发纵肆了。虽说奉事朝廷，却不用其法令，凡官爵之叙迁，甲兵之攻战，租赋之出纳，刑杀之重轻，件件自专，都不请命朝廷。代宗是个宽仁之君，一听所为，不与计较。以是名虽为中国藩臣，其实如蛮夷外国一般，不复知有朝廷矣。

这一段是记唐时藩镇之横如此。夫人君之所恃以制驭臣下，使不敢窥伺者，惟有纪纲而已。李正己以偏将逐主帅，乱法坏纪孰甚焉？代宗不能讨其专擅之罪，又授之兵柄，赐以美名。由是各镇士卒逐主帅，主帅凌天子，纪纲堕夷，威福倒置，而唐室遂不竞焉，则肃、代之姑息为之耳。故帝远堂高之防，履霜坚冰之渐，不可不慎也。

德宗

德宗皇帝，是代宗长子。在位二十六年。

初，至德以后天下用兵，诸将竞论功赏，故官爵不能无滥。及常衮为相，思革其弊，杜绝侥幸，四方奏请，一切不与，而无所甄别，贤愚同滞。崔祐甫代之，欲收时望，推荐引拔，常无虚日，作相未及二百日，除官八百人。前后相矫，终不得其适。上尝谓祐甫曰："人或谤卿所用多涉亲故,何也?"对曰:"臣为陛下选择百官,不敢不详慎。苟平生之未识,何以谙其才行而用之?"上以为然。

自肃宗至德以来,天下用兵,诸将皆争论功绩以邀爵赏,往往有市井佣贩,一立军功,即授金紫,官爵冒滥极矣。及常衮为相,欲革其弊,爱惜名器,杜绝侥幸,凡四方使职衙门有所奏请论荐,一概停止,不肯轻与,却不就中间分别品第,致使贤人愚人一同淹滞。及崔祐甫代之,欲矫常衮之弊,多收拾一时有名望的人为朝廷用,推荐引拔,常无虚日。作相未满二百日,所荐人才,除授官职者至八百人。盖常衮为官冗滥,矫之于前,却失于太刻;祐甫为贤愚同滞,矫之于后,又失于太宽。所以用人之法,终不得停当。又祐甫引荐太多,中间或有相知,致人谤议。德宗问祐甫说:"人多说卿所用之人,皆亲戚故旧,此言因何而出?"祐甫对说:"臣待罪宰相,为陛下选择百官,要得贤才称职,不得不详悉谨慎。若是平日不相识的人,何以熟知其才行而用之。必是知之素真,方敢荐用,所以不免涉于亲故耳。"德宗以其言为然。

按祐甫所言,不为无见。然宰相用人,只要有至公无私之心,其心诚出于公,则虽不避亲故亦公也。若其心一涉于私,则虽举所不知,亦不免于私矣,而况于亲故乎?然则开诚心,布公道,固相天下者之要图也。

内庄宅使上言,诸州有官租万四千余斛,上令分给所在充军储。先是,诸国累献驯象,凡四十有二。上曰:"象费刍养而违物性,将安用之!"命纵于荆山之阳,及豹、貔、斗鸡、猎犬之类,悉纵之。又出宫女数百人。于是中外皆悦。淄青军士,至投兵相顾曰:"明主出矣,吾属犹反乎!"

内庄宅使,是在内管庄宅的官。豹、貔,都是兽名。淄青,是平卢节度使部内地方。淄,即今临淄县。青,即今青州府。

德宗初年,励精图治,凡所为的事,都当于人心。时内庄宅使奏:"内庄宅积有诸州官租一万四千余斛。"德宗见各处军饷不足,庄宅所积有余,就将此租分散各处军士,以充粮饷。又先年外国屡献驯象,共有四十二只。德宗说:"象食兼牛马,费刍养无算;且生于炎方,其性又不习于北土;乃数十为群,饲之内厩,将安用之!"命悉放于荆山之阳。并其他所畜禽兽，若豹、貔、斗鸡、猎犬之类，在内苑供玩好者，尽数放之。又以宫女太多，一时放出数百人。夫散私蓄以给军储，纵禽兽以适物性，出宫女以恤人情，这都是帝王的盛节。德宗初政，乃兼有之，于是中外人心莫不欢欣喜悦，以为太平之治庶几可睹。至如平卢李正己部下淄青军士，乃习于悖乱，不服王化的，闻朝政如此，也都弃了兵甲，彼此相顾说道："明主出矣，我辈尚可仍前反叛乎！"

夫德宗即位未及期月，而能使中外颂戴，不疾而速，强暴革心，不怒而威如此。若能率由此道，终始不渝，则贞观之风亦岂难致乎！奈何恤民之政方行，聚敛之法继立，卒令百姓困穷，盗发都邑，而播迁之祸不旋踵矣。《诗》曰："靡不有初，鲜克有终。"斯可为万世鉴也。

先是，刘晏、韩滉分掌天下财赋，晏掌河南、山南、江淮、岭南，滉掌关内、河东、剑南。至是，晏始兼之。上素闻滉掊克过甚，故罢其利权，出为晋州刺史。至德初，第五琦榷盐以佐军用，及刘晏代之，法益精密。初岁入钱六十万缗，末年所入逾十倍，而人不厌苦。大历末，计一岁征赋所入总一千二百万缗，而盐利居其大半。以盐为漕佣，自江淮至渭桥，率万斛佣七千缗；自淮以北，列置巡院，择能吏主之，不烦州县而集事。

山南，即今湖广郧、襄等府。江淮，即今南直隶江浙等处。岭南，即今广东。关内，即今陕西。河东，即今山西。剑南，即今四川。缗，是穿钱绳子。

先是代宗时，用吏部尚书刘晏为转运使，户部侍郎韩滉判度支，分掌天下财赋。自关以东河南、山南、江淮、岭南各路漕运钱粮，都属刘晏分管。其关内、河东、剑南各路属韩滉分管。至是以韩滉为太常卿，用刘晏兼判度支，并关内三路皆以属之。盖德宗素闻韩滉聚敛民财，掊克太甚，故嗣位之初，即罢其利权，仍出为晋州刺史，而专任刘晏，使之总领天下财赋。刘晏有心计，综理钱谷最为得法。肃宗至德初年，以第五琦为转运使，始榷税各处食盐以佐行军之用。及刘晏代之，盐法益加精密。起初行盐法，一岁中所入官钱不过六十万缗，及其末年比之旧额增多十倍。然处置有法，未尝掊克小民，故人亦相安，无所厌苦。代宗大历末年，总计一岁各项征税所入共一千二百万缗，而盐利逾六百万，居其大半，都是刘晏所致。又见盐法内钱粮有余，即挪借为漕运脚价，以省民间之费。自江淮起运至渭桥入仓，大率每粮一万斛用脚价七千缗，俱在榷盐内取给，用度饶足，而民不知劳。又自淮以北，于沿河地方列置巡察衙门，选择有才干的能吏为知院官，专管漕运。漕舟所至，并未尝烦扰州县百姓，而事无不集。其区画之善如此。

按唐室理财之臣以晏为称首，即后世盐法漕运之详，亦皆其所创遗也。国家生财自有大道，惟是躬行俭德，戒奢靡，节赏赉，生之众而食之寡，为之疾而用之舒，则惟正之供，自足以充有经之费，公私俱利，而上下相安，固不必为巧术以夺民也。

李正己畏上威名，表献钱三十万缗。上欲受之恐见欺，却之则无辞。崔祐甫请遣使慰劳淄青将士，因以正己所献钱赐之，使将士人人戴恩。又诸道闻之，知朝廷不重货财。上悦，从之。正己大惭服。天下以为太平之治，庶几可望焉。

德宗即位之初，锐意太平，不似代宗姑息，一时藩镇闻风震悚。平卢节度使李正己，自来专制一方，不供贡赋，至是畏惧德宗之威，乃上表献钱三十万缗，先以货财窥视朝廷的意向。德宗欲受之，恐谓朝廷好利，反见其欺侮；欲却之，又恐显示拒绝，难于措辞。乃与宰相崔祐甫商议，祐甫对说："朝廷举动，四方所观，今固不可受之以堕其计，亦不可直却之以疑其心。请遣一使臣，往淄青慰劳正己部下将士，就将正己所献的钱赐之，使彼中将士人人感上恩德。又使各藩镇闻之，知朝廷不重货财。一以破奸雄之计，一以收天下之心，计莫便于此矣。"德宗悦祐甫之言，即行其计。正己知朝廷有人，乃大惭服。是时，天下闻之，都说德宗英明果断，将大有为，太平之治庶几可望焉。

按祐甫此言，能通达国体，曲中几宜，使强臣悍将帖然心服，可谓善于谋国者。然惟德宗初志清明，能虚心任贤，推诚尽下，故祐甫得行其言如此。其后信用卢杞，一致朱泚之变，再激李怀光之逆，乘舆播越，宗社几危。故此一德宗也，任祐甫则几以兴，任卢杞则几以亡。人君用人听言，可不慎哉！

卷之十九

唐纪

德宗

　　唐初，赋敛之法曰租、庸、调，有田则有租，有身则有庸，有户则有调。玄宗之末，版籍浸坏，多非其实。及至德兵起，所在赋敛，迫趣取办，无复常准。赋敛之司，增数而莫相统摄，各随意征科，自立色目，新旧相仍，不知纪极。至是，炎建议作两税法：先计州县每岁所应费用，及上供之数，而赋于人，量出以制入。户无主、客，以见居为簿；人无丁、中，以贫富为差；为行商者，在所州县税三十之一，使与居者均，无侥利。居人之税，秋、夏两征之。其租、庸、调、杂徭悉省，皆总统于度支。上用其言，因赦令行之。

　　这一段是记唐时设制两税赋法缘由。

　　版籍，即今黄册。主，是土居。客，是流寓。唐时人丁，以十六岁为中男，二十一岁为成丁。度支，是总理财政之官。

　　唐初，赋敛之法叫做租、庸、调。每丁授田百亩，计亩起科，上纳田粮，谓之租，即今之地粮也。每人一丁一年有二十日在官差使，若免了差使，每日折绢三尺，谓之庸，即今之丁银也。每户各随其所出，上纳绫、绢等项，谓之调，即今之门银也。当时粮差只有这三样，再无别项科派，行了百余年。至玄宗之末，法久弊生，版籍已渐坏了，所载田地户口，多非实数。及至肃宗至德年间，兵戈纷扰，用度烦费，各处追征钱粮，催督紧急，当时取办又无一定之法，添设许多钱粮衙门，如盐铁度支、转运等使，都不相统摄，各人任意征科，自立名目，旧管衙门派了一番，添设衙门又派一番，新旧相仍再无休息，非复唐初租庸调之制矣。至是宰相杨炎建议，改为两税之法，先算各州各县每年应该存留费用若干，又算起运上供钱粮该用若干，而后取之于民，量其出之多寡，以为入之轻重。户不分土著、流寓，只查见居何州县，即上册寄籍；人不分成丁、中男，只审其家之贫富以为差等；为行商者，所在州县估其货物，三十分中抽取一分，使与居民一样应役，不得侥幸便利。至于居民赋税，分为秋、夏两季追征，故谓之两税。其租、庸、调旧法，并后来加派杂徭，尽为罢革。天下财赋，都着度支总领，别项添设使职不得专制。其所议如此，德宗以为便民，即于登极改元赦令中，即将此条开载，命各处守臣查核百姓丁产等级，通行此法。由是两税定赋，遂为历代相沿通制，以迄于今矣。

初，安史之乱，数年间，天下户口什亡八九，州县多为藩镇所据，贡赋不入朝廷，府库耗竭。中国多故，戎狄每岁犯边，所在宿重兵，仰给县官，所费不赀，皆倚办于晏。晏有精神，多机智，变通有无，曲尽其妙。常以厚直募善走者，置递相望，觇报四方物价，虽远方，不数日皆达使司。食货轻重之权，悉制在掌握，国家获利而天下无甚贱甚贵之忧。

县官，指朝廷说。不赀，是无量的意思。觇，是窥视。

德宗时，刘晏为转运使，专理财赋。初，安禄山、史思明作乱，数年之间，兵戈扰攘，百姓死亡逃窜不可胜数，天下户口十减其八九，税粮无从出办，又州县多为藩镇所据，贡赋都自占用，不供给朝廷，所以府库之财，日加耗竭。且中国多事，每有征讨，又戎狄岁岁犯边，各处调重兵屯宿防御，军饷都仰给于朝廷，所费不可限量，凡一应军国之费，都只靠着转运使刘晏一人经理。然刘晏素有精神，能理烦治剧，又多机识，能随机应变，凡天下财货，有无通融都设法区处，曲尽其妙。常谓公私所以不足，只是物价未平，或甚贱甚贵，莫能流通故耳。乃多用工食雇募善走之人，沿途设递相望不绝，使窥探四方物价，星夜传报，虽在远方，不数日都达转运使司。一应粮食货物，如某处多余则官为之疏通，使不至太贱；某处缺少则官为之接济，使不至太贵。一轻一重之权，皆在其掌握之中。自是利归于官，既可以佐国家之用，而物价常平，天下亦无甚贱甚贵之忧，盖公私俱便矣。

晏常以为："办集众务，在于得人，故必择通敏、精悍、廉勤之士而用之。至于句捡簿书，出纳钱谷，事虽至细，必委之士类。吏惟书符牒，不得轻出一言。"常言："士陷赃贿，则沦弃于时，名重于利，故士多清修；吏虽廉洁，终无显荣，利重于名，故吏多贪污。"然惟晏能行之，他人效者终莫逮。其场院要剧之官，必尽一时之选。故晏没之后，掌财赋有声者，多晏之故吏也。

句捡，是查理。符牒，即文书。

刘晏为转运使时，常以为办集众事，在于得人，故其经理财赋，必选择一般通达敏捷、精力强悍又廉洁勤励的人，方肯委用。至于查理文书、收放钱粮有干系要紧处，事虽至小，必委那读书出身的士人掌管。其左右掾吏只令书写文牒，不许轻出一言，有所干预。所以然者为何？晏常说："士人所志远大，爱惜名节，一陷赃私贿赂，犯了清议，即沦弃终身，不为时用。他看得名重似利，故多务清修，纵使居财货之地，不肯便去干染。吏胥资革原卑，虽苦行廉洁，也终不得显荣。他看得利重似名，故多有贪污，若使掌管钱粮簿书，定是有弊。所以只用士人，不用吏胥。"然其理财之法，惟晏能行之，他人效之者终莫能及。其船场、巡院要紧繁剧之官，晏俱加意拣择，必尽一时之选，不肯轻授一人。故自晏之后，但是掌管财赋有名的人，多是他旧日属官，其能用人如此。

按刘晏用人之法，不止可施于理财，即帝王治天下之道，亦不外此。然士人固多为名，亦由上人爱重他，故不肯苟且；吏胥固多为利，亦由上人轻贱他，故无所顾惜。如两汉之时，经术吏治相兼进用，往往有起自刀笔为名臣者。可见人才之用无常，全在上之人所以鼓舞作兴者何如耳。此又用人者所当知也。

晏又以户口滋多，则赋税自广，故其理财常以养民为先。诸道各置知院官，每旬月，具州县雨雪丰歉之状白使司。丰则贵籴，歉则贱粜，或以谷易杂货供官用，及于丰处卖之。知院官始见不稔之端，先申，至某月须若干蠲免，某月须若干救助。及期，晏不俟州县申请，即奏行之，应民之急，未尝失时，不待其困弊、流亡、饿殍，然后赈之也。由是民得安其居业，户口蕃息。

知院官，是各道掌巡察的官。买谷米叫做籴，卖谷米叫做粜。不稔，是谷不熟。

史臣记说：刘晏理财，不是敛民以足国，以为财用不足皆户口消耗之故，若户口滋多，则生之者众，赋税自广，何患不足，故其理财常以养民为先。于诸道各设知院之官，使时时巡察州县利病，每旬月，必开具州县雨雪丰歉之状关白使司。如丰处谷米有余则增价而籴，使不积于无用；歉处谷米不足则减价而粜，使不苦于艰食；或歉处多杂货，就将谷米易买之彼中，以供官用；或丰处少杂货，就将所易的于彼处卖之。其有无相济，变通不滞如此。又以民之饥荒，朝夕待哺，若待其申请而后济之，则展转废时，民不沾惠。乃令知院官先时巡察，才见某州某县有凶荒不熟的端绪，便预先酌量分数申报使司，某处须蠲免几何，某处须救助几何，晏即预为经理。至期，不待州县申请，就奏行蠲免救助，应民之急未尝后时，不待其困弊、流亡、饿殍，然后赈恤之也。自是民得安居乐业，无流离死徙之患，户口日益蕃息，比初时增了三分之一，而赋税渐广，国用充足矣。

夫自古言利之臣，莫不以聚敛为富国，以蠲助为病国，卒之国与民两受其病。晏独以养民为先，通其有无，时其蠲助，使天下沾实惠，而国亦未尝不足，可谓知理财之要矣。有天下者，慎无剥民以富国哉！

晏于扬子置十场造船，每艘给钱千缗。或言："所用实不及半，虚费太多。"晏曰："不然。论大计者，固不可惜小费，凡事必为永久之虑。今始置船场，执事者至多，当先使之私用无窘，则官物坚完矣。若遽与之屑屑较计锱铢，安能久行乎！异日必有患吾所给多而减之者，减半以下犹可也，过此则不能运矣。"其后五十年，有司果减其半。及咸通中，有司计费以给之，无复羡余，船益脆薄易坏，漕运遂废矣。晏为人勤力，事无闲剧，必于一日中决之，不使留宿。后来言财利者，皆莫能及之。

扬子，即今直隶仪真地方。锱，是八两。铢，是半分。

史臣记：刘晏为转运使，于江、汴、河、渭各造运船，在扬子地方置十处官场造船，每船一只给与料价钱千缗。或曰："造船所用实不及五百缗，恐虚费太多。"刘晏说："不然。费用固当节省，然论大计者不惜小费。人凡举一事，必须为永久之虑，不要只算目前。今创立船场，执事人役众多，必先使他私用宽裕，不至窘急，则所造官物自然坚固完实。若屑屑计较于锱铢之微，使之无所利赖，必不乐就，且弊孔定不能革，徒使官物不得坚好，安能久行乎！后日掌漕运的必有患吾所给太多而减之者，若但减得一半以下犹可支持，若过一半则不能运矣。"刘晏没后五十年，有司果将造船之费减了一半。至懿宗咸通年间，有司估价犹以为多，乃计算他造船一只实费多少，照数给与，无复羡余。由是所造之船越发脆薄易坏，不能行远，而漕运之法遂废，果如刘晏之言也。刘晏为人勤敏强力，掌管天下钱粮，事务丛集，他不论事之优闲繁剧，必于当日决遣，不使留至明日。文移上下绝无停滞，吏胥人等无由作弊。因他才力过人，万事处置得法，一时国课充足，公私两便，后来言财利者皆不能及也。

盖唐时善理财者莫过于刘晏，故史臣记其事独详。至于论大计不惜小费之语，真经国之远猷，万世所不可废也。盖天下之事，要图经久坚完，财必不可省；要图目前节省，事必不能就。世有动大众，兴大役，而以费半功倍，炫一时之功者，而不知其成易坏，则其费愈多，不惟无益而且有损者也。为国者可不察哉！

子仪为上将，拥兵，程元振、鱼朝恩谗谤百端，诏书一纸征之，无不即日就道，由是谗谤不行。尝遣使至田承嗣所，承嗣西望拜之，曰："此膝不屈于人若干年矣！"李灵曜据汴州作乱，公私物过汴者皆留之，惟子仪物不敢近，遣兵卫送出境。

汴州，即今河南开封府地方。

史臣记：唐自安史之乱，宗社几亡，赖郭子仪克服两京，再造唐室。那时大盗虽除，中外多事，子仪身为大将，总统兵马，功烈既高，声势又重。权幸小人如程元振、鱼朝恩等，平素嫌他不来附己，嫉妒他的功业，早晚在天子面前百般谮毁，说他强梁难制，恐为国患，天子心中不能无疑。然子仪忠顺小心，朝廷但有片纸召他，无不即日起程，不敢时刻淹缓，与其余将帅拥兵倨傲者不同。由是天子知子仪纯心为国，无有他念，程元振、鱼朝恩虽终日谗谤，毕竟不听信他。是时藩镇跋扈，魏博节度使田承嗣最称强悍，子仪尝遣使至承嗣处，承嗣西望之，指其膝谓使者说："此膝不屈于人久矣，今日特为令公下拜耳！"又汴宋留后李灵曜，窃据汴州作乱，凡公私财货经由汴梁过者，都强夺留下，不肯放行，惟有子仪的物货乃不敢近，且遣兵护送出境，以防他盗。盖由其忠诚之至，无感不通。故上为主所信，而谗间者沮其谋；下为众所归，而强暴者服其德。不徒以其功绩之茂也。

　　校中书令考凡二十四，月入俸钱二万缗，私产不在焉，府库珍货山积。家人三千人，八子、七婿皆为朝廷显官。诸孙数十人，每问安，不能尽辩，颔之而已。仆固怀恩、李怀光、浑瑊辈皆出麾下，虽贵为王公，常颐指役使，趋走于前，家人亦以仆隶视之。天下以其身为安危者殆三十年，功盖天下而主不疑，位极人臣而众不疾，穷奢极欲而人不非之，年八十五而终。其将佐至大官，为名臣者甚众。

　　中书令，是宰相职名。唐时考课之法，一年一考。颔，是点头。口傍为颐。颐指，是以口指使。

　　史臣又记说：郭子仪历事三朝，为中书令极品官，凡经二十四考，其久如此。官高禄厚，每月俸钱所入多至二万缗，其田庄房产所入还不在此数内，所以他府库中珍货堆积如山。家中人口多至三千，有八子、七婿，都做朝廷显官。诸孙数十人，每至子仪处问安，人多不能尽辩，只点头而已。当时领兵大将如仆固怀恩、李怀光、浑瑊辈，起初都在子仪麾下为偏裨小校，后来由子仪任用提拔，各以才能树立功业，皆为节度使、副元帅，封户数百，贵为王公。虽是这等贵盛，子仪还照先日颐指役使，令奔走趋命于前，如仆隶一般。即家人见此三人，亦以寻常仆隶视之，不觉其为王公也。是时子仪忠诚孚于人心，勋业盖乎宇宙，天下之势，悬衡在他一个人身子上，有他则天下安，无他则天下危，如此者将至三十年。唐祚所危而复安不至中绝者，子仪之力也。凡人勇略震主者身危，子仪则功盖天下而主不疑；凡人处高位者多惧，子仪则位极人臣而众不疾。晚年勋爵崇隆，子孙贵盛，其所自奉虽若穷奢极欲，然人亦皆视为宜然，不以为非也。年至八十五，竟以令终。其麾下将佐后来相继立功，至大官为名臣者甚众，不特浑瑊等数人而已。

夫自古人臣建大功于国，苟非遇明昌之代，鲜有不蹈危疑之灾者。唐之中叶，肃、代及德，暗陋多忌，一时建功之臣若建宁之与定大计，光弼之荡除巨憝，皆鲜克令终，甚者父子不保，其时可知也。乃子仪忠义天植，一以至诚不二之心，始终不渝，卒至见信猜忌之主，安定国家，完名令终，可为万世人臣之矩范矣。

初，上在东宫，闻监察御史陆贽名。及即位，召为翰林学士，数问以得失。时两河用兵久不决，赋役日滋，贽以兵穷民困，恐别生内变，乃上奏，其略曰："克敌之要，在乎将得其人；驭将之方，在乎操得其柄。将非其人者，兵虽众不足恃；操失其柄者，将虽材不为用。"又曰："将不能使兵，国不能驭将，非止费财玩寇之弊，亦有不戢自焚之灾。"又曰："无纾目前之虞，或兴意外之患。人者，邦之本也；财者，人之心也。其心伤则其本伤，其本伤则枝干颠瘁矣。"

两河，是河南、河北地方。

德宗初为太子在东宫时，即闻监察御史陆贽的才名。及即位，召为翰林学士，在禁中侍直，常常访问他以朝政得失。那时两河藩镇朱滔、王武俊、田悦、李纳连兵拒命，朝廷调各路兵马讨之，相持数年，胜负不决。军饷之费每月至一百余万，赋税差役日日滋多，民间不胜其苦。陆贽见师老财匮，人心不安，恐别生内变，乃上疏陈奏，其大略说："国家用兵，欲克敌制胜，不在兵之多寡，要紧在将得其人；朝廷驾驭将帅之方，又在操得赏罚之柄，以鼓舞激劝之。将非其人，则调练无法，调度失宜，兵虽多亦不足赖；操失其柄，则赏不当功，罪不当罚，将虽才亦不为用。"又说："主将若不能驱使兵士，朝廷若不能驾驭将帅，必至旷日持久，不能成功，不但虚费钱粮，养成危乱，且恐法度不行，终为大害。就如火一般，若不收敛戢灭，光焰一起反自焚烧，其灾非小。"又说："当今事体，不要只益兵讨贼，图解眼前的近忧，还恐或兴起意外的祸患。盖百姓是邦家的根本，必百姓安然后国安。财货是百姓的心，必轻徭薄赋，然后得民心之归向也。若征科太急，剥削太甚，则必伤民之心。民心既伤，则邦本不固，卒有异外之变，必土崩瓦解，不可收拾。譬如树木，其根本既伤，其枝条必皆颠瘁，无复生意矣。然则欲固邦本，岂可不救人心；欲救人心，岂可不轻赋役哉！"

按陆贽此言，极为切要。盖将兵之权，由于将将；足兵之道，本于足民。二者内修外攘之大机也。德宗当强臣跋扈之时，以猜忌待群下，既无御将之权，而横征暴赋，竭泽以渔，又敛万民之怨，卒致播迁之患，非不幸也，可以为永鉴矣。

又论关中形势，以为："王者蓄威以昭德，偏废则危；居重以驭轻，倒持则悖。王畿者，四方之本也。太宗列置府兵，分隶禁卫，大凡诸府八百余所，而在关中者殆五百焉。举天下不敌关中之半，则居重驭轻之意明矣。承平渐久，武备浸微，虽府卫具存，而卒乘罕习。故禄山窃倒持之柄，乘外重之资，一举滔天，两京不守。是皆失居重驭轻之权，忘深根固柢之虑。陛下追想及此，岂不为之寒心哉！今朔方、太原之众，远在山东；神策六军之兵，继出关外。关辅之间，征发已甚；宫苑之内，备卫不全。万一将帅之中，有如朱滔、希烈，或负固边垒，诱致豺狼，或窃发郊畿，惊犯城阙，未审陛下复何以备之！陛下倘过听愚计，所遣神策六军李晟等及节将子弟，悉可追还。明敕泾、陇、邠、宁，但令严备封守，仍云更不征发，使知各保安居。又降德音，罢京师及畿县间架等杂税，则冀已输者弭怨，见处者获宁，人心不摇，邦本自固。"上不能用。

陆贽又与德宗论关中形势，说道："王者虽以尚德为要，然必积蓄威力使人心詟伏，然后恩德可以宣布。若专用恩惠，偏废了威，则纪纲不振，而国势危。王者虽以四海为家，然必自居于重，以驭其轻，使天下之势在己，就如持着刀剑把柄在手，才得宰割方便。若轻重倒持，则必受制于人，而事势逆。夫王者建都所在，乃四方根本，必根本坚固，乃可以控制四方。故天下大势，当使王畿重，四方轻。昔太宗既定大业，于各路设置折冲诸府统率官兵，分属京师禁卫，总计天下诸府共有八百余所，而在关中畿辅之地者乃有五百。举天下之兵不及关中一半，使京畿之势常重，四方之势常轻，其居重驭轻之意明矣。自后承平渐久，武备浸微，虽府卫之名犹存旧制，而兵马缺乏，不复练习。至于玄宗崇尚边功，强兵劲卒尽在北边，于是天下大势偏重在外，京师反轻了，就如倒持刀剑，以把柄递与人的一般。于是安禄山窃倒持之柄，乘外重之资，一旦举兵叛逆，其势汹涌，恰如洪水滔天，东西两京相继失守。所以致此者，皆因畿辅空虚，禁兵单弱，失居重驭轻之权，忘深根固本之虑。故意外之变起于仓卒，征兵四方急不能救。前事不远，可为明鉴。陛下若追思及此，岂不为寒心哉！今拱护京畿止有朔方、太原诸镇，守卫宫阙止有神策六军。自两河用兵以来，先后调遣马燧、李怀光统率朔方、太原之众，远在山东；李晟、哥舒曜统神策六军之兵，继出关外。关辅之间，征发兵粮，搜括太甚；官苑之内，禁军尽出，守卫多缺。腹心之地空虚至此，万一各镇将帅中，有如朱滔、李希烈之辈，生心不轨，或是负固于边垒，诱引蕃夷合谋入寇，或是窃发于郊畿，乘虚作乱，惊犯城阙，那时京畿无出征之师，仓卒又不能入援，不知陛下将何以备之！祸机所伏，真可为寒心也。陛下倘误听臣之愚计，所遣神策六军将士李晟等，并近日节将子弟召遣东征者，尽数取回，以守卫宫阙。明诏泾原、陇右、邠宁三镇，只着严备封守，再勿调发，使知各保安居，皆有固志。又降恩诏，将京师及畿内各县近日所添间架等项杂税，尽为停罢，庶乎民之已输纳者可消怨望，兵之未调发者又得宁居。人心不摇，则根本牢固。四方僭乱从容图之，当渐次可平也。"陆贽此言，于当时事势甚为切当。德宗方锐意用兵，竟不能用。

夫居重驭轻之势，在王畿固所当先，而防微虑患之机，在禁地尤为至要。士庶之家，门户堂室犹当严谨，况人主九重之居，而守卫不全，岂不深可虑哉！然当时所谓禁兵，自调征外虽列名尺籍，日给官饷，其实身居市井，自不知兵，虚名而已。以故泾原叛卒，称兵向阙，召禁军无一人至者，而车驾遂出奔矣。使早从陆贽之言，以根本为计，岂至是哉！

上与陆贽语及乱故，深自克责。贽曰："致今日之患，皆群臣之罪也。"上曰："此亦天命，非由人事。"贽退，上疏，以为："陛下征师日滋，赋敛日重，内自京邑，外洎边陲，行者有锋刃之忧，居者有诛求之困。是以叛乱继起，怨讟并兴。陛下有股肱之臣，有耳目之任，有谏诤之列，有备卫之司，见危不能竭其诚，临难不能效其死，臣所谓致今日之患，群臣之罪者，岂徒言欤！"

洎字，解做及字。怨讟，是怨谤。

德宗时，因淮西节度使李希烈反叛，召泾原等道兵马讨之，泾原节度使姚令言统兵至京，其军士亦乘间作反。那时京师禁兵只有空名在籍，召之并无一人至者，德宗仓卒无计，遂出奔奉天以避之。姚令言就迎先任卢龙节度使朱泚为主，据了京师。朱泚日夜围攻奉天，德宗在围城中与陆贽说致乱根由，引为己过，深自切责。陆贽对说："今日之患，陛下固当引以自责，然使在位群臣各效其职，其祸必不至此。以臣看来，都是群臣之罪。"德宗又说："国家治乱亦有定数，先年术士桑道茂预知朕有离宫之厄，说奉天有天子气，今日朕逃难至此，可见天数已定，非尽由于人事也。"贽退而上疏，说道："祸福之来，未有不因人事感召者。陛下三年之间，锐意讨贼，两河之役一时并兴，今日征师于泾、陇，明日征师于邠、宁，既无虚日；今日赋商钱僦质，明日税间架、陌钱，又无宁时。所以内自京邑，外及边陲，行军者委身于敌，有锋刃之忧；居家者输财于官，有诛求之困。人心汹汹，衅孽日生，致叛乱之谋相继而起，怨谤之语杂然而兴。当是时，谁不知非常之变近在目前，只陛下不闻耳。夫朝廷设立群臣布列左右，正欲其事事尽言，人人尽职，持其危而扶其颠耳。今陛下大之则有股肱之臣，近之则有耳目之任，居言路则有谏诤之列，任兵戎则有备卫之司，平居高爵重禄，未尝之人，乃至见天下之危，皆闭口不言，谁能先事而竭其诚悃？当大难之冲又袖手无措，谁能临事而致其死力？至使乘舆播越，君辱国危，国家何负于臣，而泄泄若此。臣所谓致今日之患，皆群臣之罪者，信非徒言也。"

按当时群臣非惟不能谏，不能死，实导之。其重敛也，以韦都宾、赵赞等；其禁兵不至也，以白志贞等。至欲以百口保朱泚之不反，则卢杞之罪尤有不胜诛者。然以贽之恳疏，而德宗犹不悟，复信杞言以激李怀光之变。唐祚之不振，其君臣皆不得辞其责矣。

"臣闻理或生乱，乱或资理者，有以无难而失守，有因多难而兴邦。今生乱失守之事，则既往而不可复追矣；其资理兴邦之业，在陛下克励而谨修之。何忧乎乱人，何畏乎厄运！勤励不息，足致升平，岂止荡涤妖氛，旋复宫阙而已！"

理，是治。妖氛，是邪气，以比当时乱臣。

陆贽疏中又说："治乱之机，每相为倚伏。故有当治平之时，不期于乱，而或以生乱者；有遭危乱之祸，不期于治，而或以资治者；有因国家无难，而反失其守者；有因国家多难，而反以兴邦者。盖太平无事之时，君心怠肆，人事多不能修，故天降之祸，致生乱而失守；艰难多事之时，君心警惕，人事不得不修，故天降之福，致资理而兴邦。其机在人而不在天，此无足疑者。今日之患，正坐生乱失守之弊，其事已往，不可复追矣。其资理兴邦之业，则在陛下惕然自奋，以天命为必可回，以治平为必可复，兢兢业业，克励而谨修之，则转祸为福，捷于影响。寇兵虽炽，寻当伏诛，何忧乎乱人；大运虽危，寻当复泰，何畏乎厄运。且自此而益加勤励，勉勉不息，所以资理者在是，所以兴邦在是，升平之业，致之有余，岂但荡除邪秽，旋复宫室，仅仅守其故常而已哉！此臣所以断然谓天命由人，而重有望于陛下也。"

夫德宗惑于术士之言，方谓人不可胜天，而贽疏中专以克修人事为主，诚不易之论矣。然人君当患难在前，其克修也易；当太平无事，其克修也难。故资理兴邦之业，在中主亦可庶几，而生乱失守之事，虽英君犹或不免焉。此复隍之戒，日中之忧，所以必于丰泰之时也。有制治保邦之责者，尚鉴于斯。

李怀光自山东来赴难，数与人言卢杞、赵赞、白志贞之奸佞，且曰："吾见上，当请诛之。"既解奉天之围，自矜其功，谓上必接以殊礼。或以怀光之言告卢杞，杞惧，言于上曰："怀光勋业，社稷是赖，贼徒破胆，皆无守心。若使之乘胜取长安，则一举可以灭贼，此破竹之势也。今听其入朝，必当赐宴，留连累日，使贼入京城，得从容成备，恐难图矣。"上以为然。诏怀光直引军屯便桥，与李建徽、李晟刻期共取长安。怀光自以数千里竭诚赴难，破朱泚，解重围，而咫尺不得见天子，意殊怏怏，曰："吾今已为奸臣所排，事可知矣。"遂引兵去，至鲁店，留二日乃行。

德宗以朱泚之乱，出幸奉天，贼兵攻围经月，城已将陷，那时得朔方节度使李怀光领兵入援，大败贼兵，奉天围解。怀光自山东来赴难时，思量这祸乱之由，皆因卢杞为宰相，处置乖方；赵赞领度支，赋敛繁重；白志贞掌宿卫，卖放禁军，遂使贼徒倡乱，车驾蒙尘，都是这三人所致。

恨其欺君误国，心甚不平，途中常与人说："这三个是奸佞小人，我这一去若见了天子，必然奏请诛之。"及解奉天之围，自矜其功，指望朝廷召入行在，待以殊礼，却不知已有人将他路上的言语，说与卢杞知道。卢杞大惧，即设一计，奏德宗说："怀光功业乃社稷所倚赖，贼徒为怀光所败，已惊惧破胆，虽逃入长安，亦皆无固守之心。若使乘胜进取长安，则一举可以灭贼，而神都克复在即矣。今若听其入朝，须当赐宴犒劳，留连累日，使贼入京城，得以从容设备，恐难图矣。"卢杞之言，虽似有理，其实是怕怀光入朝说他罪过，故假此疏远之。德宗不悟其诈，只道他说的是，即诏怀光不必入城朝见，直引军进屯长安城外便桥地方，与各镇节度使李建徽、李晟连兵讨贼，刻期共取长安。怀光自以从数千里外竭忠远来赴难，破了朱泚，解了重围，如此劳苦有功，而离行宫咫尺之近，不得一见天子，心中怏怏不乐，说："我今已为奸臣所排陷，自此以后必不见信于朝廷，事可知矣。"遂引兵去，至奉天东南鲁店地方，逗留二日方行，盖已无心为国矣。

夫当时奉天之围，真危急存亡之秋。怀光间关破贼，保车驾于围城之中，其功可谓大矣。德宗乃以卢杞之言不使一见，竟至于激反，岂不误哉！然卢杞之奸佞阴险，不独于怀光为然，如忌张镒之忠直，欲出之于边镇，则曰凤翔将校班秩已高，非宰相幸臣不能镇抚；忌颜真卿之德望，欲陷之于贼营，则曰真卿三朝旧臣，名重海内，人所信服。可见小人欲倾陷君子，若直指以为恶，人主未必肯信，必是阳称其美，以行排陷之计，然后听者不觉而堕其计中耳。此人主所当审察也。

上问陆贽以当今切务。贽以向日致乱，由上下之情不通，劝上接下从谏。又曰："《易》：乾下坤上曰泰，坤下乾上曰否，损上益下曰益，损下益上曰损。夫天在下而地处上，于位乖矣，而反谓之泰者，上下交故也。君在上而臣处下，于义顺矣，而反谓之否者，上下不交故也。上约己而裕于人，人必悦而奉上矣，岂不谓之益乎！上蔑人而肆诸己，人必怨而叛上矣，岂不谓之损乎！"

乾、坤、泰、否、益、损，都是《易经》上卦名。

德宗在奉天城中，思寇兵难退，贼臣尚据长安，乃召翰林学士陆贽，问当今拨乱反治，何者最为切务。陆贽以祸乱之兴必有由致，向日致乱，由上下之情不通，今日之务，莫有切于通上下之情者。因劝德宗接下从谏，凡文武群臣朝见的时候，必特加延接，备询得失。至于上疏建言的，皆曲赐嘉纳，惟取其有益于治，虽犯颜逆耳亦不必计也。又奏说："圣人作《易》，别卦取象，皆有深意。乾卦在下，坤卦在上，合而名之曰泰卦。坤卦在下，乾卦在上，合而名之曰否卦。巽卦在上，震卦在下，叫做益卦。其象辞说：'损上益下，民悦无疆。'艮卦在上，兑卦在下，叫做损卦。其象辞说：'损下益上，其道上行。'夫乾，阳卦，其象为天，为君。坤，阴卦，其象为地，为臣。天在下，地处上，似于尊卑乖错，却反为泰者，盖天气下降，地气上升，则万物化生，就如君臣交而庶政谐和的一般，所以取通泰之义。君在上，臣处下，似于尊卑之义为顺，却反谓之否者，盖上泽不下流，下情不上达，则治道壅隔，就如天地闭而万物不生的一般，所以取否塞之义。损上益下，如何反谓之益？盖上能省约自己用度，轻徭薄赋，使民生家给人足，那百姓每必欢忻感戴，乐出所有以奉君上。这是君民两得其利，安得不谓之益乎？损下益上，如何反谓之损？盖上若蔑视下民，横征暴敛，唯图肆行己志，那百姓每必生怨咨，甚者至于背叛。这是君民两受其害，安得不谓之损乎？夫明于损、益之义，则必散财得民，而君民之情可通矣。明于否、泰之义，则必虚己接下，而君臣之情可通矣。上下之情既通，将使和气充塞，万邦咸谧，何寇盗之足虑哉！"

　　盖德宗天性严忌，以法绳下，不肯虚怀延访，与群臣相亲，故郡邑之志，不达于朝廷，朝廷之情，不通于殿陛，其上下之不交甚矣。又立间架、除陌之法，厚敛小民，聚天下之财，以充琼林、大盈二库，真所谓损下以益上者，是以群臣疑阻，众庶离心，逆贼内讧，强藩外叛，国之不亡者幸耳。否、泰、损、益之机，此非其大验耶！陆贽究祸乱之由，反复开陈如此，不特一时之急务，诚万世君道之大端也。

　　贽以人君临下，当以诚信为本。谏者虽辞情鄙拙，亦当优容以开言路。若震之以威，折之以辩，则臣下何敢尽言。又曰："臣闻仲虺赞扬成汤，不称其无过，而称其改过；吉甫歌诵周宣，不美其无阙，而美其补阙。"又曰："为下者莫不愿忠，为上者莫不求理。然而下每苦上之不理，上每苦下之不忠。若是者何？两情不通故也。下之情莫不愿达于上，上之情莫不求通于下，然而下恒苦上之难达，上恒苦下之难知。若是者何？九弊不去故也。"

仲虺，是商汤的臣。吉甫，是周宣王的臣。阙，是过失。

陆贽因德宗以推诚待下为悔，又恶谏官彰己之过，恐其猜忌益深，言路益塞，故上疏说道："人君临御臣下，既赖之为股肱耳目，则当视之为腹心，一以诚信为本，无所猜防，乃是一体之义，正不当以推诚为失而悔之也。至于人君行政少有差失，为臣者分当谏诤，虽其词情鄙俗拙直，亦须曲谅其心，优容嘉纳，以开敢言之路。若是人君怀不信之心，而有拒谏之意，震之以雷霆之威，折之以聪慧之辩，则臣下人人自危，谁敢尽言，以犯不测之怒？后虽欲闻其过失，何可得哉！"又说："人君所以拒谏者，只是恶人说他的过失。盖不知过失人所必有，亦自不妨，只要知而能改耳。故仲虺作诰以美成汤，曰：'惟天锡王勇智，改过不吝。'吉甫作诗以诵周宣，曰：'衮职有阙，惟仲山甫补之。'夫仲虺不称汤之无过，而称其改过；吉甫不美宣王之无阙，而美其补阙，则过之不必讳亦明矣，而人君又何以拒谏为哉！"又说："人臣以身许国，莫不愿忠于上；人君以身临民，莫不求至于治，其相须亦甚殷矣。然而下每苦上之不得其理，上每苦下之不尽其忠，这是何故？盖因上下之分，大相隔绝，两情不得相通故也。夫下之情莫不愿达于上，上之情莫不求通于下，其相遇宜甚易矣。然而下恒苦上之难达，上恒苦下之难知，又是何故？盖因上下之间，各有所失，其弊有九，不能尽去故也。"

夫君臣本以义合，有了一弊，便为害义而不相合，况九弊不去，如之何能使两情之相通哉！然则为君为臣者，固当各去其弊，而感倡之机，又在人君以诚信为本而已。

"所谓九弊者，上有其六，而下有其三：好胜人，耻闻过，骋辩给，眩聪明，厉威严，恣强愎，此六者，君上之弊也；谄谀，顾望，畏懦，此三者，臣下之弊也。"又曰："谏者多，表我之能好；谏者直，示我之能贤；谏者之狂诬，明我之能恕；谏者之漏泄，彰我之能从。有一于斯，皆为盛德。"上颇采用其言。

愎，是刚狠。懦，是柔怯。

陆贽疏中又说："君臣之情不通，固由于九弊之不去，然所谓九弊者，上之人有其六，下之人有其三。何谓上之六弊？一是好胜而不肯下于人，二是耻闻过而忌于直谏，三是骋辩给而折人以言，四是眩聪明而虞人以诈，五是厉威严而不能降情以接物，六是恣强愎而不能引咎以受规。这六件是君上的弊。何谓下之三弊？一是谄谀以阿君之好，二是顾望以希君之宠，三是畏懦以避君之威。这三件是臣下的弊。君有此六弊，则日尊于上而不肯顾其下；臣有此三弊，则日卑于下而不敢通于上。堂陛之间，交相疑忌，两情何由而通，天下何由而理？然则欲求治者，必通两情，欲通两情，必去九弊而后可也。"又说："人君纳谏不违，非以彰过，适足增美。故谏者之多，由我乐谏以来之也，岂不表我之能好？谏者之直，由我奖谏以励之也，岂不示我之能贤？谏者之不实，至于狂诬，由我能容之也，岂不明我之能恕？谏者之不密，至于漏泄，由我能用之也，岂不彰我之能从？四者有一于此，皆为盛德之事，传之天下，载之史册，人君所以继成汤之改过，绍周宣之补阙，而显令名于无穷者，皆自此而得之矣。然则谏亦何亏于圣德，而顾欲讳之哉！"此疏既上，德宗感其言，颇采用之。

按陆贽此疏，所以救德宗猜疑之失，而广其纳谏之路者，可谓恳切而著明矣。至所谓两情、九弊、四盛德之说，又可为万世之药石，不独为德宗发也。《易》曰："上下交而志同。"《书》曰："后从谏则圣。"自古及今，未有君臣乖疑，言路壅塞，而可以致治者。后世人君能以诚信感人，使臣下得毕志尽言，而无所疑惧，则两情通，九弊去，而盛德之事全矣，何太平之不可致哉！

陆贽言于上曰："今盗遍天下，舆驾播迁，陛下宜痛自引过以感人心。昔成汤以罪己勃兴，楚昭以善言复国。陛下诚能不吝改过，以言谢天下，使书诏无所避忌，臣虽愚陋，可以仰副圣情，庶令反侧之徒革心向化。"上然之，故奉天所下诏书，虽狂将悍卒闻之，无不感激挥涕。上又以中书所撰赦文示贽，贽上言，以为："动人以言，所感已浅；言又不切，人谁肯怀！"又以"知过非难，改过为难；言善非难，行善为难。假使赦文至精，止于知过言善，犹愿圣虑，更思所难"。上然之。

陆贽在奉天城中，奏德宗说道："今逆贼充斥遍满天下，车驾流离播迁，未还京邑，存亡安危，在此一举。向时朝廷行政用人，委有过误，所以人心离叛，祸乱遂成。陛下今欲拨乱反治，须是痛自引过，明告天下，以感动人心，方可转移。昔成汤遇七年之旱，祷于桑林，以六事自责，故能表正万邦，式于九围，王业勃然而兴。故虽贤圣之君，亦不以罪己为讳。楚昭王为吴兵所败，国灭出亡，国中父老送之，昭王说：'父老可都回去，我虽失国，尔辈何患无君！'那父老感其善言，相与从之，遂复宗社。故虽败亡之君，一有善言，亦可以保国。今日之事，不过劳陛下一言而已，何惮而不为乎？陛下果能不吝改过，以言谢天下，使赦书诏令，痛为引咎自责之辞，无所避忌，臣虽愚陋，竭其思虑，亦可以撰拟诏章，仰副圣情，庶使反侧之徒，变其凶顽之心，而归向圣化也。"德宗是其言。后来奉天所下诏书，都是引过罪己，安抚人心的说话。各处藩镇，虽狂悖之将，凶悍之卒，听见诏书中的说话，无不感激流涕，投戈解甲，谢罪归降，而天下遂定矣。盖此时因改元肆赦，以故陆贽预有此请。德宗遂将中书省撰进赦文，与陆贽看，令其参酌详定。陆贽见赦文条款，多循旧套，不能动人，因奏说："朝廷平日无实惠及人，有事之时，只靠这几句言语动人，其所感已浅矣。若言语又只泛常，无痛切之实，则人亦将以故事视之，谁肯归服。故今所下赦文，不得不过为罪己之辞也。"因将改革事条，开具以进。又说："凡人有过失，能自家知道不为难，惟是知过而能改方是难事。言语辞令说得好不为难，惟是件件都能行方是难事。假使今日赦文，极其精切，亦止于知过言善而已。犹望圣虑更思其所难，过不止于能知，而期于能改；善不止于能言，而期于能行。庶乎人心可感，而太平可望矣。"德宗亦以为然，是以当时诏书感人如此之深也。

按奉天赦文，实出陆贽之手，至今读之，犹能使人感动。况其时强藩梗化，未必有心造逆，或为谗邪所间，或为将校所推，不能自明，激而为变，一旦见人主开诚悔过，其忠义之心，固自有感发兴起者，所以一闻诏令，相率纳款。唐之宗社，几亡而复存者，陆贽之力也。

上于行宫庑下贮诸道贡献之物，榜曰琼林、大盈库。陆贽以为战守之功，赏赉未行而遽私别库，则士卒怨望，无复斗志，上疏谏之。上即命

去其榜。

行宫，是天子驻跸的所在。庑，是两边围廊。榜，是房屋上悬的牌额。

德宗在奉天，攻围既解，贡献稍丰，乃于行宫两庑之下别造二库，将各道贡献之物积贮其内，以为私藏，因题其额，一边叫做琼林库，一边叫做大盈库。陆贽以为昨在重围之中，诸将卒外御凶贼，内守孤城，五旬之间，死伤无算，卒赖其力，以收战守之功；今日财货稍余，正宜与士卒同利，乃赏赉未行，遽私别库，恐士卒从此怨望，不复有死斗之志，天下事尚未可知也。乃上疏，言："天子至尊，不当复崇私货；士卒嗜利，不可使有怨咨。"反复千余言，甚为剀切。德宗始大悟，即令撤去其榜，示以不复私蓄，以安众心。

夫人君以四海为家，其所操自有大体，所享自有大利，非惟不当私蓄，亦有不必私者。唐自天宝后，王𫓩等岁进额外之钱，积大盈库以供人主燕私，遂使万乘之贵，下同有司之守，亏体诲盗，为鉴不远，正德宗所宜深省也。而又踵行于大难甫夷之日，何其谬哉！然是时犹能听贽谋，其后为裴延龄所惑，至分建六库，以便己私，而贽且以力谏罢矣。岂非其贪鄙之性，可制于忧患，而不可挽于安乐欤？诚万世所当戒也。

萧复尝言于上曰："陛下践阼之初，圣德光被。自用杨炎、卢杞浊乱朝政，以至今日。陛下诚能变更睿志，臣敢不竭力！倘使臣依阿苟免，臣实不能。"又尝与卢杞同奏事，杞顺上旨，复正色曰："卢杞言不正！"上愕然，退，谓左右曰："萧复轻朕！"遂命复充山东西、荆湖等道宣慰、安抚使，实疏之也。

德宗在奉天时，以萧复为宰相。萧复为人忠诚正直，不肯阿顺取容，已为德宗所不喜。一日又奏德宗说："陛下即位之初，圣德昭明，光被海宇，天下想望太平。自从用杨炎、卢杞为相，炎则专以报复恩仇为事，杞又荧惑上听，排陷忠良，浊乱朝政，激成祸变，至今未已，天下皆知是此两人所致。今陛下诚能变更睿志，推诚纳善，图济艰难，臣敢不竭力辅导，以期匡复？若使臣依阿承顺以图苟免，不顾国家利害，则臣实不能也。"又曾与卢杞同在御前奏对，那卢杞所言都窥探德宗意旨，就顺那一边说去，全不管道理何如。萧复见其阿谀，即正色奏说："卢杞所言，不是正理！"德宗愕然而惊，退朝与左右说："萧复在朕前面斥卢杞，显是轻朕！"至是乃托言迁幸以来，恐江淮远方传闻过实，欲遣重臣抚慰，乃命萧复以宰相职衔充山南东西、荆南等道宣抚、安慰使，着他巡历江南一带地方，宣布朝廷德意。委任虽重，其实是出之于外，以疏远之也。

夫大臣事君，惟匡救为难，若要阿谀顺旨，谁不能为？况上可以结主之欢心，下可以保己之禄位，揆之人情，亦孰不愿？但朝廷设公卿辅弼之臣，君德治道视之以为隆污，宁令阿意从欲，陷主于不义乎？古之大臣，所以忘身徇国，不惜苟免者，正以是耳。德宗乃以为轻君而斥之，忠邪倒置如此，欲求治安，其可得乎？

上在道，民有献瓜果者。上欲以散试官授之，访于陆贽。贽上奏，其略曰："自兵兴以来，财赋不足以供赐，而职官之赏兴焉。青朱杂沓于胥徒，金紫普施于舆皂。当今所病，方在爵轻，设法贵之，犹恐不重，若又自弃，将何劝人？若献瓜果者亦授试官，则彼必相谓曰：'吾以忘躯命而获官，此以进瓜果而获官，是乃国家以吾之躯命同于瓜果矣。'视人如草木，谁复为用哉！"

散试官，是有职衔而不管事的官。青朱、金紫，都是官员服色。胥、徒、舆、皂，都是衙门中役使的人。

德宗既解奉天之围，李怀光恃功怨望，又率众作反，先遣其将赵升鸾入奉天约为内应。浑瑊知其谋，急请德宗幸梁州以避之。德宗在路上，有百姓以瓜果献者。德宗感其意，欲以散试官授之，问于陆贽。陆贽上疏，其大略说道："国家所重者在名器，祖宗时未尝轻以与人。自兵兴以来，财赋缺乏，不足以供赏赐，乃权以官爵酬之，而职官之赏兴焉。其后滥施无度，日甚一日，穿青衣朱者纷杂于胥徒，拖金纡紫者遍及于舆皂，名器之亵，莫甚于此。今日之病，正坐爵轻，朝廷设法以贵之，尚恐流弊已久，不能使重，况又自弃其法，将何劝人？且前此所授，犹谓其有死战之功也然且不可，今若献瓜果者亦以此授之，则彼有功者必相谓曰：'我辈竭力排难，忘了躯命，仅得此官，他只进些瓜果也得此官，是国家以我辈躯命止值一瓜果矣。'视人如草木，后虽欲用人，谁肯复为用哉！此臣所以断谓其不可也。"

按古之官人者，论定然后官之，任官然后爵之，自一命以上，非其人则不轻授，其重如此，士犹有轻之而不乐就者。后世或以入粟拜官，或以有功代赏，或以恩泽累赐，市井小夫，朝游里巷，而夕被章服，是朝廷先自轻之，欲人知所重而乐为用也，不亦难乎？陆贽此言，可谓切中时弊，诚万世人君所当省也。

卷之二十

唐纪

德宗

　　陆贽在翰林，为上所亲信，居艰难中，虽有宰相，大小之事上必与贽谋之，故当时谓之"内相"。然贽数直谏，忤上意。卢杞虽贬官，上心庇之。贽极言杞奸邪致乱，上虽貌从，心颇不悦，故刘从一、姜公辅皆自下僚登用，贽恩遇虽隆，未得为相。

　　史臣记：陆贽为翰林学士，日侍左右，为德宗所亲信。德宗在艰难危急之中，全仗陆贽谋划，虽有刘从一等为宰相，及遇军国大小事务，德宗必与陆贽商议。盖当时中书、门下两省，有宰相佐理万机，而陆贽以学士入直禁中，参预密勿，其任与宰相等，故当时称之为"内相"。虽是这等信用，然陆贽以道事君，不肯阿谀，遇事有不可，每每直言匡谏，致忤上意。卢杞为宰相专事容悦，为主上所喜，后虽因李怀光上表迫胁，不得已贬其官，然德宗心里还庇护他。陆贽极言卢杞奸邪不忠，酿成祸乱，德宗外面虽勉强依从，心颇不悦，道他说得不是。故刘从一以吏部郎中，姜公辅以翰林学士，皆自下僚登用为宰相，陆贽恩眷礼遇虽隆于二人，而未得为相，以其直谏忤旨故也。

　　夫德宗在艰难之中，事事倚仗陆贽，非不知其忠，但以其直言违拂而惮之，遂忘其忠。见中外人心汹汹，皆为卢杞乱政，亦岂不知其佞，但以其甘言承顺而悦之，遂不觉其佞耳。可见任贤勿二，去邪勿疑，信非圣人不能也。要之直臣之事君，譬如药石，一时虽觉苦口，终赖之以保身；

佞臣之事君，譬如美味，一时虽觉爽口，终因之以致病。所以古之帝王舍己从人，虚心任下，不拒逆耳之言，不罪拂意之谏，正为此耳。若德宗者，真可为明戒也。

李晟家百口及神策军士家属皆在长安，朱泚善遇之。军中有言及家者，晟泣曰："天子何在，敢言家乎！"泚使晟亲近以家书遗晟，曰："公家无恙。"晟怒曰："尔敢为贼为间！"立斩之。军士未授春衣，盛夏犹衣裘褐，终无叛志。浑瑊帅诸军屯奉天，与李晟东西相应，以逼长安。

这一段是记李晟为国排难，不顾其家的说话。

初，朱泚既据长安，河北行营节度使李晟闻车驾播越，急引神策军从河北入援奉天。那时晟家属百口及神策军士家属都在长安城中，朱泚欲以计诱之，乃以金帛存恤其家，待之甚厚。然晟一心为国，绝不以家为念。军中有言及家者，晟即涕泣而告之说："我辈受朝廷厚恩，就使国家无事，犹当公而忘私。今天子在何处，尚敢言其家乎！"泚尝使晟吏王无忌婿持家书诣晟营，谓晟说："公家俱平安无事。"晟大怒说："今万乘蒙尘，我为臣子恨不能一举灭贼，以雪国愤，敢顾其家，汝乃与贼为反间乎！"立命军中斩之。是时军势孤危，钱粮欠缺，军士未得春衣，盛夏犹披裘褐。晟能与下同苦，以忠义感发其心，所以士皆奋激，终无叛志。晟既矢心破贼，屯军东渭桥，而浑瑊又帅诸军西屯奉天，两军为掎角，东西相应，以逼长安，于是军威稍振，始有恢复京师之望矣。

按是时，朱泚、李怀光连兵，声势甚盛，车驾再迁，人情扰扰。晟以孤军处二强寇之间，内无资粮，外无救援，而人心益奋，气不少衰，卒成恢复之业者，徒以一念忠义有以激之也。向使晟有一毫私家之念，人谁不解体乎！若晟者，可以为纯臣矣。

上欲为唐安公主造塔，厚葬之，姜公辅表谏。上使谓陆贽曰："唐安造塔，其费甚微，非宰相所宜论。公辅正欲指朕过失，自求名耳。相负如此，当如何处之？"贽上奏，以为："公辅任居宰相，遇事论谏，不当罪之。"上意犹怒，罢公辅为左庶子。

德宗南幸梁州，长女唐安公主病没，德宗欲造塔厚葬之。宰相姜公辅以车驾蒙尘，兵食不给，乃糜费钱粮以事无用，因上表论谏。德宗怒其忤旨，遣使问陆贽说："唐安造塔，其费不多，似无关系，非宰相所宜论谏。公辅乃上表陈奏，岂真为国家惜费？不过欲指朕之过失，显得他直言无隐，以自求名耳。朕拔擢公辅，倚为腹心，乃负恩如此，必不可容。卿谓当如何处置？"德宗此意，盖欲加之以罪也。陆贽乃上奏，以为："公辅任居宰相，凡国家政事，不论大小，都是他的责任。所以遇事论谏，不敢曲隐，似宜优容，不当深罪也。"德宗闻此言，虽勉强曲从，而怒犹未解，竟罢公辅为左庶子。

夫宰相辅佐人主，以绳愆纠谬为职，只当论理之是非，不当计事之大小。况造塔之役，一则崇尚异端，违圣王之典训；一则虚费财力，竭百姓之脂膏。真所谓作无益以害有益者。其事虽微，而关系则甚大，为公辅者岂得无言？德宗不能嘉纳，乃以指过求名恨之。夫人臣事君，惟恐不能将顺其美，岂忍指君之过以求名？惟是暗惑之主，讳其过行，故深忌而不欲闻耳。公辅之守正不阿、陆贽之惓惓开导，皆可以为后世法。

贽上奏，其略曰："以一人之听览而欲穷宇宙之变态，以一人之防虑而欲胜亿兆之奸欺，役智弥精，失道弥远。项籍纳秦降卒二十万，虑其怀诈复叛，一举而尽坑之，其于防虑，亦已甚矣。汉高豁达大度，天下之士至者，纳用不疑，其于备虑，可谓疏矣。然而项氏以灭，刘氏以昌，蓄疑之与推诚，其效固不同也。秦皇严肃雄猜，而荆轲奋其阴计；光武宽容博厚，而马援输其款诚。岂不以虚怀待人，人亦思附；任数御物，物终不亲？"

陆贽见德宗欲追寻贼党，防虑太深，故因其问及，上疏谏之。其大略说："今车驾蒙尘，人心未定，凡有涉险远来者，正宜开诚优纳，不复猜疑，方是君人之道。若欲以一人之聪明而穷宇宙间之变态，以一人之防范而胜亿兆人之奸欺，则其势必不可穷，其力必不可胜。用智愈精，失道愈大，甚非所以收拾人心也。臣请以往事喻之：昔楚霸王项籍与汉高祖共起兵灭秦，项籍是个多疑的人，未到关中纳了秦卒二十万，恐其怀诈复叛，乃于新安城南一举而尽坑之，其防患如此之密。汉高祖是个明爽远量的人，凡天下士来归者，皆纳用之而不疑，其备虑如此之疏。然而项籍卒败于乌江，汉高祖卒代秦而有天下，这是何故？盖项氏蓄疑而不能任人，人亦以疑应之，安得不灭；高祖推诚而善任人，人亦以诚应之，安得不昌，其效自不同也。又有秦始皇为人严肃雄猜，以刀锯鼎镬待天下之士，宜人之不敢犯矣。然燕太子使荆轲假说献燕图籍，直到秦庭行刺，秦皇几不能免。汉光武为人宽容博厚，无所猜防，宜人之易欺矣。然隗嚣使马援来谒光武，觇其动静，援见光武度量恢弘，即知帝王有真，倾心献其诚款。若此者，岂不以光武开虚心以待人，故人皆愿为依附；秦皇任术数以御物，故物终不敢相亲，亦自然之效也。夫观高祖、光武之所以兴，秦皇、项籍之所以亡，则陛下今日惟当推诚虚纳以收人心，何可过为防虑，蹈秦项之覆辙哉！"

按陆贽此言，非特救德宗之失，实万世人君之要道也。盖四海至广，人君以一身临之，非宽弘不能容物，非诚实不能感人。况虚怀者亦未尝不察天下之隐，推诚者亦未尝不烛天下之奸，正不必屑屑猜防，而后可以得天下之情伪也。古之帝王所以范围一世者，皆不出此，不独汉高、光武为然。君天下者可以知所务矣。

又曰："陛下智出庶物，有轻待人臣之心；思周万机，有独驭区寓之意；谋吞众略，有过慎之防；明照群情，有先事之察；严束百辟，有任刑致理之规；威制四方，有以力胜残之志。由是才能者怨于不任，忠荩者忧于见疑，著勋业者惧于不容，怀反侧者迫于及讨，驯致离叛，构成祸灾。愿陛下以覆车之辙为戒，宗社无疆之休。"

区寓，犹言海宇。

陆贽又奏说："蓄疑、推诚之效，往古既有明鉴矣。若乃陛下以至圣之德，固宜坐致太平，而乱犹未弭，化犹未洽者，盖亦有故焉。良以陛下睿智首出于庶物，便以为人莫己若，而有轻待人臣之心；思虑周及于万机，便以为无恃于人，而有独御海宇之意；谋可以兼包众略，往往虑及于意外，而有过慎之防；明可以照烛群情，往往视及于未形，而有先事之察；以严厉绳束群臣，即谓任刑可以致治，而不思尚德；以威武制服四方，即谓用力可以胜残，而不肯施惠。由是有才能者以上之不任而怨心生，怀忠荩者以上之见疑而忧心生，建功业而震主者即恐其不容，怀反侧而狐疑者又迫于见讨，上下相疑，衅端日长，以致中外离叛，构成祸灾，原其所以，皆一念猜忌之心为之也。陛下若能追咎以往之失，开诚布惠，以消群疑，譬如前面的车已覆了，后面的车不复蹈其辙迹。如此，则人心回向，而大难可平，实宗社无疆之休也。"盖德宗以聪察太过，致失人心，故陆贽以此为言。

上谓陆贽曰："浑瑊、李晟诸军当议规划，令其进取。"贽以为："贤君选将，委任责成，故能有功。"乃上奏，其略曰："锋镝交于原野，而决策于九重之中；机会变于斯须，而定计于千里之外。用舍相碍，否臧皆凶。上有掣肘之机，下无死绥之志。"又曰："君上之权，特异臣下。惟不自用，乃能用人。"

掣肘，是牵挽其手臂，不得自如的意思。绥，是战车上所执的索。死绥，是死战而不退的意思。

德宗以浑瑊、李晟统领重兵将向长安，乃与陆贽说："浑瑊、李晟两人统兵在外，若不设个方略与他，恐一时进止难定。今当议其规划，遣使宣谕，着他遵奉行事，庶免临期有误。"贽以为："国之安危，系于一将，惟恐不得其人。既得其人，便当委任责成，方可成功。若一一从中制之，则将权轻而不得展布，责其成功难矣。"乃上奏，其大略说："兵势无常，不可遥度，惟在为将者，因时制宜，临敌决胜而已。今锋镝之变，远在原野，而欲决策于九重之中；机会之乘，变在顷刻，而欲定计于千里之外。则一用一舍，动相阻碍，或否或臧，皆蹈凶危。且上挠下柄，有掣肘难运之机，则下苦中制，无效死勿去之志，败军之祸，往往坐此，关系非细故也。"又说："君上之权，与臣下迥别。臣下为人所用，君上主于用人，惟推诚任下、不好自用者，人乃乐为我用。若阃外之事，屑屑焉欲以一身专之，则不惟事多窒碍，亦失君上之权，恐非所以奔走天下之士也。"

夫自古国家用兵，未有大将受制于内而能立功于外者。所以古之贤君专务择将，既得其人则假以便宜，重其事权，曰阃以外将军制之，是以人乐为用而功易成。后世文网日密，议论日多，使手足不得展布，何以责其成功？汉时冯唐谓文帝虽得廉颇、李牧弗能用，亦是此意。陆贽之言，将将者所宜深察也。

庚寅，李晟大陈兵，谕以收复京城，遂引兵至通化门外。泚兵大至，晟纵兵击之，贼败走。再战，又破之。贼众大溃，姚令言帅余众西走，晟屯于含元殿前，令诸军曰："晟赖将士之力，克清宫掖，长安士庶，久陷贼庭，若小有震惊，非吊民伐罪之意。"晟大将高明曜取贼妓，尚可孤军士擅取贼马，晟皆斩之，军中股栗。公私安堵，秋毫无犯。六月，晟遣掌书记于公异作露布上行在曰："臣已肃清宫禁，祗谒寝园，钟虡不移，庙貌如故。"上泣下曰："天生李晟，以为社稷，非为朕也。"

通化门，是长安城门。股栗，是战惧之状。安堵，是安静不扰的意思。掌书记，是节度使幕下掌文书的官。露布，是报捷的表文，不用实封，露布于外，要使人都看见。虡，是悬钟的架。

兴元元年，以李晟为副元帅进讨朱泚，屯兵长安城外。至五月庚寅日，李晟大陈兵马，传布号令要刻日收复京城，遂调集各路官军，进至通化门外。朱泚之兵前来迎敌，李晟纵兵击之，贼遂败走。官兵乘胜追至光泰门，与之再战，又大破之，贼众大溃。朱泚与其将姚令言帅领败残之兵，出长安西走。李晟遂屯兵于含元殿前，因传令诸军说："晟赖众将士之力，收复京城，扫清宫掖，想这长安士庶久陷贼庭，幸得复圣朝，人人有乐生之望，若官军不知敛戢，稍有震惊，便非朝廷吊民伐罪之意。"李晟以此戒谕将士，使之遵守。适其部下大将高明曜取贼兵中妓女，商州节度使尚可孤军士擅取贼马，李晟便都拿来斩首示众。于是军中畏其威令，莫不战栗。官府民居安堵如故，秋毫无犯。远坊居民有经一宿方知官军入城者，其纪律严正如此。六月中，李晟命掌书记官于公异作露布表文，报捷于行在，中间叙说："臣已扫荡贼氛，肃清宫禁，敬谒祖宗陵寝，宗庙之中钟虡不移，列圣庙貌犹如旧日。"这几句话是铺张恢复之功，以慰安朝廷的意思。德宗正在梁州，见了这露布，且喜且悲，因泣下说："天生李晟，乃是为再造我唐家社稷，非为朕也。"由是德宗驾还长安，天下遂定也。

按德宗初以朱泚之乱幸奉天，继以怀光之叛幸梁、洋，山东河北群盗纵横，车驾间关险阻，命令不通，国之不亡者如线耳。一旦剪灭逆寇，克复神京，李晟之功可谓大矣。德宗徒知奖赏之于有事之时，而不能保全之于无事之日，卒之罹谗畏谮，几于不免，岂劝劳作忠之道哉！

时连年旱蝗，度支资粮匮竭，言事者多请赦李怀光。李晟上言："赦李怀光有五不可。"马燧自行营入朝，奏称："怀光凶逆尤甚，赦之无以令天下，愿更得一月粮，必为陛下平之。"上许之。八月，燧帅诸军至河西，河中军士自相惊乱，怀光不知所为，乃缢而死。燧自辞行至河中平，凡二十七日。

河西，即今陕西朝邑县。河中，是李怀光屯兵的地方，即今山西蒲州。

德宗虽已克复长安，而李怀光反于河西，尚须征讨。那时连年旱蝗，财赋无所出，度支钱粮缺乏，不足以供军需。于是言事者多请下诏赦李怀光，许其自新，庶可息兵省费。李晟上疏，言："怀光罪恶滔天，法所必讨，且赦之有五不可：一、恐乘我不备，忽惊同州；二、恐赦怀光必以晋、绛等地还之，令浑瑊无所往；三、恐起吐蕃诸夷窥觎之心；四、恐朔方将士应叙奉天旧功，赏不满望；五、恐罢诸道兵赏典不行，又生怨讟。"疏中究极利害，言之甚详。会河东行营副元帅马燧亦自太原入京，并面奏："怀光凶逆尤甚，此而可赦，则威灵益屈，何以令天下？且其势已垂亡，臣愿更得一月粮，必为陛下平之，不足虑也。"德宗乃许之。八月，燧帅诸军至河西县。是时河中饥荒，又大将杀戮殆尽，军无统纪，一见燧军至，即自相惊乱，望风而降。怀光计无所出，乃自缢而死。河中于是悉平。自燧辞朝至河中平，凡二十七日，果不出一月之外也。

按德宗奉天之围赖怀光而解，不为无功。使是时待之以恩礼，御之有道，则不惟保全功臣，亦岂贻忧宗社？奈何惑于卢杞之奸，使其咫尺不得见天子，而怨望日深，嫌疑日积，所以酿成叛逆之谋，有自来矣。至此虽幸荡平，而天下已受其毒。小人之害人国家，可畏也哉！

乃上奏，其略曰："福不可以屡徼，幸不可以常觊。臣姑以生祸为忧，未敢以获福为贺。"又曰："曩讨之而愈叛，今释之而毕来。曩以百万之师而力殚，今以咫尺之诏而化洽。是则圣主之敷理道，服暴人，任德而不任兵，明矣。"上乃诏："诸道与淮西连接者，宜各守封疆，非彼侵轶，不须进讨。李希烈若降，当待以不死；自余将士百姓，一无所问。"

徼，求。觊，是望。淮西，即今河南汝宁府地方。轶，是冲突的意思。

贞元元年，李怀光既平，那时还有贼臣李希烈占据淮西，未归王化。陆贽恐有希旨生事之人，请乘胜讨之者，将使各镇自疑，激成他变，乃上疏论奏。其大略说："方今朱泚、怀光相继诛灭，中外人心孰不称贺，殊不知战胜乃社稷大福，只可偶一得之，不可屡屡徼求。用兵本有大幸，只是适然而遇，不可常常觊望。若由此不已，别生事端，使蓄疑负罪之人，不信朝廷诏令，兵连祸结，其害方深。臣且以生祸为忧，未敢以获福为贺。"又说："往时河、朔、青、齐同谋拒命，朝廷曾征讨数年，愈不能屈。及降奉天赦文，一释其罪，即皆去其伪号，纳款归降。往时以百万之兵，力尽而不能服；今日以咫尺之诏，化行而不敢外。可见圣王之敷布治道，怀服暴人，唯当以德为先，而不当以兵为尚，明矣。今大难既平，正群凶观望之时，只当乘此施惠以安其心。彼淮西穷寇，可不讨而定矣，何用纷纷多事为哉！"此奏既上，德宗即从其言，乃诏诸道节度使与淮西地方境界连接者，都只各守封疆，彼如不敢侵犯，不须进讨。李希烈若能悔罪求降，朝廷当以不死待之；其部将士百姓并系胁从，皆当一体赦宥，无所追问。德宗能用陆贽之言，果然各镇藩臣安心向化，李希烈孤立无与，兵势日蹙，遂为其部下所杀，而淮西亦平矣。

大抵人君治天下，有威有惠。当王纲委靡，所以整肃之者，利用威；及国势强盛，所以绥怀之者，利用惠。如天道春生秋杀，各随其时，相济而非相戾也。陆贽之言，可谓深识时务者也。

关中仓廪竭，禁军或自脱巾呼于道，曰："拘吾于军而不给粮，吾罪人也？"上忧之甚。会韩滉运米三万斛至陕，李泌即奏之。上喜，遽至东宫，谓太子曰："米已至陕，吾父子得生矣！"时禁中不酿，命于坊市取酒为乐。又遣中使谕神策六军，军士皆呼万岁。时比岁饥馑，兵民率皆瘦黑，至是麦始熟，市有醉人，当时以为嘉瑞。人乍饱食，死者复五之一。数月，人肤色乃复故。

唐都关中，其军饷皆仰给东南之粟。德宗当兵荒之后，漕运不继，仓廪匮竭，禁军不得粮食，或自脱去巾帽，呼叫于道路说："朝廷拘念我每于军中，而不给粮食，恰似犯罪的人一般。"其势几欲为乱。德宗闻之，甚为忧惧。适江淮转运使韩滉运米三万斛至陕，李泌急奏知德宗，以宽其忧。德宗乃大喜，即亲至东宫与太子说："韩滉已运米至陕，军士得粮，可无他变，吾父子今日才得生矣。"时禁中乏米，不曾造酒，乃取坊市上酒入宫中，饮之为乐。又遣中使传谕神策六军，使知米至，以安其心。军士亦大喜，皆呼万岁。先是连年饥馑，兵民饥饿日久，无不瘦黑者。至是麦始熟，稍可充饥，市中间有醉酒的人，当时便比之为祥瑞，盖叹其希有而幸其仅见也。然人久馁之余，乍得饱食反为所伤，死者复五分之一。至数月后，人肌肤颜色才得复旧，盖当时疲弊之状如此。

《记》曰："国无六年之蓄，曰急；无三年之蓄，曰国非其国。"德宗之时，其窘乏至朝不及夕，观其父子相慰之言，其情亦可悲矣。而天下以醉人为祥瑞，则闾阎困穷之状，又可想见，亦安在其为国乎！后世人君于仓廪盈溢之时，常念军无储饷；于宫闱宴乐之际，常思市无醉人，则所以约己裕民者，自不容己，国何患其不足哉！

以李泌为中书侍郎、同平章事。泌与李晟、马燧、柳浑俱入见，上谓泌曰："自今凡军旅粮储事，卿主之；吏、礼委延赏；刑法委浑。"泌曰："不可。陛下不以臣不才，使待罪宰相。宰相之职不可分也，非如给事则有吏过、兵过，舍人则有六押。至于宰相，天下之事咸共平章。若各有所主，是乃有司，非宰相也。"上笑曰："朕适失辞，卿言是也。"

吏过、兵过、六押，是各官职掌的事务。唐时吏部、兵部拟选文武官员，皆过门下省审驳，用给事中二员分管，叫做吏过、兵过。中书省又有舍人六员，佐宰相判案，分押六曹之事，叫做六押。

贞元三年中，以陕虢观察使李泌为中书侍郎、同平章事。此时功臣李晟为中书令，马燧为侍中，又有张延赏、柳浑同平章事，都是一时宰相。德宗欲以宰相分判六曹，一日，李泌与李晟、马燧、柳浑俱入朝见，德宗谓李泌说："自今以后，凡军旅粮储之事，卿宜专管，吏、礼二部事务委张延赏专管，刑名法律委柳浑专管，庶各有分职，得以尽心料理，不至异同。"李泌对说："不可。陛下不以臣为不才，使之待罪宰相。宰相之职不可分也，不比门下省给事中则有吏过、兵过，以分掌文武之选；中书舍人则有六押，以分掌六曹之事。至于宰相，辅佐人主责任重大，天下事务无大无小都要同心商量，共成化理，若各有专管乃是有司之职，非宰相之体也。"李泌此言甚知大体，德宗亦悟，乃笑说："朕适才失言，卿言是也。"于是宰相分判六曹之举，遂不果行矣。

考之《周官》，坐而论道，谓之三公；作而行之，谓之六卿。故汉文帝问钱谷决狱之数，陈平以为各有主者。乃论宰相之职，在上佐天子理阴阳，外抚四夷诸侯，内亲附百姓，使卿大夫各得其职。李泌之言，盖出于此。可见人主之职在于任宰相，宰相之职在于任庶官，庶官皆得其人，则政事无不理，而相道得矣。为君相者皆不可不知。

上复问泌以复府兵之法。泌请："铸农器，给牛、种，分赐缘边军镇，募戍卒，耕荒田而种之。关中土沃而久荒，所收必厚。戍卒因屯田致富，则安于其土，不复思归。旧制：戍卒三年而代，及其将满，下令有愿留者，即以所开田为永业。家人愿来者，本贯给长牒、续食而遣之。不过数番，则戍卒皆土著，乃悉以府兵之法理之，是变关中之疲弊为富强也。"上喜曰："如此，天下无复事矣。"

长牒，是官文书，即今之长单。续食，是路上的口粮。土著，是土居的人。

唐初府兵之制，兵皆土著，无事则散耕于野，更番上京，以备宿卫；有事征发，则命一卫将统之以行，事毕则各散归农。将不得握兵，而士不失常业，其法本善。但其徭役日烦，剥削日甚，以此府兵渐弱，多至逃亡。开元间，张说乃请募壮士充宿卫，号为骑。及李林甫又奏诸军皆募人为之，于是府兵之法荡然无存，下陵上替之患实坐此矣。德宗曾与李泌论及府兵，慨然有修复之志，至此，复问泌以复之之法。泌以为欲复府兵，必须土著；欲存土著，必须屯田。乃请："多铸农器，并给耕牛、谷种，分赐沿边军镇，召募戍卒，开垦荒田而种之。夫关中土厚易生，又久荒之余，地力未竭，诚及时屯种则收获必多，立可致富。戍卒因屯田而致富，则安于其土，不复有归志矣。旧制，戍卒三年一更代。今宜及其满时，下令有愿留者，即以所开田与为永业；其宗族有愿来者，又令原籍官司给长单，所过郡县给口粮以至戍所。夫有田以为常业，有宗族以为依附，则皆视戍所为乐土，谁肯去之？不过数番，戍卒皆土著矣。既为土著，则人有固志，法可举行，然后效国初之制，一一以府兵之法治之，是使关中之疲弊一变而为富强也。欲复府兵，舍此岂有他法哉！"德宗乃喜曰："天下只因废了府兵，所以至今多事。果如卿言，则国无养兵之费，将无握兵之虞，而关中又得居重之意，天下无复事矣。"

按唐制，惟府兵为近古，盖太宗亲定天下精思熟计而制之，后虽不能无弊，只宜酌量时势，补其偏而救其失。奈何举其法而尽废之，使市人纳贿充数，不能受甲，甚且召之不至，而祸乱从此炽矣。德宗虽喜泌言，而终不能复，亦其积习之势然也。后世欲为守成之令主，则无务为一切目前之功，而轻变祖宗之法哉。

十二月庚戌，上畋于新店。入民赵光奇家，问："百姓乐乎？"对曰："不乐。"上曰："今岁颇稔，何为不乐？"对曰："诏令不信，前云两税之外悉无他徭，今非税而诛求者殆过于税。后又云和籴，而实强取之，曾不识一钱。始云所籴粟麦纳于道次，今则遣致京西行营，动数百里，车摧牛毙，破产不能支。愁苦如此，何乐之有！每有诏书优恤，徒空文耳！恐圣主深居九重，皆未知之也！"上命复其家。

贞元三年十二月庚戌日，德宗偶出畋猎，至长安城外新店地方。至百姓赵光奇家内，问光奇说："如今百姓每安乐不安乐？"光奇对说："不乐。"德宗说："今年各处丰稔，想民间衣食不乏，何为不乐？"光奇对说："闾阎之间，赋役轻省，百姓才得乐生。今朝廷诏令不信于民，差赋繁重，百姓如何得安乐！且如前日诏书中一款说，自秋夏两税之外，再无别项差徭，今非两税正额，而分外诛求者比之两税其数反多。又一款说，今年丰收，令各处行和籴之法，收买民间粟麦，及至和籴时被官吏人等作弊，只是强取于民，不曾有一文钱到手。起初说，所籴粟麦都只随便纳于沿途仓次，今又着自备车牛解送京西行营，动辄数百里，车摧牛毙，将产业破尽不能支持，愁苦无聊至于如此，纵稍有收成，亦不得实用，何乐之有！每次降下诏书，开载优恤条件，有司全不奉行，不过成一空文而已，百姓何由得沾实惠！恐圣主深居九重之中，此等情弊皆不得知之也。"德宗闻光奇之言，为之感动，命将光奇本家徭役尽为除免，以示体恤之意。

按光奇之言，说尽民间疾苦，自古人主苟知百姓穷苦，未有不念者。惟是苛刻有司不肯仰体德意，将朝廷诏令视为虚文。故有名为蠲免，而实照旧征收；名为赈贷，而实不见一钱者。所以君忧劳于上，而民不怀；民愁怨于下，而上不知，以至人心离叛，法令不行，而土崩瓦解之势成矣。愿治之主，于此宜留意焉。

四年，上从容与泌论即位以来宰相，曰："卢杞忠清强介，人言杞奸邪，朕殊不觉其然。"泌曰："人言杞奸邪而陛下独不觉其奸邪，此乃杞之所以为奸邪也。倘陛下觉之，岂有建中之乱乎？"上曰："建中之乱，术士豫请城奉天，此盖天命，非杞所能致也。"泌曰："天命，他人皆可以言之，惟君相不可言。盖君相所以造命也。若言命，则礼乐刑政皆无所用矣。纣曰：'我生不有命在天！'此商之所以亡也。"

贞元四年，李泌自陈衰老，请更除一宰相，协理机务。德宗难其人，未行简命，因从容与泌评论即位以来所用的宰相，说："卢杞为人，本是忠清强介之士，人却说他奸邪。以朕观之，但见其才行可用，殊不觉其奸邪，卿以为何如？"泌对说："人臣之奸邪使人主得而觉之，其奸犹未甚也。今天下皆言杞奸邪，而陛下独不觉其然，这是他才足以饰诈，智足以欺人，以致于误国殃民，而陛下不觉其为奸。倘陛下觉之，则必更置贤相，思患预防，岂有建中年间播越奉天之乱乎？"德宗说："建中之乱，三年前术士桑道茂预知朕有离宫之厄，说奉天有天子气，请建城以备之，此盖天命已定，非杞所能致也。"泌对说："天命二字，在他人皆可言之，独人君与宰相不可言。盖人君主治于上，宰相辅治于下，操纵阖辟，惟其所为威福予夺，皆自上出，是乃所以造天下之命者也。若凡事只委之于天命，则凡礼乐刑政之属，出于人所经划以为治天下之具者，一切可以不用矣。岂有是理哉？昔纣为不道，其臣祖伊告以民心弃绝之故，纣曰：'民虽欲亡我，我之生独不有命在天乎！'卒不听，竟以此亡其国，可见人君必不可言命。陛下正宜以此为戒，不可复蹈亡国之辙也。"

按建中之乱，三尺童子皆知卢杞致之，而德宗竟不悟。至于事定之后犹委之于天命，非独德宗之昏迷甚也，亦由杞之有邪，其才辩足以惑人主之听闻，其弥缝足以蔽人主之观视，居之似忠清，行之似强介，使人主一堕其术中，即终其身而不觉，此其所以可恨也。然则亲贤讲学，虚心观理以培养其鉴别之原者，岂非明主之要务哉！

八年三月，以尚书左丞赵憬、兵部侍郎陆贽并为中书侍郎、同平章事。陆贽请令台省长官各举其属。未几，或言于上曰："诸司所举皆有情故，或受货赂，不得实才。"上密谕贽："自今除改，卿宜自择，勿任诸司。"贽上奏，其略曰："今之宰相则往日台省长官，今日台省长官乃将来之宰相，但是职名暂异，固非行举顿殊。岂有为长官之时则不能举一二属吏，居宰相之位则可择千百具僚？物议悠悠，其惑斯甚。"

台省长官，即今部院之长。

贞元八年四月，以尚书左丞赵憬、兵部侍郎陆贽并为中书侍郎、同平章事。陆贽建议，以人才众多，恐所知有限，请令台省长官各择属官贤能者举荐于朝，以待擢用，德宗已允其请。未几，有人言于德宗说："诸司长官所举属吏，皆有情出，或受其货贿而荐之，往往不得真才。"德宗因密谕陆贽说："自今除改官员，卿宜自加选择，不必委任诸司。"陆贽上奏，其大略说："本朝以台省长官简拜宰相。今日之宰相，原是往日台省长官；今日台省长官，乃是将来之宰相。但是职名暂异，固非所行所举顿有不同。岂有为长官之时，不能知一二属吏之贤否而举用之，及至居宰臣之位，即能尽知千百具僚之贤否而选择之乎？今乃以诸司所举皆为不称，而欲专任宰相，则进言者之过也。物议悠悠，各生异见，其惑乱人心愈甚矣，可不察哉！"

按陆贽之言，虽出于至公，然宰相职在用人，若非专任，则有不得行其职者。故必以考课之务，责之铨曹；以举荐之方，责之僚长。而为相者，虚心以察之，秉公以用之，则庶几各尽其职，而人才未有不得，天下未有不理者矣。用人者其知之。

十年，上性猜忌，不委任臣下，官无大小必自选而用之。宰相进拟，少所称可。及群臣有一谴责，终身不复收用。陆贽上奏谏，其略曰："以一言称惬为能而不核虚实，以一事违忤为咎而不考忠邪，是以职司之内无成功，君臣之际无定分。"上不听。

史臣记：德宗为人性多猜疑忌刻，惟恐臣下欺之，不肯倾心委任。凡官员迁除，不问大小，必自择其当意者而用之。宰相有所推举，少有称意许可者。至于群臣稍有过失，一被贬黜，则终身不复收用。以此人才淹滞，上下交疑。陆贽乃上奏谏之，其大略说："人主进用一人，当论其平生，而不可取其一言之偶合；黜远一人，当谅其心术，而不宜责其一事之偶差。今一言称旨便以为能而任用之，曾不核其虚实；一事违忤便以为咎而摈弃之，曾不考其忠邪。则彼见用者，付任必至于逾涯，而职司之旷日多，安得有成功；见黜者，罪责必至于过当，而君臣之嫌怨日深，安得有定分。其于理乱之故关系不小，不可不慎也。"德宗竟不能听。

夫人君耳目有限，聪明易蔽，若非简任宰相，付以进退人才之责，而欲自选而用之，则不惟真才遗佚，且争进称惬之言以希宠用，而幸进之门开矣。至于以罪见黜者，亦当论其所犯何如。若果怙终故犯，罪固难赦。若出于过误及有功罪相准者，亦宜湔涤瑕垢，许令自新。若概从摈弃，则悔过者无由自补，而用人之途隘矣。德宗只因性多猜忌，所以犯此二病，终身不悛，而国亦几于不保。后世人君宜痛鉴之。

九月，裴延龄奏："左藏库司多有失落，近因检阅，使置簿书，乃于粪土之中得银十三万两，其匹段杂货百万有余。此皆已弃之物，即是羡余，悉应移入杂库，以供别敕支用。"延龄每奏对，恣为诡谲，皆众所不敢言，亦未尝闻者，延龄虚之不疑。群臣畏延龄有宠，莫敢言。

这一段是记户部侍郎裴延龄欺君罔上的事。

贞元十年九月，裴延龄因德宗好聚私财，欲迎合上意，乃奏说："左藏财货库司册籍不明，年月渐深，多有混失。近因逐项检阅，各置簿书以便查清，乃于粪土之中得银十三万两，又有匹段杂货百万有余。此皆历朝遗失之物，委弃已久，原非正数，即是羡余，尽应移大内库，以供朝廷别敕支用。"这是延龄欺罔德宗，其实库中无此物，不过那移正数，虚张名目以惑上耳。延龄每奏对，必恣为诡谲之辞，凡可以饰诈希宠者，无所不至。有众人所不敢言，及世所未尝闻者，延龄皆肆然为之，略无忌惮。是时在朝之臣，明知其欺，只因德宗宠信延龄，恐以言取祸，竟莫敢抗言其非者。

按唐自丧乱以来，府库久竭，兼之朱泚尽发帑藏以恣兵费，安得复有羡余。延龄明欺其主而不畏，德宗明受其欺而不问。陆贽他日劾奏延龄，谓其"愚弄朝廷，有同儿戏"。夫人主一为贪欲所蔽，遂被小人愚弄，一至于此，可不戒哉！

十一月，陆贽上书极陈延龄奸诈，数其罪恶，其略曰："延龄以聚敛为长策，以诡妄为嘉谋，以掊克敛怨为匪躬，以靖谮服谗为尽节，可谓尧代之共工，鲁邦之少卯也。迹其奸蠹，日长月滋。移东就西，便为深绩；取此适彼，遂号羡余。愚弄朝廷，有同儿戏。"又曰："昔赵高指鹿为马，臣谓鹿之与马物类犹同，岂若延龄掩有为无，指无为有。"书奏，上不悦，待延龄益厚。

共工，是尧时的奸臣。尧说他静言庸违，象恭滔天，遂放之于幽州。少卯，是春秋时鲁国的奸臣。孔子说他有五大恶，为人之奸雄，遂诛之于两观。赵高，是秦二世时的奸臣，指鹿为马以欺二世，卒至亡秦。

贞元十年十一月，陆贽因裴延龄屡肆欺罔，德宗不能察，群臣不敢言，乃上疏极论延龄奸诈之状，历数他平日的罪恶。其大略说："延龄在户部本无一善可取，但以聚敛百姓为经国之长策，以诡诈妄诞为事主之嘉谋，以掊克财货、丛积天下之怨于一己，为忘身徇国，以搜发阴私、献谮行谗于君侧，为尽节事君。其文诈饰非，欺君误国，近世罕有。可谓尧时之共工，鲁邦之少正卯，流之诛之，不足以尽其辜也。陛下不加显戮，反为容掩，所以他志意愈放，险诈愈深，据其奸蠹，日长月滋。如事迹本无所见，只将东边的移过西边，便做他的功绩；钱粮原无余剩，乃把这一项抵做那一项，便说是国家羡余。以此愚弄朝廷，如同儿戏，其欺罔不臣如此。"又说："昔赵高欺罔秦二世，指鹿为马，自古言人臣奸诈者，皆以赵高为最。然以臣观之，鹿与马都是畜类，形质虽是不同，实在尚有其物，岂如延龄悦空为奸，将有的掩之以为无，无的指之以为有，以此欺蔽聪明，全无影响，其奸诈尤甚于高哉！"陆贽此奏可谓切直，奈何德宗惑于延龄之奸，反嗔怪贽言，而待延龄益厚。

夫君子事君惟恐顺君之欲，而小人事君惟恐不投君之欲。故君子之言虽有明验而不用，小人之奸虽至败露而不悟。延龄之事德宗，知其欲聚财货，便言左藏有羡余十余万；知其欲构大木，便言同州有美材数千；知其欲闻外事，便攻发人阴私，日兴谗谤，投间抵隙，若穿窬然，幸其一中则牢不可破，宜贽言之不能入也。故人主贵正心寡欲，使臣下无可窥之端，则佞人自远，正人自进，而太平不难致矣。

陆贽以上知待之厚，事有不可，常力争之。所亲或规其太锐，贽曰："吾上不负天子，下不负所学，他无所恤。"裴延龄日短贽于上。赵憬之入相也，贽实引之，既而有憾于贽，密以贽所讥弹延龄事告延龄，故延龄益得以为计，上由是信延龄而不直贽。贽与憬约至上前极论延龄奸邪，上怒形于色，憬默而无言。贽罢为太子宾客。

德宗在奉天时，事无大小，皆咨谋于陆贽，后又简命为相，眷倚甚隆。贽感德宗知遇之厚，矢心图报，凡德宗所行事稍有不当，即力谏之无所避讳。其亲友或劝贽稍自隐默，不宜直强如此。答说："吾受朝廷之恩，若雷同不言，岂不负了天子？读圣贤之书，若忍默苟容，岂不负了所学？吾所为正言不阿者，期上不负天子，下不负所学，以尽吾责而已，他如死生荣辱，原非所恤也。"是时，裴延龄因贽指陈他罪恶，心甚恨之，日在德宗前言贽之短。又赵憬之入相，本由贽所引用，其后因事恨贽，反将贽所讥弹延龄的事密告延龄，使延龄得以预为弥缝，多方营解，故德宗反信延龄而不以贽言为是矣。方贽未上本时，与憬约至德宗前极论延龄奸邪，期共斥之，憬已许诺。及至上前，见德宗嗔怪陆贽，怒形于色，憬即默然无言，竟背其约。所以贽势益孤，而德宗之猜疑益甚，遂罢贽相为太子宾客。

按陆贽事德宗，前后论谏数十百篇，讥陈时病，切中事情，可谓不遗余力。德宗在危难时则能听之，及祸乱已平，宠信谗邪，逐之若弃梗。贽诚不负德宗，德宗负贽矣。然则任贤勿二，去邪勿疑，固愿治者所当时时加意也。

初，上以奉天窘乏，故还宫以来，尤专意聚敛。藩镇多以进奉市恩，皆云"税外方圆"，亦云"用度羡余"，其实或割留常赋，或增敛百姓，或减刻吏禄，或贩鬻蔬果，往往私自入，所进才什一二。李兼在江西有月进，韦皋在西川有日进。其后常州刺史裴肃以进奉迁浙东观察使。刺史进奉自肃始。及刘赞卒，判官严绶掌留务，竭府库以进奉，征为刑部员外郎。幕僚进奉自绶始。

凡物折则成方，转则成圆，税外方圆，犹言常税之外，别自转折以致财货也。西川，即今四川。刺史，是州官，即今知府。浙东，是浙江之东。观察使，是各道掌巡察安抚的官。观察使之下置有判官，以其在幕中从事，故谓之幕僚。

初，德宗在奉天城中，资粮匮竭，至采芜根而食之，极其窘急，故还宫以来，一意以聚敛为事，比前尤甚。各处藩镇揣知德宗之意，多进奉财货，希图恩宠，皆说是"税外方圆"，又说是"用度羡余"，巧立名色以欺朝廷。其实或将正赋割留，或将小民增敛，或将官吏俸禄减刻，或将地产蔬果贩卖，往往挟朝廷之名，百般掊聚，以实私囊，所进奉者什分中才一二分而已。是时李兼在江西逐月有进，韦皋在西川逐日有进，德宗皆累加褒宠，所以效尤愈众，习以成风。其后常州刺史裴肃以进奉骤升浙东观察使。州刺史职卑，乃亦进奉，则自裴肃始。及宣歙观察使刘赞卒，判官严绶署掌留务，倾府库所有以进，遂召入为刑部员外郎。幕僚之职益卑，乃进奉，则自严绶始。

按奉天之乱，本以人心离叛，纪纲陵夷所致。德宗念此时之艰难，则当深思其故，薄税敛以安人心，惜名器以振纪纲，庶几培元气而存国体。奈何益专聚敛，使天下皆剥民脂膏以希恩泽，与税间架、陌钱何异？且又不问其所从来，而概以要职酬之，比之授散试官，抑又甚矣！迷而不复，一至于此，国之不亡，岂非幸乎！

十九年，初，翰林待诏王伾善书，山阴王叔文善棋，俱出入东宫，娱侍太子。叔文谲诡多计，与王伾相依附。叔文因为太子言某可为相，某可为将，幸异日用之。密结翰林学士韦执谊、陆淳、吕温、李景俭、韩晔、韩泰、陈谏、柳宗元、刘禹锡等，定为死友。

山阴，即今浙江山阴县。死友，是朋友交结之厚，以死相许的意思。

贞元十九年，初，德宗在位久，顺宗为太子在东宫，有等小人乘时构党，密图权幸。时翰林待诏王伾善书写，山阴王叔文善弈棋，两人各以技艺得出入东宫，侍奉太子，以为娱悦。叔文为人谲诡多计，与王伾交结，相为依附。叔文尝乘间与太子评论朝臣，某人可为宰相，某人可为大将，希后日太子用之，以植己党。又密结翰林学士韦执谊，及当时朝士有名而求速进者左司郎中陆淳、左拾遗吕温、进士及第李景俭、司封郎中韩晔、户部郎中韩泰、侍御史陈谏、监察御史柳宗元、刘禹锡等，定为死友，日与游处，纵迹诡秘，莫有知其端者。

大抵小人欲窃天下之柄，必自托于知名之士，相与固结以为羽翼。伾及叔文，瞯德宗昏耄，太子柔懦，阴植党类，规权遂私，而一时幸进之士，皆挠节从之，互相推奖，日夜汲汲，如狂卒之收利权，揽兵柄，肆行于顺宗之朝，若无人然。非宪宗监国，相继贬黜，其祸将不知其所终矣。用人者其慎之。

卷之二十一

唐纪

宪宗

宪宗皇帝，名纯，乃德宗之孙。德宗崩，子顺宗立。顺宗即位之时，已病不能言，遂传位于纯，自称太上皇。纯在位十五年，庙号宪宗。

上与杜黄裳论及藩镇，黄裳曰："德宗自经忧患，务为姑息，不生除节帅。有物故者，先遣中使察军情所与则授之。中使或私受大将赂，归而誉之，即降旌钺，未尝有出朝廷之意者。陛下必欲振举纪纲，宜稍以法度裁制藩镇，则天下可得而理也。"上深以为然，于是始用兵讨蜀，以至威行两河，皆黄裳启之也。

宪宗即位之初，励精图治，见各处藩镇拥兵拒命，心甚不平，因与宰相杜黄裳计议，思有以处之。黄裳对说："人主制驭天下之大柄有二，威、福而已。威福之柄在上则治，在下则乱。德宗初年，承肃、代之后，也有意振作，只因经奉天之乱，忧患相仍，恐一有处分，或生他变，乃务为姑息之政。各镇节度使见任在生前，并不别有除授更换，只待他有事故乃遣中使往彼军中访察众情，要立何人为帅，即因而授之。中使或受大将贿赂，归而称道之，说其人得众心可为主帅，朝廷即不问可否，降旌钺与之，未尝有出自朝廷本意者。如此，则威福之柄皆在于下，朝廷不能主张，纪纲安得不堕，藩镇安得不横。陛下必欲振举纪纲，宜及今日人心观望之时，独奋乾刚，稍立法度，裁制藩镇，使天下悚然知明主在上，无敢僭越，然后耳目新而心志定，天下可得而治也。"宪宗深以其言为是。是时西蜀刘辟正阻兵拒命，宪宗欲讨之，而群议未定，及闻黄裳之言，始决意用兵讨辟。卒至平蜀，而淮、蔡、淄、青、河南、河北诸镇亦以次威服，皆黄裳之言启之也。

按姑息之政，不独德宗，节度使由军士废立，自代宗已然矣。当时建议之臣亦有言者，而二君皆不能听。宪宗一闻黄裳之言即断然排群议而用之，其后淮、蔡用兵又专委裴度，卒收成功。然则用谋善断，信非明主不能也。

上与宰相论："自古帝王，或勤劳庶政，或端拱无为，互有得失，何为而可？"杜黄裳对曰："王者上承天地宗庙，下抚百姓四夷，夙夜忧勤，固不可自暇自逸。然上下有分，纪纲有序，苟慎选天下贤才而委任之，有功则赏，有罪则刑，选用以功，赏刑以信，则谁不尽力，何求不获哉！明主劳于求贤而逸于任人，此虞舜所以能无为而治者也。至于簿书、狱市烦细之事，各有司存，非人主所宜亲也。昔秦始皇以衡石程书，魏明帝自按行尚书事，隋文帝卫士传食，皆无补于当时，取讥于后来。其耳目形神非不勤且劳也，所务非其道也。夫人主患不推诚，人臣患不竭忠。苟上疑其下，下欺其上，将以求理，不亦难乎？"上深然其言。

衡，是秤。一百二十斤为一石。

宪宗初年，锐于有为，因与宰相论说："自古帝王所务不同，或不惮勤劳，亲理庶政，或端拱于上，无所作为，其劳逸不同如此。然其间亦各有得失，未能尽善，不知何为而可？"杜黄裳对说："王者一身，上则承天地宗庙之重，下则抚百姓四夷之广，一日万机，固当早夜忧勤，不可自图暇逸。然君上臣下自有定分，大纲小纪自有次序，人君亦惟操居上之体，总其大纲而已。诚能虚心鉴别，慎选天下贤才分任其职，而又随事考成之，于称职而有功的，则加之以赏，不称职而有罪的，则加之以刑。选用既公，赏刑又信，则人有所劝惩，谁不各尽其力，凡君所欲为者，又何有不得者哉！是以明主始而求贤则甚劳，终而得人则甚逸。虞舜所以任用五臣，无为而天下治者，正以此也。若夫簿书期会，以至刑狱市井，一应烦细的事，所司各有任其责者，非人主所宜亲理也。昔者秦始皇每日省览文书都有课程，以衡石称之，限以斤数，若课程未完，不肯止息。魏明帝亲至尚书省按行其事。隋文帝临朝每至日昃，卫士不得休息，往往传餐而食。此三君者或乱或亡，皆无益于当时，见讥于后世。其耳目形神非不勤且劳也，正因不能用人而喜于自用，失上下之分，昧纪纲之序，所务非其道故也。且夫人主不患事之不理，患不能推诚以任人；人臣不患不任事，患不能竭忠以事君。苟上不推诚而疑其下，下不竭忠而欺其上，则堂陛且不相乎，政事岂能修举？纵日勤劳于上，亦徒敝精神耳，将以求治，不亦难乎！"于是宪宗深然其言。盖黄裳知宪宗锐于求治，恐不得其要，故以任贤之道告之；又欲其鉴德宗之猜疑，故终之以推诚之说要之。帝王致治之道，实不外此。

以户部侍郎武元衡为门下侍郎，翰林学士李吉甫为中书侍郎，并同平章事。吉甫闻之感泣，谓中书舍人裴垍曰："吉甫流落江淮，逾十五年，一旦蒙恩至此。思所以报德，惟在进贤，而朝廷后进，罕所接识，君有精鉴，愿悉为我言之。"垍取笔疏三十余人，数月之间，选用略尽。当时翕然称吉甫为得人。

元和二年，宪宗以户部侍郎武元衡为门下侍郎，翰林学士李吉甫为中书侍郎，并同平章事。吉甫一闻简命，感而泣下，与中书舍人裴垍说："吉甫自贞元七年以罪贬谪，流落江、淮之间，今十五年矣。自分弃捐，无所复冀，乃一旦遭际圣明拔之罪废之中，擢居宰相之位，蒙恩至此，无可报称。思所以仰答知遇者，惟在进用贤才，使众职毕举，庶几称塞其万一耳。然而久居疏远，于朝廷后进之士相知者少，无凭荐举。君素留意人材，藻见精确，愿举所知，尽为我言之。"垍因取笔书三十余人，吉甫皆藏记之，以次推举，数月之间，三十余人选用殆尽，当时翕然称吉甫所用为得人。

盖人主为天下择宰相，宰相为天下择庶官。《大学》称："大臣之休休，能保子孙黎民者，亦惟在荐贤而已。"吉甫为相，首以此为急务，虚心访用，曾不猜靳。知人之明虽在裴垍，得人之誉乃归吉甫，可谓知为相之体矣。

夏、蜀既平，藩镇惕息，多求入朝。镇海节度使李锜亦不自安，求入朝。上许之。锜实无行意，屡上表称疾，请至岁暮入朝。上以问宰相，武元衡曰："陛下初即政，锜求朝得朝，求止得止，可否在锜，将何以令四海！"上以为然，下诏征之。锜诈穷，遂谋反。冬十月，左右执锜，械送京师。有司籍锜家财输京师。翰林学士裴垍、李绛上言，以为："李锜僭侈，割剥六州之人以富其家，今辇输上京，恐远近失望。愿以逆人资财赐浙西百姓，代今年租赋。"上嘉叹久之，即从其言。

夏，即今宁夏地方。镇海，即今镇江府。宪宗初年，裁制藩镇，不事姑息。其时杨惠林反于夏绥，兵马使斩之；刘辟反于蜀，高崇文擒之。两镇既平，朝廷威令始行。各藩镇平素跋扈，抗拒朝命的，始知危惧，都上表求请入朝。镇海节度使李锜最称强梁，亦不自安，求入朝。宪宗许之，遣中使慰抚，而令王澹署掌留务。然锜本无行意，见朝廷解其军务，心益不平，乃屡次上表称疾，请至岁终入朝。宪宗与宰相计议，武元衡对说："陛下行政之初，四海观望所系，若使锜求朝入朝，求止便得止，则行止皆在于锜，朝廷不能主张，将何以号令四海乎？"宪宗以其言为是，乃下诏宣李锜入朝。锜前此本无行意，只是说谎支吾，至此情见计穷，遂令军士杀王澹以胁中使，因发兵谋反。冬十月，锜将张子良等知锜必败，举兵缚锜，械送京师。有司籍没锜家财，输解来京。翰林学士裴垍、李绛上疏说："李锜僭侈多无度，剥削浙西等处六州百姓之财，以富其家。陛下恶其害民，故讨而诛之。今辇金帛以输京师，是徒利其所有，非朝廷振肃纪纲之意，恐远近从此失望。愿即以逆人资财，还赐浙西百姓，当今年租赋，使天下知朝廷不重货财，且以慰百姓之望。"宪宗见其疏，称叹久之，即从其言。

按唐自代、德以来，尚姑息而悦货财，威不行于节帅，惠不及于穷民久矣。宪宗鉴于覆辙，一听元衡之言，则李锜就缚；再从垍、绛之请，则六州复苏。中兴事业，此其肇端矣！

帝尝称："太宗、玄宗之盛，欲庶几二祖之道德风烈，何行而至此乎？"绛曰："陛下诚能正身励己，遵道贵德，远邪佞，进忠直；与大臣言，敬而信，无使小人参焉；与贤者游，亲而礼，无使不肖与焉。如是，则可与祖宗合德，号称中兴，夫何远之有！"帝曰："美哉斯言！朕将书绅。"

绅，是大带之垂者。欲其言不忘，故书之于绅。

宪宗一日问于翰林学士李绛说："我祖宗时如太宗贞观之治，玄宗开元之治，可谓极盛，朕甚慕之。今欲庶几比隆于二祖之道德风烈，不知何为而可以至此乎？"此宪宗有志于法祖致治也。绛对说："二祖所以开创鸿业者，只有两端：修身、用贤而已。陛下诚能正身励己，不溺于怠荒，体道尚德，不杂于功利。修身既如此之纯，又鉴别贤否，于邪佞者远之，忠直者进之。与大臣讲求理道，敬而且信，不使小人参于其间；与贤者朝夕游处，亲而有礼，不使不肖者与于其侧。用贤又如此之专，则所行无非正道，所闻无非正言，所游无非正人，道德风烈既可配合祖宗，号称中兴之主矣。去贞观、开元之盛，夫何远之有！"宪宗感其言，乃叹说："美哉斯言！真致治之要道。朕将书之于绅，佩服不忘也。"

夫宪宗志在法祖，而绛以修身用贤告之，可谓切至之语。然自古圣帝明主所以创业守成，致太平之盛者，举不外此。图治者所当留意也。

初，德宗不任宰相，天下细务皆自决之，由是裴延龄辈得用事。上在藩邸，心固非之；及即位，选擢宰相，推心委之。尝谓珀等曰："以太宗、玄宗之明，犹藉辅佐以成其理，况如朕不及先圣万倍者乎！"珀亦竭诚辅佐。上尝问珀："为理之要何先？"对曰："先正其心。"

初，德宗性多猜忌，常恐臣下欺之，不肯委任宰相，虽天下琐细的事务，也都自家裁决。以此大臣日益疏远，那奸邪之徒如裴延龄辈因得以乘机用事，而蠹国害民，无所不至矣。宪宗在藩邸时已备知其故，心甚非之。及即位，痛鉴此弊，首以亲贤为急，选擢宰相，推诚委任之。尝与宰相裴珀等说："我祖宗致治，未有不须贤臣而成者。虽以太宗、玄宗这等明圣，当时亦藉房、杜、姚、宋诸臣辅佐，乃成贞观、开元之治。况如朕薄德，不及先圣万倍，所望于卿等者不尤切乎！卿等宜同心辅弼，以匡朕之不逮可以。"珀感宪宗知遇之厚，亦竭诚辅佐，惟恐有负上恩。宪宗尝问珀："为治之要，何者为先？"珀对说："君者，天下之主；心者，一身之主。心不正，何以正身？身不正，何以正天下？故必寡嗜欲，端好恶，先正其心，则正身以正朝廷，正朝廷以正百官万民，皆自此而推之。为治之要，信无先于此也。"

夫人君非任相无以理万机，非正心无以宰万化，二者帝王之切务也。宪宗临御之初，即能推诚任相，几致太平，可谓知先务矣。而及其晚节，复信匪人以亏成业，则正心之学未讲耳。此纯心所以为用贤之本欤。

坦器局峻整，人不敢干以私。尝有故人自远诣之，坦资给优厚，从容款狎。其人乘间求京兆判司，坦曰："公才不称此官，不敢以故人之私伤朝廷至公。他日有盲宰相怜公者，不妨得之，坦则必不可。"

京兆判司，是京府佐贰官。眼不见叫做盲。

宪宗之时，裴坦为相，至公无私。史臣记其事说道：坦为人禀性刚方，其器量格局严峻整齐，不为世俗依阿之态，所以人见之莫不敬惮，无敢以私意干请于前者。曾有一故旧，特从远方来谒。坦念其平生，凡资助供给皆从优厚，与之从容款曲，不失故人之情。其人见裴坦待之厚，遂乘间求为京兆判司之官。坦回答说："京兆判司，乃是朝廷的官，不是宰相可私与人的，故必才干相称乃可居之。今公之才称不得这个官，我为宰相当为官择人，岂敢以故人私情伤了朝廷公道？倘后日有等瞎宰相，认不得人的，或有曲意怜公者，公他日不妨得此官。若坦今在位，断乎其不可也。"

夫宰相之职全在用人，而心之公私则用人之当否系焉，故理乱之所关也。诚能至公无私，惟才是使，虽不避亲故，无害于公。若一从干请，则幸门遂启，虽公亦私矣。如坦者真可谓有唐之贤相也。

四年春正月，南方旱饥，命左司郎中郑敬等为江、淮、二浙、荆、湖、襄、鄂等道宣慰使赈恤之。将行，上戒之曰："朕宫中用帛一匹，皆籍其数，惟阙救百姓，则不计费。卿等宜识此意，勿效潘孟阳饮酒游山而已。"

唐制：尚书省设左右司郎中，稽勘文书，分理省事。江、淮，即今南直隶等处。二浙，即今浙江之东西。荆、湖、襄、鄂，即今湖广荆南等处一带地方。宣慰使，是安慰百姓的官。

元和四年春正月，南方久旱，百姓大饥，宪宗闻而悯之，命左司郎中郑敬等为江、淮、二浙、荆、湖、襄、鄂等道宣慰使，分道赈济。敬等将行，宪宗特召至御前面戒，谕之说："朕性本俭约，凡官中自奉，就是用一匹绢，也都登记其数，以便查考，不敢妄费。惟赒济百姓，则费用虽多，亦所不计。盖自奉惟恐其过侈，惠民惟恐其不周也。卿等须要体朕之意，悉心区处，使百姓每困于饥馑的，都得以均沾实惠，如朕亲去赈济一般，庶几不负任使。慎勿学那盐铁转运副使潘孟阳，昔年宣慰江、淮，只是饮酒游山，全不以民命为念也。"

夫君民本同一体，民之困苦譬如疾痛在身，人君未有不欲济者。惟是奉行之人，或苟且塞责，因而侵渔，或牵制文法，惮于多费，故虽蠲恤之诏累下，慰抚之使屡出，而民卒不被其泽也。宪宗戒谕敬等，可谓深知民瘼矣。而于潘孟阳辈不加显罚，则亦何足以示警哉！为君上者宜加意焉。

上欲革河北诸镇世袭之弊，乘王士真死，欲自朝廷除人，不从则兴师讨之。裴垍曰："李纳跋扈不恭，王武俊有功于国，陛下前许师道，今夺承宗，沮劝违理，彼必不服。"由是议久不决。上以问诸学士，李绛对曰："河北不遵声教，谁不愤叹！然今日取之，或恐未能。成德军自武俊以来，父子相承四十余年，人情惯习，不以为非。况承宗已总军务，一旦易之，恐未必奉诏。又范阳、魏博、易定、淄青以地相传，与成德同体。彼闻成德除人，必内不自安，阴相党助，未可轻议也。"

唐自代、德以来，河北诸镇恃强结党，蔑视朝廷，节度使一故，其子即总领军务，因而世袭，朝廷并不得自除一人，其弊久矣。宪宗思裁制藩镇，以为必革此弊，庶可振肃纪纲。适成德节度使王士真死，欲乘此机会朝廷自除节帅，不许其子承宗替袭，若不从命即兴兵讨之。谋于大臣，裴垍谏说："今之藩镇虽均为强梗，然其间亦有功罪不同，朝廷宜稍加分别，以服其心。昔淄青节度使李纳拒命称王，最是跋扈不恭。王士真之父王武俊，曾与李抱真破朱滔，可谓有功于国。论罪则淄青当削，论功则成德可原。然陛下前已许纳子师道承袭，今独夺了承宗，是赦有罪诛有功，沮顺劝逆，背违常理，彼必执以为辞不肯心服，反伤朝廷威重，不可不慎也。"由是议久不决。宪宗又与翰林诸学士计议，李绛对说："河北久肆强梁，不遵朝廷声教，有人心者谁不愤叹，思一举而灭之。然臣熟思今日时势，恐取之亦未易能也。盖成德军自王武俊传与士真，父子相继四十余年，人情惯习以为当然，不知其为非矣。况承宗父死之后，业已总领军务，为士心所戴，一旦夺而易之，恐未必便肯奉诏，那时国体所关，不得不调兵征讨。而范阳、魏博、易定、淄青诸镇，皆以地相传，与成德一体。彼见成德另除节帅，必恶伤其类，内不自安，外假讨罪之名，以縻爵赏，而实则按兵玩寇，阴为党助，胜负未定，而劳费之病，尽归国家矣。军旅之事，殆未可轻议也。"

按垍、绛之论，皆老成谋国，曲中事情。然以朝廷节钺之臣，数十年不得自除一人，虽英明如宪宗，犹动多掣肘如此，岂一朝一夕之故哉！代、德之姑息，固有以酿成之矣。有天下者慎毋狃目前之安，而贻子孙以难制之患哉！

时吴少诚病甚，李绛等复上言："少诚病必不起。淮西事体与河北不同，四旁皆国家州县，不与贼邻，无党援相助。朝廷命帅，今正其时。万一不从，可议征讨。愿赦承宗，以收镇、冀之心，坐待机宜，必获申、蔡之利。"

淮西，即今河南汝宁府。镇、冀、申、蔡，是四州名。镇、冀，即成德王承宗所据地方。申、蔡，即淮西吴少诚所据地方。

宪宗前欲用兵河北以讨承宗，因大臣谏阻，议尚未决，时有淮西节度使吴少诚病甚，李绛等见河北难图，不如先取淮西为便，乃上疏，说："少诚病甚，势必不起。臣观淮西事体与河北诸镇不同，河北四镇都是贼境，蟠结婚姻，互相党助，所以未可轻议。若淮西则四旁皆我国家州县，不与贼为邻，其势孤立，无党援相助。前此特忌少诚之强耳。今少诚已不起，朝廷乘其子之未袭，命一将帅往镇之，正在此时。万一不从，即可声其拒命之罪，兴师征讨。彼势孤力弱，克之必易，非若河北之难也。愿陛下舍成德难图之策，曲赦承宗以收镇、冀之心；就淮西易成之谋，坐行机宜，必得申、蔡之利，计无便于此者。不然，舍易图难，势既不可；二役并举，力又不能，岂不两失之乎？"

按藩镇之患，河北为甚，而绛等欲先取淮西者，以为淮西一定，则河北破胆，可不烦兵而服耳。卒之元济就擒，而承宗亦献地质子，归命恐后。绛等之言，无弗验焉。老成之谋国，固如此。

五年，是时每有军国大事，必与诸学士谋之。尝阅月不赐对。李绛谓："大臣持禄不敢谏，小臣畏罪不敢言，管仲以为害霸最甚。今臣等饱食不言，自为计得矣，如陛下何！"有诏："明日对便殿。"

元和五年，此时宪宗留心治理，每遇军国重大事情，必召见翰林众学士与之谋议，以此国事得失，皆得上闻。间尝经过一月，不赐召对学士，李绛恐上下从此间隔，因奏说："朝政或有关失，为大臣的但知保守禄位，不敢直谏；小臣的但知畏避罪责，不敢进言。若此者甚非国家之福。昔管仲佐齐桓公图霸，曾有这两句说话，以为妨害霸业莫此为甚。今臣等享着朝廷大俸大禄，饱食终日，不出一言，自为一身之计则诚得矣，其如壅蔽聪明，耽误国事何哉！"宪宗闻说感悟，随有诏旨，宣翰林众学士于次日赴便殿奏对，令其指陈军国大事，一如平时焉。

按持禄、畏罪二言，人臣不忠之病，全在于此。盖忠臣心在国家，故义所当言，虽万钟不顾，九死不回，岂肯持禄畏罪，以误朝廷？惟奸佞小人，富贵身家之念重，所以缄默苟容，一言不敢发，其弊至于欺君误国，皆由此一念所致也。明主知其然，能于犯颜敢谏者，谅其忠君爱国之诚而尊信之；于阿意顺旨者，察其持禄、畏罪之状而黜远之，庶于纳谏之中，兼得观人之术矣。

翰林学士李绛尝从容谏上聚财。上曰："今两河数十州，皆国家政令所不及。河湟数千里，沦于左衽。朕日夜思雪祖宗之耻，而财力不赡，故不得不蓄财耳。不然，朕宫中用度极俭薄，多藏何用耶！"

河湟，即今陕西、甘肃等处地方。左衽，是夷狄之俗，其衣襟向左掩，故叫左衽。

此时宪宗见得府库空虚，颇务蓄聚财货。翰林学士李绛只道宪宗取供私用，尝从容规谏，劝上莫要积财。宪宗说："朕今聚财不为私用，但念国家重镇如两河、河湟都是我祖宗疆宇，今河东、河北数十州郡都为强臣所据，朝廷政令久不奉行。河湟一带地方，连接数千里都为吐蕃所侵，中国衣冠尽陷左衽。疆宇分崩一至于此，祖宗在天之灵，亦以为羞。朕因此昼夜思惟，要为我祖宗除凶雪耻。怎奈仓库匮乏，财力不充，故不得不多积钱粮，预备兵食，其意良为此耳。不然，朕宫中饮膳服御一切用度，极其俭薄，分毫不敢华奢，多藏财货要他何用乎！"

大抵人主所不宜聚财者，只嫌于重敛而妄费耳。若征输有额，制用有经，下不病民，上不损国，即聚财庸何伤乎！宪宗俭于宫中之费，急于军国之需，可谓知用财之大计矣。而李绛犹惓惓谏止之，况可加额外之征，以供无名之费哉！

李吉甫奏："自汉至隋十有三代，设官之多，无如国家者。天宝以后，中原宿兵，见在可计者八十余万，其余为商贾僧道，不服田亩者什有五六。是常以三分劳筋苦骨之人，奉七分坐待衣食之辈也。今内外官以税钱给俸者不下万员。天下二百余县，或以一县之地而为州，一乡之民而为县者甚众。请敕有司详定废置，吏员可省者省之，州县可并者并之，入仕之涂可减者减之。"于是命段平仲、韦贯之、李绛同详定。

是时官员冗滥，宰相李吉甫奏言："自汉以来，历魏、晋、南北朝以至于隋，凡一十三代，若论设官众多，莫有如我唐朝者。自天宝以后，中原盗起，处处屯兵，见今实在可以数计的约有八十余万，其余有做商贾的、有做僧道的，总计不耕而食的人，大率什分之中有其五六，那吃受辛苦种地纳租的人才只三分而已。是常以三分劳苦筋骨的人，奉养那七分不耕不种、坐待衣食之辈也。即今在京在外官员以租钱供给俸禄的，不下一万员名。天下县分才只有二百余县，其间又有那地方窄狭去处，止可做一县之地，或即升而为州；有那人民稀少去处，止够的一乡之民，或即建而为县。如此者甚多。以这二百余县供给那一万余官，租税安得不增，小民安得不困。请敕有司将今内外官员某项该减省，某项该存留，一一参详更订废置。如吏员冗滥，可以裁省的则裁省之；州县狭小，可以归并的则归并之；那杂流异道，非正涂入仕的，可减革者则减革之，庶乎官无冗员，民不重困。"于是宪宗依从其言，命给事中段平仲、中书舍人韦贯之与户部侍郎李绛，公同参详定拟其废置之数焉。

按唐太宗时，与房玄龄等议定文武职官，总计六百四十员。以宪宗时较之，不啻增多十倍矣。盖国初吏能其官，百废修举，所以事少而官亦少。后来吏怠其职，百弊丛生，所以事多而官亦多。故欲省费莫若省官，欲省官莫若省事。然事无难省，能随事考成，则事皆奏效，而自不烦。官亦无难省者，能为官择材，则官皆得人，而自不冗。此又切要之论，李吉甫所未详也。

七年，京兆尹元义方媚事吐突承璀，李绛恶其为人，出为郿坊观察使。义方入谢，因言"李绛私其同年许季同"。上曰："朕谅李绛必不尔。"明日，上以诘绛曰："人于同年固有情乎？"对曰："同年，乃四海九州之人，偶同科第，登科而后相识，情于何有！宰相职在量才授任，若其人果才，虽在兄弟子侄之中犹当用之，况同年乎！避嫌而弃才，是乃便身，非徇公也。"上曰："善。"

京兆尹，即今之府尹。郿，即今陕西郿州。坊，即今郿州所属中部县。同榜进士，叫做同年。

元和七年，京兆尹元义方见内侍吐突承璀为宪宗所宠用，遂屈节事之，极其谄媚。李绛恶义方为人，不欲使在朝列，乃出之为郿坊观察以远之。义方入朝谢恩，因在宪宗面前谮说："李绛私厚同年许季同，除京兆少尹，出臣郿坊，专作威福，欺罔聪明。"宪宗说："朕素知李绛公正，必不如此。"明日，宪宗诘问李绛说："人于同年，固有情分乎？"绛对说："人必平阶交深而后有情。同年乃四海九州之人，素非知识，一旦偶同科第，登科而后识之，何情之有！且陛下不以臣愚，备位宰相，宰相之职在于用人，必量其才之短长授以任之大小。若其人果才，足以办天下之事，虽在兄弟子侄之中，犹将不避嫌疑而用之，况同年之疏远者乎！若知其才有可用，徒以迹涉亲故避嫌而弃之，使在己幸逃于物议，而国家不免于乏才。是乃私便其身图，而昧于徇公之大义，臣不敢也。"于是宪宗益信绛之无私，乃说："卿言甚善。"遂趣义方之官。

大抵人才甚难，幸有之，常患宰相之不知。宰相幸知之，又以避嫌之故而不用，则天下事谁当为者。此古人所以不避亲也。然必如李绛之无私，而后能不计毁誉；必如宪宗之信绛，而后能不惑谗言，斯亦一时君臣之盛矣。

三月，上御延英殿。李吉甫言："天下已太平，陛下宜为乐。"李绛曰："汉文帝时，兵不血，木无刃，家给人足，贾谊犹以为厝火积薪之下，不可谓安。今法令所不能制者，河南北五十余州；犬戎腥膻，近接泾、陇，烽火屡惊；加之水旱时作，仓廪空虚：此正陛下宵衣旰食之时，岂得谓之太平，遽为乐哉！"上欣然曰："正合朕意。"退谓左右曰："吉甫专为悦媚；如李绛，真宰相也。"

延英殿，是唐之便殿。泾、陇，二州名，在今陕西平凉府地方。

元和七年三月，宪宗退朝，御延英便殿，宰相随侍，李吉甫从容奏说："人主常患天下不得太平，以为忧虑。今国家西平刘辟，东擒李锜，干戈宁靖。天下既已太平了，陛下宜及时行乐，不必过为忧劳。"李绛面折吉甫说道："如今天下比汉文帝时如何？昔文帝时，匈奴和亲，休兵罢战，兵不带血，刀剑之类皆以木为之，不施锋刃，百姓安乐，家家给于资财，人人足于衣食，是何等治安。当时其臣贾谊尚以为忧，比说天下事势，如人堆积柴薪厝火中，而寝卧其上，火未及燃，遂谓之安，有时而发，则祸不可救，至为之恸哭流涕。盖忧治世而危明主，忠臣之设心固宜如此也。当今河南、河北一带地方，多为强臣所据，朝廷法度号令所不能制者，不下五十余州；又西戎吐蕃腥膻之族，与我泾、陇二州接近，屡次传报烽火，惊扰边疆；又加以水旱为灾，年年饥馑，仓廪积蓄在空虚，较之汉文帝时不及甚远。臣窃谓此时，陛下正当未明求衣，日晏忘食，与臣等兢兢业业，思量修举法令，整搠兵马，储积钱粮，以振中兴之业，岂得谓之太平无事，而遽为逸乐之事哉！"宪宗闻李绛之言，欣然而喜说："朕意原是如此，卿所言者正与朕意相合也。"退还宫中，因谕左右说："李吉甫每在朕前言事，专要奉承朕意，取朕喜悦，甚非宰相之体。如李绛者，事事尽言，忠诚正直，乃真宰相也。"

夫自古人君任相，患在不能知人。宪宗鄙吉甫之谄媚，鉴李绛之忠诚，可谓有知人之明矣。然于吉甫则狎昵之，而不加黜逐；于李绛虽敬礼之，而信任不终，则岂能尽用舍之道者哉！故明君见贤要在能用，见不贤要在能退，不独贵于知之而已。

上尝问宰相："贞元中政事不理，何乃至此？"李吉甫对曰："德宗自任圣智，不信宰相而信他人，是使奸人得乘间弄威福。政事不理，职此故也。"上曰："然此亦未必皆德宗之过。卿等宜用此为戒，事有非是，当力陈不已，勿谓朕谴怒而遽止也。"

宪宗一日问宰相说："德宗贞元年间，纪纲废弛，法度陵夷，奸轨肆行，百姓困敝，政事之不理，未有甚于此时者。不知何故乃至于此？"李吉甫对说："天下事至广，本非人主一人智识所能兼照，必须信贤相，事事咨谋，不使小人得以参之，然后天下可得而理。德宗性多猜忌，往往自任其聪明，不肯信任宰相，至于事有不达处反别访他人而信之，是使奸邪之人得窥见其意，乘此间隙，壅蔽聪明，播弄威福，人主日堕其计中而不知矣。政事不理，实由此之故也。"宪宗说："卿言固是。然此岂尽是德宗的过失？朕幼时在德宗左右，见德宗行事有失，当时宰相也都不肯再三执奏，皆怀禄偷安，以致朝政不理，大难屡作。卿等宜以德宗时宰相为戒，朕行事一有不当，便须谏正。或朕不从，须极力陈奏至于再三，必得请而后已。不可畏朕谴怒，遂止而不谏，如德宗之臣也。"

夫上有纳谏之君，斯下有敢谏之臣。贞元间陆贽为相，非不谆谆切谏，而德宗耻屈于正论，反加摈黜，则忠言安得复闻。政事之不理，孰谓非德宗之过哉！宪宗擢用直臣，导之使言，有太宗赏谏之风焉。此元和之治，所以远迈贞元也。

李吉甫尝言："人臣不当强谏。使君悦臣安，不亦美乎？"李绛曰："人臣当犯颜苦口，指陈得失。若陷君为恶，岂得为忠！"上曰："绛言是也。"

宪宗之时，吉甫与李绛并为宰相。吉甫尝在上前奏说："为人臣者，遇君上有过，固不可不谏；若谏之不从，亦不可再三强谏。强谏君既不喜，臣亦不得自安，何益之有！宜且顺从君意，使君心喜悦，臣心亦安。臣主之间情意和同，岂非至美之事乎？"李绛辩说："不然。人臣之于君，休戚相关，情犹一体，故遇君上有过即当谏；谏而不从，亦当冒犯颜色，反复开导，如良药苦口，期于攻拔其病。凡朝政某事为得，某事为失，一一指陈，无所隐讳，必求其从而后已。这才是尽心为国的忠臣。若只图诔悦取容，自求安便，使主德日损，国事日非，分明是陷君于有过之地也。岂得谓之忠臣乎！"于是宪宗称说："李绛说的是。如吉甫所言，只务面从，非引君当道之义矣。"

夫忠臣爱君，本欲上下相安，岂是好为强谏。但国事利害，安危所系，有不容不激切直言者。人主能谅其忠爱之心，略其激切之迹，听之若流水，从之若转圜，则上无拒谏之失，下无能谏之名，主圣臣直，相得益彰，斯可谓之安矣。若如吉甫之言，君骄臣谄，丧亡无日，虽欲安，得乎！

上尝于延英殿谓宰相曰："卿辈当为朕惜官，勿用之私亲故。"李吉甫、权德舆皆谢不敢。李绛曰："崔祐甫有言：'非亲非故，不谙其才。'谙者尚不与官，不谙者何敢复与！但问其才器与官相称否耳。若避亲故之嫌，使圣朝亏多士之美，此乃偷安之臣，非至公之道也。苟所用非其人，则朝廷自有典刑，谁敢逃之！"上曰："正如卿言。"

宪宗尝御延英殿，面谕众宰相说："朝廷官爵所宜慎重，卿等当为朕爱惜官爵，选授贤才，切不可假此偏厚亲戚故旧，以市私恩。"于时，李吉甫、权德舆都谢说："臣等不敢徇私。"李绛独奏说："大臣用人，辨别责审，举错贵公，固不可以亲故而私厚，亦不可因亲故而避嫌。臣闻先朝宰相崔祐甫，因德宗说他用人有私，他辩："用人之道，须是知其才之可用而后用之。若不是亲不是故，安能审知其才。'审知其才的尚不敢把官与他，那非亲非故，平素不相识的人，又何敢轻与之官。祐甫之言如此，可见选用官员不必论他是亲是故，只看他的才器与其官职相称否。其才能不称者，断不可用；若才称其官，本属可用，却仍拘泥亲故，避嫌不用，使堂堂圣朝遗弃贤才，亏损多士之美，此乃苟偷安便，自私自利之臣，非荡荡平平、至公无私之道也。若臣等果有徇私情弊，任用非人，则朝廷自有常刑。圣明在上，人臣谁敢逃死，一听朝廷处治耳。但因此远避嫌疑，以致贤才屈抑而不得用，则负国家不忠，且罪尤大，臣不敢也。"宪宗深然其言，说："大臣用人之道只在秉公，不在避嫌，正如卿所论也。"

按李绛之言，虽大公无我之论，但自古人臣，公忠者少，偏私者多。奸邪小人，招权纳贿，贤否倒植者，固不足论，虽名为君子，而其好恶爱憎，一有所偏则用舍举错之间，亦有拂人心而违公论者。宪宗之戒，为人臣者皆当以之自省也。然人主之职，唯在于择相。相得其人，则一君子用而群贤类进，公道自尔其昭明；相非其人，则一小人用，而群邪满朝，私党渐从而盘据。故周公居冢宰，在位皆蔼蔼吉人；皇父为卿士，所用皆琐琐姻娅。忠臣不私，私臣不忠，自古然也。任相者当辨之。

上问宰相："人谓外间朋党大盛，何也？"李绛对曰："自古人君所甚恶者，莫若人臣为朋党，故小人谮君子者必曰朋党。何则？朋党言之则可恶，寻之则无迹故也。东汉之末，凡天下贤人君子，宦官皆谓之党人而禁锢之，遂以亡国。此皆群小欲害善人之言，愿陛下深察之！夫君子与君子合，岂可必使之与小人合，然后谓之非党耶？"

朋类私相交结，聚成党与，叫做朋党。

宪宗时，

有等小人欲害君子，因在宪宗面前说："近来朋党甚盛，宜加禁治。"宪宗疑之，乃问于宰相，说："人言外边朝臣都结成朋党，其势甚盛，这是何故？"李绛对说："自古人君，只要人臣奉公忘私，其所甚恶者，是交结朋党，紊乱朝政之人。故小人谮害君子者，动必曰朋党，以触人君之所甚恶而中伤之。何也？盖谓之朋党，则是彼此要结，相济为非，以坏国家之事。言之殊可痛恶，足以动人主之听。及寻问其实，则又无迹可求，易于罗织。此所以必指朋党以害之，正小人之巧于为计者也。昔东汉桓、灵之世，凡天下贤人君子，如李膺、杜密辈，曹节、王甫等皆指为党人而禁锢之，相继死徙者数百人，遂使朝政陵夷，人心离散，黄巾诸贼一时并起，而国亡矣。往事昭昭，可为明鉴。故凡为朋党之言者，都是小人欲害善人的说话。愿陛下以东汉时为戒，深加体察，勿宜轻信，以蹈亡国之辙也。且夫君子与小人，各以类聚，故君子与君子，心一道同，自然相合，原不谓之党，岂可必使之与小人合，然后谓之非党耶？"

夫自古盛时，必藉君子满朝同心共济而天下治。及其衰也，小人用事，非尽去君子，不足以便其私图，而快其心志，故往往借朋党之名以尽除之。不知君子既去，则国亦随灭，小人未有不受其祸者，亦何益哉！东汉之主，不能深察以及于亡。其后唐又不能鉴汉，宋又不能鉴唐，皆以"朋党"二字，失人心而蹙国祚，若出一辙。此万世人君所当时时加察也。

吴元济遣使求救于恒、郓。王承宗、李师道数上表请赦元济，上不从。是时诸军讨淮西久未有功。五月，上遣中丞裴度诣行营宣慰，察用兵形势。度还，言淮西必可取之状，且曰："观诸将，惟李光颜勇而知义，必能立功。"上悦。

恒、郓，都是藩镇名。恒，即今北直隶真定府地方。郓，即今山东东平府地方。中丞，是官名，即今左右副都尉史也。

此时吴元济窃据淮西，不奉天子的命令，朝廷遣忠武军节度使李光颜等分督诸道兵马讨之。元济势孤力弱，因遣使，一求救于恒州节度使王承宗，一求救于郓州节度使李师道。这两人与吴元济同是叛臣，声势相倚，因其求救乃屡次上表奏请罢兵，以赦元济之罪。宪宗知其党护，不肯听从。但此时各路兵马招讨淮西者暴露日久，未有成功，进止莫决。乃于其年五月，遣御史中丞裴度往淮西诸军营宣布朝命，安慰军心，因而体察用兵形势，酌定机宜。裴度到彼，见得贼势孤弱，回至朝中，奏言淮西地方断然可取之状，且说："臣遍观诸将中若李光颜者，材力骁勇，况又晓知忠君报国大义，必能挺身破贼，建立奇功，陛下不可更怀疑心，失此机会也。"宪宗闻言喜悦，遂决意讨贼，自后纷纷罢兵之议，都不能入矣。

自古人君戡定祸乱，必有谋臣决胜于内，而后将臣乃能成功于外。今观察宪宗时，元济强梁不臣，恒、郓又党恶相助，自非裴度揣情料势，决策用兵，其时师老无功，鲜不中止。然则人君欲决大疑，平大难者，非得忠谋之佐，恶能不惑于群言！

考功郎中、知制诰韩愈上言，以为："淮西三小州，残弊困剧之余，而当天下之全力，其破败可立而待。然未可知者，在陛下断与不断耳。"李光颜奏败淮西兵于时曲。上以裴度为知人。

时曲，在今河南商水县地方。

宪宗讨淮西，久未有功，又各处盗贼窃发，人情危惧，群臣多言罢兵为便。考功员外、知制诰韩愈，恐宪宗惑于人言，而弃垂成之功，乃上疏说："臣观淮西一镇，总其所据之地，不过申、光、蔡三小州，其力甚微，兼之连年用兵，民穷财尽。以残弊困剧之余，而当诸道合攻之力，势必不能久支，其破败可立而待。然未可知者，在陛下之心，断与不断而已。诚能断自圣衷，不摇群议，则指日可以收功；若狐疑不断，使将士阻气，逗遛观望，则事之成败未可知也。"此时宪宗锐意讨贼，已知愈言为是，又李光颜适差人奏捷说，大败淮西兵于时曲。宪宗因裴度独许光颜成功，于是深以裴度为知人，而讨贼之意益决矣。

按淮西之役，外则李师道辈恶伤其类，多方挠阻，内则韩弘等欲倚贼自重，不愿速平，故使垂成之功，几于中废。非宪宗独断于上，专倚裴度，则腹心之疾，何时而除哉！韩愈"断"之一言，系于国体甚大，真救时之药石也。

或请罢度官，以安恒、郓之心。上怒曰："若罢度官，是奸谋得成，朝廷无复纲纪。吾用度一人，足破二贼。"乙丑，以度为中书侍郎、同平章事。度上言："淮西腹心之疾，不得不除，且朝廷业已讨之，两河藩镇跋扈者，将视此为高下，不可中止。"上以为然，悉以用兵事委度，讨贼愈急。

度，是裴度。

宪宗前用裴度之言，增兵淮西征讨吴元济时，恒州藩镇王承宗、郓州藩镇李师道与元济事同一体，因而内不自安，互相煽乱，于是人情汹惧，议论纷纭，或有请罢去裴度的官职，以安恒、郓反侧之心者。宪宗发怒说道："今强藩拒命，蔑视朝廷，所忌者惟裴度一人而已。若听其胁制，罢去度官，则奸计得成，大权旁落，从此朝廷之上，用舍进退皆当受制于彼，无复纪纲之存矣。我今专用裴度一人，足破恒、郓二贼，岂可罢黜忠良，反为二贼报怨乎！"乃于是年十二月乙丑，进裴度为中书侍郎、同平章事，以示委任之意。裴度因上言："淮西乃中原重地，今元济反叛，譬如人有腹心之疾，势不得不除其患。且朝廷既已发兵讨贼，两河诸镇，平素强梁不服的，都看朝廷这番举动以为向背。若平得淮西，则诸镇群然慑服；平不得淮西，则诸镇将益肆凭陵，无复忌惮。此其关系不小，不可畏难而中止也。"于是宪宗以裴度之言为然，将用兵之事尽委裴度，令其悉心区处。由是大议始决，而发兵讨贼，愈加严急矣。

尝考汉景帝时晁错议削七国，七国反因以诛错为名；今裴度议讨淮西，淮西构兵遂以罢度官为请。盖强宗悍将，迫胁君父，仇害谋臣，往往如此。然景帝听人言以诛错，而七国之势愈张；宪宗不听人言罢度，而三镇之祸随息，则二君之识量大小相去远矣。人主欲计安国家，慎毋弃任事之臣，以快奸人之愤也哉！

六月，高霞寓大败于铁城，仅以身免。中外骇愕。宰相入见，将劝上罢兵，上曰："胜负兵家之常，岂得以一将失利，遽议罢兵耶！"于是独用裴度之言，言罢兵者，亦稍息矣。

铁城，在今河南遂平县地方。

元和十一年六月，唐、邓节度使高霞寓，领兵攻讨淮西，与吴元济战于铁城。霞寓大败，官军杀伤殆尽，霞寓脱走，仅免其一身而已。那时朝廷议论，皆以为淮西为不可取。中外人心方在危疑，及闻霞寓军败，莫不惊骇错愕，争欲息兵。只有宪宗与裴度之见相合，决意讨贼，不为群议所挠。会宰相李逢吉等入见宪宗，将劝上暂罢征讨，以安人心。宪宗说："输赢胜败也是兵家的常事，只要我这里庙谟审定，将士用命，何愁贼不能平，岂得以一将失利，便仓皇失措遽议罢兵耶！"于是独用裴度之言，讨贼愈急。群臣知宪宗意不可回，言罢兵者亦稍息矣。

大抵议天下之事者，惟相其时之权宜，审其势之缓急，而主之以果确之志，则事无不成。宪宗之讨淮西，群臣阻之矣，宰相阻之矣，重以大将之挫败，中外人情之汹汹，而宪宗持之愈坚，略而不为动，则所筹于时势者甚熟，而其志甚果也。此可为处大事者之法。

诸军讨淮西，四年不克，馈运疲弊，民至有以驴耕者。上亦病之，以问宰相，李逢吉等竞言师老财竭，意欲罢兵。裴度独无言，上问之，对曰："臣请自往督战，誓不与此贼俱生。臣观元济势实窘蹙，但诸将心不一，不并力迫之，故未降尔。若臣自诣行营，诸将恐臣夺其功，必争进破贼矣。"上悦。六月，以度为门下侍郎、同平章事、兼彰义节度使，仍充淮西宣慰招讨处置使。度将行，言于上曰："臣若贼灭，则朝天有期;贼在，则归阙无日。"上为之流涕。李愬将攻吴房，诸将曰："今日往亡。"愬曰："吾兵少，不足战，宜出其不意。彼以往亡不吾虞，正可击也。"遂往，克其外城，斩首千余级。

吴房，是县名，属蔡州地方。往亡，是不吉的日辰。

淮西之乱，自元和九年发诸军征讨，至是四年，尚未能克。百姓经年运粮不胜疲劳，甚至牛不得耕，却用驴去耕田者。宪宗见得久妨农事，颇亦患之，因问计于宰相。于时李逢吉等争言，大兵久顿于外，财用困竭，意欲暂且罢兵，休息百姓。独有裴度默然无言。宪宗怪问其故，裴度对说："吴元济悖叛君父，乃臣子不共戴天之仇，讨之不克，不可中止。臣请自往战，一决胜负，宁与此贼俱死，誓不与此贼并生。臣观此贼兵力寡弱，势实穷蹙，一战可擒。但诸将互相观望，心志不一，不肯并力向前，故彼此相持，未即降服耳。若臣亲至行营，身自督战，诸将恐臣夺其功，必然并力争进，破贼不难矣。"宪宗喜悦，乃于是年六月，加升裴度为门下侍郎、同平章事、兼彰义节度使，仍充淮西宣慰招讨处置使，令其前去总督军务。裴度受命将行，面辞宪宗说："臣此行若擒得元济，则班师奏凯，庶有朝天之期；若元济尚存，则委命捐躯，终无归阙之日矣。"宪宗因其言词激烈，不觉恻然动念，为之流涕。于此见当时君臣相与之情，臣不忍负君，君亦不忍舍臣也。时诸将闻裴度出朝，果皆奋勇争先。唐、邓节度使李愬以吴房系蔡州的要路，将进兵攻之，众将都劝止，说今日乃往亡之日，不利进兵。李愬说："兵法有常有变。我今兵少，不足以战，当出其不意，攻其无备。彼以今日往亡，道是兵家忌讳之日，定不防我。我却乘其不意而击之，可以取胜也。"遂率兵径进，吴房果不设备，因攻破其外城，斩首一千余级而还。

夫诸将顿兵淮西，四载无功，裴度一出，随有吴房之捷。于此见天下之事，不倡率则众力不前，不振作则众心不奋，而其机又在人主委任责成于上，然后计议得毕其忠，攻取得收其效。若宪宗之于裴度，具可为万世法矣。

时董重质拥精兵万余人拒洄曲。愬曰："元济所望者，重质之救耳！"乃访重质家，厚抚之，遣其子传道持书谕重质。重质遂单骑诣愬降。元济于城上请罪，梯而下之，槛送京师，不戮一人，屯于鞠场，以待裴度。度入城，李愬具橐鞬出迎，拜于路左。度将避之，愬曰："蔡人顽悖，不识上下之分，数十年矣。愿公因而示之，使知朝廷之尊。"度乃受之。

洄曲，即时曲地方。槛，是囚车。鞠场，是球场。櫜，是箭筒。鞬，是弓袋。

这一段是记李愬克蔡州，擒吴元济的事。

李愬见淮、蔡精兵皆在外拒守，州城空虚，乃乘雪夜袭之，引兵直抵城下，破了蔡州城。元济犹坚守内城以拒敌官兵。淮西宿将董重质，是元济的谋主，统精兵万余在洄曲拒守。李愬说："元济势已穷蹙，独守孤城，他只指望董重质来救耳。"乃访重质家属在州城者，厚抚恤之。因作一书与重质，开示祸福，遣重质之子传道持往谕之。重质见书，知州城已破，即弃了兵甲，单骑赴李愬投降。元济外救已绝，乃于城上叩首请罪乞哀。李愬着他用梯子下来，以槛车囚之，解送京师。是日，申、光二州及诸镇兵，相继来降，李愬皆慰抚之，官吏尽复其职，不杀一人，屯兵鞠场，以待裴度。此时度为主帅，愬执军中之礼，戎服披执带櫜鞬出迎，拜于路左。裴度以李愬功高，不欲当此礼，将引车避之。愬说："蔡人自叛乱以来，习成顽悖，不识上下名分，数十年矣。愬今所行，正是上下相接之礼。愿公因而示之，使知朝廷体统，不可假借，益见朝廷之尊。"度以其言为当，乃受之。

按淮西恃强跋扈已数十年，其风俗犷戾甚于蛮夷，故以三州之众，举天下之兵，环而攻之，四年而后克。人知度、愬诸人同心戮力之所致，而不知宪宗之独断乃大将之所以成功也。

裴度以蔡卒为牙兵，或谏曰："蔡人反侧者尚多，不可不备。"度笑曰："吾为彰义节度使，元恶既擒，蔡人则吾人也，又何疑焉。"蔡人闻之感泣。先是，吴氏父子阻兵，禁人偶语于涂，夜不然烛，有以酒食相过从者罪死。度既视事，下令惟禁盗贼、斗杀，余皆不问，往来者不限昼夜。蔡人始知有生民之乐。

牙兵，是帐下亲兵。偶语，是两人相对说话。

裴度既平淮、蔡，因将蔡州降卒收在帐下用为亲兵。或有人谏裴度："蔡人虽云降服，其间阴怀异志、反侧不安者，尚多有之，当加意提备以防不然，不可遂置之左右，待以腹心也。"裴度笑说："疑人莫用，用人莫疑。我为彰义军节度使，讨平淮、蔡有罪者，惟首恶吴元济一人而已。首恶既擒，其余胁从之人，归服于我者，就是我部下的人了，我自当待之如一家，亲之如一体，又何必分别彼此，而过生猜疑乎！"于是蔡人闻度此言，无不感泣。盖当是时蔡人新附，未知裴度意思如何，正放心不下，一闻其言，众心始得宁帖，所以感激而至于垂泣也。又前此吴元济父子悖逆相承，拥兵拒命，禁止蔡人涂间不得聚谈，夜里不得举烛，或有备办酒食相过往追随者，其罪至死。数十年间，蔡人摇首动足惟恐犯法，一向不得安生。裴度既至，除去烦苛，更下宽令，但只禁止盗贼行劫，及斗殴杀人重犯，其余一切罪过，悉置不理。百姓每有相往来的，聚散早晚各随其便，不限昼夜。于是蔡人始知人生世间有此安乐，感戴裴度真如父母矣。

由此二事而观，可见御众莫要于推诚，安民莫先于宽大。盖众志方危，我猜疑则彼益摇惑；民生方瘵，上严急则下益愁苦。惟当其摇惑之际而推诚以镇之，则众之附我也必坚；乘其愁苦之余而宽大以抚之，则众之德我也必厚。《书》曰："临下以简，御众以宽。"即帝王之治亦有然者，岂但为将相者所当知哉！

淮西既平，上浸骄侈。户部侍郎、判度支皇甫镈，卫尉卿、盐铁转运使程异，晓其意，数进羡余以供其费，由是有宠。八月，镈以本官、异以工部侍郎，并同平章事，判、使如故。制下，朝野骇愕，至于市井负贩者亦嗤之。

宪宗即位以来，日夜忧勤，思雪祖宗之耻，颇为励精。及是淮西既平，便觉志意盈满，日渐矜骄奢侈，好兴土木，无复昔时勤俭之意矣。时有户部侍郎、判度支皇甫镈，卫尉卿、盐铁转运使程异，两人都是管钱粮的官，晓得宪宗意思，欲有所逞，而用度不足，乃专事掊剋，时时进奉羡余银两，以充其费，欲以自结于上。宪宗见两人投其所欲，果甚喜悦，由是大有宠幸。八月，镈以户部侍郎、异升工部侍郎，并同平章事，判度支、转运使如故。诏下之日，满朝百官及四野的小民，见两人素望极轻，一旦用做宰相，无不骇愕。至于街市上负贩做小买卖的人，也都嗤笑之。其不惬于众论如此。

夫古之明君，所以久安长治者，惟其功愈盛而志愈惕，小人不得乘间而窃用故也。宪宗穷四年之力，仅平三小州，不思河北之未臣，吐蕃之寇掠，尚属可虑，而逸欲一生，使小人遂得窥见其意而入之。以十年之忧勤，而不胜其一念之骄侈，以众贤之戮力，而不胜其两小人之逢迎，卒使前功尽隳，身且不保，良可慨已。处四海无虞之日者，其深鉴之。

裴度耻与小人同列，表求自退，不许。度复上疏，以为："天下治乱系朝廷，朝廷轻重在辅相。所可惜者，淮西荡定，河北底宁，承宗敛手削地，韩弘舆疾讨贼，岂朝廷之力能制其命哉？直以处置得宜，能服其心耳。陛下建升平之业，十已八九，何忍还自隳坏，使四方解体乎！"上以裴度为朋党，不之省。由是镈益无所惮。程异亦自知不合众心，能廉谨谦逊，为相月余，不敢知印秉笔，故终免于祸。上晚节好神仙，诏天下求方士。宗正卿李道古荐山人柳泌能合长生药。诏泌居兴唐观炼药。

是时宪宗用皇甫镈、程异为相，这两人都是邪佞小人，裴度羞与同在相位，因进谏不从，上表求自退避。宪宗不许，裴度乃复上疏，奏说："天下治乱，其本全系朝廷，朝廷轻重又在辅相。辅相得人，则朝廷增重而天下治；辅相非人，则朝廷轻辱而天下乱。治乱之机，所关甚重，诚不可不慎也。今陛下用皇甫镈、程异为相，轻辱朝廷，此何足惜。所可惜者，强藩悍将，如两河诸镇为患已久。今吴元济就擒，淮西幸已平定；田弘正等相继归服，河北幸已安宁；王承宗上表献德、隶二州，拱手纳地；韩弘奉诏讨李师道，扶病出兵。似这等奉顺朝廷，岂是朝廷之上徒以威力压服，能制其死，而使之不敢违哉？直以生杀予夺，正大公平，一切处置事理，咸中机宜，能使强者畏威，弱者感德，有以深服其心焉耳。陛下劳心焦思，建此升平之业，以大势而论，十已八九，正当兢兢业业，尽善尽美，图维有终。何忍宠昵小人，将垂成大业旋自隳坏，使四方将吏见朝廷举措如此，离心解体，不复有臂指相使之势，岂不可为痛惜者哉！"疏上，宪宗反以裴度为朋党，不览其奏。由是皇甫镈愈益恣肆，无所忌惮。程异自知不为众论所容，颇能廉谨谦退，为相月余，不敢知印秉笔，干预事权。故后来皇甫镈贬为崖州司户而死，而程异仅得免于其祸，然已无救于国家之败矣。

宪宗晚年又喜好神仙，诏天下访求方士通晓仙术者。宗正卿李道古欲谄媚求容，乃荐举山人柳泌，说他能合长生药，服之可以延年益寿。宪宗信以为然，诏柳泌居兴唐观中烧炼药饵。其后宪宗服其金丹，躁渴举发而崩，柳泌杖杀，诸方士皆流岭表，然亦不能赎其罔上之罪矣。

夫国事至重大者，莫如任相，而宪宗轻用匪人，至骤成功而不恤；异端至虚诞者，莫如求仙，而宪宗轻信邪术，至蛊大命而不疑。是非铸、异之奸，柳泌之妄能惑宪宗也，由宪宗之惑于利欲焉耳。使其能养德于虚明，持志于静定，虽有奸妄之徒，何自而入哉！此明主所当知也。

十四年春正月，中使迎佛骨至京师，上留禁中三日，乃历送诸寺。王公士民，瞻奉舍施，惟恐弗及，有竭产充施者，有然香臂顶供养者。刑部侍郎韩愈上表切谏，以为："佛者，夷狄之一法耳。自黄帝以至禹、汤、文、武，皆享寿考，百姓安乐，当是时未有佛也。汉明帝时，始有佛法。其后乱亡相继，运祚不长。宋、齐、梁、陈、元魏以下，事佛渐谨，年代尤促。唯梁武帝在位四十八年，前后三舍身为寺家奴，竟为侯景所逼，饿死台城，国亦寻灭。事佛求福，乃更得祸。由此观之，佛不足信亦可知矣。百姓愚冥，易惑难晓，苟见陛下如此，皆云：'天子大圣，犹一心敬信，百姓微贱，于佛岂可更惜身命！'乞以此骨付有司，投诸水火，永绝根本，断天下之疑，绝后代之惑，使天下之人知大圣人之所作为，出于寻常万万也，岂不盛哉！佛如有灵，能作祸福，凡有殃咎，宜加臣身。"上大怒，出示宰相，将加愈极刑。裴度、崔群为言："愈虽狂，发于忠悃，宜宽容以开言路。"乃贬愈为潮州刺史。

潮州，即今广东潮州府。

宪宗末年，崇信邪术，小人希宠者争以异端迎合上意。于是有言陕西凤翔府法门寺塔中有佛指骨，二十年一开，开则岁丰民安者。德宗听信其言，遣内使往迎其骨，至十四年正月迎至京师。宪宗留在宫中供养三日，乃遍送诸寺，令其转相顶礼。于是上自王公，下至士民，都去争先瞻奉，舍施钱财，唯恐不及，甚有倾竭资产以充布施者，有然香于臂膊及顶上供养者。刑部侍郎韩愈见得蠹财惑众，乃上表切谏，说道："我中华地方，以礼乐教化为俗，本无有佛。佛者乃是夷狄教门中之一法，其大意只要以祸福之说，怂动愚俗耳。臣尝考之上古，自黄帝、尧、舜，以至禹、汤、文、武，这许多圣帝明王都享有寿考，多者百数十岁，其次百余岁，国运久长，百姓安乐。当此之时，尚未有佛，是不因奉佛而才得福也。汉明帝时始听信邪说，遣人到天竺迎取佛书，于是佛教始入中国。然汉自明帝而后，乱亡相继，运祚不长，是奉佛而反不得福也。宋、齐、梁、陈、元魏而下，奉佛之礼渐加恭谨，计其享国多者十数年，少则三五载，年代转益短促。唯梁武帝在位颇久，然四十八年之间，前后舍身三次，以天子之贵为寺家奴，卑辱已甚，其后竟为贼臣侯景所逼，断其饮食，饿死台城，国亦随灭。原其奉佛之心，本为求福，福不可得，乃反得祸。以此看来，作祸造福，全不由佛，佛教虚妄不足凭信，其理昭然从可知矣。但百姓愚下懵懂，其心易于煽惑，而难于晓悟。彼但见陛下敬信佛教如此，都说天子是大圣人，尚且一心奉佛，况我等微贱小人，尤当加敬顶礼，岂可更爱惜身命，所以弃却本等生理，都去瞻奉舍施，以至竭资产，燃臂顶而不顾也。惑乱愚俗，莫此为甚。乞将此骨，付之有司，投诸水火，永绝根本。庶令人知其幻妄，可以断除一世之疑，后代无所流传；可以杜绝将来之惑，使天下之人知大圣人之所举动，远配古圣帝明王，而迥出汉、魏、六朝庸主万万倍也，岂非至盛美之事哉！设使佛有神灵，能作祸福，臣今排诋其妄，凡有灾咎，宜加臣身，臣请自当其祸焉。"表上，宪宗览之大怒，出其表以示宰相，欲加愈极刑，置之于死。宰相裴度、崔群在上前力争说："愈言虽狂，发自忠恳，心则无他，宜姑示宽容，以开进言之路。"乃从轻贬愈为潮州刺史。

按佛教虚妄，先儒辟之详矣，而深切著明无如此表。盖佛教所以能惑众者，以人情莫不慕富寿而恶贫苦。彼以祸福之说动之，故群起而信奉，而自不暇察其理之有无也。韩愈此表历征古之帝王年寿修短，国运久促，全不系于奉佛与否，以见其本无神灵，本不能作祸福。此说出，则彼之虚妄立见，而无所挟以惑众矣。其有功于世教，岂不大哉！明君以正心穷理为学，当三复于斯言。

上问宰相："玄宗之政，先理而后乱，何也？"崔群对曰："玄宗用姚崇、宋璟、卢怀慎、苏颋、韩休、张九龄则理，用宇文融、李林甫、杨国忠则乱。故用人得失，所系非轻。人皆以天宝十四年安禄山反为乱之始，臣独以为开元二十四年罢张九龄相，专用李林甫，此理乱之所分也。愿陛下以开元初为法，以天宝末为戒，乃社稷无疆之福。"皇甫镈深恨之。

　　宪宗一日问宰相说："先朝玄宗皇帝在位四十余年，初时朝政清明，天下治安，后来祸乱遽起，破国亡家，这是何故？"宰相崔群对说："玄宗初年所用的臣，是姚崇、宋璟、卢怀慎、苏颋、韩休、张九龄，都是忠直君子，专以正道辅佐玄宗，使励精勤俭，所以国家理治；后来所用的臣，是宇文融、李林甫、杨国忠，都是奸邪小人，专以谄佞诱引玄宗，使纵情奢侈，所以国家危乱。可见人君用人，或得或失，治乱随之，所系极重，非可轻忽也。今人都说天宝十四年安禄山反，玄宗避寇幸蜀，为乱之始；臣独以为从开元二十四年，玄宗罢张九龄的相位，专用李林甫，自此小人得进，君子皆退，朝廷不闻直言，不行善政，是乃治乱之所由分也。臣愿陛下以开元初年的事为法，选用贤臣如姚崇等诸人，必信任之，与共图治理；以天宝末年的事为戒，辨别小人如李林甫等诸人，必黜远之，以防其乱，则可保久安长治，乃社稷无疆之福也。"时朝臣中皇甫镈正是个邪佞小人，闻崔群所对，切中其病，遂深恨之。

　　夫古之英君，始未尝不用君子，然多不能保其终者，盖由天下已治，每厌勤劳而喜逸乐。厌勤劳则但见君子之拘捡，而势必见疏；喜逸乐则但见小人之可狎，而情必相契。所以始治终乱，皆出于此，非独玄宗、宪宗为然也。欲任贤臣以成无疆之休者，其深鉴之。

　　帝问："玄宗开元时致治，天宝则乱，何一君而相反耶？"李绛曰："治生于忧危，乱生于放肆。玄宗尝历试官守，知人之艰难，临位初，任姚崇、宋璟，励精听纳，故左右前后皆正人也。洎林甫、国忠得君，专引倾邪之人，分总要剧，于是上不闻直言，嗜欲日滋。内则盗臣劝以兴利，外则武夫诱以开边，天下骚动，故禄山乘隙而奋。此皆小人启导，从逸而骄。系人主所行，无常治，亦无常乱也。"

　　宪宗一日问宰相李绛说："玄宗开元时政事修举，天下太平，到天宝以后，盗起兵兴，宗社几于不保，一君之身而前后治乱相反，其故何也？"李绛对说："治乱无一定之数，有一定之理。治不生于治，而生于一念之忧勤；乱不生于乱，而生于一念之侈肆。玄宗在藩邸时，典领州郡，历试官守，备知民情疾苦、时事艰危，所以即位之初，任用姚崇、宋璟为相，励精治理，心志清明，听纳忠言，耳目无壅，故其时前后左右无一个不是正人，相导辅翼者无一件不是正事，天下安得而不治乎！到天宝以后，奸臣李林甫、杨国忠蛊惑上心，操弄国柄，排抑正直之士，使无所容，而专引倾邪险诐之人，令其分布要区，总领繁剧。由是朝廷之耳目敝塞，忠言不得上闻，君心之嗜欲日滋，声色从而杂进。内则盗臣王铁等搜括缗钱，劝以兴利，外则武将高仙芝等邀求功赏，诱以开边，以致百姓困于科求，三军疲于征战，怨声四起，天下骚然。故贼臣安禄山乘此衅隙，顿生祸心，一旦变起渔阳，而大驾蒙尘，两京失守。此皆由小人欲希图宠幸，专以荒淫侈肆之事，启导君心，使之纵耳目之娱，穷心志之乐，其骄逸如此，国事安得而不坏，天下安得而不乱乎！由此观之，治乱系人主所行，行得其道则治，行失其道则乱。恃其治而萌侈肆之心，则治将变而为乱；惧其乱而厉忧危之念，则乱可变而为治。治乱果何常之有哉！"

按李绛以忧危放肆，分别开元、天宝之治乱，其言固甚当矣，而不知天宝之乱，正开元之治有以启之也。盖艰难之际，虽庸主皆知勉图，而治平之时，即贤君不免骄佚。开元间海内富庶，兵革不兴，玄宗自谓天下治安，所以侈心渐肆。使其知有天宝之乱，岂肯安危利灾一至于此极乎！故圣人处极盛之时，而愈切怠荒之儆，其虑远矣。

卷之二十二

唐纪

穆宗

穆宗皇帝，名恒，是宪宗第三子。在位四年。

二年春，上之初即位也，两河略定，萧俛、段文昌以为："天下已太平，渐宜销兵，请密诏天下，军镇有兵处，每岁百人之中限八人逃、死。"上方荒宴，不以国事为意，遂可其奏。军士落籍者众，皆聚山泽为盗。及朱克融、王庭凑作乱，一呼而士卒皆集。诏征诸道兵讨之，诸道兵既少，皆临时召募，乌合之众，故每战多败。

长庆二年春，初穆宗新即位之时，河南、河北之乱，才得平定，人心尚未帖服，正该养威蓄众，图维善后事宜，以防反侧。宰相萧俛、段文昌虑不及远，便说天下已太平无事了，议欲以渐销兵用省军费，乃请密下诏书，令天下军镇有兵的所在，每年百人之中，限八人或以逃、或以死除其籍，为渐次销减之法。那时穆宗方溺于荒淫宴乐，不以国事为意，遂不论可否即从其奏。由是军士除籍者日众，无所归着，都去山泽中聚而为盗。未几乱果复作。幽州军士囚了节度使张弘靖，推朱克融为留后；成德兵马使王庭凑杀了节度使田弘正，自称留后。两人同时作反，一呼而士卒皆往从之。朝廷下诏调各道兵讨贼，各道兵在籍者既少，都一时仓卒召募乌合之众。平素既无恩威，又未加训练，谁肯用命？所以每战多败，皆轻议销兵之过也。

夫祸乱初定之时，如疾病方痊，恃其已安而遂废药石，则病将复生而不可救矣。唐之销兵何以异此？况兵非土著，散之最难。萧俛等不思所以驭之安之之法，而谩去其籍，是驱坐待衣食之辈，而责之归农，非其情也。其为寇兵之资也，又何怪乎！

又凡用兵，举动皆自禁中授以方略，朝令夕改，不知所从，不度可否，故虽以诸道十五万之众，裴度元臣宿望，乌重胤、李光颜皆当时名将，讨幽、镇万余之众，屯守逾年，竟无成功，财竭力尽。崔植、杜元颖、王播为相，皆庸才，无远略。史宪诚既逼杀田布，朝廷不能讨，遂并朱克融、王庭凑以节钺授之。由是再失河朔，迄于唐亡，不能复取。

幽、镇，都是藩名。

时朱克融反于幽州，王庭凑反于镇州。朝廷承销兵之后，行伍空虚，乃仓卒募兵征讨。兵既不精，及其遣用将帅，又不假以事权，凡诸将一举一动，必须从禁中授以方略，进退掣肘，不得自专。朝令夕改，事无成算，以致众心眩惑，莫知所从。忽然而行，忽然而止，全不审酌机宜，度量可否。故虽以诸道十万之众，声势联络，兵不为不多，而领兵者若裴度为耆德元臣，乌重胤、李光颜皆当时知名大将，将不为不良，然而幽、镇二州其众不过万余，大军讨之，屯守经年，竟无成功，徒致财用困竭，民力疲劳，坐受其敝，则由庙堂之上，辅相不得其人故耳。盖此时崔植、杜元颖、王播为相，这三人都是庸下凡材，无有深谋远略。魏博牙将史宪诚，既鼓扇众军逼令节度使田布自杀，崔植等不能力赞朝廷讨正其罪，因以宪诚代布，遂将朱克融、王庭凑一并姑息，授以节钺，以克融为平卢节度使、庭凑为成德节度使。由是河朔一带地方，在先朝归顺者复为强臣所有，天下大势既去，迄于唐亡，寸土寸疆不能复取，皆宰相不得其人之故也。

夫河朔诸镇，在宪宗朝得裴度诸贤，则叛者服；及穆宗用崔植诸人，则服者叛。相道得失，而国家之理乱因之，所系诚至重矣。然宪宗之用裴度也，言听计从，虽大奸如李逢吉不能阻挠。而穆宗出度于外，反使庸鄙如崔植等得从中制，度亦安得以有为哉！故人君欲尽贤相之用，尤必信任专一而后可。

　　五月，以尚书左丞柳公绰为山南东道节度使。公绰过邓县，有二吏，一犯赃，一舞文。众谓公绰必杀犯赃者。公绰判曰："赃吏犯法，法在；奸吏乱法，法亡。"竟诛舞文者。

　　山南东道，即今湖广襄阳等府。邓县，即今邓州地方。吏书作弊，舞弄文法，叫做舞文。

　　长庆三年五月，穆宗以尚书左丞柳公绰为山南东道节度使。公绰巡行所属，过邓县审录囚犯，适有两个犯罪吏，一个是要钱贪赃的，一个是作弊舞文的。众人私拟公绰素性廉介，赃吏罪重，必然杀犯赃者。公绰判断其案说道："赃吏贪财，自干法纪，其于国家之法只是犯之而已，却不曾变坏了法度，是法犹在也。若奸吏舞文，则增损律例，改易公私轻重，皆出其手，虚实无从而稽，把国家之法全然变乱了，是法因之而亡也。"于是竟诛舞文者。众人咸服其明。

　　夫国家所以纲纪天下，成画一之治者，恃有法在耳。惟是积胥巨猾，欺公罔上，奸弊百端，主司者或受其愚弄而不能察，或被其把持而不能禁，甚且曲为隐护以自盖其疏虞，于是奸吏接迹，不可胜诛，而法益荡灭矣。然吏之所以敢于乱法者，实皆贪心所使，则诛赃吏亦所以弭奸吏也。欲澄清天下者，宜加意焉。

　　四年春，初，柳泌等既诛，方士稍复因左右以进，上饵其金石之药。有处士张皋者上疏，以为："神虑澹则血气和，嗜欲胜则疾疹作。药以攻疾，无疾不可饵也。先帝信方士妄言，饵药致疾，岂得复循其覆辙乎！"

　　先是，宪宗因服方士柳泌之药，致疾而崩。穆宗即位，已将柳泌等杖杀。至长庆四年，诸方士稍又因左右近幸之人干求进用。穆宗志意怠荒，不能惩戒往事，仍又服其金石之药，欲求长生。有处士张皋者上疏，谏说："人禀血气以生，贵于和平，而忌偏胜。惟能澄神定虑，使本原之地，宁静澹泊，不为情欲所扰，则血气自然和平，而百病不侵。设使恣情纵欲，或耽于声色，或荒于游宴，嗜欲既胜，则血气必致损耗，而疾病斯作矣。人惟致有疾病，所以必须用药攻治，是药本为攻疾而设也。若本无疾病而轻服药饵，反使药力有所偏助，其患立见。君身所系至重，岂可如此。昔先帝听信柳泌妄言，谓服药可得长生，以致躁渴举发，遘病而崩。

此陛下所亲见者，正宜惩其既往之失，永为鉴戒，岂得再蹈其覆辙乎！"穆宗徒善其言，终不能用也。

按神虑澹泊之言，最得养生之理。盖人君一心，众欲交攻，必须爱惜精神，减省思虑，于凡可喜可好之事，泊然如水，一无所动其中，才能培养寿命之原，永绥和平之福。而其要又在讲学勤政，使志意既有所专，然后神虑斯无所杂。未有无所事事而心能澹然者也。明主宜留意焉。

敬宗

敬宗皇帝，名湛，是穆宗长子。在位二年。

上视朝每晏，左拾遗刘栖楚进言曰："陛下嗣位之初，当宵衣求理，而嗜寝乐色，日晏方起，梓宫在殡，鼓吹日喧，令闻未彰，恶声遐布。臣恐福祚之不长，请碎首玉阶以谢谏职之旷。"遂以额叩龙墀，见血不已。上命中使宣慰令归。

穆宗在位四年而崩，其子敬宗即位，昏迷不德，视朝甚迟，百官伺候朝参，废时失事。于是左拾遗刘栖楚面进谏说："陛下嗣位之初，上承宗庙，下抚万邦，海内人心方颙颙望治之日，正宜兢兢业业，不遑宁宽，虽在夜间犹当披衣待旦，以求治理可也。今乃溺于宴安，嗜好寝卧，耽乐女色，至日晏而后起，甚非励精图治之意。况先帝梓宫在殡，尤人子闻乐不乐之时，而鼓吹日喧，略不为念。美誉未彰于天下，恶声已布于遐方，臣恐如此怠荒，福祚必不久远，关系非细故也。臣叨居谏职，不能补阙救过，何颜立于朝廷，请碎首玉阶以谢旷职之罪。"遂以额叩于龙墀，出血不止。敬宗见其恳切，命中使宣旨慰谕，劝之使归，然终不悟也。

卒之敬宗以逸豫灭德，在位二年而亡。栖楚福祚不长之言，于是验矣。可见人君勤政，不惟可以理万机，且使志气清明，精神会聚，一切纵欲伤生之事，自不暇为，亦所以养寿命之原也。周公作《无逸》以励成王，而惓惓以享国修短为言，正是此意。人主宜三复之。

宝历元年正月，上游幸无常，昵比群小，视朝月不再三，大臣罕得进见。二月，浙西观察使李德裕献《丹扆六箴》：一曰《宵衣》，以讽视朝稀晚；二曰《正服》，以讽服御乖异；三曰《罢献》，以讽征求玩好；四曰《纳诲》，以讽侮弃谠言；五曰《辨邪》，以讽信任群小；六曰《防微》，以讽轻出游幸。上优诏答之。

扆，是御屏。丹，是赤色。

宝庆元年正月，时敬宗即位之初，不知保身勤政，每微服出外，游戏行幸，举动无常，所宠昵亲近的都是狎邪小人，蛊惑上心，无所不至。每月视朝不过三两次，公卿大臣罕得进见其面者。二月，浙西观察使李德裕因作《丹扆六箴》以献，言人君负扆临朝，所当箴警者有六件事：一曰《宵衣》，说人君于天未明时就当起来着衣，待旦视朝，盖因敬宗视朝太稀，日晏始出，故以此讽谏也；其二曰《正服》，说人君所尚袍服，自有定制，不可崇尚奇丽之饰，盖因敬宗服御乖异，有亵威仪，故以此讽谏也；其三曰《罢献》，说人君所受贡献，自有常额，不可于常额外受人贡献，盖因敬宗征求玩好，有损俭德，故以讽谏也；其四曰《纳诲》，说人君于直言正论当委曲听纳，以示优容，盖因敬宗侮慢忠言，拒而不听，故以此讽谏也；其五曰《辨邪》，说人君于谗谄奸佞当详审辨别，以防蒙蔽，盖因敬宗亲信群小，任之不疑，故以讽也；其六曰《防微》，说人君一身所关甚重，出入举动，当时加戒慎以防不虞，盖因敬宗轻生游幸，履危蹈险，不知戒惧，故以此讽谏也。六箴进上，敬宗优诏褒答，然竟不能从其言也。

按此六箴虽均切治理，而《辨邪》一言尤要。盖敬宗以冲年即位，使能尊礼师傅，亲近老成，则心志有所维持，而起居出入自然有常，服御玩好自不及侈矣；惟其有群小之狎，无师保之助，此所以童昏失德，过日积而不自知也。明主当深省于斯。

文宗

文宗皇帝，名昂，是穆宗第二子。在位十三年。

二年夏四月，上对柳公权等于便殿。上举衫袖示之曰："此衣已三浣矣！"众皆美上之俭德，公权独无言。上问其故，对曰："陛下贵为天子，富有四海，当进贤退不肖，纳谏诤，明赏罚，乃可以致雍熙。服浣濯之衣，乃末节耳。"

洗濯衣垢叫做浣。

开成二年夏四月，文宗召翰林学士柳公权等，入对于便殿，文宗言及汉文帝恭俭，因举自家袍袖以示众学士说："朕这袍服已经三次浣濯了，今犹服之，不欲遽弃也。"众学士都称美文宗的俭德，以为过于汉文帝，独柳公权默而无言。文宗问其故，公权对说："节俭固是美德，然帝王治天下，尚有大道理。陛下贵为天子，富有四海之内，所重者不在财帛，当思官职贵于得人。于贤者则进之，不肖者则退之，忠言不可轻弃；于谏诤之当者从之，有不当者亦容之，恩威不可滥施；于有功者赏之，有非者罚之，则朝廷之上大本克端，天下自然理治，雍熙太和之盛可不劳而致矣。这才是帝王的盛节。若区区服浣濯之衣，不过细小末务而已，治天下的大经大法，不系于此，岂可遽以为美而自足哉！"

夫节俭，美行也，而公权犹以为非帝王之大德。若恣情纵欲，奢侈败德者，又当何如哉！为人上者可以鉴矣。

九月，以李德裕为门下侍郎、同平章事。德裕入谢，言于上曰："致理之要，在于辨群臣之邪正。夫邪正二者，势不相容，正人指邪人为邪，邪人亦指正人为邪。人主辨之甚难。臣以为正人如松柏，特立不倚；邪人如藤萝，非附他物不能自起。故正人一心事君，而邪人竞为朋党。先帝深知朋党之患，然所用卒皆朋党之人，良由执心不定，故奸邪得乘间而入也。夫宰相不能人人忠良，或为欺罔，主心始疑，于是旁询小人以察执政。如德宗末年，所听任者惟裴延龄辈，宰相署敕而已。此政事所以日乱也。陛下诚能慎择贤才以为宰相，有奸罔者立黜去之，常令政事皆出中书，推心委任，坚定不移，则天下何忧不理哉！"

开成四年九月，时文宗崩，武宗即位，首召还袁州长史李德裕为门下侍郎、同平章事。德裕入见谢恩，因奏说："人君致治之要，不必他求，只有审察群臣，辨其孰为邪人，孰为正人而已。夫人之邪正不同，其存心制行亦每相反，若使同朝而立，其势必不相容。正人疾恶邪人，固指邪人为邪；邪人妒忌正人，亦反指正人为邪。邪正相攻，名实混乱，人主欲从而辨别之，诚甚难矣。然以臣言之，正人持身孤介，譬如木中松柏一般，其节操刚劲，无所倚靠，而挺然独立；邪人则柔佞卑鄙，譬如草中藤萝一般，若非依附他物，必不能引拔而振起也。故正人独行己志，一心事上，耻为和同；而邪人背公植私，交相引援，争为朋党。其人品较然不同，宜无难辨。先帝深知朋党为患，每恨其难去，而所用者若李训、郑注等，又卒皆朋党之人，良由其辨别不真，持心不定，乍疑乍信，所以奸邪得乘间而入，以构谗启祸，人主卒被其误而不知也。夫为宰相者固不能人人忠良，其中或有一二心怀欺罔者，人主之心始不能无疑。疑心一生，不能自决，乃又旁问左右之人，以伺察执政的贤否。如先朝德宗末年，不信宰相而信群小，所听任者惟谗佞裴延龄等，专权用事，至于宰相反不得预政，但署名于敕，主行文书而已。体统废坏，纪纲陵夷，此政事所以日乱而不理也。陛下诚能于择相之始，其难其慎，务选择贤才而任之，固不因之以滥用小人。其有欺君罔上，罪过昭彰者亟行罢斥，亦不因之以概疑君子。常使朝廷政事都出自中书，决于宰相，推心置腹，委任责成，志坚意定，不为毁誉所间，爱憎所迁，则臣主一心，政事毕举，何忧天下之不治也哉！"

大凡人君择相，未尝不欲得正人而任之，而任之未必专者，其知之犹未深也。心诚相知，则信之必笃，任之必专，自非邪人所能间耳。古人所以比君相于元首股肱，明其有一体之义，岂有一体而可使间隔者哉！后之任相者，以一人誉之而用，既不能辨别之于始；以一人毁之而弃，又不能信任之于终，其于一体之义疏亦甚矣。明主宜知所重焉。

又曰："先帝于大臣好为形迹，小过皆含容不言，日累月积，以至祸败。兹事大误，愿陛下以为戒。臣等有罪，陛下当面诘之。事苟无实，得以辨明；若其有实，辞理自穷。小过则容其悛改，大罪则加之诛遣。如此，君臣之际无疑间矣。"上嘉纳之。

李德裕又对武宗说："昔先帝文宗御下多疑，其待大臣不肯开心见诚，每每好为形迹以全体面。大臣小有过失，心里虽是不喜，却乃务为包容，不即显言于外。自此日累月积，下之罪过益深，而上之猜疑益甚，小人乘机中伤，不觉信之深而发之暴，以致大臣继去，人人自危，而国之祸败随之矣。此一事，乃先帝大错误处。陛下今日始临群臣，愿深以为戒，勿蹈其辙。臣等若有罪过，陛下但有所闻，即当面赐诘问。事苟不实，则臣等得以一一辨明，不致为人诬陷；若其有实，则辞屈理穷，自然输服，亦可得其真情，就中分别。小过姑容其悛改，使之自新；若犯大罪，即加以诛谴，无所宽贷。如此，则君臣之间，肝胆相照，形迹俱忘，非惟君不疑臣，臣亦不疑君矣。所以保全大臣，而遏群邪媒蘖之端者，皆在于此，祸败何从而生乎？"武宗以其言为是，深嘉纳之。

夫君臣之分本严，所恃以成上下之交者，惟心之相信而已。若君心一有所疑，蓄而不发，则积疑销金，积毁销骨，臣下之心迹无由自明，而上下之交离矣。父子相离，不可以治家；君臣相离，尚可以治国乎！故夫上推诚以待下，下积诚以格上，宜各尽其道也。

武宗

武宗皇帝，名炎，是穆宗第五子。在位六年。

四年八月，镇、魏奏邢、洺、磁三州降。宰相入贺，李德裕曰："昭义根本尽在山东，三州降，则上党不日有变矣。"上曰："郭谊，积谋主也，必枭刘稹以自赎。"德裕曰："诚如圣料。"未几，谊果斩稹，收稹宗族尽杀之，函稹首，降。宰相入贺，上曰："郭谊宜如何处之？"德裕对曰："刘稹，孺子耳，阻兵拒命，皆谊为之谋主；及势孤力屈，又卖稹以求赏。此而不诛，何以惩恶！宜及诸军在境，并谊等诛之。"上曰："朕意亦以为然。"郭谊等至京师，皆斩之。

镇、魏，都是藩镇名。邢、洺、磁，是州名。邢州，即今顺德府地方。洺州，即今广平府地方。磁州，即今彰德府地方。昭义，在秦时为上党，今为潞安府。

初，昭义节度使刘从谏薨，其子刘稹自为留后。武宗用宰相李德裕之谋，诏镇州节帅王元逵、魏博节帅何弘敬发兵讨之，先攻其邢、洺、磁三州，三州守将皆相继请降，于是镇、魏二帅以状闻于朝。宰相入贺，李德裕奏说："昭义一军所恃以为根本者，正以其有邢、洺、磁三州在于山东，其士马可以进援，险阻可以退守也。今三州来降，则根本既拔，以势度之，上党孤悬无助，难以独存，不日之间必有内变矣。"武宗说："彼中若有变，必起于郭谊。盖郭谊乃刘稹的谋主，见事不成，恐并受其祸，必杀刘稹以自赎其罪也。"德裕说："稹必死于谊手，诚如圣算。"未几，郭谊果杀了刘稹，并收稹宗族尽数杀之，将刘稹首级用匣子盛了，献上求降。于是宰相入朝称贺，武宗问说："郭谊本是贼党，法当诛戮。今能杀稹来降，功又当赏。宜如何处之？"德裕对说："刘稹乃一痴孺子耳，何知叛逆？所以教之阻兵拒命者，皆郭谊为之谋主。始则依势附力，导稹以为乱；及势孤力屈，不能自存，乃又以稹为奇货，卖之以求赏。其反侧如此，真奸人之雄也。若释此不诛，何以惩恶！宜及镇、魏诸军尚在境内，并郭谊等俱诛之，以为党恶之戒。"武宗深然其言，说："朕意亦是如此。"乃诏郭谊等送至京师，皆斩首以正法，于是泽、潞始平。

自古谋国之臣，多计算而少成事，非但其谋之不审，亦由君相异心，任之者不专也。今观武宗之与德裕，同心相谋，同谋相信。君所言是，相则曰"诚如圣料"；相所言是，君则曰"朕意亦然"。其计议投合如此，令何所不行，威何所不克？此所以使镇、魏如臂指，取上党如拾芥也。在相者宜以为法。

宣宗

宣宗皇帝，名忱，是宪宗第十三子。在位十三年。

二年二月，以知制诰令狐绹为翰林学士。上尝以太宗所撰《金镜录》授绹，使读之。"至乱，未尝不任不肖；至治，未尝不任忠贤。"上止之曰："凡求致太平，当以此言为首。"又书《贞观政要》于屏风，每正色拱手而读之。

大中二年二月，宣宗以知制诰令狐绹为翰林学士。此时宣宗励精图治，志欲法祖。一日，尝以太宗所作《金镜录》授与令狐绹，使在御前读之。《金镜录》中有两句说道："国家之乱皆由小人导之，未有不任不肖而乱者。国家之治皆由君子辅之，未有不任忠贤而治者。"绚读到这两句，宣宗大有感悟，命绚且住，因说："人君用人得失，甚有关于治乱，凡欲求致太平者，当以此言为首务。使不肖者不得幸进，忠贤者不致遗佚，则有治无乱，何患太平之难致哉！"宣宗又以史臣所记太宗《贞观政要》事事切于理道，欲时加省览，乃书于御座屏风，每正色拱手，致敬而读之。盖太宗用此以致太平，嘉言懿行，具载此书，故敬慕之如此。

《书经》上说："王懋乃德，视乃烈祖，无时豫怠。"太宗固唐之烈祖也。宣宗即位之初，景念若此，可谓无所豫怠矣。是以虽当末世，而犹能整齐法纪，维系人心，人称为小太宗。况于重熙累洽之时，而法祖攸行者，其治功当何如哉！

八年秋九月，上猎于苑北，遇樵夫，问其县，曰："泾阳人也。""令为谁？"曰："李行言。""为政何如？"曰："性执。有强盗数人，匿军家，索之，竟不与，尽杀之。"上归，帖其名于寝殿之柱。冬十月，行言除海州刺史。入谢，上赐之金紫。问曰："卿知所以衣紫乎？"对曰："不知。"上命取殿柱之帖示之。

军家，唐时有南北军，其部下的人叫做军家。泾阳县，今属陕西西安府。海州，今属南直隶淮安府。

大中八年秋九月，宣宗出猎于苑北，偶遇打柴的樵夫，问他是何县人。樵夫对说是泾阳县人也。宣宗问他县里正官是谁。樵夫对说是李行言。宣宗因问此人做官何如。樵夫对说此人性刚，执法不能容奸。县中有强盗数人，打劫人家事发，藏匿一军家，他差人捕捉，那窝主竟不肯与，遂将强盗与窝主一并拿来，尽数杀之。其执法不挠如此。宣宗默记其言，回至宫中，便写李行言姓名，帖于寝殿之柱，以备擢用。到冬十月，乃除授行言为海州刺史。行言入朝谢恩，宣宗特赐以金带紫袍以宠异之。因问行言："卿知今日所以腰金衣紫之故乎？"行言对说："不知。"宣宗乃命左右取殿柱上帖子的姓名示之，以见行言自为县令时，已受知于朝廷也。

夫守令之贤否，生民之休戚系焉，人君知以为重者鲜矣。虽举刺之章日上，殿最之牍满前，某贤某不肖尚有不辨其谁何者。宣宗一出猎之际，惓惓吏治，问之惟恐不详；一得其人，手记心存，用之惟恐不速。明主能法其意，以察贤否、行黜陟，守令岂有不劝，百姓岂有不安者哉！

九年二月，以醴泉令李君奭为怀州刺史。初，上校猎渭上，有父老以十数，聚于佛祠。上问之，对曰："醴泉百姓也。县令李君奭有异政，考满当罢，诸府乞留，故此祈佛，冀谐所愿耳。"及怀州刺史阙，上手笔除君奭，宰相莫之测。君奭入谢，上以此奖励，众始知之。

醴泉，即今陕西醴泉县。怀州，即今河南怀庆府。渭上，是渭河之上。

大中九年二月，宣宗以醴泉令李君奭为怀州刺史。史臣因叙说：初，宣宗出猎于渭上，见年老的百姓有十数人聚会于佛庙中，宣宗问他每是何县人，为甚么聚会在此。父老对说："我等都是醴泉县的百姓，因本县令李君奭做官廉能，有异常德政，百姓每戴之如父母，不忍离之。今当考满之时，资俸已深，必然升迁罢去，因思好官难得，恐后来者未必似他，欲到府上乞留久任，故此祈祷于神，冀得遂所愿耳。"宣宗闻其言，知君奭是好官，记在心上，欲重用之。后来怀州阙刺史，宣宗不待吏部推举，即手书君奭除补。宰相每都惊异，不知君奭何以见知于上而被简擢如此。及君奭入朝谢恩，宣宗以所得于父老之言奖励之，众始知其故也。

夫亲民之官莫如县令。令贤，则民惟恐其不久；令虐，则民惟恐其不去。此人情也，而激劝之机实在朝廷。汉宣帝留心吏治，综核名实，玺书勉励，增秩赐金，而汉世良吏于是为盛，称中兴焉。唐之宣宗固亦汉宣之流亚矣。

懿宗

懿宗皇帝，名漼，宣宗长子。在位十四年。

僖宗

僖宗皇帝，名儇，懿宗第五子。在位十五年。

昭宗

昭宗皇帝，名杰，懿宗第七子。在位十六年，为朱温所弑，唐亡。

《历年图》曰："高祖举晋阳精兵，承亡隋之弊，席卷长驱，奄有关中。命将出师，扫除乱略，遂降李密，系建德，擒世充，芟武周，剪黑闼，夷萧铣，六年之中，海内咸服，何成功之速哉！盖以太宗之为子也。太宗文武之才，高出前古，驱策英雄，网罗俊乂，好用善谋，乐闻直谏；拯民于水火之中，而措之于衽席之上；使盗贼化为君子，呻吟转为讴歌；衣食有余，刑措不用；突厥之渠系颈阙庭，北海之滨悉为州县。盖三代以还，中国之盛未之有也。惜其好尚功名而不及礼乐，父子兄弟之间，惭德多矣。"

宋臣司马光纂集诸史，每一代为一图，历叙其治乱兴亡之迹，谓之《历年图》。

这一篇总叙唐朝的事，从高祖起。说："唐祖李渊在隋时，原封为唐国公，留守晋阳。因见炀帝无道，民穷盗起，遂举晋阳精兵，承亡隋之弊，州县空虚，攻下汾、霍诸郡，席卷长驱直抵西京，尽有关中之地以为根本。于是遣将出兵，扫除群盗，遂降李密于洛口，系窦建德于虎牢，擒王世充于洛阳，芟刘武周于马邑，剪刘黑闼于山东，夷萧铣于江陵，不出六年之间，僭伪悉平，海内咸服，何其成功之速，一至于此哉！盖因有太宗世民为之子故也。使无太宗，则高祖原无大志，岂能创业垂统，开有唐一代之治哉！太宗具文武全才，聪明勇略，高出前代人主之上；又能驱策一世之英雄，使皆效其死力；网罗四方之俊乂，使皆竭其才能；群策毕举，凡善谋忠计皆嘉纳而不遗；言路大开，虽直言极谏，亦乐闻而不厌；拯救万民于水火之中，而安置之于衽席之上；使昔之相聚而为盗贼者，皆化为善良之君子；昔之愁苦而呻吟者，皆转为太平之讴歌；男耕女织，衣食有余；讼简民淳，刑措不用；威德日隆，虽强如突厥之长，亦系颈于阙庭；土宇日广，虽远如北海之滨，都设立为州县。盖自三代以来，中国之盛未有如此也，亦可谓不世出之主矣。惜其好尚功名，徒以智勇创造基业，而不能修礼乐以化民。且胁父臣虏，不可以言孝；弑兄杀弟，不可以言友。

父子兄弟之间，惭德愧行亦已多矣。”

夫帝王之治，未有不自修身齐家以及天下者也。太宗之内行不修如此，是岂足以语帝王之治哉！

“高宗沈溺宴安，仁而不武，使天后斫丧唐室，屠害宗支，毒流缙绅，迹其本源，有自来矣。中宗久罹忧辱，备尝险阻，一旦得志，荒淫不悛，粪土之墙，安可杇也。睿宗鉴前之祸，立嗣以功，所谓可与权矣。明皇能谋有断，再靖内难。开元之初，忧勤庶政，好贤乐善，爱民利物，海内富庶，四夷宾服，浸淫于贞观之风矣。及天宝以降，自以功成治定，无有后艰。志欲既满，侈心乃生；忠直浸疏，谗谀并进；以游娱为良谋，以声色为急务；以李林甫、杨国忠为周、召，以安禄山、哥舒翰为方、虎。痛疽结于心腹而不悟，豺狼遁于藩篱而不知。一旦变生所忽，兵起边隅，庙堂执檄而心醉，猛将望尘而束手，腥膻污于伊洛，流血染于河潼，乘舆播荡，生民涂炭，祸乱并兴，莫可救药，使数百年之间，干戈澜漫而不息。乌乎！靡不有初，鲜克有终。安之不可恃，治之不可保，如此夫！”

伊洛，指唐之东京，在今河南府地方。河潼，指唐之长安，在今西安府地方。

《历年图》又叙说：“高宗承平之时，沈溺宴安，怠荒无度，即其依向不忍虽似仁慈，而柔懦不振，全无威武。其最得罪于宗社者，在立武氏为后，使其专权窃柄，斫丧唐家元气，杀害李氏子孙，诛逐缙绅之忠直，改唐为周，酷烈无比。究其本源，都因高宗昏弱无为，酿成此恶，其祸有自来矣。至于中宗初时为武后所废，居房州十三年，每欲自杀，遭忧辱如此之久，受险阻如此之多，宜其知所儆惕矣。一旦复了帝位，乃不鉴武氏之祸，又宠信韦后，荒淫不改，致国事日非，身且不保，是其天性昏庸，难以匡弼。殆孔子所谓粪土之墙，不可加以粉饰者也。睿宗鉴前代祸乱，欲早立太子，因次子隆基有诛韦氏之功，遂舍长子成器而立隆基，以绝祸本，是为玄宗。舍嫡立功，虽非经礼，亦可谓能行权矣。玄宗为人，多谋略，有刚断，初诛韦氏之乱，后寝太平公主之谋，凡两清内难，皆以谋断成之。开元之初，忧勤庶政，所用的都是正人，有好贤乐善之诚；所行的都是惠政，有爱民利物之泽。二十年间，海内富庶，四夷宾服，内宁外谥，骎骎乎有太宗贞观之风矣。及至天宝以后，见天下太平无事，自以为功成治定，无复后患。于是志欲既满，侈心遂生；恶谏诤而忠直浸疏，狎群小而谗谀并进；耽逸乐，则不念万机，而以游娱为良谋，以声色为急务；任将相则不辨忠邪，而以奸臣李林甫、杨国忠为周公、召公，以番将安禄山、哥舒翰为方叔、召虎。奸佞在朝，譬如痈疽生于心腹，将要溃裂犹且不悟；强胡当道，譬如豺狼近在藩篱，将要噬搏尚然不知。一旦安禄山发兵十五万，反于范阳，变生所忽，兵起边隅，庙堂之上平素不曾设备，宰相执着传的檄书，吓得痴呆如醉，无计可施。一时猛将平素不曾习战，望见贼的烟尘，都束手就缚，无兵可调，遂使贼众横行，两京失陷，腥膻之气污秽于伊洛，杀人之血流染于河潼，车驾播迁，仓皇入蜀，所在生民，尽遭屠戮，而祸乱并兴，不可救药矣。其后两京虽复，然国势自此日衰，兵端自此日起，使数百年之间，干戈漫延而不息者，皆明皇贻之也，岂不深可叹哉！《诗经》上说：'凡人都知谨始，但少能有终。'所以把前功尽弃了，正明皇之谓也。夫安之中，即危之所伏，不可常恃；治之中，即乱之所基，不可常保。其机如此，处治安之时者，可为永鉴矣。"

"肃宗以国之元子，收兵灵武，反旆而东，不失旧物；代宗分命群帅，剪除凶丑，使大河南北复为唐臣，其功皆不细矣。然此两君者，武不足以决疑，明不足以烛理，倘无郭子仪之忠，李光弼之智，因仆固怀恩以用回纥之众，则天下已非唐有矣。夫以肃宗之孝慈，而制于李辅国不得养其父，惑于张后不能庇其子，则其武可知矣。以代宗之宽仁，而听谗臣之言，使光弼不敢入朝，惭愤而死；怀恩招引外寇，几再亡国，则其明可知矣。而又不思经远之谋，专为姑息之政，盗贼据州郡者因用为牧守，士卒杀主帅者因授之旄钺，使强暴纵横，下凌上替，积习成俗，莫知其非。唐之纪纲大坏，不可复振，则肃、代之为也。"

《历年图》又叙说："唐天宝之末，安禄山反叛，破了两京，玄宗幸蜀，宗社不守。幸得肃宗为太子，至马嵬驿前，为百姓父老所拥，收兵于灵武地方，转旆向东，克复两京，不失旧物。代宗继之，分命诸将，剪除贼党，诛史朝义于莫州，使大河南北还为唐家方镇之臣。论其功业，皆不为小矣。然此两君者都是庸才，武不足以断决疑事，明不足以照察物理。

当时赖有大将郭子仪之精忠，李光弼之勇略，又因仆固怀恩借兵于回纥，故得以收复两京，平定叛乱。若使当时无此三人，则天下已非唐家之有矣。夫以肃宗之天性孝慈，宜能保全父子之恩也。然外制于李辅国之奸，逼迁上皇于西内而不得养；内惑于张后之谮，杀其子建宁王俶而不能庇。此非武不足以决疑乎？以代宗之天性宽仁，宜能保全君臣之义也。却乃信听谗臣程元振之言，使李光弼忧畏而不敢入朝，至于惭愧发愤而死。又听信谗臣辛云京之言，使仆固怀恩怨望不平，招引吐蕃、回纥以入寇，几至于再亡其国。此非明不足以烛理乎？又且不思经常久远之谋，专为目前姑息之政。民间盗贼窃据州郡者，非惟不能讨，又因而用之以为本处正官；各镇士卒杀逐主帅者，非惟不能制，又因而授以节钺使为节度使。法纪不张，威权丧失，遂使强暴纵横，公然无所忌惮，下凌上替，名分为之荡然。转相效习，遂成风俗，恬不为怪，莫有知其非者！故终唐之世，士卒凌将帅，将帅凌天子，纪纲大坏，不可复振，以至于亡，则肃、代二宗实启其渐也。然则二宗虽有中兴之功，实乃基祸之主耳，岂足为贤哉！"

"德宗愤积世之弊，悯王室之卑，南面之初，赫然有拨乱之志。而识度暗浅，资性猜愎，亲信多非其人，举措不由其道；赋敛烦重，果于诛杀，故关外之寇未平，而京城之盗先起。于是困辱于奉天，播迁于山南；公卿拜于贼庭，锋镝集于黄屋。尚赖陆贽尽心于内，李晟、浑瑊输力于外，故能诛夷元凶，还奉社稷。自是之后，消刚为柔，刓方为圆。逮其晚节，偷懦之政，甚于祖考矣。顺宗不幸婴疾，奸邪肆志，而能委政冢嗣，以安社稷，足为贤矣。宪宗聪明果决，得于天性，选任忠良，延纳善谋。师老财屈，异论辐辏，而不为之疑；盗发都邑，屠害元宰，而不为之惧。卒能取灵夏，清剑南，诛浙西，俘泽潞，平淮右，复齐鲁。于是天下深根固蒂之盗，皆狼顾鼠拱，纳质效地，稽颡入朝，百年之忧，一旦廓然矣。而怠于防微，变生肘腋，悲夫！"

灵夏、剑南、浙西、泽潞、淮右、齐鲁，都是唐时藩镇地方。

《历年图》又叙说："德宗为太子时，见肃宗以来各镇强臣跋扈，朝廷纪纲不振，愤积世之凌替，悯王室之衰微，即位之初，赫然有拨乱反正之志。但其议度既昏，暗而褊浅，资性反猜疑而刚愎。所用的是卢杞、杨炎之辈，多非正人。所行的是残忍忌刻之事，不由正道。立两税之法，赋税日加烦重。枉杀忠臣刘晏等，诛戮及于无辜。以此怨谤并兴，叛逆继起。李希烈反于关外，朝廷召泾原兵马讨之。关外未平，而泾卒奉朱泚先作乱于都城矣。于是车驾出奔奉天，极其困辱，仅乃得免。又为李怀光所逼，播迁山南。那时缙绅被执，公卿科于贼庭，宫阙失守，锋镝集于黄屋，天下大势几不可支了。尚赖陆贽知无不言，尽心匡救于内；李晟、浑瑊不顾私家，毕力捍御于外，故能使诸将用命，荡灭元凶，两京复完，还奉宗社，皆诸臣之力也。自此以后，德宗志气消沮，刚者化而为柔，方者削而为圆，无复有昔时振作之意。及其晚年，日事姑息，以求旦夕之安，偷懦之政又甚于肃、代矣，何怪国之不竞哉！顺宗本是贤明之君，惜其即位未几，不幸得了风疾，奸邪王叔文等遂弄权放肆，神稷几危。赖顺宗心里明白，把国家政事尽付与皇太子宪宗监管，随又传位宪宗，以安社稷，不贤而能之乎！宪宗资性甚美，聪明果断得于天授，慨然以振纪纲，平僭乱为务。选任杜黄裳、裴度、李光颜、李愬等为将相，凡有善谋无不延纳。当其讨淮蔡时，师老财尽，满朝都要罢兵，异论纷然辏集，而宪宗略不为之疑。又有贼臣李师道，恶宰相武元衡专主用兵，使人潜入京师杀害元衡，人情汹汹，不能自保，而宪宗亦不为之惧。其明决如此，所以有谋必成，有战必克，卒能取杨惠琳于灵夏，讨刘辟于剑南，诛李锜于浙西，俘卢从史于泽潞。入蔡州擒吴元济，而淮右遂平；取淄青诛李师道，而齐鲁克复。于是天下强臣悍将，以地相传深根固蒂而不可动者，皆惶恐悚惧，如狼之遁，以求自全，如鼠之拱，以纳款曲，质子献地，稽颡入朝，而国家百年之忧，一旦廓然平定矣。然而志欲易满，怠于防微，致大业未终，而弑逆生于肘腋之近，良可悲也。岂非万世之明鉴哉！”

“穆宗蒙已成之业，承既平之绪，授任非才，为谋不臧，使柙中之虎，复纵暴于原野，网中之鱼，得自脱于深渊，元和之功，于兹坠矣。宝历轻易荒纵，自贻颠覆。文宗优游不断，受制家臣，虽有好贤之心，文雅之美，皆不足称也。武宗英敏特达，委任能臣，克上党如拾芥，取太原如反掌。功业不究，惜哉！”

《历年图》又叙说：“唐自宪宗平定淮蔡，朝廷纪纲大振，诸藩镇皆畏威敛手，不敢复肆，天下号为治安。穆宗蒙受已成的功业，缵承既平的统绪，使其稍知理道，便可以坐享太平矣。却乃委任非才，当时宰相如萧俛、段文昌辈，皆庸暗之徒，为谋不善，轻议销兵，遂使朱克融、王庭凑两人相继复反。譬如虎已在柙，又使其肆暴于原野；鱼已入网，又使其脱逃于深渊。将宪宗元和十五年的功劳，一旦都废坠了，深可惜也。敬宗嗣位，改元宝历。敬宗为人轻易不检，常与群小为伍，荒纵无度，只以游戏为事，身被颠覆之祸，乃其自取之耳。文宗性度优游，柔而不断，受制于王守澄等，而不能振。虽有好贤乐善之心，文雅诗词之美，然大纲不振，虽有小善，何足称乎？武宗天资英明敏给，特达非常，又知李德裕之贤能，委任为相，言听计从。故刘稹据上党，自为留后，朝廷命镇、魏诸将讨而克之，易如拾芥；杨弁作乱于太原，河东兵缚送京师，易如反掌：亦可谓有为之君矣。而天命不永，在位六年而崩，使其功业未得尽展，岂不可惜哉！"

"宣宗少历艰难，长年践位，人之情伪靡不周知。尽心民事，精勤治道，赏简而当，罚严而必。故方内乐业，殊方顺轨。求诸汉世，其孝宣之流亚与？懿宗骄奢无度，贼虐不忌，辅弼之任委于嬖宠，四海之财竭于淫乐，民怨不知，神怒不恤。李氏之亡，于兹决矣。且唐自至德已来，近习用权，藩臣跋扈，譬如羸病之人，以糜粥养之，犹惧不济，又况饮之毒酒，其能存乎！及僖、昭嗣位，天禄已去，民心已离，盗贼遍于寰区，蓬蒿塞于城阙，漂泊幽辱，寄命诸侯。当是之时，虽欲救之，其将能乎？"

《历年图》又叙说："宣宗是宪宗庶第十三子，当穆宗、文宗、武宗之时，潜居藩邸，韬晦如愚。少时历经艰苦，备知民间之事。及到登极，年已三十八岁。阅历既久，于人之诚实的、奸伪的，无不周知，故能尽心民事，精勤为治之道。有功当赏的，必精简而停当，绝无冒滥之弊；有罪当罚的，必严峻而果决，略无轻纵之私。威福不移，劝惩具备。故方域之内，莫不安生而乐业，四夷之人亦皆向风而顺轨。求之汉朝，其可与孝宣皇帝相为上下者欤。懿宗骄纵奢侈而无节度，贼害暴虐而无忌惮。不为朝廷惜名器，将辅弼重任委寄于嬖幸之人；不为国家惜财用，将四海膏脂，匮竭于淫乐之费，以致民怨于下而己不知，神怒于上而己不恤。李氏宗社之亡，于此决矣。且唐自肃宗至德以来，近习用事于内，藩镇跳梁于外，元气凋丧已尽，虽以恩德拊循，犹恐不支，而况以懿宗之暴虐继之，岂有不亡之理。譬久病羸瘦的人，虽以糜粥调养，犹恐不济，又况以毒烈之酒饮之，其为速死无疑矣。及僖宗、昭宗嗣位之日，天禄已去而不可复留，民心已离而不可复合。黄巢倡乱，盗贼满于四海之中；两京陷没，蓬蒿塞于城阙之内。以天子之尊而不能自保其一身，漂泊无依，幽辱不振，而寄命于诸侯。当此之时，虽有善者，亦无如之何矣。将欲救之，岂可得乎！唐于此时遂亡矣。"

按有唐一代，传祚二十，历年三百，其间可称者，惟太宗一君，而犹多惭德；其他则玄宗、宪宗，皆不免于鲜终，亦可以见为君之难矣。昔宋臣孙觌辈，常请进读《唐鉴》，取其殷鉴不远也。明主诚熟察其兴亡之故，其于治道，岂不深有裨益哉！

卷之二十三

五代

后梁纪

唐昭宣帝之后为后梁。朱温初为黄巢所署同州防御使，举州降唐，懿宗赐名全忠。全忠后弑昭宗于椒殿，立辉王柷为太子，即位为昭宣皇帝。朱全忠进封梁王，加九锡，吞噬诸镇，卒灭唐室。

太祖

太祖皇帝，名温，姓朱氏。初从黄巢为盗，既而降唐，赐名全忠，封梁王，挟天子以号令天下诸侯，竟移了唐祚。居帝位七年，为太子友珪所弑。

开平元年，昭宣帝禅位于梁，梁王更名晃，即皇帝位，国号梁。奉帝为济阴王。张蔚奉宝册，即帅百官舞蹈称贺。梁王与之宴，举酒劳之曰："此皆诸公推戴之力也。"

开平，是年号。禅，是授。更，改也。名晃，改换全忠为晃。济阴，地名。张蔚，臣名。宝册，是立君位的册命。帅，统领也。舞蹈，凡臣入朝，必要三缙笏，三舞蹈。何谓舞蹈，举左足向右三次，又举右足向左三次，俗呼扬尘舞蹈便是。

朱全忠得了唐昭宣帝君位，改换了旧名字，重命其名晃，居皇帝九重之位，定国号叫做梁。把唐昭宣帝封为侯国，做济阴王。那张蔚手捧着册立君位诏，率领文武百官，尽舞蹈之礼以进贺。全忠便赐百官宴酒，把卮酒劳张蔚，曰："今日我居君位，都是诸公推重爱戴之功也。"观全忠矫托气口，绝无揖让征诛气象，而莽、操奸君窃位之恶露矣！

淮南节度使杨渥骄侈，张颢、徐温泣谏不从。二人帅牙兵露刃直入庭中，执左右乱政者诛之，谓之张、徐兵谏。

骄侈，骄淫侈肆的模样。杨渥、张颢、徐温，三人名。谏，是规讽。

当时杨渥处节度使之尊显，不禁其骄淫侈肆之恶。那张颢、徐温为副贰之官，有同寅之谊。前必已谏了，至是又涕泣以谏止之。杨渥只是不从他。张颢、徐温计无所出，率部下亲兵，手执兵刃，直入杨渥庭中，擒其从谀导引以为非者杀之，使杨渥警省戒惧，以改前愆，叫做以兵为谏。

梁以吴王钱镠为吴越王。镇海节度判官罗隐说钱镠举兵讨梁，曰："纵无成功，犹可退保杭越，自为东帝，奈何交臂事贼，为终古之羞乎？"镠始以隐为不遇于唐，必有怨心，及闻其言，虽不能用，心甚义之。

吴越、杭越，即今杭州。镇海，地名。节度判官，是节度使参军。

钱镠自保一方，历四主不受兵。罗隐见朱全忠僭窃唐室，因以钱镠为吴越王，说之曰："君若起义兵讨全忠，兴问罪之师，伸大义于天下，上也。傥或事业未可必，自固杭越，为东都一帝，人无敢挠我者，次也。若之何如臣附之，同声以服事全忠之贼叛乎？"镠初意以罗隐先年不得见用于唐，必有怨恨唐而服梁者，今听其一腔义气所发，镠虽不能如隐之言，奋其一怒，使乱贼授首，一复唐室，而隐之眷念旧主，亦举世不一二见者。

梁以权知荆南留后高季昌为节度使。唐进士梁震归蜀，过江陵，季昌爱其才识，留之，欲奏为判官。震耻之，欲去，恐及祸，乃曰："震不慕荣官。明公不以愚，必欲使参议，但以白衣侍樽俎可也。"季昌许之，终身止称前进士，不受高氏辟署。

荆南，湖广地名。留后，官名。高季昌据有江陵，传四世。梁震，前唐进士。蜀，四川也。樽俎，是礼器。辟署，是征聘以用之也。

当时高季昌权做荆南留后，遂为节度使。有唐朝进士梁震者，回家四川，道经江陵。高季昌素重震文才学识，留住了他，要题奏全忠为幕下判官。震耻以唐进士而仕梁："吾闻忠臣不事二君，乃食梁之禄，是无耻心也。"欲拒绝之，必及祸害。乃说："震平素不慕荣禄，不图仕宦。明公不以震为愚拙，必要使赞助谋议，只以布衣侍于樽俎之间可耳。不愿为官职也。"季昌亦不强为奉荐，遂以白衣留幕内，震亦终其身自称前进人，亦称前进士，不从高季昌征聘。

二年，晋王李克用卒，其子存勖嗣为晋王。克用将终，称存勖曰："此子志气远大，必能成吾事。"因赐三矢，曰："梁，吾仇;燕王，吾所立，契丹背约归梁，吾遗恨也。与女三矢，无忘父志。"遂卒。

李克用，沙陀兵马李昌国之子，杀大同防御使段文楚，自称留后，官仆射。唐僖宗召克用诛黄巢，复长安，功为第一。克用一目微眇，人呼独眼龙，后封晋王。克用去世，子李存勖继为晋王。当克用临终将死，谓存勖说道："这儿子志气远大，凡我平生未了事，必能代我成就。"那时就交他三枝箭，曰："梁朱全忠，吾夙有仇怨;燕王是吾所立，契丹背前盟降于梁。吾有此三恨在心，未雪而死，女知之乎? 吾付女三枝箭，勿以父言为乱命而忘之。"

梁李思安等攻潞州，久不下。晋王与诸将谋曰："上党潞州，河东之藩蔽。无上党，是无河东也。且朱温所惮者，独先王耳。闻吾新立，必有骄怠之心。若简精兵，倍道趣之，破之必矣。取威定霸，在此一举，不可失也。"遂帅兵直抵夹塞，大破梁兵，潞州解围。梁王惊曰："生子当如李亚子。克用为不亡矣。至如吾儿，豚犬耳! "

当初宋仁宗分天下为二十三路。东边有河东路，是一路省镇一般。上党，是郡名。潞州，属上党治下，是州县一般。藩蔽，即屏障。倍道，即兼程赶路。夹塞，地名。

梁将李思安兵众，攻夺潞城，坚守，众不能破。晋王李存勖，对众将说道："上党、潞州两路，是河东极冲要所在。若是上党失去，是河东无了藩篱，不失犹失也。且朱温所畏惧的只有我先王克用一人。今既听得我新嗣王位，朱温有妄自尊大，眇视我的意思。我若选用精兵，速速袭之，朱温必然败走的。立威天下，创霸域中，正在此机会，不可错过了。"那时就领兵直到夹寨地方，大破梁兵，胜之。那李思安久围潞，就解散而退。全忠惊骇说道："人若是养儿，必竟象得李克用儿一样方好。今李克用虽死犹不死耳。至于我的儿子，庸常无用，如禽兽一般。"

梁王景仁等进军柏乡。晋王自将救之，距柏乡三十里而军。晋王欲速战，周德威曰："镇、定之兵，长于守城，短于野战。且吾所恃者骑兵，利于平原旷野，可以驰突。今压贼垒门，骑无所展其足，且众寡不敌，使彼知吾虚实，则事危矣。"王不悦，退卧帐中。德威往见张承业，曰："大王骤胜而轻敌，不若退军高邑，诱贼离营。彼出则归，彼归则出。别以轻骑，掠其馈饷。不过逾月，破之必矣。"承业入见王，曰："此岂王安寝时？德威老将知兵，其言不可忽也。"王蹶然而兴，拔营退保高邑。

王景仁，梁将名氏。柏乡，是地名。周德威，是唐朝良将。垒门，军的营门。展其足，把足运掉转来。张承业，唐朝尽忠宦官。高邑，是县名。

当时梁将王景仁军众，进兵攻夺柏乡县。晋王李存勖自家领兵救他，相去柏乡三十里多路。晋王兵到，便要与他交战。将军周德威说："镇、定之兵，该教他守城，不该教他宽旷之地交战。如今吾所恃者，乘马之骑兵，战于平地广野，冲突相杀。今既压着贼营门了，教马不能运旋其足，如羁绊了一般。况又彼众我寡，敌他不过。若是知道我的虚实光景，则事便坏矣。"王听说，不合意而闷卧帐子里。周德威往见张承业，说道："天王出军，虽即战胜，决不可轻敌。不如退军高邑地方去，引诱贼兵离营。他出兵，则我归；他收兵，则我出。以轻骑出其不意徼住他的粮食。不出一月，破之必然者矣。"张承业走入见晋王，曰："这日子，王尚安卧高枕耶？德威老将，精于兵法。他说话不可忽视也。"晋王跃然醒悟而起，拔其营寨，退保守高邑县。

乾化元年，晋王大破梁于柏乡。李存璋引步兵乘之，呼曰："梁人亦吾人，父子兄弟饷军勿杀。"于是战士悉降，嚣声动天地。

乾化，后梁年号。柏乡，地名。晋李存勖大破后梁兵于柏乡地方。大将李存璋领步兵乘其后，呼曰："梁朝人便是吾的人，凡是父子兄弟为粮饷来供军士者，不可杀之！"那时梁军听得了，通来降服，军声愿降者，高远可倾动天地。

末帝

末帝，名友贞，太祖第三子。初，太子友珪弑太祖。均王友贞起兵讨贼，友珪伏诛，友贞立于大梁。

乾化三年，晋王分兵徇燕，山后八州皆下，进逼幽州。晋王督诸军，四面攻城，克之。燕王守光帅妻子亡去。晋王入幽州。王方宴，将吏擒守光适至，王语之曰："主人何避客之深耶？"遂斩之。

燕山、幽州，都是郡名。

燕王刘守光自称帝，僭国号大燕。晋王统兵几支，分袭燕，山后面八个州郡通降，进逼近幽州。晋王督众军，四面攻其城墙，克取之，入城。燕王守光先领妻子逃出去了。晋王入幽州方宴酒时，将官军吏擒拿守光适然来到。晋王对守光曰："客人已在此，汝为主人，何畏避客人之甚耶？"即命杀之。

贞明三年，晋王还晋阳。晋王连岁出征，凡军府政事，一委张承业。劝课农桑，畜积金谷，军民肃清，馈饷不乏。王或时须钱赐伶人，承业靳之。王乃置酒库中，令子继岌为承业舞，指钱欲赐之。承业曰："此钱大王所以养战士，不敢以为私礼。"王不悦，语侵之。承业怒曰："仆非为子孙计，惜此库钱，所以佐王成霸业也。不然，王自取之，何用仆为？"王怒，索剑。承业起，挽王衣，泣曰："仆受先王顾托之命，誓为国家灭汴贼。若以惜库物死于王手，仆下见先王无愧矣。"曹夫人闻之，王惶恐叩头谢，请承业痛饮，以分其过。承业不从。夫人使人谢承业。未几，承制授承业开府仪同三司、左卫上将军、燕国公。承业不受，但称唐官终身。

晋阳，郡名。

先，晋王乃父李克用，乾宁二年曾上表昭宗，讨三镇犯阙，诛了王行瑜一人，李茂贞、韩建二人则释其罪。昭宗召克用还归晋阳，进爵为王。今克用儿子统兵讨燕王守光归，到晋阳。晋王李存勖每年连领兵出征，凡军中政事，件件靠着张承业。承业劝勉课督百姓，兴农事，种桑麻，藏蓄积聚金银五谷。军中民心肃清，军士粮饷能接续不阙。倘有时支些银钱，赏赐那奏乐度曲的伶人、乐工，承业都不轻与他。晋王就便设酒钱谷库中，教儿继岌为承业戏舞，作衍戏模样，指着所积银钱之类赏赐承业用之。承业就正色说道："这些钱你父大王留他以养征战军士，我不敢以为私情礼物，而擅自受的。"晋王不喜。承业愤气说道："仆为宦官，没有子孙。今我不轻放钱物，不是留他付与子孙，政是要资助大王成霸天下事业也。大王若是不要成霸天下事业，竟自用之，那用得我？"晋王发怒，问取剑来，意思要杀承业于剑下。承业起身，牵住晋王衣服，哭泣说道："我记先王临终看定我，付托几多说话，付箭三枝，勿没忘了你父之志，誓要替国家诛灭汴地国贼。若是我为爱惜库内钱物，必要留以养战士，资助大王成霸天下事业，所以我死于大王剑下，我到九泉之下，相见先王，亦无有过失可愧于心矣！"那时晋王母太夫人听知了。晋王就于太夫人前惶恐叩头陈其过失，以求太夫人息怒。就请承业把酒痛饮，以作一觞酒失。承业不从他。太夫人差人致意道："是晋王有罪，勿必记怀。"不多时，晋王立制授承业开府仪同三司、左卫上将军、燕国公。承业不肯受职，但称旧唐朝之官以终身。看来张承业其寺人中之不多见者，国亡而忠不改，后世人主尽得若人，国长治矣。

四年，晋王自将万骑，直趋大梁。至胡柳陂，周德威曰："今已深入敌境，动须万全，不可轻发。"王曰："公何怯也！"即以亲军先出。德威不得已，遂与战，父子俱败死。王将阎宝、李从琦等，复以骑兵大呼陷阵，诸军继之。梁兵大败。

胡柳陂，是地名。

时晋王李存勖亲领军马万骑，直从大梁地方进发。到了胡柳陂地面，将军周德威说道："如今深入敌人地方，一举一动，必要万全，不可造次。兵法所谓料敌制胜在此时。"晋王说道："明公何退怯若此也！"竟自亲提兵先冲贼阵去了。德威无可奈何，父子两人齐入阵中交战，不意父子两人通战败被杀。晋王手下将官，一个叫做阎宝，一个叫做李从琦，领众军马大声呼陷阵，从军又猛力助战，梁兵败走。

五年，吴越王钱镠在军中，未尝寐，倦极则就圆木小枕，或枕大铃。寐熟，辄欹而寤，名曰惊枕。

吴越王钱镠领兵自居营中，昼夜不睡，身子倦甚，取圆木头小枕为枕，或把铜大铃为枕。如此倘偶睡去，木自滚动，铃自声响，不得安眠，自惊醒矣。大凡军事多变，倘因稳睡，至启不测，故豫备此两件物作枕，正恐倦时易睡也。

龙德元年，蜀、吴王屡以书劝晋王称帝，晋王不听。既而将佐藩镇劝进不已，乃令有司市玉造法物。得魏州僧献传国宝。张承业谏曰："吾王世世忠于唐室，救其患难，所以老奴三十余年为王抢拾财赋，召补兵马，誓灭逆贼，复本朝宗社耳。今河北甫定，朱氏尚存，而王遽即大位，殊非从来征伐之意，天下其谁不解体乎？王何不先灭朱氏，复列圣之深仇，然后求唐后而立之。南取吴，西取蜀，汛扫宇内，合为一家。当是之时，虽使高祖、太宗复生，谁敢居王上者？让之愈久，则得之愈坚矣。老奴之志无他，但以受先王大恩，欲为王立万年之基耳。"王曰："此非余所愿，奈群下意何？"承业知不可止，恸哭曰："诸侯血战，本为唐家。今王自取之，误老奴矣！"遂邑邑成疾而卒。

龙德，是末帝改元年号。蜀、吴王，是两位王。

蜀王王建据西川，吴王杨渥据淮南，向曾移檄诸道，欲歧王、晋王兴复唐室，卒无应者。歧王李茂贞，据凤翔；晋王，李克用是也。此时每每以书致晋王，劝他称帝，机不可失，晋王不听。后来将佐藩镇劝进不休，乃使有司官买玉一块，镌造法物。又得魏州僧人所献传国宝者，是帝王君天下御极符玺也。张承业知之，谏晋王道："吾王与先王世代尽忠唐室，凡有患难，无不力为救援，所以老奴三十余年，为王或抢或拾些财钱赋物，召补兵马，指天誓日，要诛灭逆贼，兴复本朝宗庙社稷。今河北地方稍安定，朱温子孙尚有遗留未灭，而大王遽居天位，不是向来锄逆讨叛之本意，天下人心，那个不离心离德乎？王何不先灭了朱氏，复李氏屡代之深仇，方去访求唐氏子孙，而中兴之。南边取吴杨渥，西边取蜀王建，扫清天下，并合为一家。当此时就使唐高祖、唐太宗再生，谁有能居王之上者？逊让愈长久，则得之愈坚牢矣。老奴之志，别无他意，但以受先王大恩，要替大王立万年不朽之基业耳。"晋王说："这不是我要如此，当不起群臣众心耳。"承业晓得晋王不可挽回，仰天大哭，说道："诸侯血战，为唐家，不是为己。今日大王自取天位，称帝背唐。老奴事大王向来指望复唐室，不意竟为自有。"承业乃邑邑不乐，遂成病而死。

后唐纪

庄宗

庄宗皇帝，名存勖，姓朱。先世事唐，赐姓李。父克用，平黄巢功封晋王。存勖袭封，灭梁。在位三年，因中流矢而殂。

同光元年，晋王即帝位，国号大唐。二年，唐主祀南郊，大赦。郭崇韬首献劳军钱十万缗。唐主内府钱财山积，不肯给赐。于是军士皆不满望，始怨恨有离心矣。

同光，是唐王年号。大唐，是唐主国号。南郊，是郊天。郭崇韬，后唐藩镇。时唐主居帝位的第二年，行郊天之礼，就大赦天下。郭崇韬第一献赏军士钱财十万缗。缗，是贯。唐主官中库内积钱似山一般，竟不肯把些来给赏出战军士。军士初指望把钱分给与他，那时都失所望，岂有不离心离德者！

郭崇韬位兼将相，权侔人主，自附于汾阳王之后，以膏粱自处。多甄别流品，引拔浮华，由是嬖幸嫉之于内，勋旧怨之于外。

藩镇郭崇韬，当时出将入相，其权之重，比并帝王，尝自家道："我原是汾阳王郭子仪子孙，以珍羞肥美之物，做家常饭受用。"其用人于侪

辈中，选择的都是虚浮不根，外面华饰动人以愚耳目者，超拔在高位显
职。所以朝内的有宦寺伶人，唐主宠任者，人人衔恨；朝外的有战功勋戚，
唐主倚重者，人人抱愤。他既居出将入相之位，只图穷奢极欲，引用非
类，废弃勋旧，无一善政。那比郭子仪爵封王位，穷奢极欲而人不桀，位
极人臣而主不疑，乃敢谓其后人哉？

三年，唐主欲徙郭崇韬镇汴州。崇韬辞曰："臣富贵极矣！何必更领
藩方。且群臣或经百战，所得不过一州。臣无汗马之劳，致位至此，常
不自安。今因委任勋贤，使臣得解旌节，乃大愿也。"唐主曰："卿为朕画
策，保固河津，直趋大梁，成朕帝业，岂百战之功可比乎？"崇韬固辞，
乃许之。

汴州，是今汴梁地方。藩方，是藩镇之职。旌节，旌旄符节，是出
将入相者有的。

当时唐王要迁郭崇韬做汴州藩镇。崇韬也有算计，心上道：位极尊者，
恐祸亦大。辞不敢当。说道："臣由将入相，富贵极尊，于臣下为无二矣！
何必又领受藩镇之职？况且，朝中众官，也有经血战百次，建大勋劳，封
邑不过一州一县之地。若臣从没有汗马的战功，反得享此大位，臣方心不
自安。比之百战的所赐，反为过当。今日之下，正当选择有功劳贤才者用
之。使臣解去符印，放归田里，受恩终身，乃大望也。"唐主听了说道：
"卿替朕尽心筹画良策，使河津保守得坚固，直向大梁进发，获梁主友贞，
遂成帝王规模，岂比得战马之功乎？"崇韬只是力辞，唐主乃许之。

四年，唐以郭崇韬帅兵伐蜀，灭之。未几，诏杀崇韬，以孟知祥为
西川节度使。

蜀王建听韦庄之谋，即皇帝位。时郭崇韬领兵伐而灭之。不几时，
唐主诏到，教他自杀。此时就封孟知祥为王，以继蜀王建后。知祥后来自
家称帝，子昶嗣为帝。宋太祖灭之。

唐赵在礼反于邺，命李嗣源讨之。嗣源至邺，军士作乱，帅众大噪，
逼中军曰："将士从主上百战以得天下。今主上弃恩任威，云克城之后，

当尽坑魏博之军。今众议欲击退诸道军，请主上帝河南，令公帝河北，为军民之主。"嗣源泣谕之，不从。乃令安重诲移檄会兵。唐主幸关东，招抚从马直、指挥使郭从谦作乱。唐主为流矢所中，殂。嗣源入洛阳，即位于枢前。

邺，地名。赵在礼，唐将也，反叛于邺地方。唐主命其父养子李嗣源领兵讨其罪。嗣源一到邺地方，军将士卒，造反起来，领众军士大挠乱呼叫，逼迫中军大将说道："吾辈将士，随主上血战几百次，以除梁贼而有天下。今主上把有恩者摈弃之，威权在手，杀戮任意。"又说道："这回得胜，克了城邑，这些魏博之兵，用他不着了，必要把来尽坑杀之。掘大地潭，坑他在内。这等说激怒众军士，要杀退诸镇军，请主上为帝河南地方，请明公为帝河北地方。两处立为军民之主，此众军士本意也。"李嗣源涕泣晓谕之，军士不听。嗣源不得已，乃使安重诲移文檄约会兵士。唐主就驾幸到关中地方。不想有招抚从官马直，同那指挥使郭从谦，两个作反，不奉唐命。唐主与他对敌，被他流矢射中而死。嗣源收军士进洛阳城中，于唐主灵枢前即帝位。

明宗

明宗帝，本胡人，李克用养子，名嗣源。庄宗遇弑，诸将立之。在位八年崩。

天成元年，初令百官五日一赴内殿起居，转对奏事。

天成，李嗣源年号。内殿，人君宴处的殿，为起居注处。时元年，先着文武官僚间五日，齐到内殿起居处，将国家事务，举朝君臣商量问答，以证是非缓急。

以冯道、赵凤为端明殿学士。唐主目不知书，四方奏事，皆安重诲读之。重诲亦不尽通，乃置端明殿学士，以道、凤为之。

冯道，晋王朝掌书记的。赵凤，人名。端明殿，王朝内殿，人君视朝之殿。至是擢二人为端明殿学士。但唐主是个卒徒之辈，何曾识得书籍文理？每臣下奏事，都着安重诲侍读于前。然重诲于文理亦未尽通晓，乃特置端明殿学士，以冯道、赵凤为之。

二年，唐以冯道、崔协同平章事。时议置相，孔循荐郑珏、崔协，而任圜欲用李琪。珏素恶琪，故循力沮之，谓安重诲曰："李琪非无文学，但不廉耳。宰相但得端重有器度者，足以仪刑多士矣。"他日议于朝，唐主曰："吾在河东见冯书记，多才博学，与物无竞，此可相矣。"他日安重诲谓任圜曰："今方乏人，协且备员可乎？"圜曰："明公舍李琪而相崔协，是犹弃苏合之丸，而取蛄蜣之转也。"竟以冯、崔为相。

冯道，前晋用以掌书记的。崔协、孔循、郑珏、李琪、任圜、安重诲是个人。当时唐主用冯道、崔协拜相，同平章事。先是朝中议立宰相，孔循荐举郑珏、崔协二人，而任圜要用李琪。但是郑珏平素极怪李琪，所以孔循合力阻抑他，对安重诲说道："李琪不是道他没有文才学术，只是他不廉，便贪财耗国必然者。若是擢用宰相，必得镇重严肃，器量风度可以作法天下士民的方好。"至他日朝中议置相，唐主说道："吾向在河东时，尝见冯道掌职书记，才思也多，学问也博，其余交人际物，并不存计校争竞之心。这样人可立为宰相了。"另一日安重诲对任圜说道："今天下正少有才有学的人，崔协聊以备官员数可否耶？"圜对道："明公择相，不用李琪，而用崔协，这就是弃撒苏合丸之贵重有益于养生，而取蛄蜣所弄之丸也。"蛄蜣，秽虫，在桑树下，把人矢弄成丸，如弹子光润圆转，人力不及。丸成，脱壳成蝉飞去。此蝉脱，医家用之，此似贵重之药，譬喻李琪，有益于天下国家。以无用之绝譬喻崔协，无补于天下国家。任圜说得如关系，而唐主竟相了冯、崔。

初，晋阳相者周玄豹尝言："唐主贵不可言。"唐主欲召诣阙，赵凤曰："玄豹之言已验矣。若置之京师，则轻躁狂险之人辐辏其门，争问吉凶，非所以靖国家也。"乃就除光禄卿致仕，厚赐金帛而已。

周玄豹，是精于风鉴之人。尝相唐主说："其贵不可量。"隐然说他帝王之相了。那时唐主记其相法之高，要征召他到廷阙之下。在廷端明殿学士赵凤进言道："周玄豹风鉴已合于今日了。若是留之京师，则轻浮躁妄之辈、狂肆险辈，跻塞其门，如乘车中辐辏相屏，以来争前叩问吉凶，以图侥幸，必至令人若狂，竞集一处，甚非所以安靖国家之人心也。"于是除光禄卿官衔致仕，又厚赐他金帛，使之实用的。

唐以石敬瑭为侍卫清军都指挥使。

石敬瑭，唐主的爱婿。与他为侍卫清军都指挥使，如殿前宿卫将军之职。

四年，唐主与冯道从容语及年谷屡登，四方无事，道曰："臣昔在先王幕府，奉使中山，历井陉之险，忧马蹶，执辔甚谨，幸而无失。逮至平路，放辔自逸，俄而颠陨。凡为天下，亦犹是也。"唐主深以为然。又问冯道："今岁虽丰，百姓赡足否？"道曰："臣记进士聂夷中诗云：'二月卖新丝，五月粜新谷。医得眼前疮，剜却心头肉。'曲尽田家之情状。农于四民之中，最为勤劳，人主不可不知也。"

唐主同平章事冯道闲谈及农工辈种田："几年来秋收，米谷多有收成，军民食足，四方无灾荒寇贼之患，朕心上颇安。"冯道因事进规，借那先王李克用事，说道："臣向年在先王军府中，遣臣出使中山路，经历井陉之险危地方，途路崎岖难行，只得紧紧持着鞭缰，甚是小心谨慎，所以一路无倾跌失措。及至过了险危地方，到那平坦所在，鞭辔可以稍宽，自家也要安逸少顷，不想反遭倾跌失蹄。这不止乘马行路若此，就是人君治天下，也是这个道理。只在治天下谨守，如驭六马委辔，固不是说或遇扮索易绝，六马易惊，为人上者不可不谨也。"唐主甚道是他说得当理，谈丰歉，说太平，便虑到致治未乱，保邦未危，甚可铭心者。唐主又说道："今年小民田中有收，想是风调雨顺，百姓每都有收成，必无告馈的了。"冯道又进说："今目前之事，岁那得丰豫，小民那能全收。臣看今年农家就是那唐时进士有聂夷中者，赐观灯宴上，命各赋诗为盛典，夷中颂诗云：二月卖新丝，先借债纳官，约以新丝出还，丝成则卖矣。五月粜新谷，五月借债纳官，约以新谷收即还，新谷出即粜矣。医得眼前疮，目前之疮要医治，不去治病根，只要宽得目前之急耳。剜却心前肉，是丝、谷都为还债去了，下半年何以聊生？就如目前，疮虽已治，而心头肉已先剜去，欲求生得乎？农家困苦之光景，于士农工商四类中极为勤苦。凡播种耕耘，收敛水旱虫螽，那样不是时时刻刻在心，件件种种尽力。人主居九重之位，崇高富贵，焉知民间之勤苦至于如此？人虽说道年岁丰登，不知到收成日子，那补得一年辛苦之报。人主知，则民受赐；不知，则民受虐。君无忘聂夷中之诗，尝为省念之。斯驭民如驭马，无灾荒外侮之侵，而国治矣。"

三年，唐初刻九经板印，卖之。

九经者，《孝经》一、《论语》二、《孟子》三、《毛诗》四、《尚书》五、《周易》六、《周礼》七、《礼记》八、《春秋》九，总为九经。命这九经用木板镌刻出印之，卖与天下行之。

唐少卿康澄上疏曰："国家有不足惧者五，有深可畏者六。阴阳不调，不足惧；三辰失行，不足惧；小人讹言，不足惧；山崩川竭，不足惧；螽贼伤稼，不足惧。贤人隐匿，深可畏；四民迁业，深可畏；上下相徇，深可畏；廉耻道消，深可畏；毁誉乱真，深可畏；直言蔑闻，深可畏。不足惧者，愿陛下存而勿论；深可畏者，愿陛下修而勿失。"唐主优诏奖之。

少卿，官名。周有六卿，汉有九卿，梁有十二卿。宋亦六卿，每一卿有正卿，有少卿。

当唐朝康澄为少卿之官，上奏疏一通，疏中说道："国家有可惧而犹不足惧者五件事，有人不知畏而最可畏者六件事。夫气化有阴阳，太极静而生阴，太极动而生阳，不可垂舛。一不调，人必惧，不知可惧不在是。三辰：日月五星。日月昏蚀，五星失度，是天变也。人君省愆官司救护是惧，不知可惧不在是。小人逢迎尊贵，陷害善良，恶党乌合，造言生事，旁劝惧之，不知可惧不在是。山谷崩颓，川泽涸竭，此地变也。当伊洛竭而夏亡，最可惧。不知可惧不在是。禾稻之灾，或蝗虫杀稼，为五谷之螽贼，秋成何望，人必惧。不知可惧不在是。这五件可惧而不足惧的。夫贤人，国家之桢干，人主之佐理，倘或挂冠，或弃家，则国无贤人，谁与共理？人不觉其可畏，而深为可畏。四民者士农工商，各有专业，倘一不售，必然改业，或有地理不仁，必然迁居，似不足畏，而深为可畏。上下者，君臣父子主仆便是。上该以诚信宽厚待下，下该忠孝尽力事上。苟上以虚縻，下以虚奉，则国事日非，离心离德矣。人不知畏，而深为可畏。礼义廉耻，国之四维。若寡廉鲜耻了，有位者窃位苟禄，无位者为奸为盗，人不觉可畏，而深为可畏。毁人者恶而谤之，誉人者爱而赞之。一失真，把贤人说坏，不肖赞扬，是非混乱，好恶任口，人为簧鼓，不觉可畏，而深可畏。直言所以救过规失，臣直则主圣，友直则过寡。古圣贤告之则喜，闻之则拜，不然，怙恶终身，不觉可畏而深为可畏。这六件以不足畏而深可畏的。前五件不足惧的，臣望吾君件件要留意；后六件深可畏的，臣望吾君件件修省勿懈。"唐主见康澄所奏疏言，下诏褒嘉赐之。

四年，唐主每夕于宫中焚香祝天，曰："某胡人，因乱为众所推，愿天早生圣人为生民主。"在位八年，年谷屡丰，兵革罕用。校于五代，粗为小康。

唐主每夜退朝之后，到禁中焚香，对天祝颂说道："我李嗣源本是沙陀兵马李昌国子，李克用养子，原不是中国人，为乱世被众军士所勉强推立为主。惟愿天心思治，早早生出圣人来，为天下万民之主。天其勿缓哉！"唐主在君位，止历八年，不能永久。但是每年丰谷熟，民乐有年，敌国罕侵，束兵息马，人无争夺。据五代之君，比之如明宗之世，虽非汉文、景之盛，亦小小平安世也。

彼嗣源胡人耳，每以国泰民安留意，天意遂以丰安应之。今日堂堂天朝，顺天应人，以为万生民主者，可不以民事留心，国计系念哉！

闵帝

闵帝，名从厚，明宗之子。在位四月，为潞王从珂所废。

应顺元年，唐潞王李从珂举兵凤翔。唐主以康义诚为招讨使，将兵拒之。从珂至陕，诸将及义诚皆降。唐主遂出奔。从珂引兵将至，冯道谓中书舍人卢导曰："劝进文书，宜速具草。"导曰："潞王入朝，百官班迎可也。设有废立，当俟太后教令，岂可遽议劝进乎？"道曰："事当从实。"

导曰："安有天子在外，人臣遽以大位劝人耶？"李愚曰："舍人之言是也。吾辈之罪，擢发不足数矣。"

应顺，闵帝年号。李从珂，李嗣源养子，封潞王，起兵寇凤翔地方。唐主升康义诚做招讨使之职，率兵拒敌。从珂到陕西，义诚同将官投降了，唐主只得出奔。从珂领兵将到，冯道替中书舍人卢导说："从厚既出奔，主位不可虚。今潞王既到，就该定劝进君位。诏书先具草以待其来可也。"卢导说："潞王入朝时，文武百官随班迎之耳。设使废一君，又立一君，当待太后令旨，岂有骤然劝进之理？"冯道说："事势到此，从实做耳。"卢导曰："那有天子蒙尘在外，为臣子者，轻以主君大位又劝他人居耶？"李愚在旁说："卢舍人这话金石也。吾辈人之罪过，把头发逐根数去，其多犹不足以尽之矣！"

废帝

废帝，名从珂，明宗养子。封潞王，废闵帝从厚为鄂王而自立。闵帝被弑，磁州宋令询死节。立二年，石敬瑭以兵入洛阳，遂自焚死。

清泰元年，唐主与石敬瑭皆以勇力善斗事明宗为左右，然心竟，素不相悦。帝即位，敬瑭不得已入朝，乃复以为河东节度使。敬瑭既还镇，阴为自全之计。

清泰，废帝年号。唐主先年在明宗朝，与明宗婿石敬瑭，皆以猛力好争斗居左右。但是他互相妒忌，心里争端，怂怂不相好。从珂既居君位，石敬瑭出于不得已，进朝见唐主。唐主以敬瑭复为河东路节度使。敬瑭既奉命还镇，潜地里养士屯粮，以图大举。

后晋纪

高祖

高祖皇帝，名敬瑭，姓石氏，明宗婿也，与潞王素有隙，乃借契丹兵以灭唐，在位七年。

天福元年，唐主千春节置酒，晋国长公主辞归晋阳。唐主醉曰："何不且留，遽归欲与石郎反耶？"乃议使敬瑭移镇郓州。未几，为天平节度使。敬瑭疑惧，谋于将佐，曰："吾之再来河东也，主上面许终身不除代。今忽有是命，得非如今年千春节与公主所言？"都押衙刘知远曰："明公将兵，久得士心。今据形胜之地，士马精强，若称兵传檄，帝业可成。奈何以一纸制书，自投虎口乎？"掌书记桑维翰曰："主上初即位，明公入朝，岂不知蛟龙不可纵之深渊？然卒以河东相授，此乃天假公以利器也。明宗遗爱在人，主上以庶孽代之，群情不附。公明宗爱婿，契丹素与明宗约为兄弟，公诚屈节事之，朝呼夕至，何患不成！"及唐主发兵讨敬瑭，敬瑭乃令桑维翰草表称臣于契丹，请以父礼事之，约事捷割卢龙等州与之。契丹喜，自将五万骑赴援，唐兵大败。唐主曰："石郎使我心胆堕地。"十一月，契丹册敬瑭大晋皇帝。敬瑭割幽、蓟等十六州以报，仍许岁币。唐主登玄武楼，自焚死。

天福，后晋年号。千春节，是唐主庆贺节，是日设酒。晋国长公主，明宗封长女为晋国，千春节要辞归国。从珂酒醉，说："何不再住几日？急归欲要同石郎敬瑭谋反耶？"使敬瑭移镇郓州地方。不几日，以为天平节度使。敬瑭疑虑，对将佐说："吾今重到河东，主上面约终身不调换。今日之命，或者合千春节与公主这句话否？"都押衙官刘知远说："明公将兵，平素极得军士心。今拥据险要胜地，兵勇马壮，若起兵传檄天下，帝王之业可坐而成也。奈何以一纸移镇制书把自身投入虎口而往乎？"管书札桑维翰说："主上始初即帝位，明公入朝觐，岂不晓得蛟龙不可放入深渊。入深渊，便不可制御。今以河东授汝，此是天授公之大物也。昔年明宗之遗爱在于人心，而主上以异姓养子代立，万民不服。明公，明宗之嫡婿，契丹平素替明宗结为兄弟，公卑身事之，朝若期之，晚即来到，何虑不成事？"那时从珂发兵讨敬瑭，敬瑭使桑维翰书表称臣于契丹，且事以父礼，约事若有成，割地奉报。契丹见敬瑭表文心喜，亲领兵五万助力。唐兵遂败，说："石郎敬瑭使我心胆惊落在地矣。"契丹册命敬瑭大晋皇帝。敬瑭割幽、蓟等十六处以献契丹，又约年年献金玉币帛，尽为子之道。从珂自焚，死于玄武楼上。

四年，晋加刘知远、杜重威同平章事。知远自以有佐命功，耻与重威同制。制下数日，杜门不出。晋王怒，欲落知远军权，令归私第。赵莹拜请曰："陛下昔在晋阳，为唐所攻，非知远心如金石，岂能成大业？"晋王意解，知远乃受命。

晋刘知远、杜重威同为宰相，但知远自道是有拥立君位功劳，其官爵之尊，必然无比，怎与杜重威同受诏制。制颁下了数日，知远竟闭门不出，往来俱绝。晋王闻，怒发，要革去知远军权兵柄，着归私第。时赵莹在旁拜请说："陛下当时在晋阳，为唐兵攻伐，知远不是心若金石坚定，陛下岂能成帝王事业耶？"晋主提起前因，怒意解，令之受命。

以冯道守司徒兼侍中。晋主尝访道以军谋，对曰："征伐大事，在圣心独断。臣书生，惟知谨守历代成规而已。"晋主然之，宠无比。

司徒，官名。《周礼》，地官掌教，户部尚书之职。唐以丞相为大司徒侍中。唐有侍中，以貂为节。左散骑常侍二人，侍中二人，为左貂便是。

晋以冯道为司徒兼侍中。晋主尝问冯道以军旅之策，道对说："征叛伐敌大事体，此在圣心独自剖断。臣道者掌书记，书生耳，只晓历朝法制，谨谨奉行，余不知也。"晋主听之，宠厚礼遇愈至。

齐王

齐王，名重贵，高祖侄。晋主殂，重贵即位。高祖无嗣，大臣迎立之。重贵致书契丹，称孙不称臣。契丹怒。重贵在位四年，契丹执之以归，封为负义侯而国亡。

开运元年，契丹入寇。晋主命刘知远会兵山东，后期不至，晋主疑其有异谋。郭威见知远有忧色，谓知远曰："河东山河险固，风俗尚武，士多战马，静则勤稼穑，动则习军旅。此霸王之资，何忧乎！"

契丹怪齐王称孙不称臣，背父约，举兵入寇。晋主召刘知远领兵，齐到山东地方同会，知远兵日期失约不至，晋主虑其反叛之谋，不可知也。那时郭威见知远有忧惧不安之色，对知远说："河东山如砺，河如带，险要坚固，风土习俗都重武艺。军士强，战马习，无事则勤劳力作于农功，有事则或守或战，见寇敌无退缩之气。此图王定霸之地，何必忧乎！"

后汉纪

高祖

高祖皇帝，名嵩，字知远，姓刘氏。其先沙陀人。仕晋，以功封北平王。及重贵被虏，嵩乃即位于晋阳，建国号后汉。在位二年。

天福十二年，晋刘知远在河东，富强冠诸镇。及闻契丹深入，知远无入援之志，但分兵守四境以防侵轶。于是将佐劝知远称尊号，以号令四方。知远从之，即皇帝位。自言未忍改晋国，又恶开运之名，乃更称天福十二年。

天福，仍晋年号。刘知远拥兵河东地方，富足强盛，在诸镇以上。至是闻得契丹兵深入为寇，知远无入救意，止将兵分开坚守四境之地，以防备侵扰。自此将佐辈都劝请知远称尊号为帝，以号令天下。知远久有此念，遂从之，居皇帝位。自家亦不忍背晋号，又怪齐王开运之号不嘉，仍从前天福云。

晋主至大梁，改国号曰汉。乾祐元年二月，汉主殂，子承祐即位。

晋主被契丹虏去，知远领兵至大梁，即皇帝位，乃改国号曰汉，改年号曰乾祐。

隐帝

隐帝，名承祐，高祖太子。初即位，狎昵嬖幸，诛戮大臣。及郭威举兵反，群下归附，帝为乱兵所杀，在位三年而汉亡。

乾祐元年，汉以郭威为西面招慰安抚使。威问策于冯道，道曰："愿公勿爱官物，以赐士卒。"威从之，由是众心始附。

时冯道为晋首相，郭威为西路招慰按抚使之职，问治国之策于道。道说："今帑中官物，军士都嗷嗷然，思得以救军需。公不必爱恤此物，以充主上纵欲之费，出以分赐士卒，则人人感恩效力矣。"威从其说，将库官物都分给士卒，自己无所留，不为吝恤。至是众将士以威不私官物，人人沾惠，人心尽归。

汉主年益壮，厌为大臣所制，于是遂谋杀杨邠、史弘肇、王章于东庑下。又遣供奉官孟业赍密诏诣澶州及邺都，杀王殷、郭威、王峻。知之，乃留养子荣镇邺都，自将大军至封丘。汉主遣慕容彦超等，将兵拒战，败还。汉主出劳军，为乱兵所弑。冯道帅百官谒见郭威，威犹拜之。道受拜如平时，徐曰："侍中此行不易。"威自迎春门入，帅百官起居太后，因请立嗣君。太后诏迎汉王弟赟即位。辽入寇，太后命郭威击之。威至澶州，将士大噪曰："天子须侍中自为之。"裂黄旗以被威体，因拥南行。太后诏废赟为湘阴公，以威监国。

汉主无道，宰相谋止，遂厌之。乃谋杀大臣总机政杨邠、典宿卫史弘肇、掌财赋王章于东首丹墀下。又差供奉承应官孟业捧密诏到澶州地方，及邺都地方，杀王殷、郭威、王峻三人。三人先知凶信，威乃留养子郭荣镇守邺都，自统大军至封丘地面。汉遣慕容彦超等将兵拒战，败还，归大梁。汉主亲出劳赏战士，军众竞所钱物，乱军竟弑汉主。时冯道领文武百官来，见郭威。威犹自以武臣下拜宰相。道受威拜如平日。冯道徐曰："侍中此举不易，得之机会。"威自迎春门领兵入，领百官问安太后，就请立新君。太后诏旨迎汉主嫡弟即君。会辽兵入寇，太后着威伐之。威到澶州地面，将士鼓噪起来，大声说："天子既死，今新天子必侍中自为，别立君，不服也。"军前所建大黄旗在，众以立天子，不备黄袍，竟裂旗作袍，权覆威体，随拥凑逼之南行归。太后废赟为公，乃命郭威监国。

后周纪

太祖

太祖皇帝，姓郭名威，邢州尧山人。仕汉为枢密副使，及隐帝遇害，将士拥而立之。建国号后周，在位三年而崩。

广顺元年，以监国即皇帝位，国号周。周主出汉宫宝器，悉毁之于庭，曰："凡为帝王，安用此物！"

广顺，周太祖年号。太祖始初，太后诏以为监国，众军士就推拥即皇帝位。改国号后周，取前周武王，卜世三十，卜年八百的意。周主性疏财，不比李存勖钱财山积，不肯给军士。至汉宫中积聚宝器，必是古来贵重之物，周主不以为贵重而珍藏之，反尽出毁碎于殿庭。这不是吊誉沽名念头，只是不贵异物的意思。说道："凡为帝王者，治世驭民为急，这宝器积于官，有何关系！"亟毁碎之，无容爱惜也。周主此举，犹唐太宗焚珠玉锦绣殿前一样，重本轻末道理。

初，周主讨河中，已为人望所属。李穀时为转运使，周主数以微言讽之，穀但以人臣尽节为对，周主以是贤之。即位，首用为相。

周主起兵，以河东富强冠诸镇，先讨之。此时人心已有归意。其李穀正为转运使转运钱粮，周主于言语间微露监国就该即帝位了，有时有势，不失却机会，公以为何如。李穀只以为臣之道，君安则竭忠以事，君危则尽节以报，这是公所当为。周主听其语，愈信其为忠贤。至是即帝位，首推以为宰相。

世宗

世宗皇帝，名荣，姓柴。太祖无嗣，养以为太子。太祖崩，乃承大号。在位六年。

显德元年，北汉连结辽主入寇。周主自将兵御之，战于高平之南。合战未几，樊爱能、何徽等，引兵先遁。惟宿卫将赵匡胤力救世宗，大败之。徽等复还，周主责之曰："汝辈非不能战，正欲以朕为奇货，卖与刘崇耳。"悉斩之。

初，隐帝被弑，太后迎河东节度使刘崇子赟嗣位。及赟废，郭威监国；即帝位，遂弑赟。时崇为北汉，结好辽主，领兵入寇。周主亲统大兵敌之，在高平南方交战，尚胜负未分。将军樊爱能、何徽率先逃遁，令周主孤危。幸有宿卫近身之将，姓赵名匡胤者，竭力交战，救护世宗出阵无伤，且又杀败了他。周主兵胜后，爱能、徽复返营中。夫临敌而逃，失机误国，罪不胜诛。周主唤至，责之说："汝等不是不善战，只内有叛意。所以临敌而逃，要把朕为一件货物，卖与刘崇那厮耳。"军法该斩，俱命斩之。

三年，周世宗命匡胤将兵伐唐，遂克滁州。世宗遣翰林学士窦仪籍滁州帑藏，匡胤遣亲吏取藏中绢，仪曰："公初克城时，虽倾藏取之无伤。今既籍为官物，非有诏书，不可得也。"匡胤由是重窦仪。范质荐赵普为滁州判官，匡胤与语，悦之。时获盗百余人，皆应死。普请先讯鞫，然后决，所活什七八。匡胤益奇之。时匡胤威名日盛，每临阵，必繁缨饰马。或曰："恐为敌所识。"匡胤曰："吾固欲其识之耳。"

初，后唐闵帝被潞王所弑，潞王又被石敬瑭借契丹兵灭之。此时李氏尚有人，不尽降汉。周主遣赵匡胤统兵伐之，遂得了滁州地方。周主遣翰林学士窦仪，籍没滁州库中钱粮。匡胤遣亲近官吏取库中绢用。窦仪说：

"公初得滁州时，尽库中物都取之无妨。今既已登簿籍为朝廷官物，非朝廷诏书来，取之不动的。"匡胤自是敬重仪甚。范质是周主信任的，一日荐赵普为滁州判官。时滁州初克，未有官设也。匡胤同他议论甚喜。适间获寇盗数十多人，均当论死。赵普说："必先究问详细，方就刑戮。"普鞠之，十中有七八宜赦去者。匡胤愈重之。时匡胤威名著，远近敬服，每出战，必繁缨以装饰马首。有进言恐为敌寇所觉。匡胤说："吾正要他识我耳。"

周以赵匡胤为定国节度使，兼殿前都指挥使。匡胤表赵普为节度推官。

定国，取安定国家意。都指挥使，指挥之长，尊于宿卫之职，权尤亲重。

周主以匡胤为定国节度使，兼殿前都指挥使。时匡胤表荐赵普为幕职，以商议军政，由匡胤从尘埃中相识故也。

六年，周淮南饥。世宗以米贷之。或曰："民贫恐不能偿。"世宗曰："民，吾子也。安在责其必偿耶！"

淮南地方民秋收无成，民饥困馁，以米假贷之。廷臣有奏言："民贷米，为饥也。饥因贫致，将何以补偿耶？"周主说："彼民贫，而贷之粟以民。吾子民，民饥即子饥也。安有责其偿还理耶！"

周世宗尝夜读书，见唐元稹均田图，慨然叹曰："此致治之本也。王者之政自此始。"乃诏颁其图法，使吏民先习知之。

周主好看书史，夜分不寐，见昔年唐之元稹均田图。当时德宗以杨炎为相，行两税法，夏输无过六月，秋输无过十一月，绘均田图。后世传之司农。今周主欲均田租，以图编赐之道，诏左散骑常侍艾颖三十四人，分行诸州，均定田租，使官民知之。

恭帝

恭帝，名宗训，世宗太子。初封梁王，及世宗崩，乃嗣位，时方七岁。在位半年，禅位与宋。

卷之二十四

宋纪

唐之后为五代，曰梁、唐、晋、汉、周，递兴递亡，总不过五十余年。当是时，干戈日寻，海内分裂，称帝建国者，十有余姓，而皆窃据僭号，非大命真主，至宋太祖始统一之。太祖在周时领归德军，起于宋地，遂以宋为有天下之号。这书记宋家一代的事，故称《宋纪》。

太祖

太祖皇帝，姓赵氏，名匡胤，涿郡人。生于洛阳之夹马营，有紫云黑龙之瑞。周世宗时，为殿前都点检，屡立大功，人心归服。及恭帝嗣位，为众军所拥立，遂受周禅而有天下。在位十七年，庙号太祖。

二月，尊母南郡夫人杜氏为皇太后。后，定州安喜人，治家严而有法。生五子，曰匡济、匡胤、光义、光美、匡赞。匡济、匡赞早卒。陈桥之变，先遣楚昭辅入汴，慰安家人。后闻之曰："吾儿素有大志，今果然矣。"及尊为皇太后，太祖拜于殿上，群臣称贺，后愀然不乐。左右进曰："臣闻母以子贵，今子为天子，胡为不乐？"后曰："吾闻为君难。天子置身兆庶之上，若治得其道，则此位可尊。苟或失驭，求为匹夫不可得。是吾所以忧也。"太祖再拜曰："谨受教。"

定州，即今真定府所属定州。安喜，是县名，即定州地方。陈桥，是驿名。汴，是宋建都之地，即今开封府。

《宋史》记建隆元年二月，太祖既立太庙，追崇祖考，即尊奉其母南郡夫人杜氏为皇太后。史臣因叙说：太后乃定州安喜县人，有贤德，治家严正，事事都有家法。生五子，长曰匡济；次匡胤，即太祖；次光义，即太宗；次光美，次匡赞。匡济、匡赞早卒。太祖为都点检时，领兵出御汉寇，行至陈桥驿，诸将士逼立太祖为天子，把黄袍加在身上。太祖不得已而从之。那时，家眷都在汴梁。太祖先遣麾下楚昭辅入汴，慰安家人。母后闻之说道："吾儿见天下久乱，素有济世安民的大志，今果为天子，不负其志矣。"及是尊为皇太后，太祖拜于殿上，群臣称贺，满朝无不欣跃。太后独愀然不乐，忧形于色。左右因进说："臣闻母以子贵，今子做了天子，尊为太后，似这等极贵，何故反有不乐？"太后答说："吾闻之古语，为君的最难。盖天子以一身处于四海兆民之上，任大责重，若兢兢业业，治之得其道，则兆民允怀，此位可以久居，才是尊贵。苟少有忽略，失所以制驭之道，则民心离散，争夺并起，求为匹夫而不可得矣，何尊之有？此吾所以忧之也。"太祖闻其言，深有儆悟，乃再拜说："谨受母后之教。"

夫人君受命而兴，以弘太平之业，必有贤母笃生而训迪之。太后受册之日，不以得位为乐，而深以失驭为忧，丁宁恳切，有古儆戒之风焉，可不谓贤哉！所以成太祖之仁明，而培宋家之元气者，其本原深远矣。

以窦仪为翰林学士。先是，翰林学士王著以酒先贬官。太祖谓宰相曰："深严之地，当使宿儒处之。"范质等对曰："窦仪清介重厚，然已自翰林迁端明矣。"太祖曰："非斯人不可。"即日复入翰林。尝召仪草制，至苑门，仪见太祖岸帻跣足而坐，因却立不肯进。太祖遽索冠带而后召入。仪遂言曰："陛下创业垂统，宜以礼示天下，恐豪杰闻而解体也。"太祖敛容谢之。由是对近臣，未尝不束带。

端明，是殿名。宋有端明殿学士官，备顾问，预议论，班在翰林学士上。挺冠露额，叫做岸帻。

太祖用窦仪为翰林院学士。先是翰林学士王著，以醉酒乱性，致有过失，贬为比部员外郎。太祖与宰相范质等说："翰林学士职掌制诰，宿直禁中。禁中是深邃严审之地，不宜滥用浮薄少年，当选老成的儒者处之。"范质等对说："原任学士窦仪，清修廉介，持重敦厚，最为称职。但其资望既深，已从翰林升端明殿学士了。今复用为翰林学士，恰似降了他官阶一般。"太祖说："翰林职任清要，非此人不可。"当日命下，还入翰林，虽若落其端明，实则加以宠任也。一日太祖要降制书，召仪起草。仪到内苑门边，看见太祖挺冠露额，跣足而坐，因退立不肯进去。太祖知其意，就便讨索冠带，整理威仪而后召入。窦仪因奏说："陛下新得天下，创业垂统，乃后嗣之所取法，四方之所瞻仰，必须动遵礼法，以示天下。若或轻亵威仪，侮慢贤士，臣恐豪杰闻之，以为陛下不能尊德乐道，不足与有为，将解体而散去也。"太祖深纳其言，肃然敛容谢之。自此之后，虽对近亵之臣，未尝不矜庄束带焉。故有宋一代之君，待士大夫最有礼，皆太祖之家法也。

太祖又尝以幽燕地图示普，问进取之策。普曰："图必出曹翰。"太祖曰："然。"因曰："翰可取否？"普曰："翰可取，孰可守？"太祖曰："以翰守之。"普曰："翰死，孰可代？"太祖默然良久，曰："卿可谓深虑矣！"普尝荐某人为某官，太祖不许。明日，普复奏其人，亦不许。明日，普又以其人奏。太祖大怒，裂碎奏牍掷地。普颜色不变，跪而拾之以归，他日补缀旧牍，复奏如初。太祖乃悟，卒用其人。

幽燕，即今顺天府地方。太祖即位之时，幽燕之地，尚属北虏契丹。太祖急欲取之。一日尝以幽燕地图示宰相赵普，计议进兵的方略。普以幽燕之地，久为契丹所据，彼国无衅，恐攻之未必能取，就使取得，未必能守。而蔡州团练使曹翰，往往喜立功名，疑其希旨为之，乃先问说："这地图必出于曹翰之手。"太祖说："果然。"因问说："朕今就用曹翰为将，卿料他取得幽燕否？"普对说："论翰才力，或亦可取。但此地取之固难，守之尤难。不知既取之后，谁可守之？"太祖说："就着曹翰守之。"普对说："假如翰死，谁可替他？"太祖默然无言，思之良久，乃悟，说："卿为国忠谋，可谓忧深虑远矣！"普曾在太祖前，荐举某人为某官，太祖不许。明日普复奏其人，太祖亦不许。明日，普又以其人奏。太祖见其违旨奏扰，大怒，把奏本扯碎，弃掷在地。普颜色不变，跪于地下，将碎纸拾起，怀之以归。他日也不再写，只将旧本补缀，复奏如初。太祖始知普为国荐贤，非有私意，卒用其人焉。

大抵忠臣事君，惟论事之可否，而不敢阿旨取容，以负委托。赵普之于太祖，于其所欲取者，则力阻之而不以为抗；于其所不欲用者，则力荐之而不以为嫌，可谓忠于谋国矣。而太祖皆能从之。君臣之际，相得益彰，所以开一代之太平者，岂偶然哉！

又有群臣当迁官。太祖素恶其人，不与。普坚以为请。太祖怒曰："朕固不为迁，卿若之何？"普曰："刑以惩恶，赏以酬功，古今通道也。且刑赏，天下之刑赏，陛下岂得以喜怒专之。"太祖怒甚，起，普亦随之。太祖入宫，普立宫门，久之不去，竟得俞允。其刚毅果断类如此。然从太祖久，得志，屡以微时所不足于太祖及己者为言。太祖曰："若尘埃中可识天子宰相，则人皆物色之矣。"自是不复敢言。

《宋史》又叙赵普事，说赵普为宰相时，有群臣资望相应，合该升官。太祖素不喜此人，不准推升。普再三执奏说，其人可用。太祖大怒，说道："朕决定不用此人，卿将我如之何？"普又奏说："刑罚所以惩恶，爵赏所以劝功。此乃古今之常道，不易之定理也。此人有功，岂可不与升赏？且刑赏乃天下之刑赏，非一人之刑赏也。天下以为当刑，虽天子不得以私喜而废法。天下以为当赏，虽天子不得以私怒而靳恩。陛下岂得以私喜私怒专制刑赏之柄，不顾天下之公议乎！"太祖见赵普不依顺他，越发恼怒，不顾而起。赵普也不退，径跟随着行。太祖入宫，普立宫门外，良久不去，竟得太祖感悟，准升此官。其刚毅果断，执法不挠，大率如此。然普从太祖起侧微以至宰相，为日最久。及既得志，屡以微时轻慢太祖与自己的人言之于上，意图报复旧怨。太祖说："凡人识见短浅，岂能逆说未来。若使茫茫尘埃之中，可识某人他日当做天子，某人他日当做宰相，则人人皆将访求物色，都去结纳他了。大英雄豪杰处穷困之时，被人轻贱，亦理之常，无足怪者，区区旧怨，何足记乎！"自此以后，普悔悟，不敢复为报怨之言。

大抵人心各有所蔽，亦各有所明。太祖不用素恶之人，赵普说天下刑赏不可以喜怒专之，此真宰相之言。至于赵普不忘索怨之人，太祖也说尘埃中不可识天子宰相，亦是天子之量。君臣之间，各以所明，攻其所蔽，故能成一代之治如此。

初，全斌之伐蜀也，属汴京大雪。太祖设毡帷于讲武殿，衣紫貂裘帽以视事。忽谓左右曰："我被服如此，体尚觉寒。念西征将士冲冒霜雪，何以堪处！"即解裘帽，遣中使驰赐全斌，仍谕诸将曰："不能遍及也。"全斌拜赐感泣，故所向有功。

初，太祖遣大将王全斌将兵伐蜀之时，会汴京大雪，寒甚。太祖设毡帷于讲武殿，尚着紫貂裘帽，出以视事。忽谓左右说："朕在毡帷里面，穿了这等温暖的衣服，身上犹觉寒冷。我思那西征的将士，日夜在原野中，冲霜冒雪，不知何以堪处。"即解下所服裘帽，遣中使驰至蜀中，赐与全斌，仍慰谕众将说："朝廷深知尔等寒苦，但裘帽有限，势不能遍及也。"全斌拜赐，感激殊恩，至于泣下。诸将士亦人人思奋，愿效死力，故所向辄有成功。出兵六十日，而两川悉定，蜀主孟昶举族来降，皆太祖有以励之也。

按此事与古投醪挟纩事相类。昔楚人有献酒醪于楚庄王者，庄王欲分给诸将士，以人众不能遍，乃以酒倾在河里，令诸将士迎流而饮之，三军皆醉。又楚师伐宋，值天气甚寒，楚王念将士寒苦，以温言拊恤之，三军之士，人人感奋，暖如挟纩一般。盖将士身冒锋镝，百死一生，常患朝廷不能知之。朝廷一加存恤，则其气自倍，而成功易矣。古之英君，所以鼓舞豪杰者类如此。将将者所当法也。

太祖尝见昶宝装溺器，命撞碎之。曰："汝以七宝饰此，当以何器贮食？所为如是，不亡何待也！"

溺器，是便溺的净器。昶，是蜀主孟昶。

太祖平蜀之后，见孟昶一个便溺的净器，是七样宝贝镶嵌的。太祖大怒，就命打碎之。说道："器用贵贱，各有所宜。这溺器，是器之至秽至贱者，汝乃以七宝装饰，不知又用甚么样的器皿去盛贮饮食。似你这等暴殄天物，骄奢淫纵，不惟损一己之福，亦且尽百姓之财，如此而不灭亡，更待何时哉！"

此可见亡国之主，与兴王之君，其奢俭迥别如此。大抵创业之君，生长民间，备尝艰苦，故能节用爱民，垂法后世。亡国之君，沉溺富贵，不知小民疾苦，纵欲自恣，而邪佞之臣，又往往阿意逢迎，导之以奢侈淫佚之事，卒之乐极生悲，民穷财尽，或自促其寿命，或复亡其国家。从古以来，兴亡之迹如出一辙，可不戒哉！

春正月，太祖自闻蜀兵乱，凡使者至，各令陈王全斌等不法事，遂尽得其状，乃皆征还，以其初立功，不欲属吏，但令中书问状。全斌等具伏黩货杀降之罪。命责授全斌崇义节度留后，崔彦进昭化节度留后，王仁瞻为右卫大将军。以刘光义、刘廷让廉谨，并进爵秩。曹彬自蜀还，橐中唯图书衣裳，又能戢下，秋毫无犯。太祖深嘉之，以为宣徽南院使。彬辞曰："征西将士俱得罪，臣何敢独受赏。"太祖曰："卿有茂功，又不矜伐。惩劝，国之常典，又何辞焉？"

宋时有宣徽院，设南、北二院使，总领内诸司及内侍之籍，盖贵近之职也。初，全斌等平蜀之后，纵饮贪财，不恤军士，蜀兵因而作乱，两川之民争应之。全斌又诱杀成都降兵三万，众心愈益愤怨，蜀地几不可守。

乾德五年春正月，太祖自闻蜀兵作乱，凡有公差从蜀中来的，都着他一一陈奏王全斌等不法的事情。于是尽得其罪状，乃皆召还京师。念其初立大功，不欲付法司究治，只教中书省宰相审问他事情的虚实。全斌等不能隐情，将贪黩财货、杀戮已降的罪名都招认了。太祖因他吐实认罪，又以其有大功，姑从轻处，降授全斌为崇义节度留后副都部署，崔彦进为昭化节度留后都监，王仁瞻为右卫大将军。于内有都部署刘光义、副都部署刘廷让，这两员将官廉靖谨饬，乃并升爵秩以奖之。又有都监曹彬，平素清介自持。诸将在蜀中多取子女玉帛，彬自蜀还，橐中惟图书、衣服而已，且能禁戢部下，所过秋毫无犯。太祖深嘉叹之，升为宣徽南院使。彬辞说："臣与诸将同功一体，今征西将士皆得罪左迁，臣何敢独受上赏。"太祖说："卿有平蜀大功，又不以此矜骄夸伐，与诸将贪肆的不同。一惩一劝，乃国家常典，何必以诸将之故而辞之。"竟不许。其后曹彬卒为名将。

按征西将士，全斌为主帅，曹彬等副之，是全斌乃功首也。太祖于全斌则贬降而不顾，于曹彬则擢用而不疑，岂非以彬之廉谨有恤民之惠，而全斌之功不足以赎贪酷之罪哉！《易经》上说："开国承家，小人勿用。"太祖得之矣。

春三月，征处士王昭素为国子博士。昭素有学行，著《易论》三十三篇，学者多从之。太祖召见于便殿，年已七十余矣。令讲《乾》卦，至"九五，飞龙在天"，则敛容对曰："此爻正当陛下今日之事。"引援证据，因示风谏微旨。太祖大悦，问以治世养身之术。对曰："治世莫若爱民，养身莫若寡欲。"太祖爱其言，书于屏几。

处士，是隐居有道之士。

太祖开宝三年春三月，征聘河南处士王昭素为国子监博士。昭素为人，素有文学德行，精通易理，曾撰著《易经论说》三十三篇，一时学者多师事之。太祖闻其名，召见于便殿。此时昭素年已七十余岁矣。太祖命他讲解《易经》中《乾》卦，至第五爻辞"九五，飞龙在天"。"九"是阳数，"五"是君位，以九居五，是圣人为天子之象，就如龙禀纯阳之气，飞在天上，能兴云致雨，润泽万物一般。昭素讲到此处，就敛容正色而奏，说此爻正当陛下今日为天子之事，乃援引古今之事，以为证据，因而寓讽谏的微意，以见天位至艰，君身至重，不可以不慎也。太祖大喜，就问他治天下与养身的道理。昭素对说："治世莫如保爱万民，养身莫如寡省嗜欲。盖民为邦本，治天下者，必轻徭薄赋，布德施惠，使百姓安乐，则邦本宁固，而太平可保，故治世莫如爱民也。欲为身害，养身者，必爱养精神，凡一切伤生伐性之事，皆绝而不为，则身体康健，而寿命延长，故养身莫如寡欲也。"太祖爱他这言语切于实用，书写在屏风及几案上，以时时警省焉。

然寡欲爱民，固皆致治之要，而寡欲一言，又为爱民之本。盖自古百姓不安，皆因人主多欲。人主多欲，则奸谀之徒，必巧为进奉；间阎之下，必困于诛求。亏损德业，无甚于此者。故寡欲一言，不但可以养身，亦爱民治国之要也。

秋七月，永宁公主尝衣贴绣铺翠襦入宫中，太祖谓曰："汝当以此与我，自今勿复为此饬。"公主笑曰："此所用翠羽几何？"太祖曰："不然。主家服此，宫闱戚里必相效。京城翠羽价高，小民逐利，展转贩易，伤生浸广，实汝之由。汝生长富贵，当念惜福，岂可造此恶业之端？"主惭谢。主因侍坐，与皇后同言曰："官家作天子日久，岂不能用黄金装肩舆，乘以出入？"太祖笑曰："我以四海之富，宫殿悉以金银为饰，力亦可办。但念我为天下守财耳，岂可妄用？古称以一人治天下，不以天下奉一人。苟以自奉养为意，使天下之人何仰哉！当勿复言。"

襦，即今之披氅。官家，是天子之称。肩舆，是抬的小轿。

开宝五年秋七月，太祖的女永宁公主，曾穿一领贴绣铺翠的襦入宫中。太祖嫌其奢侈，向公主说："汝可解此襦与我，自今以后，再不要如此装饰。"公主笑说："此衣用得几多翠羽，却以为过费。"太祖说："我之所惜者，不专为这件衣服。主家既穿此衣，宫中妃嫔及皇亲贵戚每见了，必都相仿效，所用翠羽必多，京城中翠羽之价必贵。百姓每逐利，见此物可以取利，必然都去捕捉那翠鸟展转贩卖。伤生害命，从此渐广，皆汝此衣有以致之，主罪过多矣。汝生长富贵，不知艰苦，当思人生福分有限，不可用尽；爱惜樽节，长得受用。岂宜造此恶业之端，自损己福耶！"公主乃惶恐谢罪。又一日，公主侍坐于太祖之侧，与皇后同劝太祖说："官家做天子日久，便受用些也不为过。岂不能用黄金装饰肩舆，乘以出入乎？"太祖笑说："我为天子，富有四海之内，莫说肩舆，就将宫殿都以金银为饰，力亦可办。但思这财物乃是天下万民的膏血，我为天下主，不过为天下守此财物，以备缓急耳，岂可将来自己妄费，不顾天下利害乎？古人有言，人君置身兆庶之上，当以一人之勤俭，拊治天下；不当以天下之财力，供奉一人。苟专以自家奉养为意，则穷奢极欲，无所不至，民力必然耗竭，帑藏必然空虚。一旦天灾流行，民穷盗起，天下何所仰赖哉！此我所以不敢恣意妄费也。汝等当识此意，不可再以为言。"

夫宫闱之好尚，系四方之观法。服饰无度，则天下化之，渐以成风，朴散实漓，民穷财尽，皆由于此。其害不止于伤生折福而已。太祖身历艰难，不敢以一身之奉，竭天下之财，故其训戒于家庭者，最为激切。创业之君，其用心类如此。守成者所当时时警省也。

九月，命曹彬帅师伐唐。初，帝屡遣使喻江南国主入朝，不至。乃命曹彬为西南路行营都部署，潘美为都监，曹翰为先锋都指挥使，将兵十万以伐之。将行，帝戒彬曰："江南之事，一以委卿，切勿暴掠生民，务广威信，使自归顺，不须急击也。"又曰："城陷之日，慎无杀戮。设若困斗，则李煜一门不可加害。"且以剑授彬曰："副将而下，不用命者斩之。"潘美等皆失色。自王全斌平蜀多杀人，上每恨之。彬性仁厚，故专任焉。

唐，是南唐。五代之乱，有李昪者，据有江南地方，自称为南唐。传子及孙李煜，国势日削，贬号为江南国主。

开宝七年九月，太祖命曹彬统领兵马以伐南唐。先是，江南国主李煜禀奉宋朝正朔，太祖累次差人喻意，征他入朝，李煜拒命不至。太祖大怒，乃命曹彬为西南路行营都部署官，潘美为都监官，曹翰为先锋都指挥使官，统兵十万以伐之。彬等辞朝将行，太祖戒谕之说："江南军旅之事，一切都委任于卿，切不可恣为暴虐，杀掠生民，务要广布朝廷威德信义，使其自然归顺，不须急图成功，只务攻击也。"既又丁宁之说："李煜无道，暴虐其民，我遣汝征之，本为救此一方人性命。城破之日，切不可杀戮平民。设使李煜不降，拥兵困斗，罪虽难赦，情亦可怜，则煜一门家口，务要保全，不可杀害。"太祖既嘱付曹彬了，又以一口剑授之，说道："大将有权，然后朝廷恩威得行。今以此剑与你，凡副将以下，有不遵号令者，并许先斩后奏。"潘美等正是副将，闻之，皆悚惧失色，无不遵奉号令者。先是，王全斌平蜀之时，纵兵掳掠，多杀生命，上每以为恨。以曹彬素性仁厚，故专任以江南之事焉。其后曹彬下江南，不妄杀一人，李煜既降，待之极有礼。固彬之能奉行德意，亦太祖之仁恩及于无穷也。

一日罢朝，坐便殿，不乐者久之。左右请其故。曰："尔谓为天子容易邪？早作乘快误决一事，故不乐耳。"尝宴近臣紫云楼下，因论及民事，谓宰相曰："愚下之民，虽不分菽麦，藩侯不为抚养，务行苛虐，朕断不容之。"京城新宫成，御正殿坐，令洞开诸门，皆端直轩豁，无有壅蔽，因谓左右曰："此如我心，少有邪曲，人皆见之矣。"

太祖一日视朝毕，退坐于便殿中，怏怏有不乐之色，如此者久之。左右请问其故。太祖说："汝等见天子尊荣，只说这皇帝是容易做的，不知为君者日临万几，事事当理，心里才放得下。朕早间临朝，有一事不及深思，乘着一时快意，轻率就处分了，遂致差误，即今悔之无及，是以不乐，可见做天子甚不易也。"太祖又尝宴近臣于紫云楼下，因论及民间疾苦的事，乃谕宰相说："那田野小民，虽有愚蠢无知，不能辨菽与麦的，也都是朝廷的赤子。藩侯专制一方，民命所关，若不为朝廷抚字爱养，务行苛虐之政，严刑暴敛，使小民无所控诉，朕决当尽法处之，断不姑容也。"又京城官殿新成，太祖御正殿坐，令前面洞开诸门，望之皆端直轩豁，无有壅塞遮蔽处。因谓左右说："这门庭正直光明，容不得一些邪曲，恰似我心一般，少有一毫邪曲，人皆得而见之，无所逃蔽矣。"

按太祖创业之初，忧勤惕励，惟恐一事之误，致万几之丛脞，一民之困，贻四海之怨咨，故其言之恳切如此。至于心无邪曲之一言，尤为知本之论。为事为民，皆由此出，汉、唐诸君所不能道也。其身致太平，而开有宋三百年之业，宜哉！

又尝谓宰相薛居正等曰："古之为君，鲜能正心自致无过之地。朕尝夙夜畏惧，防非窒欲，庶几以德化人之义。如唐太宗受人谏疏，直诋其失，曾不愧耻，岂若不为之而使下无间言哉！"

太祖又曾与宰相薛居正等说："君心乃万化之原，心正而后身修，身修而后天下国家可理也。朕观自古为君的，少有能正其心，而自致于无过之地者。朕为此故，早夜不宁，悚然畏惧，惟恐此心一为非僻所干，则救之无及，必乘其未发而防范之；恐此心一为嗜欲所蔽，则攻之甚难，必及其未行而窒塞之。欲以先正其心，立于无过，以庶几古帝王以德化人之义耳。若唐太宗天性高明，不护己短，受人谏诤之疏，虽至于直言相诋，以彰其失，也欣然受之而不愧耻，人皆称之。然以朕观之，与其既为不善而后更改，孰若防之于微，而不为不善，使上无失德，而下无间言，岂不更为胜哉！"

盖人君一有过失，虽即改之，所损已多。唐太宗虽能改过，而不求无过，故太祖讥之如此。但人非圣贤，不能无过。喜闻其过，则其过将日寡矣。自谓无过，则其过将日积矣。夏禹悬钟鼓铎磬，以求四方之言而兴；周厉王使卫巫监谤，道路以目而亡。然则唐太宗之乐闻直谏，亦自不可及。此又明主之所当知也。

太宗

太宗皇帝，名匡义，是太祖之弟。在位二十二年。

太平兴国二年春正月，宴贡士于开宝寺。帝思振淹滞，谓侍臣曰："朕欲博求俊彦于科场中，非敢望拔十得五，止得一二，亦可为致治之具矣。"及亲试举人，阅其十举至十五举者百二十人，并进士吕蒙正以下一百九人，诸科二百七人，并赐及第。又诏礼部阅其十五举以上进士及诸科一百八十四人，并赐出身。又九经七人不中格，帝怜其老，特赐同三传出身。凡五百余人，皆赐绿袍靴笏，锡宴，自为诗二章赐之。

宋初取士，有进士科，试诗、赋、论、策。有诸科，试九经、五经、开元礼、二史、三礼、三传、学究、明经、明法九件。以其各习一科，所以叫做诸科，皆一年一举。由本州取送礼部，礼部考试中式者，列名放榜，赐及第出身有差。

史臣记：太宗即位，太平兴国二年春正月，初开科取士，诸贡士中式者，皆赐宴于开宝寺中。此时内外衙门缺官甚多，皆须选补，又恐士子有人在积滞，不得进用者，思振拔而用之，乃谕侍臣说："用人之道，求之贵广，选之贵精，然不博求则无以为精选之地。朕欲广收天下才俊美彦之士于科场中，不敢望取拔十人，便有五人可用。只得十人之中，有一二真才实学替国家干事的人，亦足为致治之具矣。"至是，亲复试举人于讲武殿，阅贡籍，曾经十举至十五举者，得一百二十人，并进士吕蒙正以下一百九人，诸科二百七人，并赐及第。又诏之部检阅其年深至十五举以上的进士，及诸科共得一百八十四人，并赐同本科出身。又九经中有七人不中式，例该发回，太宗怜其久困场屋，老而无成，也都收录，特赐同三传出身。前此进士诸科，每一举总不过百人，这次所举共有五百余人，皆赐绿袍靴笏，赐宴于开宝寺。太宗又自为诗二章以赐之。恩礼之盛，前时所未有也。

然此时当开国之初，在野贤才，未得尽用。故太宗广收博取，特加恩赐以宠异之，所以网罗豪杰，开其进用之路也。若承平日久，士习已定，则又当慎选举，精鉴别，以罗真材。傥令不中格者，皆得以淹滞见收，则滥进之门启，侥幸之途多，抡材取士之典轻矣！此又用人者所当知。

初，太祖幸洛，张齐贤以布衣献策，条陈十事。内四说称旨，齐贤坚执以为皆善。太祖怒，令拽出之。及还，语帝曰："我幸西都，惟得一张齐贤耳。我不欲官之，他日可使辅汝为相也。"至是，齐贤亦在选中，有司失于抡择，寘于下第。帝不悦，故一榜尽赐及第，特与京官通判。

宋时以洛阳为西都，即今河南府地方。布衣，是白身无官职的人。

先是，太祖行幸洛阳，有个布衣之士，叫做张齐贤，献策于太祖。条陈十件事：一件伐北汉，以取并、汾；一件富百姓，以固国本；一件广封建，以藩本支；一件敦孝行，以广至德；一件举贤能，以备任使；一件兴太学，以养人才；一件亲籍田，以劝农桑；一件选良吏，以兴教化；一件惩奸恶，以正风俗；一件谨刑罚，以重民命。十事之中，太祖只取他四件事以为可行。齐贤固执，说他十事件件都好。太祖怒其不逊，令武士扯出去。及回銮到京，与太宗说："朕昨行幸西都，他无所得，但得一个贤士，叫做张齐贤。此人有经济大才，但我要摧折他的英气，不与之官。留在他日，待你做皇帝时，可使辅佐汝做宰相，致太平也。"太宗牢记在心。到这年开科选士，齐贤也来应举。考官一时失于选择，将他名列于下等，不在取中人数。太宗见之不悦，特命一榜里面，不分上下，尽赐及第，故齐贤也得入选。又特与他做大理评事，以京官职衔通判衡州。

宋时通判，职任最重。进士及第在高等者，乃得除授此官。张齐贤甲第在后，而选授独优。盖太宗遵太祖之命，欲大用之也。其后齐贤果能慷慨任事，为一代名臣，亦可谓不负所举矣。

五月，吴越王钱俶以其地归。封俶为淮海国王。俶会陈洪进纳土而惧，上表乞罢所封吴越国王，归其甲兵，求还。帝不许。俶乃籍境内十三州、一军、八十六县，户五十五万六百八十，兵一十一万五千三十六，献之。帝御崇元殿受之。俶朝退，将佐始知之，皆恸哭，曰："吾王不归矣！"帝以淮南节度管内为淮海国，封俶为王。俶弟仪、信并观察使，俶子惟濬、惟治并节度使，惟演、惟灏及族属僚佐，授官有差。又授其将校孙承祐、沈承礼并为节度使，赐赉待遇冠绝当时。

太平兴国三年五月，吴越王钱俶以其地来归。太宗诏封为淮海国王。史臣因叙说：钱俶之祖名钱镠，浙之临安人也。当五代时，起于贩盐，据有吴越之地，自称吴越王。传至钱俶，遇宋太祖之兴，俶知天命有归，遂称臣奉贡，执礼甚恭。然其土地尚未入于版图。至是来朝京师，适值平海节度使陈洪进以漳、泉二州来献，俶心中恐惧，乃上表乞罢所封吴越国王，纳其甲兵，求还本土。太宗初不许。俶乃造册开载所管十三州、一军、八十六县，户五十五万六百八十，兵一十一万五千三十六人，尽数献于朝廷。太宗嘉其诚款，特御崇元殿受之。初时俶欲纳土归顺，恐他手下的将佐不从，因此不着众人知道，只自以己意献上。及朝退，将佐始知之，皆恸哭，说："吾王已委身于朝，自今不复归国矣！"太宗既受其献，乃以淮海节度所管地方为淮海国，改封俶为淮海王。俶弟仪、信并授观察使，俶子惟濬、惟治并节度使，惟演、惟灏及族属僚佐各授官有差。又推及其将校孙承祐、沈承礼并授为节度使。凡赏赐物件及接待礼貌都极其隆盛，冠绝于一时焉。

按是时宋一统之业已成，负固如北汉者，犹欲以孤垒自全，使王师累出，诛戮无辜。而俶独能保全一方，以归于宋，不致血刃，非但忠顺可嘉，抑亦有仁者之功矣。此史氏所以特书之欤！

帝既还京，议者皆言宜速取幽、蓟。张齐贤上疏，其略曰："圣人举事，动在万全，百战百胜，不若不战而胜。若重之谨之，戎虏不足吞，燕、蓟不足取。自古疆场之难，非尽由戎狄，亦多边吏扰而致之。若缘边诸寨，抚御得人，但使峻垒深沟，畜力养锐，以逸自处，宁我致人，所谓择卒未如择将，任力不及任人。如是，则边鄙宁，而河北之民获休息矣。臣又闻家六合者，以天下为心，岂止争尺寸之土，角戎狄之势而已。是故圣人先本而后末，安内以养外，是知五帝三王未有不先根本者也。尧、舜之道无他，广推恩于天下之民尔。推恩者何？在乎安而利之。民既安利，则戎狄敛衽而至矣。"

幽，是幽州；蓟，是蓟州，即今顺天府地方，此时为北虏辽人所据。

太宗既平定天下，要复中国旧境，自将伐辽，为辽将耶律休哥所扼，不能成功。至是班师还京。一时献议者皆言今中国士马方盛，宜及时进兵，急取幽、蓟地方。张齐贤度量时势未可，乃上疏谏之。大略说："圣人举事，动必求其万全，不敢侥幸以成功。故百战而百胜，犹为侥幸，非万全也。不若不战而自胜，先立于不败之地，而坐收其功。此为上策也。陛下若能重之谨之，忧勤图治，则国富兵强。在我者有余力，而戎虏不足吞，燕、蓟不足取矣。自古边境之患，岂都起于夷狄也。多因边吏骚扰生事，致开衅端。若使沿边一带诸寨选用良吏，抚御有方，只教他高筑墩台，深掘濠堑，休兵息马，畜力养锐，以逸自处，而待敌人之劳，宁我致人，而不为人所致。这正是古人所谓：'拣精兵，不如择良将；靠一己的膂力，不如集众人的谋勇。'能如是，则边方宁静，而河北之民可得休息矣。今乃计不出此，而欲与之角胜于疆场，幸功于难必，非所谓不战而胜，万全之策也。臣又闻之，天子以六合为一家，则当兼容并蓄，以天下为心，岂止于争尺寸之土以为广，角戎狄之势以为强而已哉！是故圣人之治天下，以保安人民为本，以制服夷狄为末。以中国为内，而务求安定；以夷狄为外，而听其自生。五帝三王未有不先图根本，爱养生民，而可以建太平之业者也。尧、舜之道，岂有他术，只是推广此心之仁恩，以及于天下之民而已。其所谓推恩，只在安全而利养之，使无死亡穷苦之患。民既安利，则德之所施者博，而威之所制者远。戎狄之人自将慕德归义，敛衽而来朝矣。何用兴师动众以伐之哉！"

齐贤此疏，可谓深知治本。惜乎太宗不能从，以致曹彬一败于岐沟，杨业再败于陈家谷。后虽悔之，亦无及矣。图边事者宜三复此疏焉。

十一月，以宋琪、李昉平章事，李穆、吕蒙正、李至参知政事，张齐贤、王沔同签署枢密院事。帝谓琪等曰："世之治乱在赏当其功，罚当其罪，即无不治；谓为饬喜怒之具，即无不乱。卿等慎之。"又谓蒙正曰："凡士未达，见当世之务戾于理者，则怏怏于心。及列于位，得以献可替否，当尽其所蕴。言虽未必尽中，亦当佥议而更之，俾协于道。朕固不以崇高自恃，使人不敢言也。"

参知政事，是下宰相一等，参预朝政的官。枢密院，是掌管军机戎务的衙门。

太平兴国八年十一月，太宗以参知政事宋琪、李昉同平章事，知开封府李穆、翰林学士吕蒙正、李至参知政事，右补阙张齐贤、大理评事王沔同金书枢密院事。太宗既简用此数人，擢居要职，因谕宋琪等说："自古君臣相与，莫不欲长治而无乱。然世之治乱无他，惟视庙堂之赏罚何如耳。诚能于有功者赏之，或厚或薄，各当其功；于有罪者罚之，或重或轻，各当其罪，则赏罚出于天下之公，人心自然悦服，而天下治矣。若以赏为饬喜之具，任着一时喜欢，即便行赏，不论他功之何如；以罚为饬怒之具，任着一时恼怒，即便行罚，不论他罪之何如，则赏罚出于一人之私，人心莫不愤怨，而天下乱矣。一赏一罚，关系之大如此。卿等职居政府，凡于赏罚之施，切宜详慎，不可徇私灭公，以为基乱之地也。"又谕吕蒙正说："凡士当穷居未遇之时，见当世政务，有一差失，不合于理，即郁郁不满于心，思欲尽言而无其路。及列于位，居可言之时，得以献纳其可，替废其否，却又避讳不言，岂不自负其志？自今朝政有阙，卿等当竭其底蕴，为朕言之。所言的虽未必句句切中，亦可因而讲求，大家商议而改之，使合于道理。朕固不敢自负其崇高之位，使人隔绝而不言也。"

夫上无鉴别之明，则赏日僭而刑日滥；朝无谏诤之士，则臣日谄而君日骄。国之祸乱恒必由之。此太宗所以惓惓于诸臣也。然惟人主之心公，则臣下自不敢私，而赏罚必当矣；人主之心虚，则臣下自无所隐，而过失必闻矣。是又未可专责之臣也。愿治者宜加意焉。

以吕文仲为翰林侍读，王著为侍书。帝勤于读书，自巳至申，然后释卷。诏史馆修《太平御览》一千卷，日进三卷。宋琪以劳瘁为谏。帝曰："开卷有益，不为劳也。朕欲周岁读遍是书耳。"每暇日则问文仲以经义，著以笔法，葛湍以字学。

太宗太平兴国八年，以吕文仲为翰林院侍读，王著为侍书。太宗天性好学，勤于读书，每日自巳时朝退之后，即览观书史，直到申时方才放下书卷。又特诏开馆，命翰林学士李昉等，将前代书籍分类编辑为书，以资博识。书成叫做《太平御览》，总计一千卷。太宗自立书程，每日进读三卷。宰相宋琪恐诵读太勤，圣躬劳瘁，请少休息。太宗说："朕每一开卷，便觉聪明启发，日有进益，心里喜好在此，自不知其为劳苦也。朕所以每日限读三卷者，欲以周年之力，读遍此千卷书耳。"其勤学如此。每于万几之暇，则问吕文仲以六经中有不通晓的文义，又问王著以真草篆隶等用笔之法，问葛湍以点画声音等字学之法。

大抵人主之情，必有所好。或好酒色，或好狗马，或好田猎，或好游宴，或好财利，皆足以戕生伐性、败德丧身。惟好读书写字，则有益于身心，有裨于治理。故自古英君圣主，莫不留意焉。宋太宗以创业之主，犹孜孜问学如此，况继体守成者，可不勉哉！

雍熙元年春正月，诏求遗书。帝谓侍臣曰："教化之本，治乱之原，苟无书籍，何以取法？今三馆所贮，遗帙尚多。"乃诏募中外有以书来上及三百卷，当议甄录酬奖。余第卷帙之数，等级优赐。不愿送官者，借其本写之。由是四方之书简出矣。

宋时于禁中建昭文馆、史馆、集贤院，叫做三馆。

雍熙元年春正月，太宗性好读书，手不释卷，常以五代兵火之后，书多遗失，乃下诏求遗书于四方，因谓侍臣说："自古及今，君天下者非一人矣，其教化所出，必有个根本，治乱所由，必有个原始，世远人遐，全靠那书籍上记载得明白，后世得以稽考，有所取法。若没了书籍，则于百世之下，虽欲知其本原，亦何从寻讨而取以为法哉！今三馆所贮之书，遗失者尚多，不足以备参考。这是国家一阙典。"乃诏募中外士庶之家，有以所藏书来献，多至三百卷者，特议纪录旌奖以酬之。其余三百卷以下，量其卷帙之多寡，分为等级，优加赏赐。若有爱惜珍藏不愿将书送官者，但借其书抄之，仍以原本发还。诏下之后，中外人家但有遗书者，都来献上。于是四方之书间出，而古今载籍尽归四库矣。

大抵物常聚于所好。人主好珠玉，则珠玉至；好淫巧，则淫巧之物至。太宗好书籍而四方之书聚于册府，于以开一代文运之盛焉。可谓好得其正矣！

三月以杨延庆等为知州。帝谓宰相曰："刺史之任，最为亲民，苟非其人，民受其祸。昔秦彭守颍州，教化大行，境内多瑞。"宋琪曰："秦彭一郡守，政善而天应之若此，况君天下者乎！"

刺史，即州太守。

雍熙元年三月，太宗选择守臣，以杨延庆等十余人为各处知州。太宗因谕宰相说："朝廷设官分职，本以为民。然惟刺史之任，与那百姓每最为亲近，必须有才力，有操守，实心爱民的，方为称职。倘误用不才的人，贪赃坏法，那百姓每被其虐害，负屈含冤，莫可控诉，其祸可胜言哉！昔后汉时有秦彭做颍州太守，他能兴利除害，为百姓造福，教化大行，致令所属地方，有凤凰麒麟、嘉禾甘露等诸般祥瑞。可见做好官的，上天也未尝不昭鉴也。"宋琪因奏说："秦彭一太守耳，政善民安，天且应之以祥瑞如此。况于君天下者，若能奉天子民，使海内乂安，则诸福之物，可致之祥，莫不毕至矣。岂止一郡之福而已哉！"

夫天下郡县至多，民间利病，朝廷岂能悉知。得一良牧则一郡生灵受其福，否则一郡生灵受其害，所系诚不小也。然须朝廷加意鼓舞，重循良之选，峻贪酷之罚，甄别不差，然后人人尽力。自古明君，未尝不操此术而治者也。图治者宜留意焉。

以赵普为太保兼侍中，吕蒙正平章事，王沔参知政事，张宏为枢密副使，杨守一签书枢密院事。帝谕普曰："卿勿以权势自骄，但能谨法度，举贤能，明赏罚，弭爱憎，何忧不治？卿勿面从，古人耻其君不为尧、舜，卿其念哉！"蒙正质厚宽简，有重望，以正道自持，遇事敢言。每论时政，有未允者，必固称不可。帝嘉其无隐。普开国元老，蒙正以后进同相位，普雅重之。

太宗既复赵普相位，乃加普为太保兼侍中，又拜吕蒙正同平章事，与普共理机务，以王沔参知政事，召成都镇抚使张宏还京，为枢密副使，以翰林学士杨守一签书枢密院事。太宗谕赵普说："凡人有权势的，不期骄而自骄。卿位极人臣，权势已盛，正宜持正守谦，慎勿以此骄恣。但能谨守国家法度，荐举天下贤能，明赏罚之典以布公道，克爱憎之私以定取否，则相业光明，人心悦服，天下何忧不治？至于朕之所行，或有未当，卿宜即时救正，不可面前曲从，以成朕过。古人爱其君，必欲使之为尧为舜，若其君不如尧、舜，则引为己责而耻之。此正卿今日之事也。卿其念之哉！"此时吕蒙正同在政府，其为人质实厚重，宽大简默，时论翕然重之。平素以正道自守，不肯阿旨取容，遇国家政事，该说的便说，无所避讳。每论时政，或太宗不能听从，即再三执奏，反复明其不可，必求依允而后已。太宗见其无隐，每嘉纳之。当是时，赵普乃开国元老，勋名齿爵，举朝无与为比。蒙正以后进之士，同居相位，普绝无忌刻，常称他是台辅之器，甚加敬重，有济济相让之风焉。

夫惟明君为能择相，惟大臣为能有容。太宗复相赵普，不忘者旧，而又以蒙正之正直者参之，可谓善择相矣。普以开国元勋，推奖后进，略无嫌疑，有古大臣休休之度焉。其相与以致太平也，不亦宜哉！

夏四月，以张齐贤、陈恕参知政事，张逊、温仲舒、寇准为枢密副使。初，准为枢密直学士，尝奏事殿中，语不合，帝怒起，准辄引帝衣请复坐，事决乃退。帝嘉之曰：“朕得寇准，犹文皇之得魏徵也。”及旱蝗，帝召近臣问以得失，众以天数对。准曰：“《洪范》天人之际，应若影响。大旱之征，盖刑有所不平也。”帝怒，起入禁中。顷之，复召问以不平状。准请召二府至而言之。于是以准为可大任，故有是命。

淳化二年夏四月，太宗命张齐贤、陈恕为参知政事，张逊、温仲舒、寇准为枢密院副使。先是寇准为枢密院直学士，一日尝奏事于殿中，准所言与上意不合。太宗恼怒而起。寇准就扯住太宗的袍服，请还御座，将所奏的事裁决停当，方才退去。太宗乃嘉奖之，说：“朕今日得寇准，就如唐太宗得魏徵一般。昔太宗每有阙失，魏徵即犯颜苦谏，虽遇太宗怒甚而神色不移。今准能直谏，亦朕之魏徵矣。”及是年天旱蝗起，太宗召近臣问以时政得失，众皆阿谀不敢正言，都对说：“是天数如此，不关人事。”独寇准奏说：“《周书·洪范》篇中论天人之际，有感必应，如影之随形，响之应声，无有差忒。今岁方大旱，论其征应，当是刑狱有所不平。盖匹夫含冤，上干天地之和，故致如此。”此时太宗常留意刑狱，每亲自审录囚犯，见说他刑狱不平，不觉发怒，起入禁中。少顷又召问准：“卿说刑狱不平，有何指实？”准请宣中书省、枢密院官到来，面陈刑狱不平之状。于是太宗以寇准忠实任事，可以大用，故有枢密副使之命焉。

大凡人臣阿谀苟容者多，刚直敢言者少。此非独人才之难，亦上之人喜软熟而恶方正，以致如此。彼魏徵与寇准论事，常犯人主之怒，然二君皆能屈己以从之，故功烈垂于二代，俱称太宗，不亦宜乎！愿治之主，幸毋疏骨鲠之臣可也。

夏五月，以张洎、钱若水为翰林学士。帝谓侍臣曰："学士之职，清要贵重，非他官可比。朕常恨不得为。"又曰："士之学古入官，遭时得位，纡朱拖紫，前呼后拥，延赏宗族，足以为荣矣。岂得不竭诚以报国乎！"若水对曰："高尚之士，固不以名位为光宠；忠正之士，亦不以穷达易志操。其或以爵禄荣遇之故而效忠于上，中人以下者之所为也。"帝然之。

淳化四年夏五月，太宗以中书舍人张洎、职方员外郎钱若水为翰林学士。太宗因谕侍臣说："翰林学士，地居禁近，职在论思，最为清要而贵重，非他官可比。朕今虽贵为天子，然常以不得做这官为恨。卿等须自己爱重，勉图称塞，不可徒取清华，致负此官也。"又说："士在草野之中，与平民无异。一旦应举出仕，遭逢明时，致位通显，穿着朱衣，拖着紫绶，前徒呵呼，后人簇拥，又荫及其宗族子弟，并受国恩，书生之荣，可谓极矣。岂得不竭其诚悃以报知遇乎！"若水对说："陛下所言，固是臣子之分，然臣之报君，实有不系于此者。彼恬退高洁之士，爵禄不入于心，虽宠之以名位，固不以是为光荣；秉忠守正之士，忠义根于天性，虽所遇有穷通，亦不以是而变其志操。一则不可以爵禄拘，一则不必以爵禄劝。可见爵禄者，乃上之所以厚下，而非下之所由以为忠者也。如或以爵禄荣遇之故，然后效忠于上，则其心必不纯，其忠必不固，不过中人以下者之所为耳。岂可概望之诸臣乎！"太宗深以其言为是。

然天性忠义不因爵禄而后劝者，上臣也，千百中无一焉。人君之治天下，如必待上臣而后任之，则天工之旷废者多矣。若水之言虽人臣自靖之道，而非明君驭下之术也。明主之所以驭臣，有德而后爵之，有功而后禄之，官不及私昵，爵罔及恶德；而人臣之事君也，量能而后受官，度德而后居位，不以无德而尸位，不以无功而冒赏，斯百王不易之道也。

夏四月，吕蒙正、柴禹锡、苏易简罢。蒙正在中书，帝尝欲遣人使朔方，谕中书选才而可责以事者。蒙正以名上，帝不许。他日三问蒙正，三以其人对。帝曰："卿何执耶！"蒙正对曰："臣非执，盖陛下未谅耳。"

因称其人可使，余人不及。"臣不欲用媚道，妄随人主意以害国事。"同列竦息不敢动。帝退，谓左右曰："蒙正气量，我不如。"既而卒用其人，果称职。及罢相，判河南，日引亲旧于林园欢宴。政尚宽简，委任僚属，事多总裁而已。

太宗至道元年夏四月，平章事吕蒙正、知枢密院事柴禹锡、参知政事苏易简俱罢相不与政事。史臣因记吕蒙正在中书为宰相时，太宗曾要遣人奉使于朔方辽国，谕宰相择群臣中素有才干，可使外国者以闻。蒙正因择一人，以其名奏上。太宗以为不称，不许。他日三次问蒙正，蒙正三次只将此人奏上，再不改易。太宗说："卿何如此固执，全无变通耶？"蒙正对说："臣非固执不通，盖因陛下未谅臣之心耳。"因备道此人素有才识，堪以奉使，除了此人，别的都不及他。"夫人臣之义，当以忠诚正直事其君，是就说是，非就说非，宁可一时违拂上意，不可误国家的大事。若谄媚邪佞，只顺着人主的意思，要用便用，要舍便舍，以求取悦于一时，万一举措失宜，误国偾事，则其罪愈大，此臣所不敢为也。"此时同僚官皆竦息畏惧不敢动，而蒙正慷慨直言，略无互回。太宗退朝，与左右说："蒙正气量凝厚，真有担当，朕也及他不得。"既而竟用此人，果然称职。可见蒙正知人之明，与其谋国之当、事君之诚如此。及至罢相，以右仆射出判河南府。河南是蒙正本贯地方，每日只引亲戚故旧于林园之中，欢宴叙情。为政不务苛细，只尚宽大简易。择僚属中可用者委任以事，己则总裁其大纲而已。

大抵天下之事当以天下之心处之，故委任贤臣，所以审图国是。若但以人主之意裁决，必不能尽究天下事理之极，虽揽独断之权，实生意外之虑矣。此吕蒙正不欲妄随人主意以误国事也。而其治河南，委任僚属，意亦如此。太宗始虽未谅，终至信服，亦可谓英哲之主矣。

卷之二十五

宋纪

真宗

真宗皇帝，名恒，是太宗第二子。在位二十五年。

以张齐贤、李沆平章事，向敏中参知政事，杨砺、宋湜为枢密副使。齐贤慷慨有大略，每以致君为志。尝从容为言皇王之道，而推本其所以然。帝曰："朕以为皇王之道非有迹，但庶事适治道，则近之矣。"帝尝问沆以治道所宜先。沆对曰："不用浮薄新进喜事之人，此最为先。"帝问其人。沆对曰："如梅询、曾致尧辈是矣。"

真宗即位之初，召刑部尚书知安州张齐贤还京，与参知政事李沆同平章事。又以同知枢密院事向敏中参知政事，工部侍郎杨砺、给事中宋湜为枢密副使。齐贤在相位，慷慨任事，有经济大略，每以大臣事君，经开陈善道，匡救过失，使其君为圣帝明王，方副其志。故尝于奏对之时，从容陈说古昔皇王之道，而又推本其所以然。如论政事则推原其出政之本，论治化则究极其致治之由，以为必如此则合于皇王，不如此则否。真宗答说："朕以为皇王之道，随时运用，非有定迹，但令事事都合于道理，无有差误，则不必拘泥陈迹，而自近之矣。"真宗又尝问李沆以治天下之道，何者最先。沆对说："天下之治乱，系于用人之得失。而明主之所信任者，似在于老成端厚之士。有等虚浮轻薄新进喜事的人，本无经国之远识，而好为高论，以猎时名，本无任事之实心，而急于立功，以希速进。人君一或用之，则上伤国体，下坏士风，不至于乱天下不止矣。故惟不用此浮薄新进喜事之人，乃第一要紧的事，不可不察也。"真宗因问在朝之臣谁是此辈。沆对说："如户部判官梅询，粗有才辩，屡上书言西北边事，多不可行。户部员外郎曾致尧，性甚刚率，前后论列时政，语皆狂躁。如此辈者非议朝政，排间老成，正是浮薄新进喜事之人，不可用也。"

大抵英明之君多尚功利，而厌闻皇王之道，喜新进而惮用老成之人。不知皇王之道如五谷之养人，不可暂废。若功利，则不察正味而徒取适口，所损必多矣。老成谋国，如良医之治疾，先固元气。若新进则不辨脉理，而妄投药剂，其害愈甚矣。古今治乱之迹，皆原于此。张、李二臣之言，真可为万世法也。

帝又语及唐人树党，遂使王室微弱，盖奸邪难辨耳。沆对曰："佞言似忠，奸言似信。至如卢杞蒙蔽德宗，李勉以为真奸邪是也。"帝曰："奸邪之迹，虽曰难辨，久之自败。"帝一夕遣使，持手诏欲以刘美人为贵妃。沆对使者引烛焚诏，附奏曰："但道臣沆以为不可。"其议遂寝。帝尝以沆无密奏，谓之曰："人皆有密启，卿独无，何也？"对曰："臣待罪宰相，公事则公言之，何用密启？人臣有密启者，非谗即佞，臣常恶之，岂可效尤！"

真宗一日又与宰相等论及唐时群臣，专树朋党，如牛僧孺、李德裕等，各相结纳以倾异己，遂使私议横行，王室微弱。盖正之与邪不容并立，正人固指邪人为邪，邪人亦指正人为邪。奸邪之人，心术诡谲，言语巧诈，最难分辨，故人主皆为所惑，以至于乱耳。李沆对说："凡人诚伪分明者易辨，惟似是而非者难辨。巧佞之言，似忠而非忠；奸邪之言，似信而非信。如唐之卢杞，极是奸邪小人，乃德宗被其蒙蔽，深信不疑。常说人言卢杞奸邪，朕殊不觉。御史李勉奏说：'人皆以为奸邪，而陛下不知，此卢杞之所以为真奸邪也。'由此观之，奸邪益深，则情状益伪。若卢杞者，正所谓佞言似忠，奸言似信者也。"真宗说："奸邪之人，一时固难分辨，久之自然败露，岂终不可辨哉！"真宗一夕遣中使持御札，要将爱幸的刘美人立为贵妃。沆对中使就引烛将诏书烧毁，因附中使口奏说："你只说臣沆以为此事不可行。"其议遂止。沆之持正不挠如此。真宗又曾以沆无机密章奏，谕之说："他人都有密启，卿独无有，何也？"沆对说："臣幸待罪宰相，宰相当秉天下之至公，但有公事，则当于公庭言之，何用密启。凡人臣有密启者，不是谗毁群僚，即是佞谀主上，非公言也。臣尝恶此等人所为，岂可效尤乎！"

盖人臣事君之道，莫贵于正直，而罪莫大于奸邪。凡阿意以养人主之欲，私交以结人主之心，既非正直之为，是即邪佞之渐也。今观李沆之事，真有正直大臣之风矣。然真宗能不以房闱之爱而违宰辅之言，岂不亦守成之令主乎？宜为史氏之美谈也。

以寇准为三司使，陈恕罢。恕久领三司。帝初即位，常命条具中外钱谷以闻。恕久不进，屡诏趣之。恕对曰："陛下富于春秋，若知府库充实，恐生侈心，是以不敢进也。"帝嘉之。

三司使，是总管盐铁、度支、户部三衙门钱粮的官。

真宗以工部侍郎寇准为三司使，命三司使陈恕罢任。史臣因叙说：陈恕在太宗时领三司事十余年，阅历既深，经理益密，国家财用甚赖之。真宗即位之初，尝命他开载中外衙门钱粮数目来看。恕久不进上。真宗屡有旨催促他上紧进来。恕乃对说："臣非敢故违明旨，但以陛下年龄正盛，志意或未收敛，德性或未坚定，若知道府库充实，只说这钱粮是容易来的，便不肯省费节用，凡声色、狗马、土木、甲兵，一切奢侈之心都从此而起，伤生伐性，劳民病国，其害有不可胜言者，是以不敢进也。"真宗知其忠爱恳切，深嘉纳之。

大抵人主之心，常忧不足，则不期俭而自俭，一恃有余，则不期侈而自侈。侈心一生，如火之始然，难于扑灭。奸邪之臣，又从而导之，不至于燎原不止矣。真宗初嘉陈恕之言，后为丁谓、林特等争上会计录，而天书、封禅之事，遂纷纷不已，率如陈恕所虑。可见忠臣爱君，必防其渐，而明君自治，当谨其微也。愿治者宜加省焉。

秋七月，右仆射平章事李沆卒。时西北用兵，或至旰食。参知政事王旦叹曰："我辈安得坐致太平，优游无事耶！"沆曰："少有忧勤，足为警戒。他日四方宁谧，朝廷未必无事。"旦以为不然。沆又日取四方水旱盗贼奏之。且以为细事不足烦帝听。沆曰:"人主少年,当使知四方艰难。不然,血气方刚,不留意于声色、犬马,则土木、甲兵、祷祠之事作矣。吾老不及见,此参政他日之忧也。"

旴,是日暮。

真宗景德元年秋七月,右仆射平章事李沆卒。史臣记:李沆为宰相时,正当契丹入寇,西北边用兵,庙堂之上,调度兵马,处置钱粮,匆忙多事,或自朝至于日暮,才得退食。参知政事王旦叹说:"我辈生当此时,受这等劳苦,不知何时得坐致太平,而忧游无事耶!"李沆说:"人情处安乐则肆志,遇忧勤则小心。今边境未宁,君臣之间,有些小忧患勤苦之事,足以警戒人心,使不溺于晏安。此正国家之福。夫外宁必有内忧,他日若四方宁静,国家无虞,朝廷之上,未必不别生事端。那时方以为忧,而未可以为乐也。"王旦闻李沆之论,心中不以为然。李沆又每日将四方水旱盗贼事情,奏之于上。王旦以为人主总揽天下之大纲,其余琐碎的事不必一一烦渎圣听。李沆答说:"圣人戒于方盛之时,人主当防未萌之欲。今主上年方幼冲,涉历未久,那黎民百姓,或匮于饥寒艰窘,或苦于盗贼纵横,或因粮差繁重,不得安居,或被贪官污吏,科敛剥削,种种苦情,无由上达。我等辅弼之臣,正当随事奏闻,使朝廷备知小民之劳苦,而不敢恣为逸乐之计。不然,则春秋正富,血气方刚,不留意于淫声美色,与夫狗马射猎之事,则将起土木之工以广宫室,兴甲兵之役以要边功,亲祷祠之事以奉鬼神,无所不至矣。我年已老,不及见此。此乃参政他日之忧,不可不豫为之虑也。"

李沆此言,可谓深于爱君矣。未几,真宗与契丹讲和,天下无事,果然崇奉道教,信惑天书,而土木祷祠之事,纷然并作。王旦乃追思其言,叹说:"李沆能见事于未来,真圣人也。"向使真宗能存心于天下,防欲于未然,则沆之言不验,岂非真宗之福哉!明主抚盈成之运者,宜慎保此心,如朽索之驭马;加志穷民,如痌瘝之在身。然后可免于他日之忧,而长享太平之福也。李沆之言,真千古之明戒哉!

丁谓与寇准善,准屡以谓才荐于沆。沆不用。准问之。沆曰:"顾其为人,可使之在人上乎?"准曰:"如谓者,相公终能抑之使在人下乎?"

沆笑曰："他日后悔,当思吾言。"沆又尝言:"居重位,实无补,惟中外所陈利害,一切报罢之,此少以报国尔。朝廷防制,纤悉备具,或徇所陈,请行一事,即所伤多矣。"

史臣又叙李沆的事说:初沆为宰相时,有知制诰丁谓者,奸邪小人也。素与寇准厚善,而准不知其奸,常在沆前荐举他,说他有才能,可大用。沆终不用之。准问其故。沆答说:"朝廷任用大臣,必先德望,不但取其才而已。若丁谓之为人,可使之居于人上乎?"准心中不以为然,答说:"如谓这等才能,今日虽不用他,后必有用之者。相公终能抑之使久居人下乎?"沆笑说:"公若用此人,他日败坏国事,必然后悔。那时当思吾言之不妄也。"沆又尝自说:"我为宰相,当国家重任,无可补报,只于中外群臣上本条陈利害的,一切报罢,不曾举行,此则可以少报国恩耳。盖朝廷制度皆由祖宗经画,所以防制天下之利害者,已纤悉具备,不可复加矣。今日只宜守而勿失。若或轻听人言,纷纷举措,则变乱成法,百弊丛生,利未及见,而害已随之,所伤者多矣。此吾所以少补于朝廷者也。"

其后寇准不听李沆之言,举用丁谓,同居相位。而谓以奸邪误国,准亦被其谗害。自真宗之后,朝廷之上,议论繁多,人主不能主张。每有一事,甲可乙否,朝更夕改,以致政事纷乱,国势衰弱而不可复救,皆如李沆之言。

夫以丁谓之奸,寇准犹不能识,而沆独知之,可谓明矣。至于祖宗制度,每因喜事者好为条陈,以博声誉,庙堂或不深察而遽行之,又或心知其未当,而姑以徇之,则倏行倏罢,意见横出,不至于荡灭成法不止矣。故省议论者,尤第一要义。李沆之言,真可为相天下者之法也。

沆尝读《论语》。或问之。沆曰:"沆为宰相,如《论语》中'节用而爱人,使民以时',尚未能行。圣人之言,终身诵之可也。"及卒,帝惊恸,谓左右曰:"沆为大臣,忠良纯厚,终始如一,岂意不享遐寿耶!"沆性直谅,内行修谨,居位慎密,不求声誉。遵法度,识大体,人莫能干以私。公退,终日危坐,未尝跂倚。治第封丘门内,厅事前仅容旋马。或言其太隘。沆笑曰:"居第当传子孙。此为宰相厅事,诚隘;为太祝、奉礼厅事,则已宽矣。"

跛倚，是一足偏倚。太祝、奉礼，都是太常属官。宋时大臣荫子，多授此官。

《宋史》又记：李沆暇时，常诵读《论语》。或人问说："《论语》乃浅近之书，看他何故？"李沆对说："我官居宰相，宰相之职，当使朝廷政事件件修举，天下百姓人人得所而后为称。且如《论语》中有两句说道：'节用而爱人，使民以时。'朝廷之上，冗费尚多，财用缺乏，是我不能节用也；间阎之间，差繁赋重，百姓愁苦，是我不能爱人也；一切不时的工作妨害民事者，往往有之，是我不能使民以时也。只这两句书，我尚不能行，何况其他。可见圣人之言，看着容易，做着实难，虽终身诵法之可也。岂可忽哉！"及是年沆卒，真宗闻之，震惊哀恸，与左右说："沆为国大臣，心性忠良，器宇纯厚，又且终始如一，不改其节。朕倚毗方殷，岂意不享遐寿耶！"其悼惜之如此。李沆为人，天性直谅不欺，内行修谨，少有过失。凡事谨密，绝无疏漏。所行务实，不求声名。遵祖宗法度，不为更张。识国家大体，不为苛细。奉公守法，直道而行，人不敢以私事干他。每公事既毕，退回私宅，则终日正容高坐，未尝懈怠而偏倚。尝盖造住宅一所，在封丘门内，规模狭小，厅事前空地，仅可牵马转身而已。或言其太狭。沆笑答说："宅第当传之于子孙，不止为一时之计。若论今日，这是宰相的厅事，诚为窄狭。若论传之子孙，他每的官，不过是太祝、奉礼而已，有此厅事，已是宽了，岂可以为狭乎！"其遗子孙以俭朴如此。

大抵古今名臣，所以能建立大功者，只是一个真实之心。实心为学，只一部《论语》，而其用无穷，不必记问之博；实心为政，只谨守法度，而其利无穷，不必可喜之功。至于不求声誉，人莫能干以私，尤正己格物之本。盖不徇名，则事皆当理而无违道干誉之病；不受私，则所行至公而无偏党颇僻之愆。宋之贤相当以李沆为第一，后世所当法也。

闰九月，契丹主侵定州，遂次于望都。契丹主奉其太后南下，命统军使萧挞凛攻威虏。顺安军魏能、石普败其前锋。又攻北平砦，田敏等击走之。又攻保州，皆不利。乃与契丹主合众攻定州，王超拒之于唐河。契丹遂驻师阳城淀。然每与宋师遇战小却，即引去，倘佯无斗志。寇准闻之，曰："是狃我也。请练师命将，简锐捷，据要害，以备之。"会降将王继忠以书诣莫州部署石普，言契丹欲讲和。普以闻于朝，朝臣皆以为不可信。毕士安曰："臣尝得契丹降人，言其虽深入，屡挫，不甚得志，阴欲引去，又耻无名，此请殆不妄。继忠之奏，臣请任之。"于是帝手诏谕继忠曰："朕岂欲穷兵，惟思息战。如许通和，即当遣使。"

定州，即今真定府所属定州。望都，即今庆都县。保州，即今保定府。莫州，即今任丘县。皆宋时边境也。

景德元年闰九月，北虏契丹侵犯定州，遂引军径入，屯于望都。契丹自奉其母萧太后南下，而命统军使萧挞凛分兵攻威虏地方。顺安军钤辖魏能，与副都总管石普出兵御之，败其前锋。萧挞凛又攻北平砦，总管田敏等又击走之。又攻城益急不得利，乃与契丹主合兵攻定州。都部署王超拒击之于唐河地方。契丹驻师于阳城淀。虽说内侵，然每与宋师遇合战，若小却，便引兵而去。其迹倘佯宽缓，无苦斗之志。寇准闻而疑之，说道："贼兵深入而不决于一战，是欲使我狃于小胜，志骄意懈，然后乘我之不备也。请练兵命将，简选果锐劲捷之兵，据要害之地以备之，毋堕其计。"适有契丹降将王继忠以书送莫州部署石普，说契丹本无斗志，只要与宋讲和。普以其言奏闻朝廷。朝臣皆以契丹多诈，不可信。独宰相毕士安奏说："臣尝得契丹降人，说契丹虽深入，屡经挫衄，不甚得意，阴欲引归，又无名色，自以为耻。由此观之，则讲和之请，似有可信，殆无他计也。继忠之奏，臣请以身任之。"于是真宗手书诏旨谕继忠说："朕方爱养元元，岂欲穷兵，惟思息战。如契丹果欲讲和，出于至诚，朕即当遣使通好，以定盟约，毋徒苦天下百姓也。"

按宋之和议始于此时。真宗不忍生灵之困，而姑听其和，未为不可。但当时契丹拥兵南下，深入内地，以求关南地为名，实袭耶律德光割地于石晋之余策，岂是委心求和者？若真宗能用寇准之言，命将简锐与之一战，未必不胜。胜而后与之和，则制和在我，而其体常尊。乃不知出此，而幸契丹之许和，至与之盟于城下，输岁币以奉之。其后岁币愈增，国势愈弱，而靖康之祸，所由基矣。夫中国之于夷狄，必握其机而制之，可战可和，而不失中国之尊，斯久安长治之计也。

十一月，契丹主侵澶州，帝自将御之。时契丹败宋师于洺州，破德清军冀州，遂次于澶渊。北边书告急，一夕五至，中外震骇。寇准不发，饮笑自如。帝闻之大骇，以问准。准对曰："陛下欲了此，不过五日耳。愿帝幸澶州。"同列惧，欲退。准止之，令候驾起。帝难之，欲还内。准曰："陛下入，则臣不得见，大事去矣。请毋还而行。"毕士安力劝帝如准所请，帝乃议亲征。

澶州，即今大名府开州。洺州，即今广平府临洺关地方。冀州，即今真定府冀州。

景德元年十一月，北虏契丹入犯澶州。真宗从寇准之谋，亲将兵以御之。史臣叙说：时契丹入寇，已败宋军于洺州，又攻破德清军于冀州，遂引军深入，屯于澶渊地方。北边声息紧急，一夜之间，凡五次飞报至，中外人心俱惊惶震骇，而宰相寇准不将警报传发，但饮酒欢笑，无异平时。真宗闻之，怪宰相不以边事为急，大骇异之，因召问寇准。准对说："臣料契丹此来，其兵易破。陛下若欲剿除此虏，不过五日而已。但须陛下亲幸澶州，庶可成功耳。"同僚官闻准劝上亲征，皆畏惧不敢赞成，欲退班出朝。准留住同僚，令即候圣驾兴发。真宗以为难，要且还官中。准奏说："陛下若入官，则臣不得进见，而亲征之策不成，天下大事从此去矣。请勿还官，即刻起行，乃为御虏上策也。"宰相毕士安亦以准言为是，力劝真宗依准所奏。真宗于是始议亲征焉。盖用兵之道，当以气胜。真宗此时若不亲征，则我师之气不振，而虏之势愈张。寇准料之已熟，故决意劝帝亲征也。

召群臣问方略。王钦若，临江人，请幸金陵。陈尧叟，阆州人，请幸成都。帝以问准，准心知二人之谋，乃阳为不知者，曰："谁为陛下画此策，罪可诛也。陛下神武，将臣协和，若大驾亲征，敌当自遁。不然，出奇以挠其谋，坚守以老其师，劳佚之势，我得胜算矣。奈何弃庙社，欲幸楚蜀远地？所在人心崩溃，敌乘势深入，天下可复保耶？"帝乃决计幸澶州。二人由是怨准。庚午，发京师，准命朝士出知诸州，皆于殿廊受敕，戒之曰："百姓皆兵，府库皆财，不责汝浪战。但失一城一壁，当以军法从事。"钦若多智，准惧其妄有关说，疑沮大事，出钦若知天雄军兼都部署。契丹至城下，钦若闭门，束手无策，修斋诵经而已。时司天言日抱珥，黄气充塞，宜不战而却。

临江，即今江西临江府。金陵，即今应天府。阆州，即今四川保宁府。珥，是日旁的气，如耳环之形，所以叫做珥。

真宗因契丹侵犯澶州，欲从寇准之言，将议亲征，乃宣召在廷群臣，问以方略。有参知政事王钦若，是临江人，与金陵相近，因请真宗幸金陵以避虏。署枢密院事陈尧叟，是阆州人，与成都相近，因请真宗幸成都以避虏。这两人都顾念私家，不论朝廷利害。真宗心里疑惑，乃以其谋问于寇准。准心知是王钦若、陈尧叟二人之谋，只装做不知，对说："这是谁人为陛下画此计策，据其误国之罪，真可斩也。夫陛下以神武驭世，将臣同心协和，愿效死力。若大驾一出亲征，敌必畏惧威灵，自然远遁。若不遁去，我则相其机宜，或用奇兵，出其不意，以挠其谋；或坚守城郭，不与之战，以老其师。战守皆由于我。彼处其劳，我处其佚，以佚待劳，我得胜算矣。奈何弃宗庙社稷，欲幸楚蜀远地？大驾一动，则各处人心都慌张无主，崩离溃散。敌于此时乘势长驱深入内地，天下岂复可保乎？"真宗见其说得明切，乃决计幸澶州。然王钦若、陈尧叟不得行其谋，则深怨寇准矣。庚午日，真宗驾发京师，准命在朝官员有才力者，出守诸州要害，都到殿廊领敕，因戒谕之说："汝等莫愁无兵，百姓每都是兵，任汝选练。也莫愁无财，府库中都是财，任汝支使。朝廷只要保守地方，不责汝出兵浪战。但失了一城一壁，即以军法处治，决不轻贷也。"钦若为人诡谲多智，准恐其在朝妄有陈说，疑沮大事，乃出钦若知天雄军，兼都部署。契丹军马至天雄城下，钦若闭门束手，无计可施，只是修斋诵经，祈天保佑而已。小人遇事不能担当如此。时司天监奏言："日边有晕如耳环一般，黄气周围充塞。据占法，虏当不战而却也。"其后车驾渡河，虏气遂夺，不待接战而和议已成，果如司天之言。

帝次于澶州，暨契丹平。帝在道，适苦寒，左右进貂裘。帝却之曰："将士皆然，朕安用此耶！"壬申，契丹兵直犯前军而阵。未接战，萧挞凛出按视地形。时威武军头张瓌守床子弩，发矢中挞凛，死焉。契丹主大惧，欲引去，而宋师数十万方至，由是和议益决。丙子，帝至澶州南城，望见契丹军势甚盛，众请驻跸。寇准固请，曰："陛下不过河，则人心益危，敌气未慑，非所以取威决胜也。"众议皆惧。准力争之不决，出遇殿前都指挥使高琼于屏间，谓曰："太尉受国恩，今日有以报乎？"对曰："琼武人，愿效死。"准乃复入，琼随立庭下。准厉声曰："陛下不以臣言为然，盍试问琼等！"琼即仰奏曰："寇准言是。陛下若不过河，百姓如丧考妣。"冯拯在旁呵之。琼怒曰："君以文章致位两府，今虏骑充斥如此，君何不赋一诗退虏耶！"即麾卫士进辇。

真宗从寇准之策，亲至于澶州，遂与契丹讲和。史臣叙说：真宗既发京师，在中途偶苦寒冷，左右进貂裘。真宗不用，说道："今从征将士都冒寒远行，朕安可独尚此裘耶！"其体恤将士如此。壬申，契丹兵恃其强，直犯前军，排列阵势。尚未交战，契丹统军使萧挞凛，出马看视地形。时威武军头张瓌管守床子弩，见挞凛来，发弩放箭，正中挞凛而死。挞凛有机勇，契丹主甚倚赖之。见其死，大惧，欲引兵北归。而宋朝各处兵马数十万方至。彼气既夺，我势益张。由是契丹求和之议益决。丙子，众请上暂且驻跸。寇准再三奏请说："陛下亲帅六师，而畏虏之盛，不敢过河，则人心益危，敌气未慑，非所以取威名而决胜策也。"众人皆惧，莫敢劝行。准尽力争之，不能决，出遇殿前都指挥使高琼于屏前，与之说："高太尉，你受国厚恩，享此高爵，今日事势紧急如此，亦思有以报国家否乎？"高琼对说："琼一介武夫，惟愿捐躯效死，以报国家。"准乃又入奏请。琼即随入，立于庭下。准大声奏说："陛下若不以臣言为是，何不试问老将高琼等，当过河否。"琼即仰奏，说："准所言极是。陛下若不过河，则将士之战不力，百姓无所归命，就如丧父母一般了。"签书枢密院事冯拯在旁，以琼言为非，遽呵止之。琼发怒说："你等平日不过会做些文章，以此致位两府。今虏骑充塞如此，君何不赋一首诗以退虏骑耶！今当用武之时，文章何用？高琼保任寇准之策，定不差也。"于是真宗之意乃决。高琼就指麾护卫军士，进辇渡河。此时若非寇准决策，高琼力赞，则真宗未必就肯渡河。天下事尚未可知矣。

帝遂渡河，御北城门楼。远近望见御盖，诸军皆踊跃呼万岁，声闻数十里，契丹气夺。帝悉以军事付寇准。准承制专决，号令明肃，士卒畏悦。已而契丹数千骑来薄城下，迎击，斩获大半，乃引去。帝还行宫，留准居北城上。徐使人视准何为。准方与知制诰杨亿饮博，歌谑欢呼。帝喜曰："准如是，吾复何忧！"

真宗既至澶州，因高琼力赞寇准之议，遂进辇渡河，御北城门楼上。远近望见乘舆伞盖，知天子果然亲征，诸军皆踊跃奋励，欢呼万岁，声闻数十里，契丹为之惧而夺气。真宗把一应军中的事，尽付与寇准。准承制得专决机务，凡发号施令，都明爽严肃，士卒无不畏惧悦服者。既而契丹遣数千骑来逼近城下，看我军动静。准令出军迎击之，斩获其太半。贼遭挫衄，乃引去。真宗还行宫，留准居北城上，镇守调度从容。使人到准处审看准做些甚事。准方与知制诰杨亿饮酒博戏，歌谑欢呼，如无事一般。真宗乃大喜，说："准当兵事匆遽之时，从容闲暇如此，必有万全之谋矣。朕复何忧哉！"盖准审势度时，已有胜算，且欲慰主上之心，安三军之志，而阴夺敌人之魄，故处之泰然如此。其识量宏远，出于寻常万万矣！

戊寅，曹利用自契丹还，言契丹欲得关南地。帝曰："所言归地事，极无名。若必邀求，朕当决战。若欲货财，汉以玉帛赐单于，有故事，宜许之。"准不欲赂之以货财，且欲邀其称臣，及献幽、蓟之地，因画策以进曰："如此，则可保百年无事。不然，数十年后，戎且生心矣。"准盖欲击之，使只轮不返。帝方厌兵，乃曰："数十年后当有扞御之者，吾不忍生灵被困，姑听其和可也。"准尚未许。十二月庚辰朔，契丹遣飞龙使韩杞，持书来请盟。准不从。会有谮准幸兵以自取重者，准不得已，乃许其成。复遣曹利用如契丹军议岁币。帝曰："必不得已，虽百万亦可。"准闻之，召利用至幄，谓曰："虽有敕旨，汝所许过三十万，吾斩汝矣！"利用竟以绢二十万匹，银十万两，定和议。南朝为兄，北朝为弟，交誓约，各解兵归。自是南北弭兵，寇准之力也。

关南地，是瀛、莫二州，即今河间府所属地方，晋石敬瑭割以与契丹。至周世宗伐契丹，取之，复归中国。契丹入寇，正欲得此地。又通书议和，真宗遣崇仪副使曹利用奉书往报之。至是十一月戊寅，利用回朝，说契丹要得关南地以和。真宗说："这地是祖宗所传之地，岂可弃割。彼欲得之，极为无名。若必邀求不已，朕惟有决战而已。若欲货财，昔汉文帝尝以玉帛赐单于，有此故事，宜可勉许。"寇准以为，虏气已夺，我战守之力有余，岂可赂以货财，示之以弱？彼若欲求和，则令称臣于我，及献还中国幽州、蓟州等地，方可许之。因画计以进，说："必如此而后可保国家百年无有边患。不然，则今日虽和，不过数十年之后，虏且生心，窥伺我动静矣。"盖是时，虏深入吾地，食尽兵疲，而我兵四集，士气正倍，准欲合兵击之，尽歼其众，使其只轮不返。而真宗素无远略，方厌兵革之苦，乃谕说："但保今日无事，数十年后，另有人出来打御他。朕不忍驱民于战，使生灵被困，且许其和可也。"然准意尚未之许。十二月庚辰朔，契丹遣其飞龙使韩杞，持书来求盟。准不从。适有谗谮寇准，说他幸国家用兵，以专权取重者。准恐获罪，不得已，乃许其和。又遣曹利用往契丹军中，定议每岁币帛之数。真宗谕说："若契丹贪求无厌，你不得已，虽以百万许之亦可。"准闻之，私召利用到己帐房中，与之说："你虽奉有圣旨，许他百万。然虏情无厌，事当慎始。汝须加忖量，若所许过三十万，我斩汝矣！"利用奉命而往，竟许他绢二十万匹，银十万两，而定和议。称宋朝为兄，契丹为弟，交写誓约文书，各罢兵而息。自此之后，南北兵息，天下无事，乃寇准劝上亲征之力也。

按当时寇准之意，专主于战；真宗之意，专主于和。寇准岂不知战为危事？盖战胜而后与之和，则制和在我，而和可久长。惜乎！真宗仁而不武，遽许之和。其后岁币日增，而国势愈弱，至于靖康，竟有北狩之祸，一如准之所料。故御虏者，必以和好为权宜，以战守为长策。此不易之论也。

春二月，寇准罢。准为相，用人不以次，同列颇不悦。目吏持例簿以进，准曰："宰相所以进贤退不肖也。若用例，一吏职耳。"自澶州还，颇自矜其功。帝亦待准甚厚。王钦若深嫉之。一日会朝，准先退。帝目送之。钦若因进曰："陛下敬准，为其有社稷功耶？"帝曰："然。"钦若曰："城下之盟，《春秋》耻之。澶渊之举是也。以万乘之贵，而为城下之盟，其何耻如之！"帝愀然不悦。钦若曰："陛下闻博乎？博者输钱欲尽，乃罄所有出之，谓之孤注。陛下，寇准之孤注也。斯亦危矣！"由是帝顾准寖衰，竟罢为刑部尚书，出知陕州。

例簿，是升官的资格簿。陕州，即今河南陕州。

景德三年春二月，寇准罢相位。史臣叙说：寇准为宰相，其用人只论才品，不拘资次。同僚以为非旧规，颇不喜。一日推升官员，同僚将眼觑着该吏，教他将升官例簿送看。准说："宰相以进退人才为职。知其贤，即当进之；知其不肖，即当退之，何必拘例。若不论贤否，只照旧例，挨次进用，则不过一掌案书吏之事耳，又安用宰相乎？"准澶渊回还，自以为有退虏功，颇露矜夸之意。真宗亦因澶渊之功，待准眷顾隆重。一日朝罢，准先退，真宗以目送之。钦若在旁，心生嫉妒，因进说："陛下敬重寇准，将谓其有安社稷之功耶？"真宗说："果然。"钦若奏说："陛下但知准有退虏之功，不知准有辱国之罪。昔春秋之时，楚人伐绞，兵临其国，绞人降服。楚人与之盟于城下而舍之。《春秋》以绞人不能御敌，特书以耻之。澶渊之举，正所谓城下之盟也。夫小国之于大国，势力不敌，故为此乞哀求和之举。今以堂堂天朝，乃亲屈万乘之尊，与虏人盟于城下，是《春秋》之所深耻也。而陛下乃以为功乎？"于是真宗愀然变色不乐。钦若又乘机进说："陛下曾闻赌博之事乎？赌博者，输钱将尽，无计可施，则尽其所有之钱，出与之博，以侥幸于一掷。这叫做孤注，为其输赢只此一举，更无第二着也。今澶渊之举，准不能别出方略，遽欲圣驾亲征，万一不利，臣不知准再有何法可支。是准以陛下万乘之主，作一孤注耳，岂不危哉！"真宗中王钦若的谗言，由是眷顾寇准之意，渐见衰薄，竟罢准相位，为刑部尚书，出知陕州。

大抵君子小人，势不两立。况功高则忌者愈深，宠盛则间者愈密，自非明君，鲜有不为所惑者。钦若之于真宗，既援《春秋》之义以愧之，又举孤注之喻以危之，其言若切于事情，使听者不觉其易入。此小人之所以可畏也。真宗不能深察，而轻弃社稷之臣，其亦不明甚矣。

大中祥符元年春正月，有天书见于承天门之鸱尾，大赦改元。先是，帝深以澶州城下之盟为辱，居常怏怏不乐。王钦若度帝厌兵，因谬进曰："陛下以兵取幽、蓟，乃可涤耻。"帝曰："河朔生灵始免兵革，朕安能为此？可思其次。"钦若曰："惟有封禅泰山，可以镇服四海，夸示外国。然自古封禅，当得天瑞，希世绝伦之事，然后可尔。然天瑞安可必得？前代盖有以人力为之者,惟人主深信而崇奉之,以明示天下,则与天瑞无异也。"帝沉思曰:"王旦得无不可乎?"钦若曰:"臣喻以圣意,宜无不可。"乃乘间为旦言,旦黾勉从之。

鸱尾,是屋上兽头。封,是加土。禅,是筑坛。泰山,是东岳。世言古之帝王,致治升平,则加土筑坛于泰山上,祭天以告成功。然此皆秦、汉之后怪诞不经之说,非实事也。黾勉,是勉强的意思。

大中祥符元年春正月,有天书降于承天门之鸱尾上,大赦天下,改元为大中祥符。先是,真宗听王钦若谮谮寇准之言,深以澶州城下之盟为耻,每常间快快不乐。王钦若欲逢迎取宠,揣知真宗厌兵,却故意进说:"陛下既追悔澶渊之盟,何不用兵攻取幽、蓟地方,以洗雪前耻?"真宗说:"河北生灵自讲和以来,才免于兵革之苦,朕安能再用兵耶?卿可更思一策。"钦若乃进说:"今惟有修举古帝王封禅泰山之礼,见得皇穹恩眷,天下太平,用以镇服四海,夸示外国,而洗雪澶渊之耻。但自古封禅者,必得天降祥瑞,希世绝伦不易有之事,乃可举行此礼。然上天祥瑞,岂可必得。前代人君也有将人力假做出来的。惟在人主先自深信而尊奉之,以明告天下,则天下的人,便道真是天降的祥瑞了。"真宗心知其非,而不能自断,沉思久之,乃说:"王旦每事持正,得无以为不可乎?"钦若又说:"臣请喻以圣意,旦宜无不可。"钦若乃乘旦空闲,具言其事。王旦知上意难回,遂不敢谏,而勉强从之。由是天书封禅之事成矣。

按当时澶渊之盟,亦未为失策。真宗若能修德自强,选将练兵以待敌人之衅,则故地可复,契丹可图,岂止雪澶渊之辱而已乎!不知出此,而听小人之邪说,为矫诬上天之事,垂之史书,遗笑千古,岂非后世之永鉴哉!

乙丑,帝谓群臣曰:"朕去年十一月二十七日夜将半,方就寝,忽室中光曜,见神人星冠绛衣,告曰:'当降天书大中祥符三篇。'适睹皇城司奏:左承天门屋之南角,有黄帛曳鸱尾上。盖所降之书也。"王旦等皆称贺。帝即步至承天门瞻望再拜,遣二内臣升屋,奉之以下。王旦跪奉而进,帝再拜受之,付陈尧叟启封。帛上有文曰:"赵受命,兴于宋。付于眘,居其器,守于正,世七百,九九定。"缄书甚密。其书黄字三幅,词类老子《道德经》，始言帝能以至孝至道绍世，次论以清净简俭，终述世祚延永之意。读讫，帝复跪奉，韫以所缄帛，盛以金柜。钦若之计既行，陈尧叟等益以经义附和，而天下争言祥瑞矣。独龙图阁待制孙奭言于帝曰："以臣愚所闻，天何言哉？岂有书也？"帝默然。

星冠绛衣，是道家的冠服。老子，姓李名耳，即孔子所称老聃，著《道德经》五千言，盖道家之宗也。

大中祥符元年正月乙丑日，真宗既用王钦若之言假造天书，欲以夸示天下，乃谓群臣说："朕去年十一月二十七日，夜将半时，方欲就寝，忽宫中光曜满室，见一神人，戴着星冠，穿着绛衣，来告朕说：'上帝见今治化隆盛，将降下天书大中祥符三篇，以示眷异。'此神人传上帝之命以告我也。今日果见皇城司奏说：'左承天门屋之南角有黄绢一段，曳系于鸱尾之上。'必是天所降之书也。"王旦等都迎合上意，遂率群臣称贺。真宗即步行到承天门，瞻望再拜。遣二内臣登屋取天书，恭奉以下。王旦遂跪捧而进，真宗再拜受之，付陈尧叟拆封。其黄绢上写着："赵受命，兴于宋"，是说太祖姓赵，起于宋地也；"付于眘，居其器，守于正"，是说以天下神器付于后人，当守之以正也；"世七百，九九定"，是说国祚绵远，传之无穷也。其书缄封谨密，书上有黄字三幅，词语似老子所著《道德经》。初一段说真宗能以至孝至道绍述先世之业。次一段教真宗清净无为，简默俭约，以崇尚老子之术。末一段述宋家世祥久远之意。此即所谓天书三篇也。陈尧叟宣读讫，真宗又跪捧尊藏，仍将绢帛包裹，以金柜盛之。天书既成，钦若之计得行。陈尧叟等又援引经书所载祥瑞之事，附和其说，以阿奉上意，于是中外臣民揣知朝廷之意，争言祥瑞矣。独有龙图阁待制孙奭奏真宗说："祥瑞之事，本不可信。况天书尤为无据。以臣愚所闻，孔子有言，天何言哉？既不能言，岂有书也？"真宗不能答，为之默然。

夫自古言祥瑞，未有若天书之妄诞者。此虽庸愚之人，莫不窃笑，而在廷群臣，相率附和，无一能救其失者，独孙奭能言之。可见人臣容悦者多，正直者少。君心一有所惑，则谄谀四至，日陷于非而不自觉矣。岂非明主所宜深省者哉！

八月，以王旦兼汾阴大礼使。时将有事汾阴而岁旱，龙图阁待制孙奭上疏陈不可者十事。且曰："陛下才毕东封，又议西幸，非先王卜征五年重谨之意。今国家土木之功，累年不息，水旱作沴，饥馑居多，乃欲劳民事神，神其享之乎？"又上疏言："今之奸臣以先帝尝停封禅，故赞陛下以继承先志。先帝欲北平幽、朔，西取继迁，则未尝献一谋，画一策。乃卑辞厚币，求和于契丹；蠲国縻爵，姑息于保吉。谓主辱臣死为空言，以诬下罔上为己任。是陛下以祖宗艰难之业，为奸臣侥幸之资。此臣所以长叹痛哭也。"时群臣争奏祥瑞。奭上言："方今野雕山鹿，并形奏简；秋旱冬雷，率皆称贺。将以欺上天，则上天不可欺；将以愚下民，则下民不可愚；将以惑后世，则后世不可惑。夫国将兴，听于民；将亡，听于神。陛下何为而不思也？"帝嘉其忠，而不能从。

汾阴，是地名，在今蒲州荣河县。汉武帝尝亲祀后土于此。继迁姓李，累世据银、夏等州，太宗时纳款，赐姓名为赵保吉，授以官爵，未几复叛，为西边患。

大中祥符三年八月，以宰相王旦兼汾阴大礼使。时真宗将祀后土于汾阴，适值岁旱。龙图阁待制孙奭上疏谏之，历言其不可者十事。且说："陛下才完东封泰山之事，又讲西幸汾阴之礼，非先王卜征五年，重谨巡幸之意。盖先王凡有征行，必先于五年前占卜吉凶。五年五卜皆吉，然后行；不吉，则不行。其谨如此。今国家营缮土木之功，连年不止，而各处水旱为灾，饥馑甚多，乃欲劳民力以事鬼神。鬼神有知，必不享矣。"奭又上疏，说："今在朝奸臣，因见先帝曾停止封禅，便说先帝有此志而未成，故赞陛下以继承先志。此言似是而实非也。昔先帝尝欲北伐辽以平幽、朔，西灭李继迁，以取银夏等州。今在朝诸臣，并不曾有献一谋，画一策，以赞陛下继承先志者。而乃使国家卑其言辞，厚其岁币，以求和于契丹；蠲小疆土，羁縻官爵，以姑息于保吉。不念主辱臣死之大义，而视为空言；不畏诬下罔上之大戒，而反为己任。是陛下以祖宗艰难创造之业，为奸臣侥幸富贵之资。君臣若狂，国家将乱，此臣所以长叹而痛哭也。"时群臣又争献祥瑞。奭又上疏，说："今人臣相率欺罔，阿意取容。虽野雕山鹿之微物，亦称为珍禽，而形之奏简；秋旱冬雷之异事，乃反谓瑞应，而率皆称贺。将以欺上天耶？则天居高听卑，不可以欺。将以愚下民耶？

则民至愚而神不可以愚。将以惑后世耶？则人心是非昭然，不可以惑。大凡国将兴，则人君听察于民，用舍好恶，惟民是从，故事皆得其当而兴；国将亡，则人君听信于神，不务修德，而谄渎鬼神，故事皆失其当而亡。陛下何为不自思省，而甘处于危亡之地也。"疏上，真宗虽心嘉其忠，而不能从。

　　按当时天书之事，起于王钦若，而决于丁谓，虽以王旦、寇准之贤，不敢有异议，独奭反复言之，至剀切矣！真宗知钦若之奸而不能去，知奭之忠而不能用，谓之何哉？先王惟畏天明命，故无所不畏。若真宗者，上以欺天，下以欺民，中以自欺，方且欲以夸示夷夏，亦可谓至愚也已。

　　太尉侍中王旦卒。旦为首相，会天下无事，慎守祖宗法度，无所变改。帝久益信，言无不从。凡大臣有所奏请，必问曰："王旦以为何如？"旦与人寡言笑，及奏事，群臣异同，旦徐一言以定。居家贫，客恒满堂，察可与言，及素知名者，数日后召与语，询访四方利病，或使疏其言而献之。观才之所长，密籍其名，不复与之相见。遇有差除，必先疏四三人姓名以请，所用者，帝以笔点之。同列不知，争有所用，惟旦奏入，无不俞允。丁谓因是数潜其专，莫知其故也。

　　太尉侍中王旦病卒。史臣叙说：旦为首相，遇天下承平无事，谨守祖宗法度，未尝以己意变更。真宗任用既久，愈益敬信，旦之所言无不听从。大臣欲行一事，有所奏请，真宗必问，说："此事王旦意思以为何如？"其信重如此。旦性简默，与人相处，不轻发言笑。及至奏事，或群臣意见不合，议论异同，旦从容出一言以断之，即无不定。其操守廉洁，虽居相位，其家甚贫。宾客常至满堂，旦未尝拒之，而亦不轻与之接。察其中有才识过人，可与议天下之事，及素有名望者，数日后召与之语，咨访四方利弊，或口不能尽，使之书写其言而献之。观其才之所长，果可任用，即密记其名，自后不复与之相见。遇有差委除授，必预将所记者，开具四三人姓名，密请于上。真宗择其可用者，以笔点之。同僚不知，乃各以己见争欲荐用，多不合真宗之意。惟旦奏入，无不依允。丁谓因此嫉妒，时时在真宗前谮他专擅，不知旦已预先奏请得旨，非出于己意也。

　　旦在宋为贤相，其事之可纪者固多。至于不妄言笑，而一言足以决大疑；不市私恩，而群才悉为所收用，尤得大臣之体。此史臣所以特书之也。

　　旦凡荐人，人未尝知。谏议大夫张师德两诣旦门不得见，意为人所毁，以告向敏中。敏中从容言之，旦曰："旦处安得有毁人者？但师德后进，待我薄耳。"及议知制诰，旦曰："可惜张师德。"敏中问之。旦曰："累于上前言师德名家子，有士行，不意两及吾门。状元及第，荣进素定，但当静以守之尔。若复奔竞，使无阶而入者当如何也。"张士逊转运江西，见旦求教。旦曰："朝廷权利至矣！"士逊遵其言，不求羡利。人称士逊识大体。薛奎发运江淮，辞行。旦无他语，但云："东南民力竭矣！"奎退，叹曰："真宰相之言也。"

　　转运、发运，都是掌管一路钱粮的官。

　　史臣又叙：王旦每凡荐引人才，人未尝知其荐者。盖不敢以朝廷官爵市私恩也。谏议大夫张师德曾两次到旦门求见，竟不得见，以为被人谗毁，故为旦所拒，告于向敏中。敏中从容与旦言之，旦答说："旦处安得有人谗毁人者？但师德乃后进之士，习于浮薄，不以厚道待我耳。"及知制诰缺官，议要用人。旦叹说："可惜张师德是名家之子，素有才行可用。不意他两次到我门求见，希图荐举。夫师德以状元及第，荣进已素定，但当安静以守之，何患不做美官，而乃急于进用如此。状元犹且奔竞，将使孤寒之士，无阶而入者，又当何如耶？是其人才器可取，而不自爱为可惜也。"这是王旦裁抑奔竞，以正士风的意思。张士逊为江西转运使，见旦请教。旦告说："朝廷征求财利之法，可谓至矣！不可更为搜括，以困吾民。"于是士逊遵守其言，并不加求羡余银两。时人翕然称之，以为识大体。乃旦教之也。薛奎为江淮发运使，辞行。旦无他语，只说："东南民力已竭尽矣！可不思所以安辑之乎？"奎退而叹说："宰相上佐天子，保国安民，旦惓惓以百姓为忧，真宰相之言也。"

　　大抵辨论人才之法，当以平淡为上，躁竞为下。师德虽才，即其躁进一念，何所不至？宜为旦之所抑也。及旦每论理财，则以民力为言。盖民者财之所自出。民富则财充，而上下皆益；民穷则财尽，而上下皆损。旦之言若为民，实所以为国耳。《大学》论用人理财而思休休之大臣，若旦者真无愧矣。

秋七月，以王曾平章事，吕夷简、鲁宗道参知政事，钱惟演为枢密使。曾方严持重，每进见，言利害事，审而当理；多所荐拔，尤恶侥幸。帝尝问曾曰："凡臣僚请对，多求进者。"曾对曰："惟陛下抑奔竞而崇恬静，庶几有难进易退之人矣。"初，真宗封岱祀汾，两过洛阳，皆幸吕蒙正第，曰："卿诸子孰可用？"蒙正对曰："诸子皆不足用，有侄夷简，任颍州推官，宰相材也。"夷简由是进用。

洛阳，即今河南府。颍州，即今凤阳府所属颍州。

乾兴元年秋七月，仁宗即位，以参知政事王曾平章事，知开封府吕夷简、右正言鲁宗道参知政事，枢密副使钱惟演为枢密使。这四人都是一时人望。史臣因叙说：王曾为人端方严毅，持重不苟，每进见真宗，言国家利害之事，议论详审，切中道理。于天下贤才多所荐拔，至于侥幸骤进者，尤深恶之。真宗尝问曾说："人臣进退，出自朝廷。今臣僚有所请对，多自求进用者，为之奈何？"曾对说："士人之节概，在上所以励之。惟陛下裁抑奔竞躁进之人，崇奖恬退静守之士，则天下知重廉耻，畏名义；即有奔竞躁进者，亦无所容，而士风自正。庶几有难进易退之人矣。"初，真宗东封岱岳，及亲祀汾阴，两次过洛阳地方，皆枉车驾，临幸吕蒙正家。是时蒙正方致仕家居，真宗因问蒙正说："卿诸子中谁可大用者？"蒙正对说："臣诸子皆庸才，不足用。有一侄夷简，今任颍州推官，乃是宰相之材，可大用者也。"真宗记忆在心，故夷简得不次进用，至是擢居政府，推真宗之意也。

按真宗之末，奔竞者多，至使人臣得自求进用，士风之坏极矣。独王曾正色立朝，凛然有难进易退之节，故其告于君者，必欲抑奔竞而崇恬静，诚至当不易之论也。仁宗冲年，首用王曾为相，而一时名士如夷简、宗道辈，皆并入政府，朝廷可谓得人矣。

仁宗

仁宗皇帝，名祯，是真宗之子。在位四十二年。

六月，大雨震雷，玉清昭应宫灾，诏系守卫者于御史狱。太后泣对大臣曰："先帝尊天奉道，故竭力成此宫。今一夕延燎几尽，惟长生、崇寿二小殿存，何以称遗旨哉！"范雍抗言曰："不若悉燔之也。先朝以此竭天下之力，遽为灰烬，非出人意。如因其所存，又将葺之，则民不堪命，非所以祗天戒也。"王曾、吕夷简亦助雍言。中丞王曙亦言："玉清昭应宫之建，非应经义，灾变来警，愿除其地，罢诸祷祠以应天变。"右司谏范讽复言："此实天变，不当置狱。"太后与帝感悟。遂减守卫者罪，下诏不复修治，以二殿为万寿观。

玉清昭应宫，是真宗所建，以尊藏天书之处。天圣七年六月，京师大雨震雷，玉清昭应宫被雷火烧毁。有诏逮系看守宿卫人员，送法司问罪。此时仁宗嫡母刘太后临朝，见此宫被毁，涕泣而对大臣说："先帝尊事上天，敬奉道教，故不惜大费，竭力以建此宫。今守卫者不谨，一夕之间，延烧殆尽，只留下长生、崇寿二小殿而已。何称先帝之遗意哉！"枢密副使范雍直言对说："以臣愚见，不如将这两所殿尽数烧了更好。先朝因建此宫，至于竭尽天下财力。今一旦遽为灰烬，出于人所不意，乃上天以此示警耳。若因其所存，又将修葺，则民力益竭而愈不堪命，非所以上畏天戒也。"平章事王曾、吕夷简皆助雍言以为是。中丞王曙亦奏说："玉清昭应宫之建，乃崇尚异端，与圣经之义不合。天降灾异，正示警戒。愿扫除其地，不复营建，罢诸祷祠，不复修举，以应天变。"右司谏范讽又奏说："这是天灾，非因守卫不谨之故，不当置狱拷讯。"太后与仁宗闻诸臣之言，俱各感悟，遂减免守卫者之罪，下诏：已烧的不复修治，留下的长生、崇寿二殿，改为万寿观，以奉香火而已。

盖人主继体守成，惟当谨守先朝之善政，而不当因循先朝之失德。若玉清昭应宫之建，正真宗之失德也。即无天灾，犹当毁之，况其灾乎？仁宗之时，君子满朝，故一听纳之间，而严天戒，宽民力，黜异端，明典礼，且补先帝之阙失，而有继述之善图，所得多矣。非明主其孰能之？

以吕夷简、章得象兼枢密使。知谏院张方平言："朝廷政令之所出在中书。若枢密院，则古无有也。盖起于后唐权宜之制，而事柄遂与中书均，分军民为二体，则文武为两途。政出多门，自古所患。乞特废枢密院，或并本院职事于中书。"从之。

仁宗以宰相吕夷简、章得象兼枢密使。宋初枢密院专领兵政，事权与中书省颉颃，号为二府。至是西北边用兵，知谏院张方平以边事重大，不当专委枢密，乃上疏说："宰相在密勿之地，职司机务，朝廷一政一令，不论文武军民，皆从中书省出，其事权自古重之。若枢密院，则古所未有也。盖起于后唐时，庄宗改崇政院为枢密，以腹心大臣领其事，乃一时权宜之制，不可为法。相沿至今，事权日盛，遂与中书省相均。凡中书所行，关军机武职者必报枢密；枢密所行，关民情文职者，必报中书。是军与民分为二体，文与武别为两途。宰相之外，复有宰相；政府之外，复有政府。所谓政出多门，甚非事体。自古乱亡之患，未有不由于此者也。自今乞复古制，裁革枢密院，或将本院所管职掌，并入中书省为便。"仁宗从其言，故有宰相兼枢密之命。

夫百司庶府，各有专职，不可相兼。惟朝廷统领万几，而宰相实佐理之，有所分，则事权不一；有所参，则朝廷不尊。故百司庶府之事，皆当总之。况军国重务，必资庙算，而可使宰相不知兵哉？方平之言，可谓深识治体者矣。

以蔡襄、欧阳修、王素知谏院，余靖为右正言。襄喜言路开，而虑正人难久立也，乃上疏曰："任谏非难，听谏为难；听谏非难，用谏为难。修等三人忠诚刚正，必能尽言。臣恐邪人不利正谏，必造为御之之说。其御之不过有三，曰：好名、好进、彰君过耳。愿陛下察之。"修每入对，帝必延问执政，咨所宜行，既多所张弛，小人翕翕不便，修数为帝分别言之。

宋时门下、中书两省，设有谏院，即古者补阙拾遗之职，以他官领者，叫做知谏院。右正言，亦谏院官名。

庆历三年三月，以馆阁校勘蔡襄、集贤校理欧阳修、知鄂州王素并为知谏院官，同知礼院余靖为右正言官。是时仁宗励精求治，增置谏官。蔡襄既拜命，喜朝廷清明，言路大开，而又恐直道难容，正人不能久立于朝，乃上疏说："人君委任忠谏之人不为难，惟虚心听谏为难；听信忠谏之言也不为难，惟实用其谏为难。今欧阳修、王素、余靖等三人，皆忠诚不欺、刚正执法之臣，必能尽言极谏，裨益国家。臣不患其不能谏，只恐在朝邪人，不利正谏，必将设出沮抑他的说话来。其沮抑之说，不过三样，一说他沽名卖直，一说他结知求进，一说他居下讪上以彰君过而已。夫忠臣危言激论，身死且不避，何暇顾区区身后之名声，与其身外之富贵乎？可见说好名好进者，不足信矣。人君若能受谏，则有改过不吝之美，而天下享无穷之福，乃所以增其善，岂所以彰其过乎？可见说彰君过者，不足信矣。愿陛下察之，毋使邪人之言得以谗间正人可也。"仁宗嘉纳其言。其后欧阳修每入对，仁宗必以其言问于宰相，咨访其可行者行之。于是革弊厘奸，多所张弛，小人翕翕腾谤，以为不便。修恐善人不胜，数与仁宗分别言之。

大抵好治之主，惟恐人之不言，言路既开，则君子因得尽其忠，而小人亦将肆其说。一不加察，则巧佞者进，而忠直者疏，此蔡襄所以虑用谏之难，而欧阳修汲汲于君子小人之别也。然君子小人岂难辨哉！惟明主清心寡欲，无隙可投，则小人自不能入，而君子至矣。

初，范仲淹之贬饶州，修及尹洙、余靖皆以直仲淹见逐。群邪因目之曰党人，于是朋党之论起。及仲淹日受眷注，修乃进《朋党论》，以为：君子以同道为朋，小人以同利为朋，皆自然之势也。然小人无朋，惟君子则有之。盖小人所好者利禄，所贪者财货。当其同利之时，暂相党引以为朋者，伪也。及其见利而争先，或利尽而反相贼害，虽兄弟不能相保。君子则不然。所守者道义，所行者忠信，所惜者名节。以之修身，则同道而相益；以之事国，则同心而共济，终始如一。故为君者，但当退小人为伪朋，用君子之真朋，则天下治矣。修论事切直，人视之如仇。帝独奖其敢言，顾侍臣曰："如欧阳修者，何处得来？"

饶州，即今江西饶州府。

史臣又记欧阳修的事说：初范仲淹知开封府时，上疏讥切时政，吕夷简恶之，谪贬仲淹于饶州。那时欧阳修与尹洙、余靖等，皆以仲淹之言为是，各相论救，亦见斥逐。于是群邪小人韩渎等请书仲淹等为党人，揭之朝堂，而朋党之论遂起，士君子被祸者多矣。及仲淹见知于仁宗，日受眷注，公道昭明。修作《朋党论》一篇，进于仁宗。其大略说：君子小人，势不并立。君子但知有道，道同则相与为朋；小人但知有利，利同则相与为朋。此皆自然之势也。然小人虽有所同，其实无朋，惟君子则有之。何也？盖小人所喜好的是利禄，所贪慕的是财货。当其同利之时，暂相交结，党助援引以为朋者，都是假意。及其见利，则争先取之，不肯少让。或利尽则交绝，反相倾害，虽兄弟至亲亦不能保，何况他人？所以说小人无朋。若君子则不然。所操守者在道义，所践行者在忠信，所爱惜者在名节。以此修身，则彼此切磨，同道而相益；以此事君，则夙夜匪懈，同心而共济。且自始至终，真切无二，这才叫做朋友。所以说惟君子有朋。为君者，但当虚心鉴别，孰为小人之伪朋，则退远之；孰为君子之真朋，则进用之，天下自无不治矣。何必以朋党为疑，使小人得以借口，而君子不能自保乎？修凡论事，俱恳切正直，无所隐讳，人都恨他，视之如仇敌，思欲害之。惟仁宗知其敢言，特加称奖，顾侍臣说："人臣正直者少，阿随者多。如欧阳修者，何处得来？"盖叹其不可多得也。

按朋党之论，欲人主退小人，用君子，其言甚切。然正人指邪人为邪，邪人亦指正人为邪，其几难辨。而况小人之言，婉婀而易入；君子之言，正直而难容。自非明主先正其心，以端好恶之原，未有不为小人所惑者。仁宗能用仲淹等于弃逐之后，奖欧阳修于众恶之中，君子满朝，一时称盛，亦可谓宋之明主矣。

戊子，雨，辅臣称贺。帝曰："天久不雨，将害民田。朕每焚香上祷于天。昨夕寝殿中，忽闻微雷，遽起冠带，露立殿下。须臾雨至，衣皆沾湿。移刻雨霁，再拜以谢，方敢升阶。自此尚冀槁苗可救也。比欲下诏罪己，撤乐减膳，又恐近于崇饰虚名，不若夙夜精心密祷为佳尔。"

庆历三年，自正月至五月，天久亢旱不雨。至戊子日，乃雨，远近沾足。辅臣率百官称贺。仁宗谕说："今岁天久不雨，小民难以种作，将害农事。朕心甚悯，每自焚香上祷于天，以祈玄佑。昨夜在寝殿中，忽闻微雷之声，心中喜幸，急遽起来，整冠束带，露立于殿庭之下。瞻望须臾，大雨来至，朕身上袍服尽皆沾湿。直待移时雨霁，朕又再拜以谢上苍，方敢升阶还宫。自此之后，犹望枯槁之苗尚可救济，以期丰熟也。近者朕意本欲下诏罪己，引咎自责，撤去常用之乐，减损日尚之膳，以回天心，又恐近于崇饰虚名，徒美观听，不若夙兴夜寐，精白一心，密地祈祷，不以外闻，庶几应天以实不以文，或可精诚感通，乃为佳尔。"

按仁宗此谕，为不敢受贺而发，可以见其侧身修行之实矣。盖自汉、唐以来，人君每遇灾异，则下诏罪己，撤乐减膳，以为修省，初意非不美也。但相传既久，徒为虚文而已。夫匹夫犹不可以虚文感动，况上天乎？人君心与天通，则降监孔赫；修饬虚文，反涉矫诬。仁宗此论，真修德弭灾之彝宪也。

九月，晏殊罢。以杜衍平章事兼枢密使，贾昌朝为枢密使，陈执中参知政事。衍在枢密，每有内降，率寝格不行，积诏旨至十数，辄纳帝前。帝尝语欧阳修曰："外人知杜衍封还内降耶？凡有干求，朕每以衍不可告之而止者，多于所封还也。"

庆历四年九月，宰相晏殊罢任。仁宗以枢密使杜衍平章事兼枢密使，参知政事贾昌朝为枢密使，召工部侍郎知青州陈执中参知政事。杜衍在枢密院守正不阿，未尝以朝廷官爵轻易与人。每有内旨传升官员，衍皆停阁不行，积诏旨至十数通，即封还御前，竟不传出。仁宗知其忠直，愈加信重。一日仁宗谓欧阳修说："杜衍封还内降，外人亦知其事耶？此事人或知之。至于人在朕前干求进用，朕每每告以杜衍在朝，必有所不可，因而遂止者，比封还之数尚多。此则外人不及知，而朕独知之耳。"

古者爵人于朝，与众共之，虽天子不得私以与人。若使干求进用者皆从内降，则是以天下名器为人主市私之物。爵禄不足重，统体亦甚亵矣。杜衍封还内降，最为忠直。然仁宗不以为忤，而且称之，亦贤矣哉！

夏六月，诏州郡自今勿得献瑞物。知无为军茹孝标献芝草三百五十本。帝曰："朕以丰年为瑞，贤臣为宝。至于草木虫鱼之异，焉足尚哉！免茹孝标罪，戒天下勿献。"

无为军，即今庐州府无为州。

仁宗皇祐三年夏六月，诏天下州郡，自今以后，毋得贡献祥瑞等物。是时知无为军茹孝标献芝草三百五十本于朝，希图恩宠。仁宗不悦，却之。因下诏说："天子职养万民，明王不宝异物。朕他无所好，只以丰年为瑞，贤臣为宝。盖时和物阜，五谷丰登，则百姓安乐，而国本安于泰山，岂不是瑞？贤俊登庸，君子满朝，则朝廷有人，而国势重于九鼎，岂不是宝？至于草木虫鱼之异，饥不可食，寒不可衣，有之不足为重，无之不足为轻，徒盅人耳目，荡人心志而已，何足尚哉！茹孝标妄献瑞物，本当治罪，姑从宽免究。其布告天下，自今勿得贡献瑞物。"

大抵人主好尚，关系甚大，不可不谨。除天下岁贡额办外，凡有不时进献者，即系谄邪小人，败坏圣德，以为希宠干进之图，所宜亟加诛绝者也。然小人百计钻伺，为术甚工，而人主一念不谨，即为所惑，若非真以亲贤乐善，保国爱民为心，未有不为嗜欲引去者。故"丰年为瑞，贤臣为宝"，真治天下之药石也。明主其深念之。

以文彦博、富弼平章事。初，彦博与弼同召至郊，诏百官迎之。范镇言曰："隆之以虚礼，不若推之以至诚。"及宣制，士大夫相庆于朝。帝遣小黄门觇知之，语翰林学士欧阳修曰："古之命相，或得诸梦卜。今朕用二相，人情如此，岂不贤于梦卜哉！"修顿首贺。会契丹使者耶律防至，王德用与射于玉津园。防曰："天子以公典枢密，而用富公为相，将相皆得人矣！"

仁宗召忠武军节度使文彦博、宣徽南院使判并州富弼还朝同平章事。史臣叙说：初彦博与弼同召至国门外，仁宗因两人具者旧大臣，德望素重，特召文武百官都出郊外迎接，以示尊礼之意。知谏院范镇奏说："人君之于大臣，固当有致敬之仪文，尤贵有倚毗之实意。若外貌隆重，只以虚礼加之，不若推至诚恻怛之意，专心委任，始终如一，尤为得任贤之实也。"及传宣制书，以文彦博、富弼为相，满朝士大夫莫不私相庆幸，以为老成秉政，社稷之福。仁宗密遣小黄门出外探听众论何如。及知朝臣相庆，仁宗甚喜，乃谓翰林学士欧阳修说："古之明君，其命相或得之于梦，如高宗之于傅说；或得之于卜，如文王之于太公，皆非偶然。今朕用文彦博、富弼二人为相，虽不假于梦卜，而人情欢悦如此，可谓得贤矣。岂不更胜于梦卜哉！"修乃顿首称贺。是时适有契丹使臣耶律防至京，枢密使王德用与之射于玉津园中。防因谓德用说："南朝天子，以公掌枢密院，任将帅之事，而又用富公为相，将相皆得其人矣！"

夫人君用一宰相，中外之观望系焉。得其人，则朝野相庆，而四夷皆畏之。不得其人，则不惟朝野失望，彼四夷则窥见朝廷之无人，而侵侮之患至矣。仁宗召用二相，深惬中外之心，其后韩、范诸臣亦相继柄用，有宋得人之盛，莫过于此。其称一代之令主，宜哉！

以包拯权知开封府。拯性峭直刚毅，恶吏苛刻。为政务敦厚，虽嫉恶如仇，而未尝不推以忠恕。与人不苟合，不伪辞色以悦人。平生无私书。及知开封，贵戚宦官为之敛手，吏民不敢欺，童稚妇女亦知其名，呼曰"包待制"。京师为之语曰："关节不到，有阎罗包老。"以其笑比黄河清焉。

开封，即今河南开封府。宋都汴梁开封为京府，用皇太子管府事。仁宗时未有皇太子，乃以龙图阁直学士知瀛州包拯，权知开封府事，盖重用之也。包拯为人素性峭厉正直，刚毅不挠，深恶当时官吏以苛细刻薄为务。其为政专尚敦笃仁厚，不事苛刻，见了为恶的人，虽是深加嫉恶，如冤仇一般，然待之未尝不以至诚忠恕，情意恳切，盖未尝弃人于恶也。与人相交，必择正人端士，不为苟合，必以诚心直道相与，不为假言语，虚体面，以求悦于人。奉公守法，平生绝不与人通私书。及知开封府命下，一时贵戚宦官，皆为之肃然敛手，不敢犯法。吏民畏其严明，不敢欺瞒。下至儿童妇女，也都晓得他的声名。因其曾为龙图阁待制，叫他做包待制。京师中有两句谣言说："关节不到，有阎罗包老。"说别的官都通得关节，可以干求请托，只有包待制就如阎罗王一般，通不得一些关节。言其公直无私如神明也。又以其赋性严毅不轻喜笑，将他的笑容比做黄河清一般，言其难得也。

大抵朝廷之事，自有公法，人臣之节，难于无私。无私则法行，而天下并受其赐矣。若包拯者，真可谓执法之臣，故虽至今儿童妇女犹知称之，况当时乎！然其敦厚忠恕，又其立身行己之本，故虽执法而民不以为残也。人主得斯人而用之，则可以振纪纲，正风俗，其于治道非小补矣。

六月壬子朔，日有食之。司天言当食六分之半，食四分而雨，群臣欲援例称贺。同判尚书礼部司马光言："日之所照，周遍华夷；云之所蔽，至为近狭。虽京师不见，四方必有见者。天意若曰人君为阴邪所蔽，灾譴甚明，天下皆知其忧危，而朝廷独不知也。食不满分者，乃历官术数不精，当治其罪，亦非所以为贺也。"帝从之。

嘉祐六年六月壬子朔，日有食之。时司天官推算日行度数，该食六分五秒。及期，止食得四分，即下雨不见。群臣以为当食不食，乃是休征，欲援旧例称贺。同判尚书礼部司马光奏说："日之照临，合中国蛮夷之地，无不周遍。若云则不过蔽于一方，最为近狭。今在京师日为云蔽，虽不见其食，那四方远地无云的去处，必有见之者。岂可因此地不见，便以为休征而称贺乎？夫日者君之象，云者阴之气，日为云蔽，正上天警戒的意思。若谓人君为阴邪所蔽，聪明壅塞。凡民间之愁苦，四方之灾害，天下人共见共闻，莫不忧惧，而朝廷之上，独不得知。就如日食之变，其为灾譴甚明，四方共见，乃为阴云所蔽，而京师独不见的一般，故垂此象耳。且日之运行，本无差忒。其食不满分者，乃是历官术数不精，推测未至，非缘当食不食。正当治其失职之罪，亦非所以为贺也。"仁宗从其言，竟罢朝贺。

古者日食，则天子素服而修六官之职，所以荡阳事而谨天变也。若遇灾不畏，日以受贺，岂非慢天之甚乎！司马光之言，甚得其正。仁宗即能从之，皆可为后世法矣。

复以三札子上殿，其一论君德，曰："臣切惟人君大德有三：曰仁，曰明，曰武。仁者，非妪煦姑息之谓也。兴教化，修政治，养百姓，利万物，此人君之仁也。明者，非烦苛伺察之谓也。知道谊，识安危，别贤愚，辨是非，此人君之明也。武者，非强亢暴戾之谓也。唯道所在，断之不疑，奸不能惑，佞不能移，此人君之武也。故仁而不明，犹有良田而不能耕也。明而不武，犹视苗之秽而不能耘也。武而不仁，犹知获而不知种也。三者兼备则国治强，阙一则衰，阙二则危，三者无一焉则亡。"

札子，即今奏本。

司马光既知谏院，入对之后，又条陈三事，上殿奏之。其一论君德，说道："臣切思人君之德，大者有三：一件是仁，一件是明，一件是武。所谓仁，不是妪煦姑息，沾沾然为私恩小惠以悦人，叫做仁。必也兴教化以正人心，修政治以安民生，兼利万物，使天下百姓个个都蒙被其福泽，如天地之无所不容，这才是人君之仁。所谓明，不是烦苛伺察，屑屑然为小见私智以惊人，叫做明。必也知道谊而审察其当否，识安危而不失其事机，别贤愚使人品无所混淆，辨是非使国是无所摇乱，如日月之无所不照，这才是人君之明。所谓武，不是强亢暴戾，刚愎自用，敢作敢为而不顾，叫做武。必也凡事之来，一以道理揆度之，道之所在，即断然行之而不疑。虽有奸邪，不能为之惑；虽有谀佞，不能为之移。如雷霆之无所不服，这才是人君之武。这三件不可缺一。仁而不明，则虽有仁心仁闻，而民不被其泽。如有良田，而不能种作的一般。明而不武，则见善而不能用，见不善而不能去。如看着田苗被草莱荒芜，而不能耘耨的一般。武而不仁，则但知威严以检下，而无慈爱以及物。如但知收获，而不知种作的一般。三者兼备，然后威福并行，刚柔相济，庶事和平，而国家治强。少了一件，则德有所偏，事有所失，而国以衰。少了两件，则其偏愈甚，其失愈大，而国以危。三件通无，则君德全亏，天命去，人心离，而国以亡矣。然则人主可不务修三德，以为治国安民之本哉！"

按司马光所谓仁、明、武三大德，即孔子告鲁哀公所谓知、仁、勇三达德也。三德，人所同具，但为私欲所蔽，其始虽若甚微，而其后遂至于昏愚残暴而不自觉危亡之祸，皆由于此。可不畏哉！孔子说："好学近乎知，力行近乎仁，知耻近乎勇。"此人君修德之要务也。

"臣切见陛下天性慈惠，谨微接下，子育元元，泛爱群生。虽古先圣王之仁，殆无以过。然践祚垂四十年，而朝廷纪纲犹有亏缺，闾里穷民犹有怨叹。意者群臣不肖，不能宣扬圣化，将陛下之于三德万分一亦有所未尽欤？臣伏见陛下推心御物，端拱渊默，群臣各以其意有所敷奏，陛下不复询访利害，尽察得失，一皆可之。诚使陛下左右前后股肱耳目之臣皆忠实正人，则如此至善矣。或有一奸邪在焉，则岂可不为之寒心哉！望陛下以天性之至仁，廓日月之融光，奋乾刚之威断，善无微而不录，恶无细而不诛，则唐、虞、三代之隆，何远之有？"

元元指小民，是善良的意思。

司马光既论人主当用三德，遂直指仁宗说："臣切见陛下天性慈祥温惠，处盈成而能谨察细微，居崇高而能接遇臣下。闾阎小民，育之如子；群生庶类，泛爱不遗。虽古先圣王之仁，殆无以加矣。然登极几四十年，而朝廷纪纲尚有亏缺废坠之处，闾里穷民尚有怨咨愁叹之声，其故何也？意者群臣不肖，不能仰承德意，以敷扬圣化，抑或陛下于仁、明、武之三德，容有万分一之未备欤？臣伏见陛下之待群臣，推诚相与，略无猜疑，且端拱无为，渊默不发。群臣各以其意见，有所陈奏，陛下不复咨访其事之利病，深察其言之得失，一皆允行之。夫使陛下左右前后股肱耳目之臣，果皆忠实不欺、守正无私之士，则如此御之，可谓至善矣。设或有一奸邪参于其间，陛下漫无可否，听其所为，必至蠹国害民，危亡立见，岂可不为之寒心哉！盖陛下仁则有余，而明、武尚有所不足。臣愚，伏望陛下以此天性之至仁，培养国脉，而又廓日月之融光，以精鉴别，奋乾刚之威断，以揽权纲。使善者得以敷扬，虽微而必录；恶者不能逃遁，虽细而必诛。则明与武，足以济其仁之所不及，而三德备矣。是之谓帝王之全德。以此为治，虽唐、虞、三代之隆，亦何远之有哉！"

夫人君父母天下，使可以仁厚治之，何乐于明察，亦何乐于威武？惟是人情之隐伏无尽，事几之交错无常，一不明则受其蒙蔽，一不武则至于废弛。自古昏懦之害甚于严刻，故必主之以仁，而济之以明、武，然后为帝王之全德也。司马光之言，最切仁宗之病，愿治者宜深省焉。

其二论御臣，曰："致治之道无他，在三而已，曰任官，曰信赏，曰必罚。国家御群臣之道，累日月以进秩，循资涂而授任。苟日月积久，则不问其人之贤愚而置高位；资涂相值，则不问其人之能否而居重职。非特如是而已。国家采名不采实，诛文不诛意。夫以名行赏，则天下饰名以求功；以文行罚，则天下巧文以逃罪。陛下诚能博选在位之士，使有德行者掌教化，有文学者待顾问，有政术者为守长，有勇略者为将帅。有功则增秩加赏而勿徙其官，无功则降黜废弃而更求能者，有罪则流窜刑诛而勿加宽贷。如是而朝廷不尊，万事不治，百姓不安，四夷不服，臣请伏面欺之诛。"

司马光第二札子是论人主临御臣下之道，说："人主治天下之道，固为多端，然其大者，只有三件而已。一件，选任官职，必当其才；一件，有功必赏，而赏当其功；一件，有罪必罚，而罚当其罪。自古明君未有舍此而能治者也。今国家御群臣之道则不然。吏部凡有升迁，只算他历俸日月，而进其品秩；凡有铨注，只照他出身资格，而授以事任。若其历俸已深，则不问其人之贤愚，虽素称庸劣者，皆得以躐跻高位矣；若其资涂相当，则不问其人之能否，虽不堪驱策者，皆得以滥叨重职矣。这岂是任官之道？又不但如此而已也。今国家凡有升赏，只采访人之虚名，而不核其实行；凡有黜罚，只在那文移案牍上责其罪状，而不审察其本意之所在。夫以名行赏，则天下之人都将旷废本业，崇饰虚名，以求功绩矣；以文行罚，则天下之人都将隐匿真情，巧弄文法，以逃罪责矣。这岂是信赏必罚之道？陛下诚能博选在位之臣，务令有德行者，使之掌教化，以表正风俗；有文学者，使之待顾问，以辅养圣德；有政术者，使之为守长，以安辑百姓；有勇略者，使之为将帅，以镇抚四夷。不论日月之久近，而论人品之贤愚；不论出身之资格，而论才能之称否。有功则或增秩，或加赏，使之久任而勿迁其官；无功则或降黜，或废弃，更求能者以代其职；有罪则或流窜，或刑诛，必论之如律，而勿姑息宽贷以至于长恶容奸。这等御臣，然后人人各善其能，事事各得其理。如此而朝廷有不尊，万事有不治，百姓有不安，四夷有不服，则是臣诈妄不忠，请伏面欺之诛。”

按司马光此疏，非谓资格可废也。用人以资格，虽有贤愚同滞之叹，而可以抑奔竞，防奸私，定才品，其法终不可改。但当以资格待常流，以超擢待异才耳。然非人主明目达聪于上，安得异才而擢用之哉！故司马光以此望仁宗，真得知人官人之意，而明主所宜深念也。

其三论拣军，言：“养兵之术，务精不务多。”上以其一留中，其二送中书，其三送枢密院戒拣军官。又曰：“赦书害多而利少，非国家之善政也。汉吴汉曰：‘臣死无所言，愿陛下无赦而已。’王符亦曰：‘今日贼良民之甚者，莫大于数赦。’蜀人称诸葛亮之贤，亦曰军旅屡兴，而赦不妄下。然则古之明君贤臣，未尝以赦为美也。”

司马光第三札子专论拣选军士，大略说：“养兵之法，贵精不贵多。盖精则一可当十，百可当千，何贵于多？若多而不精，虽有百万之众，亦徒寄虚名，费粮饷而已。”仁宗以其第一札子论仁、明、武三德的留官中省览；第二札子论任官赏罚的，送中书省综核庶职；第三札子论选兵的，送枢密院戒谕拣军官。司马光又尝奏说："朝廷每降赦书，除释人罪，虽是与民更生之意，其实害处多，利处少。盖法以布信，犯者罪必不免，然后人不敢犯。若一赦之，则为恶者无所惩，而犯法者愈众，非国家之善政也。昔汉臣吴汉临终对光武说：'臣死无所言，惟愿陛下法必行于奸人，慎无轻赦而已。'又汉隐士王符作《述赦篇》亦说：'为国者，必先知民之所苦，祸之所起而禁之。今日贼害良之甚，使被害而不得伸，见仇而不得讨者，莫大于数赦。'盖恶人昌则善人伤矣。诸葛亮治蜀，蜀人称其贤，亦说军旅屡兴而赦书不妄下。由此观之，则古之明君贤臣皆未尝以赦为美，正以其害多而利少故也。岂非今日所宜慎哉！"

夫国家养兵之费皆取于民，若多而不精，则以民之膏血养无用之兵，不惟无救缓急而反为民累矣。至于威奸惩恶，正以除民害也。数赦则惠奸轨而贼良民，非先王五刑五用之义。况奸猾之党有知赦书之必下而故犯者，其风亦岂可长乎！司马光之言，切中时弊，明主宜慎思之。

又进五规。一曰保业。其略曰："天下，重器也。得之至艰，守之至艰。王者始受天命之时，天下之人皆我比肩也。相与角智力而争之，智竭不能抗，力屈不能支，然后肯稽颡而为臣。当是之时，有智相偶者则为二，力相参者则为三，愈多则愈分，自非智力首出于世，则天下莫得而一也。斯不亦得之至艰乎？及夫群雄已服，众心已定也，人之性皆以为子孙万世，如泰山之不可摇也，于是有骄惰之情生。骄者玩兵黩武，穷奢极侈，神怒不恤，民怨不知，一旦涣然，四方糜溃，秦、隋之季是也。斯不亦守之至艰乎？"

司马光既进三札之后，又条上五事，叫做五规。其一是保业，大略说："天下是重器也。其开创而得之者固为至难，其继世而守之者亦非容易。何以见之？盖王者初受天命，起于草莽之时，天下之人都与我比肩共事，素无统属。一旦与他每斗智较力而争天下，直到那百战之后，彼智竭而不能抗，力屈而不能支，然后降心服气，稽颡而臣服于我。当此之时，若有一人的智与我相偶，则天下便中分而为二；有两人的力与我相参，则天下便鼎足而为三；有智力者愈多，则海宇瓜分，疆土割裂而其势愈分矣。

自非真命天子，智侔鬼神，力夺造化，首出于一世之上，则天下不可得而混一也。这岂非得之之艰乎？及夫继世之后，群雄已服，众心已定，天下之势归于一矣。为之子孙者，自以为传之万世，可以长享富贵，如泰山之不可摇动矣。于是乎骄侈惰慢之情生焉。骄心既生，则必至于玩兵黩武，勤远略以事四夷；穷泰极侈，竭民力以供耳目。至于神怒于上而不恤，民怨于下而不知，一旦众心离散，涣然不收，瓦解土崩，四方糜烂，如秦二世、隋炀帝是也。皆因一念之骄，以至于杀身亡国而不知，这岂非守之之艰乎？"

然创业之难，人所皆知；守成之难，人所易忽。创业之难，难于智力之不足；守成之难，难于富贵之有余。继世之君，若不深思创业之难，则以骄惰失之者多矣。可不戒哉？可不惧哉？

二曰惜时。其略曰："《易》：泰极则否，否极则泰；丰亨，宜日中。孔子传之曰：'日中则昃，月盈则食。'是以圣人当国家隆盛之时，则戒惧弥甚，故能保其令闻，永久无疆。"

泰、否、丰，都是《易经》卦名。

司马光进五规，其第二款是惜时。大略说："隆盛之时，难得易失。《易经》上天地交为《泰》卦。泰之极，则变而为否。天地不交为《否》卦。否之极，又转而为泰。盖治乱相生，乃天运之自然，有不可常恃其治者。故《丰》卦民物成亨，若可无忧矣，而又谓王者至此，宜戒于日中。孔子《象传》释之说：'天地之数，自盛必有衰。如日到中天，其势必昃；月到盈满，其体必亏。'人君处丰大之世，虽若无虞，而不知盛极当衰，实有大可忧者在焉。是以圣人当国家隆盛之时，恒存日中之虑，戒谨恐惧，日甚一日，故能挽回天运，保令名于不坠，延国祚于无疆也。若失此不为，使颓败之势已成，后虽顿足扼腕而恨之，亦无及矣。时其可不惜哉！"

三曰远谋。其略曰："《诗》云'迨天之未阴雨'者，国家闲暇无灾害之时也。'彻彼桑土'者，求贤于隐微也。'绸缪牖户'者，修敕其政治也。"

迫，是及。彻，是取。桑土，是桑根的皮。绸缪，是缠绵补葺的意思。牖户，是鸟之窠巢通气出入的去处。

司马光进五规，其第三款是远谋。大略说："天下之患，有隐于幽远而不在目前者，人君当思患而预备之。《诗经》上的《豳风·鸱鸮》之篇说：鸟之为巢，及天未下雨之时，取那桑根的皮，补葺巢之牖户以防患害。夫所谓'迨天之未阴雨'者，比喻国家当承平之时，上下安闲，无水旱盗贼之警，如天气晴明，阴雨未施之日也。所谓'彻彼桑土'者，说贤才隐于侧微，当汲汲求之，以待国家之用，如鸟之取桑土也。所谓'绸缪牖户'者，说资贤才之力，以修明其纪纲，整饬其政教，如鸟之绸缪牖户，而不使倾覆也。"

盖天下之事，谋之于目前则仓卒苟且，而无救于败。谋之于久远则从容周密，而不至于败。故《书经》说"远乃猷"，孔子说"人无远虑，必有近忧"。古之圣王，方暑而忧寒，方食而备饥，惕然远览，不敢荒宁，正为此也。愿治者宜永念之。

四曰谨微。其略曰："宴安怠惰，肇荒淫之根；奇巧珍玩，发奢泰之端；甘言悲辞，启侥幸之涂；附耳屏语，开谗贼之门；不惜名器，导僭逼之源；假借威福，授陵夺之柄。凡此六者，其初甚微，而日滋月益，遂至深固。比知而革之，则用力百倍矣。"

司马光进五规，其第四款是谨微。大略说："天下之患，每起于至微，不可不谨也。且如宴安怠惰，暂尔肆意，不过此心之少懈耳。然由此不已，必至于沉湎酒色，以极心意之娱。是乃所以启荒淫之根也。奇巧珍玩，偶然好之，不过此心之少侈耳。然由此不已，必至于穷极靡丽，以供耳目之欲。是乃所以发奢泰之端也。或为近习之人，甜言美语，为悲哀可怜之辞，有所求乞，而遽听许之，则必至于升赏纷纷。侥幸之途自此而启矣。或为阴私之辈，附耳而言，屏人而语，专为诡秘，而不早斥之，则必至于颠倒是非。谗害之门从此而开矣。爵赏乃朝廷之名器，不可不惜，一不加惜而轻与人，则位愈高而势愈逼。是僭逼之源，自我而导之矣。赏罚乃天子之威福，不可下移，一日下移，则权日去而势日卑。是陵夺之柄，自我而授之矣。凡此六者，方其初起之时，端倪甚微，常以为无害而不谨。然日滋月益，渐增渐长，遂至于深根固蒂而不可救。至于知其为害而后改图，则用力甚难，百倍于前矣。岂若禁于未发之为易乎？"

《周书》有言："勿谓胡害，其祸将大；勿谓胡伤，其祸将长。"古语说："涓涓不塞，流为江河；萌芽不折，将寻斧柯。"古之圣王，所以为大于其细，图难于其易者，为是故耳。明主可不慎诸？

五曰务实。其略曰："夫安国家，利百姓，仁之实也。保国绪，传子孙，孝之实也。辨贵贱，立纲纪，礼之实也。和上下，亲远迩，乐之实也。决是非，明好恶，政之实也。诘奸邪，禁暴乱，刑之实也。察言行，试政事，求贤之实也。量材能，课功状，审官之实也。询安危，访治乱，纳谏之实也。选勇果，习战斗，治兵之实也。实之不存，虽文之盛美，无益也。"帝深纳之。

司马光进五规，其第五款是务实。大略说："为国家者，不宜崇饰虚文，须要敦尚本实。如君道莫大于仁，然屡赦有罪，沿门散钱，特姑息之仁耳。惟义安国家，普利百姓，使天下穷民个个都受实惠，乃是仁之实也。君德莫先于孝，然建立官庙，修广御容，特一节之孝耳。惟保守祖宗之绪业，传之子孙，使继逮之美，世世可以遵行，乃是孝之实也。礼非繁缛之谓，乃礼之实也。乐非器数之谓，必和气通于上下，亲爱行于远近，风俗熙然，不相离怨，乃乐之实也。钩校簿书，非政之要领。惟别白是非，审定好恶，使万事各当于理，乃政之实也。苛责微文，非刑之本务。惟究诘奸邪，禁止暴乱，使威令必行于下，乃刑之实也。求贤不在文词声病之末，察之以言行，试之以政事，取有益，罢无用，乃求贤之实也。审官不在出身资序之间，量其材能之大小，课其功状之上下，进有功，退不职，乃审官之实也。纳谏之道，不贵于从，而贵于审，必问其安危之故，咨访其治乱之由，略浅近之言，而图久大之计，乃纳谏之实也。治兵之道不贵于多，而贵于精，必选勇果之士，习战斗之方，入可以守，而出可以战，乃治兵之实也。凡此十者，皆务实之道。实存则不求文而自文。若实之不存，虽有文采之饰，歌颂之声，亦终必亡而已矣，何益之有哉！"仁宗见其疏，深嘉纳之。

按司马光五规，事事恳切。至于务实之言，尤中时弊。盖天下所以不治者，只缘本实不存，虚文日盛。方其无事时，非不称为太平，眩曜耳目。一旦有事，则百孔千疮，杂然并出。譬之病在腹心，虽有四肢百骸，无能为矣。故象龙不足以致雨，画饼不足以疗饥，虚文不足以致治，欲久安长治者，其尚务其实哉！

仁宗可谓至仁之主。大辟疑，必谳上，所活岁以千计。尝云："朕未尝詈人以死，况敢滥刑！"语近臣："昨因不寐而饥，思食烧羊。"曰："何不取索？"曰："恐遂为例，可不忍一夕之饥，而启无穷之杀。"或献蛤蜊二十八枚，枚千钱。曰："一下箸，费二十八千，吾不堪也。"北使言高丽职贡疏，今欲加兵。仁宗谓曰："此只王子罪，不干百姓事。今加兵，王子未必能诛，且屠戮百姓。"卒寝兵。京师疫，太医进方，内出犀角二，一通天犀也。或请留供服御。帝曰："朕岂贵异物，而贱百姓哉！"

这一段是新安胡一桂总叙仁宗的事，以赞美他的说话。说：宋仁宗可谓一代至仁之主，恩德隆厚，不可及矣。凡死罪囚犯，少涉矜疑，必令拟议上请，多从宽宥，所全活每岁以千计。尝说："朕以好生为心，不曾将'死'字骂人。骂且不敢，况敢滥刑而置之死地乎？"又曾谕左右说："朕昨夜因不睡而饥，偶思烧羊吃。"左右奏说："何不传旨取讨？"仁宗说："我今取讨一次，以后该衙门便日日准备，遂为永例。朕岂可不少忍一夜之饥，而开他日无穷之杀乎？"或献蛤蜊二十八枚，每一枚直钱千文。仁宗说："一枚千钱，二十八枚，直二十八千，一下箸之间，而费钱至二万八千。暴殄天物，吾不为此也。"契丹使臣来说："高丽国职贡疏慢，今欲加兵伐之。"仁宗谕说："高丽不贡，这只是他王子的罪，与百姓何干？今若加兵，彼必悉力拒命。王子未必能诛，而百姓且受杀戮之惨矣。"契丹闻之，竟为罢兵。京师中疫疠流行，太医进方救疗。内库出犀角二枝制药，其一乃通天宝犀也。或请留下以供上位服御。仁宗说："明主不贵异物，而以爱民为先。朕岂以一犀为贵，而轻贱民命，不以拯救之哉！"

即此五事，可见仁宗之心，无所不用其仁矣。有罪之人尚不忍，况于良民；蠢动之物尚不忍，况于同类；异国之民尚不忍，况于本国；服御之珍尚可舍以救民，况于他物。此心即天地生物之心也。其享四十二年之太平，而为宋之称首，宜哉！

苏辙制策言过直，或请黜之，曰："求直言而以直弃之，天下谓何？"又好学崇儒，扶植斯道，上承一祖二宗之心，下开濂、洛道学之懿，尤为盛美。经筵谓侍臣曰："朕盛暑未尝少倦，但恐卿等劳耳。"诏州县皆立学，定太学生员，以孙复、石介、胡瑗为国子直讲。王尧臣及第，赐《中庸》篇。吕臻及第，赐《大学》篇。于《戴记》中表章此二篇，以风厉儒臣。是已开四书之端矣。

濂，是濂溪，即今湖广道州地方。洛，是洛阳，即今河南府地方。宋儒周敦颐讲学于濂溪。程颢、程颐讲学于洛阳。学者宗之，因谓之濂洛之学。戴记，是汉儒戴德、戴圣所定的《礼记》。

胡氏又赞仁宗说：初，端明殿学士苏辙应举之时，制策中极言得失，且于禁廷之事尤切。考官胡宿以为不逊，请黜之。仁宗说："设科策士，本求直言。今乃以直而摈弃，是外务求言之名，而阴实沮之。朝廷诏令，先自背驰矣。天下其谓我何哉？"竟不黜。又仁宗平生好学不倦，崇重儒臣，常与诸臣讲明治理，以维持斯道于不坠。上承太祖、太宗、真宗羽翼斯道之心，下开濂洛诸儒道学之懿，尤为盛美而莫及者也。仁宗一日御经筵，谓侍臣说："朕每听诸臣讲解经史，真觉意味深长，虽盛暑未尝少有厌倦之意。朕殊不为劳，但恐卿等劳耳。"又以教化之本在于学校，诏天下州县皆立儒学，仍亲定太学生员，以名儒孙复、石介、胡瑗为国子直讲训诲之。王尧臣及第，则赐《中庸》篇。吕臻及第，则赐《大学》篇。这两篇书载在《戴记》中，向未有表章之者。仁宗独以《中庸》一书具中和位育之化，《大学》一书立修齐治平之准，故特表而出之，以风厉儒臣，使家藏而户习焉。是时虽未有四书之名，而《学》《庸》二篇盛行于世。后与《论语》、《孟子》列为"四书"，则自仁宗开端矣。

按三代以后，世不乏英明之主，然非习于功利，则狃于词章，未有究心于圣贤之学者。而仁宗乃能崇儒重道，表章微言，使濂、洛诸儒得以衍其统于不坠，其功大矣。惟其日御经筵，盛暑不倦，故心志无所分，聪明无所眩，而义理自为之融通也。有志于圣学者，尚念之哉！

卷之二十六

宋纪

神宗

神宗皇帝，名顼，是英宗长子。昔仁宗无子，养濮王允让之子于宫中，后即位为英宗皇帝，在位四年崩。顼即位，在位十八年，庙号神宗。

冬十一月，有事于南郊，赦。时执政以河朔旱伤，国用不足，乞南郊勿赐金帛。诏学士议。司马光曰："救灾节用，当自贵近始，可听也。"安石曰："常衮辞堂馔，时以为衮自知不能，当辞职，不当辞禄。国用所以不足者，以未得善理财者故也。"光曰："善理财者，不过头会箕敛尔。"安石曰："不然。善理财者，不加赋而国用足。"光曰："天下安有此理！天地所生财货百物，不在民，则在官。彼设法夺民，其害乃甚于加赋。此盖桑弘羊欺武帝之言，司马迁书之，以讥武帝之不明也。"争议不已。帝曰："朕意与光同。然姑以不允答之。"会安石草诏，引常衮事责两府，遂不复辞。

堂馔，唐时宰相有日赐御馔，可食十人，叫做堂馔。秦始皇时赋税繁苛，计人头出谷以箕敛之，故谓之头会箕敛。

宋时天子每一行郊礼，即覃恩大赉。大臣皆荫子，费以百余万计。故人主虽在位久者，其亲郊亦不过一二次而已。熙宁元年冬十一月，神宗初即位，乃亲祀天于南郊，赦天下。是时宰相以河北旱伤，方议蠲赈，而国用不足，乃辞免南郊所赐金帛，以佐国用。诏下学士议。司马光奏说：

"救灾是国家急务，节用为理财良法。若欲节用，宜从贵近大臣始。宰相既辞，即宜允从。"王安石奏说："昔唐时宰相常衮辞免堂馔，当时人讥之，以为衮若自知不堪相位，便当辞职。既居其职，则常禄乃朝廷之所以养廉也，何必辞乎？今南郊恩赐，乃国家常典，宰相亦不必辞。若国用所以不足，非是无财，以无善理财之法故耳。"司马光驳之说："你所言善理财之法，不过是秦始皇时头会箕敛，加赋小民而已。"安石说："不然。善理财者，不必加派于常赋之外，而国用自足。"司马光说："天下安有此理！天地所生的财货百物，止有此数，不是散之而在民，即是敛之而在官。彼设为巧法以夺民财，其害无穷，乃甚于加赋。所谓不加赋而自足，乃汉时奸臣桑弘羊欺罔武帝之言。司马迁作《史记》，特书以讥武帝之昏愚，所以垂戒后世也。"于是两人争议不止。神宗谕说："朕意亦与光同。宰相辞赏，委可允从。然且以不允答之，见朕优礼大臣之意。"于是命安石草诏。安石遂引常衮辞堂馔故事，以责中书枢密两府，令其必受。两府官遂不敢复辞。

《大学》说："生财有大道，只是务本节用，此外更无别法。"人主若能节用，则四方所入，自然有余，何用巧取于民乎？司马光之言，诚万世不易之论也。

时帝以灾变避正殿，减膳彻乐。王安石言于帝曰："灾异皆天数，非关人事得失所致。"弼在道闻之，叹曰："人君所畏者天耳，若不畏天，何事不可为者？此必奸人欲进邪说，以摇上心，使辅弼谏诤之臣无所施其力。是治乱之机，不可以不速救。"即上书数千言，杂引《春秋》《洪范》及古今传记，人情物理以明其决不然者。及入对，又言："君子小人之进退，系王道之消长，愿深加辨察，勿以同异为喜怒，喜怒为用舍。陛下好使人伺察外事，故奸恺得志。又今中外之务，渐有更张，此必小人献说于陛下也。大抵小人惟喜动作生事，则其间有所希觊者。若朝廷守静，则事有常法，小人何所望哉！愿深烛其然，无使后悔。"

这一段是记宰相富弼的事。

是时神宗因各处灾荒，天变屡见，乃避正殿而不御，减省常膳，彻去音乐，以示修省之意。王安石面奏神宗说："凡灾异都是天时流行，气数使然，非关人事得失所致。人主但当尽其所当为者，不必拘泥灾祥之说，穿凿傅会以求合也。"此时富弼方自汝州召还，途中闻王安石之言，乃叹说："人君处崇高之位，他无可畏，只有天鉴于上，一举一动，祸福随之，为可畏耳。若谓天不足畏，则骄奢淫虐，何事不可为？此必是奸人欲进其邪说以乱天下，恐廷臣排斥其非，故倡为此言以摇惑上心，使辅弼谏诤之臣无所施其救正之力耳。是治乱之机，关系不小，不可以不速救。"即于途中上书数千言，极论天人相应之理，且杂引《春秋》灾异之事，《洪范》五行五事，休徵咎徵之说，与夫古今传记，人情物理，凿凿不爽者为证，见其说之必不然也。及进京入对，又言："为治不难，难于用人。君子进而小人退，则王道日长；小人进而君子退，则王道日消。愿陛下深加辨察。听言必虚其心，勿以同于我者为喜，异于我者为怒；用人必稽于众，勿以我所喜者用之，我所怒者舍之。且陛下好使人探察外事，意欲自广其聪明，而不知奸险之人，得因是而行其毁誉，适为蒙蔽之地耳。又今中外政务，渐有更张，此必小人献其邪说，而陛下不及深思故也。大抵小人之情状，惟喜朝廷动作生事，则其间可以微功希宠，有所图望。若朝廷守静无为，则事事都有成法，无功可见，无宠可希，小人何所望哉！故凡为更张之说者，必是小人欲逞其私意，尤愿陛下深烛其奸而早黜之，无使后日有败事之悔也。"富弼此言，盖恶安石之纷更多事，故于天人感应之理，王道消长之机，辩之不遗余力。至谓小人惟喜动作生事，则又深烛其微，而预防其变法之渐也。老成之忠，于谋国如此。

以王安石参知政事。帝欲用安石，曾公亮力荐之。唐介言："安石难大任。"帝问之，介曰："安石好学而泥古，故议论迂阔。若使为政，必多更变。"介退谓公亮曰："安石果大用，天下必困扰。诸公当自知之。"帝问孙固，对曰："安石文行甚高，处侍从献纳之职可矣。宰相自有度，安石狷狭少容。必求贤相，吕公著、司马光、韩维其人也。"帝不以为然，竟用安石。谓之曰："人皆不知卿，以为卿但知经术，不知经世务。"安石对曰："经术正所以经世务也。"帝曰："卿所设施，以何为先？"安石对曰："变风俗，立法度，正方今之所急也。"帝深纳之。

熙宁二年二月，神宗以翰林学士王安石参知政事，预机务。是时神宗欲用安石为相，平章事。曾公亮以安石素有才名，因力荐之。参知政事唐介奏安石不可大用。神宗问其故。介对说："安石虽好学，多读古书，而执泥不通。凡有议论，率多迂阔难行。若使为政，必且取祖宗成法多所变更，非国家之福也。"介退朝，与曾公亮说："安石若果大用，天下必从此困扰多事矣。诸公当自知之，恐他日悔之无及也。"神宗见人情不协，又问于侍读孙固。固对说："安石文章行谊，卓尔不群，使之居侍从献纳之职则可。若夫宰相，当有休休容人之度。安石猖狭少容，多所抵牾，天下贤才岂乐为之用乎？必欲求贤相而用之，如翰林学士吕公著、司马光、龙图阁直学士韩维，此三人皆时望所归，真宰相也。何必安石哉？"神宗不以诸臣之言为然，竟用安石。拜相之后，神宗谕之说："他人都不知卿，说卿只会读古书，知经术，不晓得经世之务。"安石对说："经术、世务原非二途。古先圣王之道，句句皆可施行，是经术正所以经世务也。"神宗又说："朕今用卿，卿所设施，当以何者为先？"安石对说："方今风俗颓靡，法度纵弛，上下务为姑息，不可以兴治。必须变风俗以去玩习之弊，直法度以定经久之规，此方今之急务也。"神宗深纳其言。

大抵天下之事，久则不能无弊，固宜通变，然须合乎人情，宜乎土俗，从容改图，而后天下蒙其福。宋至神宗，国势颇不振矣。安石所谓变风俗，立法度，未为不是。但其不达事理，不识时宜，直任己见而专务更张，遂使天下嚣然，丧其乐生之心，而君子为之一空。有才而无识，可胜惜哉！明主当以此为鉴，审察治体，因革得宜，则大业可永保矣。

以程颢权监察御史里行。颢，河南人。初举进士，调晋城令。民以事至县者，必告以孝弟忠信。意乡村远近为伍保，使之力役相恤，而奸伪无所容。凡孤茕贱废者，责之亲戚乡党，使无失所。行旅出于其途者，疾病皆有所养。乡必有校，暇时亲至，召父老与之语。儿童所读书，亲为正句读。教者不善，则为易置。择子弟之秀者，聚而教之。乡民为社会，为立科条，旌其善恶，使有劝有耻。在县三年，民爱之如父母。至是，吕公著荐为御史。帝素知其名，数召见。每退，必曰："频求见，欲常常见卿。"一日从容咨访，报正午，始趋出。庭中人曰："御史不知上未食乎？"颢前后进说甚多，大要以正心窒欲，求贤育才为言，务以诚意感悟人主。尝劝帝防未萌之欲，及弗轻天下士。帝俯躬曰："当为卿戒之。"

监察御史里行，是官名，即今之试御史。晋城，即今山西泽州地方。

神宗以晋城令程颢权监察御史里行。史臣叙说：颢，河南人。初举进士，除晋城县令。其为政专以化民善俗为务。民有事到县的，必告以孝亲弟长，忠信不败的道理。量度乡村远近，立为保甲之法，使之力役则彼此相恤，而不至偏累；奸伪则昼夜相诘，而不得容留。凡地方有孤寡茕独，及残疾废弃之人，责令亲戚乡党，助其不给，使不至于失所。行旅出于其途，或有疾病，皆为之药食以养之。每乡必设有小学，教其子弟。暇时亲到学中，召父老与之言语，访问民间利病。儿童所读的书，亲为正其句读。教者或不善，则更易之。又于其中择子弟之秀敏者，聚而教之，以责其成。乡民有作社会者，替他立下条约，为善的众共称之，为恶的众共斥之，使善者有所劝，而恶者有所耻。在县三年，民爱之如父母焉。至是，御史中丞吕公著荐颢为御史。神宗素知其名，时常召见，问以朝政得失。每于颢将退之时，必分付说："卿可频来求对，朕欲常常见卿耳。"一日神宗与颢从容咨访，自早入对，不觉到正午时候。颢闻报午时，方才趋出。庭中人问颢说："御史奏对许久，岂不知上犹未食乎？"颢前后进说甚多，大要欲神宗正心遏欲，以端化原；求贤育才，以资治理。每进对，务积诚意，以感悟人主。尝谓人主处富贵之极，欲心一萌，难于禁制；骄心一生，易轻贤士大夫。故每劝神宗以道御情，防简未萌之欲，及勿轻慢天下贤士，使乐为我用。神宗感其言，乃俯身致敬而答之说："卿言甚切，朕躬当为卿戒之。"

夫邑有贤令，则民行修而一方治；朝有弼士，则君德修而天下治。观程颢所以为令为御史者，皆可为治民事君之法。神宗有是大儒而不能用，岂亦悦而不绎故欤？

冬十月，富弼罢。时王安石用事，雅不与弼合。弼度不能救，多称疾求退，章数十上。帝曰："卿即去，谁可代卿者？"弼荐文彦博。帝默然良久，曰："王安石何如？"弼亦默然。遂出判亳州。弼常言："君子与小人并处，其势必不胜。君子不胜则奉身而退，乐道无闷。小人不胜，则交结构扇，千岐万辙，必胜而后已。迨其得志，遂肆毒于善良，求天下不乱，不可得也。"

熙宁二年冬十月，左仆射、门下侍郎、平章事富弼罢解相职。是时，参知政事王安石方受知神宗，柄权用事，议论偏执，素不与弼合。弼自度难以救正，告病求去，疏至数十次进上。神宗将许之，因问说："卿若去，谁可以代卿者？"弼荐侍中文彦博，久历将相，老成持重，堪以托用。神宗方喜于有为，轻彦博以为无能，默然不答，良久方说："王安石才识甚高，卿以为何如？"弼知上意难回，也默然不对，微示不足之意。弼遂罢相，出判亳州。弼常说："国之盛衰，系于君子小人之进退。君子若与小人同朝而处，则君子必不胜矣。何也？盖君子以正自处，如道有不合，即奉身而退，乐天知命，遁世无闷而已。小人心怀邪媚，若有不胜，则交结朋党，构扇凶恶，千岐万辙，变幻不测，必至于胜君子而后已。及其一旦得志，遂为罗织，以肆毒害于善良。故正人云亡，邦国殄瘁，求天下不乱，不可得也。君子小人之进退岂可忽哉！"

按富弼此言，可谓深知人情矣。盖知人则哲，自古难之。岂独小人难辨，虽君子亦有不易知者。若王安石，其初不可谓非君子也，特因性执而少容，好学而泥古，遂至引用小人，基宋室之祸。可见人之才不能无偏，用其所偏，亦足以召乱，而与小人同归矣。惟人主以至公至明，用天下之才，则无此弊也。

以司马光为枢密副使，固辞，许之。时帝御迩英阁听讲，光读曹参代萧何。帝曰："汉常守萧何之法不变，可乎？"光对曰："宁独汉法也。使三代之君常守禹、汤、文、武之法，虽至今存可也。汉武取高帝约束纷更，盗贼半天下。元帝改孝宣之政，汉业遂衰。由此言之，祖宗之法不可变也。"吕惠卿曰："先王之法有一年一变者，正月始和，布法象魏是也。有五年一变者，巡守考制度是也。有三十年一变者，刑罚世轻世重是也。光言非是，其意以风朝廷耳。"帝问光，光对曰："布法象魏，布旧法也。诸侯变礼易乐者，王巡狩则诛之，不自变也。刑新国用轻典，乱国用重典，是为世轻世重也，非变也。且治天下譬如居室，弊则修之，非大坏，不更造也。"

象魏，是宫阙之名。古者悬法象于阙门，其状巍然高大，所以叫做象魏。

神宗以司马光为枢密副使，司马光上疏力辞，神宗许之。史臣叙说：时神宗御迩英阁听讲经史。光读汉臣曹参代萧何为相，凡事一遵萧何所行的，无所变更。神宗因问光说："使汉常守萧何所定之法，世世不变，亦可以为治乎？"光对说："岂独汉守祖法可以常治，假使三代继体之君常能守其祖禹、汤、文、武之法，则政教岂得废坠，国本岂得动摇，虽至今犹存可也。只因他后世子孙自作聪明，轻改成法，以至于亡。如汉武帝骋其雄才，把高帝裁定的约束纷纷更乱，致民穷财尽，盗贼半于天下。汉元帝任用儒生，把宣帝整理的政事渐次改革，致吏民无所信守，汉业自此而衰。由此言之，祖宗之法皆从创业时熟思审处，至当不易，不可得而变也。"司马光盖因王安石创立新法，故为此言以感悟神宗。时崇政殿说书吕惠卿正阿附安石者，乃进说："夫法，亦何常之有？先王之法有一年一变者，如《周官》正月之吉，天气始和，县法象于魏阙，使万民观刑象，是一年一变其刑象也。有五年一变者，如天子五年一巡狩侯国，考较其制度，是五年一变其制度也。有三十年一变者，如《周书·吕刑》，谓刑罚世轻世重。夫三十年为一世，而刑罚之轻重随之，是三十年一变其刑罚也。今如光言，则祖宗之法虽百世不可易，其究将使天下坐守其弊而不为之所矣。岂是确论！光之意盖借汉事以讥讽朝廷耳。"神宗以惠卿之言诘问光，光对说："如惠卿所称，妄引经义，尤为无当。夫所谓布法象魏者，谓张布旧法，使民知所守也，非新立一法也。所谓巡狩考制度者，谓诸侯有不守制度变礼易业者，为不从王者巡狩则诛之，是诛其变法者也，不自变也。所谓刑罚世轻世重者，谓新立之国，民未习于教，则用轻法以治之；叛乱之国，民化于恶，则用重法以治之。是为世轻世重也，非变而为轻重也。且人君承藉祖宗之业，其智虑未必有加于前人，法有不便处，只宜补其偏而救其弊，不可轻有更张。譬如住房子一般，有弊坏处则修理之，非至于大坏，不可更造。盖更造则费多而力倍，未必胜前，而家业自此废矣。今惠卿之言，所谓不务修理而务更造者也。岂国家之利哉！"

司马光前后论辩可谓切直，然神宗不用其言，而徒置之要地，所以固辞不拜也。其后宋业竟以新法而敝。守成业者，可为永鉴矣。

文彦博罢。彦博久居枢府，以王安石多变旧典，言于帝曰："朝廷行事，务合人心，宜兼采众论，以静重为先。陛下励精求治，而人心未安，盖更张之过也。祖宗法未必皆不可行，但有偏而不举之弊尔。及市易司立，至果实亦官监卖，有伤国体。凡衣冠之家罔利于市，缙绅清议尚所不容，岂有堂堂大国，皇皇求利，而不为物议所非者乎？"不报。因求去益力，遂以司空制河阳府。身虽在外，而帝眷有加。

熙宁六年三月，枢密使文彦博罢职，不预朝政。是时彦博久管枢密府事，以宰相王安石多变祖宗旧典，天下不便，乃上疏于神宗说："朝廷四方之极，凡有行事，务须合于人心，广询博采，使众论佥同，以静重为先，勿蹈轻举妄动之弊。今陛下励精求治，宜致太平，而反令人心兀兀不安者，盖更张太过，轻变祖宗之法故也。祖宗之法皆至精至密，其在于今，岂皆不可行？但时异势殊，不无偏而不举之弊耳。只宜救偏补弊以求可行，岂宜一扫而更之乎？及其最可鄙者，如市井上买卖生理，宜从民便，乃亦设市易司，官为之监督，下至果品微物，也都经官监卖，岂不伤损国体。盖市易乃商贾之事，凡缙绅士大夫之家，若有经商贩卖，罔利于市者，尚不为清议所容。岂有堂堂大国，遑遑求利不已，而不为四方非笑、公论鄙薄者乎？陛下何为而不务大体，而屑屑于小事也。"疏上，留中不报。于是求去益力，遂以原官司空出判河阳府。然彦博以宿德众望，身虽在外，而神宗之眷念特有加焉。

此可见神宗之于彦博，知之未尝不深，尊之未尝不至，然不能用其言，安其身者，正以求治太急，偏听安石之深故耳。夫治天下者，当以天下之贤，共成天下之治。今神宗之所贤者，独安石一人，而老成耆德纷纷引去，尚可以为治乎？虽加之眷礼，亦虚文而已，宜乎宋事之日非也。

初，光州司法参军郑侠监安上门，及久旱岁饥，征敛苛急。东北流民每风沙霾曀，扶携塞道，羸疾愁苦，身无完衣。并城民买麻粞、麦麸，合米为糜，或茹木实草根。至身被锁械，而负瓦揭木，卖以偿官，累累不绝。乃绘所见为图，奏疏诣阁门，不纳。遂假称密急，发马递上之银台司，言："陛下南征北伐，皆以胜捷之势作图来上，料无一人以天下忧苦，父母妻子不相保，迁移困顿，遑遑不给之状为图而献者。臣谨按安上门逐日所见绘成一图，百不及一，但经圣眼亦可流涕，况于千万里之外哉！陛下观臣之图，行臣之言，十日不雨，乞斩臣以正欺君之罪。"疏奏，帝反覆观图，长吁数回，袖以入内。是夕寝不能寐。翌日，命开封体放免行钱，三司察市易，司农发常平仓，三卫具熙河所用兵，诸路上民物流散之故，青苗、免役权息追并，方田、保甲并罢，凡十有八事。民闻之，欢呼相贺。

光州，即今河南光州。司法参军，是断理刑狱的官。麻粞，是麻查。麦麸，是麦皮。糜，是粥。熙、河，是二州名，即今陕西临洮府河州卫。在京商贾，输钱于官，而免其当行，叫做免行钱；朝廷自出钱帛货物与民交易，叫做市易；当青苗在田之时，把官钱借与人户，待收成加利还官，叫做青苗钱；当役人户，以等第出钱，免其差役，叫做免役钱；立为方限，丈量出土，而分等定税，叫做方田；京畿及河北诸路，各立保甲，令自置弓箭，叫做保甲：皆王安石所行之新法也。

初，光州司法参军郑侠监守安上门，是时久旱岁饥，民不聊生，而有司奉行新法，征敛愈急，百姓每四散逃移。东北一带的流民，每遇风沙霾蔽之时，扶老携幼，塞满道路，羸疾愁苦，身无完衣。其傍城居民买麻粞、麦麸和米为粥而食之，或有采木实、掘草根以充饥者。又被官府比较钱粮，只得拆卸房屋，甚至身被枷锁而负瓦揭木，卖以还官。如此者累累不绝。郑侠在安上门见了许多情状，心甚不忍，思量小民这等穷苦，朝廷如何知道。乃将每日所见，画成图本，叫做流民图，连本奏上。阁门不肯收纳。遂假称有机密紧急事情，发驿马走递，进上银台司，径达御前。本中说道："陛下近来南征交阯，北伐熙河，人都以战胜克捷之势画图来献。至于天下忧苦，父母妻子不相保，迁移困顿，遑遑不给之状，料无一人为图以献者。臣谨将安上门一带逐日所见，画成一图，中间困苦流离之状，百分中画不尽一分。然只此一经圣眼，亦可伤心流涕矣。夫安上门一处，近在辇毂，尚且如此，况于千万里之外哉！所以然者，只因新法不善，贻百姓之害，伤天地之和，所以久旱不雨。今欲挽回天意，须是急罢新法。陛下观臣之图，行臣之言，若十日之内不雨，乞斩臣以正欺君之罪。"疏奏，神宗将此图反覆省览，才晓得新法之害如此。长叹数声，袖了入宫，一夜不能安寝。到明日传旨，着开封府官量除免行钱；三司官审察市易，禁革奸弊；司农发常平仓，赈济饥民；殿前马步三卫开具熙河所用兵食若干，以听裁省；诏天下诸路各上言民物所以流散之故；青苗钱、免役钱暂停追并；方田、保甲并罢不行。一时革去新法共有一十八件。百姓欢呼相庆，有再生之望焉。

夫小民穷苦之状，无处无之。但人君深居九重，无由得见，而所司又不以时闻。此下情所以不通，德泽所以不究耳。神宗有感于郑侠之图，而不能不惑于安石之说，以致民心离叛，国本摇动，岂非壅蔽之习已成，而忧危之言难入哉！此古之帝王所以贵清问下民，而先知小人之依也。明主宜深监于斯。

先是，帝语翰林学士承旨韩维曰："天久不雨，朕日夜焦劳，奈何？"维对曰："陛下忧闵旱灾，损膳避殿，此乃举行故事，恐不足以应天变。当痛自责己，广求直言。"因上疏极言青苗及开边之害。帝感悟，即命维草诏。诏出，人情大悦。会侠疏至，帝慨然行之。是日果大雨，远近沾洽。辅臣入贺，帝示以侠所进图状，且责之，皆再拜。安石上章求去，外间始知所行之由。群奸切齿，遂以侠付御史，治其擅发马递罪。吕惠卿、邓绾言于帝曰："陛下数年以来，忘寝与食，成此美政，天下方被其赐，一日闻狂夫之言，罢废殆尽，岂不惜哉！"相与环泣于帝前，于是新法一切如故，惟方田暂罢矣。

史臣叙神宗未罢新法之先，曾谕翰林学士承旨韩维说："方今久旱不雨，朕闵念小民，日夜焦劳，当如何处之？"韩维对说，陛下忧旱灾，损膳避殿，意非不诚，但此只是沿袭旧规，举行故事而已，恐不足以上应天变，格天心也。当痛自责己，广求直言，庶民隐不壅于上闻，而朝廷得改其缺失，乃有益耳。"维因上疏极言青苗与开边之害。于是神宗感悟，即日命维草诏罪己。诏书一出，人情无不欢悦。适郑侠流民图疏亦至，故神宗慨然独断于心，罢新法十八事。是日天果大雨，远近沾洽，可见天人感应之机不爽如此。于是辅臣入贺，神宗将郑侠所进图状出以示之，且责其变法扰民。辅臣皆再拜谢罪。王安石因不自安，上疏求去。起初诏从中出罢新法，外边人莫知其故，至是知其由于郑侠。安石党中群奸切齿痛恨，遂锻炼其罪，拿侠付御史狱。因疏中难以指摘，说他不合擅发马递，以此治罪。翰林学士吕惠卿、御史中丞邓绾这两个小人共奏说:"陛下数年以来忘寝与食,讲求经书,以成美政。天下方才得被恩赐,一旦闻狂夫之言,便轻信之,罢废几尽,岂不惜哉!"因相与环泣于上前,以蛊惑悚动之。于是神宗又失了主张,将一切新法仍都照旧施行。只方田一法,暂且停止。天下复被其害矣。

夫新法之行,举朝以为不可,神宗不听也。及民害已深,天变示异,方始知惧,而韩维之言、郑侠之图得以感动之。观于新法罢,雨泽降,而天之告戒明矣。使能由此省悟,尽复祖制以与民更始,宋祚未可量也。乃惑于群奸,甘蹈欺天之罪,竟为有宋基祸之主,岂非万世之永鉴哉!

以吕公著、薛向同知枢密院事。公著在翰林,读《后汉书》毕,帝语以释、老之事。公著曰:"尧、舜知此道乎?"帝曰:"尧、舜岂不知?"公著曰:"尧、舜虽知此,而惟以知人安民为难,所以为尧、舜也。"帝默然。又论前世帝王曰:"汉高祖、武帝有雄才大略。高祖称'吾不如萧何,吾不如韩信',至张良独曰'吾不如子房'。盖以子房道高尊之,故不名。"公著曰:"诚如圣谕。"帝又曰:"武帝虽以汲黯为戆,然不冠则不见。后虽得罪,犹以二千石终其身。"公著曰:"武帝之于汲黯,仅能不杀耳。"帝又论唐太宗。公著曰:"太宗所以能成王业者,以其能屈己从谏耳。"帝临御日久,群臣畏上威严,莫敢进规。至是闻公著言,悚然敬纳之,故有是命。

释,是佛家。老,是道家。

神宗以端明殿学士吕公著、工部侍郎薛向同知枢密院事。公著平生以忠直事主,不肯阿旨取容。在翰林尝至御前读《后汉书》,读毕,神宗偶言及释、老之事。公著即问神宗说:"陛下取法尧、舜,而谈及释、老,不知尧、舜当时亦知此道否?"神宗答说:"尧、舜是圣人,岂不知此道!"公著对说:"尧、舜虽知此道,然其心之所汲汲者,惟曰知人则哲,安民则惠,以此为难,而不敢暇逸,未尝为释、老遗世绝俗之事。此所以为尧、舜也。"神宗默然不答。神宗又尝与公著评论前代帝王,谓:"汉高祖及武帝俱有雄才大略,非庸君世主可及。高祖尝叙取天下之功,谓'镇抚百姓,馈饷不绝,吾不如萧何;连百万之众,战胜攻取,吾不如韩信'。

二人皆称名。至论张良，独说'运筹帷幄，决胜千里，吾不如子房'。盖以子房道高而尊之，故称其字而不名也。"公著对说："诚如圣谕。"神宗又说："汉武帝时，汲黯屡好直谏。武帝虽怪他愚戆，然心敬重之，不戴冠则不相见。后虽坐小法免官，未几复召用为淮阳太守，竟以二千石终其身，恩礼亦不薄矣。"公著对说："所贵乎敬礼贤臣者，为其能用之耳。武帝之于汲黯，每以切谏不令出入禁闼，是但能不杀之而已，岂真能用之乎！"神宗又论及唐太宗。公著说："太宗所以能成其业者无他，只是屈己从谏，不以势位骄人，不以才能自是，所以人乐为用，而王业遂成耳。"是时神宗临御日久，群臣都畏其威严，莫敢以规讽之言进者。至是闻公著之言，句句都是规讽，知得公著是个忠直之臣，竦然敬纳之，故有同知枢密之命。

古语说："千人之诺诺，不如一士之谔谔。"吕公著当群臣畏避缄默之时，独能因事纳忠，尽言不讳，可谓直亮之臣矣。然神宗不以为忤，而且重用之，其知人纳谏之明亦不可及。宜史臣记之以为后法也。

太皇太后曹氏崩。帝事太后致其诚孝，后亦慈爱天至。故事：外家男子毋得入谒。帝以后春秋高，数请召弟佾入见，久之乃许。及见少顷，后谓佾曰："此非汝所当得留。"趣遣出焉。帝尝有意于燕、蓟，与大臣定议而白其事。太后曰："事体至大。吉凶悔吝生乎动，得之，不过南面受贺而已；万一不谐，则生灵所系，未易以言。苟可取之，太祖、太宗收复久矣，何待今日！"帝曰："敢不受教。"

太皇太后曹氏，是仁宗继后，神宗之祖母，武惠王曹彬孙女也。元丰二年十月崩。史臣记：神宗事太后，敬养尊崇，极其诚孝。太后亦慈爱笃至，出于天性，非由勉强。旧制：外家男子不许入宫朝见。神宗以太后年事已高，心中必思念至亲骨肉，屡请召太后弟曹佾入见，欲以承顺其意。太后初间不许，及后神宗请之不已，日久方许。及宣佾入见，才得少顷，太后便与佾说："这宫禁之地，非汝外人所当得留。我岂可徒徇私情，不顾祖宗家法？"即时遣令出宫。其内治之严如此。神宗尝以燕、蓟本中国地方，自石晋时陷入契丹，为虏久据，要兴兵取之。与大臣计议已定，奏知太后。太后说："这事情关系甚大。大凡吉凶悔吝，由动而生，惟安静无事，可以获福。今取得燕、蓟，不过南向而坐，受百官朝贺而已，更何加益？万一不成，则兵连祸结，仇杀无已。此乃生灵性命所系，岂可轻言。若这燕、蓟地方，可以容易取得，昔太祖、太宗的时节，兵精将猛，所向克捷，那时必已收复久矣，何待今日！况今日钱粮兵马大非太祖、太宗之时可比，而欲取其所不能取，不亦难乎！"于是神宗感悟，奏说："敢不谨受教训。"自此不言取燕、蓟矣。

夫太后以一妇人而知天下之大计，神宗受命，其不妄兴，可谓伟矣！不然，宋室之祸将不待靖康而始烈也。史又称太后性慈俭，常于禁苑种谷亲蚕，左右臣仆毫分不假借，宫省肃然。其坤仪纯备，可以为万世宫闱之法矣。

以司马光为门下侍郎，既而苏轼自登州召还，缘道人相聚号呼曰："寄谢司马相公，毋去朝廷，厚自爱以活我！"是时天下之民引领拭目以观新政。司马光既入，上言新法之弊："陛下微有所改而远近皆相贺，不可泥三年不改于父道之说。"而当时进言者犹谓三年无改父道，欲稍稍损其甚者。公毅然争之曰："先帝之法，其善者百世不可变。若王安石、吕惠卿所建，非先帝本意者，改之当如救焚拯溺也。况太皇以母改子，非子改父。"众议乃定。

登州，即今山东登州。

先是，司马光居洛阳十五年。及神宗崩，哲宗即位，遂以光为门下侍郎，同平章事。天下闻司马光入相，无不欢呼相庆。适有知登州苏轼被召还京，沿路的人相聚号呼，向苏轼说："朝廷用司马相公，实天下生灵之幸。为我寄谢司马相公，慎勿轻去朝廷。愿厚自爱护，相天子以全活我等。"是时天下之民憔悴困苦，皆引领拭目，愿观新政。其系天下之望如此。司马光既入京，即上疏极论新法之弊，且言："为治当顺人心。陛下近来小小改易新法，远近便举手加额，交相庆贺。人心望治，有如饥渴。陛下急宜俯顺人心，不可拘泥三年无改父道之说，致失民望也。"盖当时进言者谓神宗初崩，不宜遽反其所为，犹执三年无改父道之说，欲稍稍去其太甚者。司马光毅然争之说："先帝之意本欲爱养斯民，其法出自先帝者，未常不善，虽百世不可易。若王安石、吕惠卿所立，元非先帝本意者，改之当如救焚拯溺，出民于水火之中，岂可缓也。况今太皇太后主持于上，就使有所改革，亦是以母改子，非是以子改父，何得拘三年无改之说。"于是众议乃定，遂尽罢保甲诸法。

按司马光历事先朝，忠谋谠论，始终不渝，其系天下之望久矣。故其居洛也，天下惟恐其不为宰相。其既相也，天下惟恐其去朝廷。而外夷之人亦且谓中国相司马，慎毋生事。贤相之为国家重如此。然则人主之谕相，可不慎哉！

哲宗

哲宗皇帝，名煦，是神宗之子。在位十五年。

诏详定役法。苏轼言于光曰："差役、免役，各有利害。免役之害，掊敛民财，十室九空，敛聚于上，而下有钱荒之患；差役之害，民常在官，不得专力于农，而贪吏猾胥得缘为奸。此二害轻重盖略等矣。"光曰："于君何如？"轼曰："法相因则事易成，有渐则民不惊。三代之法，兵农为一，至秦始分为二。及唐中叶，尽变府兵为长征卒。自尔以来，民不知兵，兵不知农。农出谷帛以养兵，兵出性命以卫农。天下便之，虽圣人复起，不能易也。今免役之法，实大类此。公欲骤罢免役而行差役，正如罢长征而复民兵，盖未易也。"光不然之。轼又陈于政事堂，以为役法可雇不可差，第不当于雇役实费之外，多取民钱。若量入为出，不至多取则自足以利民，何必改法。

宋初役法，佥民丁壮，轮流官府应役，叫做差役。及王安石变法，令民计丁出钱，征收在官，雇人应当，叫做免役。

哲宗初即位，用司马光为相，凡熙宁新法不便于民的，渐次更罢。至元祐元年闰二月，诏资政殿大学士韩维等详定役法所宜因革。中书舍人苏轼与司马光说："差役、免役这两样法，各有利有害，皆不能无弊。免役之害在于敛财太重，以至十室九空，财聚于官，而民间匮乏，有钱荒之患；差役之害，在于羁民在官，常用供役，不得专力务农，更兼贪官猾吏，因缘为奸，抑勒剥削，困辱卖放，无所不至。这两者之害，轻重略同，所宜审择便宜以为行止也。"光问说:"于君之意当何如?"轼答说:"大凡立法,因旧而为之,则事势便而易成,以渐而改之,则民情安而不惊。且如三代之法,不分兵农,无事则散而为农,有事则起而为兵,兵无坐食之患,农无养兵之费,岂不是善制。至秦并天下,始分兵农为二。历两汉、魏、晋、六朝,皆遵行之。至唐太宗乃立府兵之法,以仿古者寓兵于农之意。然行之未久,府兵废坏。比及玄宗时复募民为兵,叫做长征卒,仍用秦法。自此以来,民不习兵革战斗之事,兵亦不知稼穑耕获之事。然农得一意耕作,出谷帛以养兵;兵得一意战守,出性命以卫农。天下亦以为便,虽三代圣人复起,不能改也。今免役之法,乡户人出了钱,得一意于耕作,官府有钱雇役,也不缺人差使,正与兵制相类。公欲骤然罢免役,而行差役,正如要罢长征而复民兵,反致惊扰而无益于事,盖未易也。"司马光不以其言为然。轼又诣宰相政事堂言之,说:"雇役便民,不必更改,但不当于实费之外多取民财,民所不便,只是这一节耳。若严为禁令,使有司量入为出,不许于实费外多取分毫,则民力易供,自不至于十室九空,无钱荒之患矣。何必纷纷改法为也。"

大抵法无古今,要在因时宜民而已。时势既改,民所不宜,虽圣王之法,安得不变;果合时宜,顺民情,虽非贤圣所立,然其法不可改也。王安石轻变宋朝祖宗之法,纷纷为百姓患苦,如青苗、方田等法,诚当急罢之以利民矣。至于免役、保甲之类,却又民之所便,岂可概以其人而废之哉!苏轼之言,可为议法之准,保治者所当深念也。

五月,以韩维为门下侍郎。初,神宗崩,维以提举嵩山崇福宫赴阙哀临。太后劳问,维对曰:"人情贫则思富,苦则思乐,困则思息,郁则思通。诚能常以利民为本,则民富;常以忧民为心,则民乐;赋役非民力所堪者去之,则劳困息;法禁非人情所便者蠲之,则郁塞通。推此而广之,尽诚而行之,则子孙观陛下之德,不待教而成矣。"

元祐元年五月,哲宗以韩维为门下侍郎。史臣叙说:初,神宗崩时,维以提举嵩山崇福宫赴京哀临。太皇太后因维是先朝旧臣,特加慰劳,且问以当今政务何者为先。维对说:"为政在顺人情。今日之切务,惟察人情之所思者为之处置而已。彼人情当贫窘之时,则思财富;当疾苦之时,则思快乐；当劳困之时，则思安息；当拂郁之时，则思通畅。此自然之情也。今天下民情有所思而不得久矣。诚能知民之思富也，为之薄其税敛，常以利民为本，则财不在官而在民，民自富矣。知民之思乐也，为之御其灾患，常以忧民为心，则忧以一人，而乐以天下，民自乐矣。知民之思息也，凡赋役之重，非人力所堪者，悉罢去之，则不尽人之力，而劳困者得息矣。知民之思通也，凡法禁之苛，非人情所便者，悉蠲除之，则不尽人之情，而郁塞者得通矣。即此数者而推广之，凡人情有所思而无以自遂者，莫不为之经营，而又以实心行之，不徒以虚文塞责，则不惟天下穷民如解倒悬，而圣子神孙观感陛下之德者，亦皆约己裕民，无敢侈然肆于民上，不待教而自成矣。岂非今日之切务哉！"

然欲富、欲乐、欲息、欲通，乃人之恒情，君民之所同也。惟在上者，但知遂己之欲，而不复体民之情，剥下以奉上，拂民以从欲，至于人心怨叛而上不知，覆亡之祸率由于此。诚能以己之心，度民之心，所欲与聚，所恶勿施，则民心悦而邦本固，君之所欲者，亦未尝不两遂矣。此又君天下者所当知。

九月，尚书左仆射兼门下侍郎司马光卒。时两宫虚己以听光为政，光亦自见言行计从，欲以身徇社稷，躬亲庶务，不舍昼夜。宾客见其体羸，举诸葛亮食少事多以为戒。光曰："死生，命也。"为之益力。病革，不复自觉，谆谆如梦中语，然皆朝廷天下事也。及卒，太皇太后为之恸，即日与帝临其丧。赠太师、温国公，谥文正。年六十八。京师为之罢市往吊，鬻衣以致奠，巷哭以过车。及如陕葬，送者如哭私亲。岭南封州父老亦相率具祭。都中四方皆画像以祀，饮食必祝焉。

陕，即今河南府陕州，是司马光原籍。岭南，是广东地方。封州，即今肇庆府封川县，是极南界上。

元祐元年九月，宰相尚书左仆射兼门下侍郎司马光卒。是时哲宗幼冲，太皇太后高氏临朝，以光名德宿望，用以为相，虚心委任，凡朝廷政事，一切听光整理，无毫发疑沮。光亦见己之所言必行，所谋必从，感激非常知遇，誓欲委身致命，以为社稷。凡一应机务，虽至纤细之事也都身亲经理，不肯放过，以夜继日，未尝休息。宾客见其形体渐渐衰弱羸瘦，举汉时丞相诸葛亮故事，劝他节劳，说："诸葛亮为相，自较簿书，夙兴夜寐，罚二十以上皆亲览，所食不至数升。司马懿说他食少事烦，岂能久活，果然不久而死。今公当以此为戒可也。"司马光答说："人之死生有命，非关劳佚。我岂可自爱其身，而不为国家尽力乎？"于是为之益力。及到病危之日，精神昏愦，不复自觉，口里犹谆谆说话，不甚明白，如梦中语，却都是朝廷天下的事。其精诚为国，至死不休如此。及卒，太皇太后因失了贤相，不胜哀恸，即日与哲宗亲到他家哭临。赠官为太师、温国公，谥文正。一应恩数，尊隆无比。年止六十八岁。京师人争去吊丧，虽常日市井人多的去处，也都空虚无人交易，至于典卖衣服以供祭奠。丧车过时，合巷聚哭。及归葬陕中，送丧的人，如哭其私亲一般。至于岭南封州极边去处的父老，也相率具祭。京中及四方人皆画他形象，朝夕祭献，一饮一食必告祝焉。

按司马光自元丰八年五月入相，至是才一年有余，而身死之日，天下痛惜之如此。何哉？史称光生平不欺，诚心自然，虽儿童妇女皆知其名，盖惟至诚故能动物，不期月而化成，良有本也。若光者，可为万世人臣之法矣。

三月，程颐请就崇政、延和殿讲读。颐又上疏曰："臣近言迩英渐热，只乞就崇政、延和殿。闻给事中顾临以延和讲读为不可。臣料临之意，不过谓讲官不可坐于殿上，以尊君为说尔。臣不暇远引，只以本朝故事言之。太祖皇帝召王昭素讲《易》，真宗令崔颐正讲《尚书》，邢昺讲《春秋》，皆在殿上。当时仍是坐讲。立讲之仪，只始于明肃太后之意。此又祖宗尊儒重道之盛美，岂独子孙所当为法，万世帝王所当法也。今世俗之人，能为尊君之言，而不知尊君之道。人君惟道德益高则益尊。若势位则崇高极矣，尊严至矣，不可复加也。"又曰："天下重任，惟宰相与经筵。天下治乱系宰相，君德成就责经筵。"

元祐二年三月，崇政殿说书程颐，请哲宗每日讲读，移就崇政、延和二殿。颐又上疏说："臣近言迩英阁渐热，只乞就崇政、延和殿者，恐圣躬临幸未便故也。今闻给事中顾临以延和讲读为不可。臣料临之意无他，不过谓延和殿乃天子临御朝群臣之所，不可使讲官坐于殿上，以尊君为说耳。臣以为此非所以尊其君也。臣不暇远引异代，只以本朝故事言之。太祖皇帝尝召布衣王昭素讲《易经》，真宗尝令直讲崔颐正讲《尚书》，邢昺讲《春秋》，皆在殿上。当时都是坐讲。立讲之仪，只起于仁宗时明肃皇太后之意，非祖制也。此可见祖宗尊儒重道不以势分为拘，诚旷古之盛节，昭代之美事，岂独子孙所当遵守，实万世帝王所当法也。今世俗之人，见人主稍自谦损，便以为亵尊，是徒能为尊君之言，而不知所以尊之之道也。盖天下至尊者道，至贵者德，人君惟讲学亲贤，使道德益高，则其尊益至，故以道德责成于君，乃为尊君之至也。若只以势位论之，则其崇高已到极处，尊严已到至处，不可复有加了。区区堂陛之节，乃其分所固有，何足以尊其君哉！”又说：“天下至重之任有两件：一是宰相之任，一是经筵之任。宰相佐天子理万几，得其职则天下治，失其职则天下乱。是天下之治乱系宰相也。经筵乃辅养君德之地，养之善则君德日就，养之不善则君德日非。是君德之成就责经筵也。”

夫经筵之任，与宰相并重如此，则虽坐而讲读，岂为逾哉！然君德虽责经筵，而朝夕纳诲未尝不系于宰相也；治乱虽系宰相，而端养化原，未尝不系于君德也。人君知此而亲贤讲学，与躬行实践，并行而不废焉，则道德有于身，而至尊至贵，又有出于势位之上者矣。万世太平之业，岂外是哉！

会夏暑，权罢讲筵。祖禹上言：“陛下今日之学与不学，系他日治乱。如好学，则天下君子欣慕，愿立于朝，以直道事陛下，辅佐德业而致太平；不学，则小人皆动其心，务为邪谄以干富贵。且凡人之进学，莫不于少时。今圣质日长，数年之后恐不得如今日之专，窃为陛下惜也。”

史臣记：哲宗在位时，适因夏天暑热，传旨暂辍讲筵。著作佐郎兼侍讲范祖禹上疏说：“天下之治乱在君德，君德之成否在讲筵。今陛下辍讲，必谓暂时优闲，未为大害。然今日之学与不学，乃他日之治乱所关，非细故也。陛下若好学，则圣志清明，君德日进，天下之贤人君子皆欢然欣慕，以为圣君在上，无不愿立于朝，或敷陈正言，或修举正事，皆以直道事陛下，而辅佐德业以致太平，天下自此治矣。陛下若不学，则无义理养心之助，无贤人夹辅之功，天下之小人皆谓有隙可投，而动其不肖之心，务为邪佞谄谀以干富贵，苟可以蛊惑君心、浊乱朝政者亦无所不至，而天下自此乱矣。且学者难进而易退，时者难得而易失。人之进学莫不在于少年之时，盖以情欲未开，志虑专一故也。今圣质日长，正当汲汲学问之时，岂可一日放过。若失今不学，臣恐数年之后，情欲渐广，志虑渐分，必为他事所夺，不得如今日之专矣。臣窃为陛下惜此光阴，须及时勉学可也。"

范祖禹此言，明白痛切。至于虑"数年之后，恐不得如今日之专"，尤当深省。夫人方年少，未尝不谓将来之日尚多；至于长大，未尝不以少年失学为悔。苟有远虑，则所以爱惜光阴者，宜无不至矣。

以苏辙为御史中丞。时熙、丰旧臣争起邪说以惑在位。吕大防、刘挚患之，欲稍引用以平夙怨，谓之调停。太皇太后疑不决。辙面斥其非，复上疏曰："君子小人，势同冰炭，同处必争。一争之后，小人必胜，君子必败。何者？小人贪利忍耻，击之则难去；君子洁身重义，沮之则引退。此辈若返，必将戕害正人，渐复旧事，以快私忿。人臣被祸，盖不足言，所惜者祖宗朝廷也。惟陛下断自圣心，勿为流言所惑，勿使小人一进，后有噬脐之悔，则天下幸甚。"疏入，太皇太后曰："辙疑吾君臣兼用邪正，其言极有理。"调停之说遂已。

噬脐，是以口咬脐，势不相及，比喻事势已成，救之无及的意思。

哲宗以翰林学士苏辙为御史中丞。是时正人在朝，新法尽革，把熙宁、元丰年间神宗所用的旧臣一概摈斥不用。于是失志之人怨入骨髓，乃捏造不根之言以离间朝廷，摇惑在位之士。宰相吕大防、刘挚恐激成大变，心甚忧之，因奏请太皇太后欲稍稍引用一二旧人以平夙怨，使两下和解，叫做调停之法。太皇太后心中疑虑不决。苏辙深以宰相之议为不可，乃于太后前面斥其非。又退而上疏说："君子小人，道各不同，其势如冰之与炭不相容入，若同处一朝必至争竞。一争之后，小人必胜，君子必败。何也？小人贪着利禄，忍得耻辱，虽被人排击，不肯便去；君子洁己不污，守义不屈，少或沮之，即引身而退。今君子所以得安其位者，幸不与小人同处耳。此辈若返旧位，必将乘机肆毒，戕害守正之人，渐复熙宁之法，以快其私忿。小人安得不胜，君子安得不败乎！夫人臣被祸害止一身，犹不足言，所可惜者祖宗之基业，朝廷之法度，一旦为小人所坏，可为寒心耳。愿陛下为祖宗朝廷万世之虑，断自圣心，勿为流言所惑，勿使小人一进，致后来击之不去，救之不能，有噬脐无及之悔，则天下幸甚。"疏入，太皇太后深自感悟，谓丞相说："苏辙疏中疑吾君臣兼用邪正。夫邪正岂可兼用，其言极有理。"于是宰相皆同声和之，调停之说，遂罢不行矣。

夫国之有小人犹田之有莠，芟之尚恐不尽，况复引用，则蔓延之势益难图矣。汉时陈蕃、窦武协心同力，而不免党锢之祸；张柬之等方中兴唐室，而武三思一得志，即相继窜移，皆除恶未尽之故也。苏辙之言，盖监于此。惜乎哲宗不悟，卒致群邪害正，而汉、唐之祸复见于绍圣、元符之间，可为永鉴矣。

翰林学士范祖禹上疏，其略曰："陛下方揽庶政，延见群臣，今日乃宋室隆替之本，社稷安危之机，生民休戚之端，君子小人进退消长之际，天命人心去就离合之时，可不畏哉！太皇内决大策，拥立陛下，斥奸邪，抑侥幸，九年之间，虽德泽深于天下，然失职怨者多矣。今必有小人进言曰：'太皇不当改先帝之政，逐先帝之臣。'此离间之言，不可听也。"

元祐八年十月，是时太皇太后高氏既崩，哲宗初亲政事。旧朝乱政的小人，久被斥逐，都要夤缘起用，人情汹汹。翰林学士范祖禹上疏，大略说："陛下临御以来，赖太皇太后主持调护，得以坐享太平。今太皇太后宾天，陛下初揽庶政，延见群臣，访求治理。今日不是寻常的时候，乃宋室隆替之本原，社稷安危之机括，生民休戚之端倪，君子小人进退消长之界限。上而天命之去就，下而人心之离合，皆在此时。一念正，则延无疆之休；一念偏，则贻无穷之祸。可不兢兢业业深加敬畏哉！昔先帝晏驾之时，中外危疑，赖太皇太后以至公之心，决定大策，拥立陛下，又斥退奸邪以正朝廷，裁抑侥幸以清左右，九年之间，兴利除害，海宇清宁，德泽之被于天下者深矣。然而先朝小人失职怨望者亦多。臣料今日必有小人捏造邪说以惑圣听，说：'先帝孜孜图治，所行的都是正事，所用的都是正人。太皇太后只宜件件遵守，不当更改先帝之政，斥逐先帝之臣。'这等的说话皆非忠言，乃欲离间陛下，构起衅端，以开群邪进用之门耳。陛下宜审察之，不可轻听也。"

大抵小人心怀不测，舌辩难穷。苟欲遂其私，则离间人之骨肉而不顾；苟欲行其说，则倾败人之国家而不惜。其为害有不可胜言者。祖禹此言，至为剀切，而哲宗不悟，卒至奸邪柄用，国事日非。谗间之说一行，则祸乱之关已启，岂非万世之鉴哉！

"陛下初立，上书言法不便者万数。太皇因人心之欲改，与陛下同改之，非以己之私而改也。既改其法，则作法之人，及主其法者，有罪当逐，亦以众言逐之，皆上负先帝，下负天下者也。惟陛下清心察理，敢以奸言进者，痛惩一人，以警群慝，则帖然无事矣。若稍入其言，则奸言继进，万一追报之礼少有不至，于太皇圣德无损，而于陛下孝道有亏。今初揽政事，乃小人乘间伺隙之时，故不可不谨防之。此等既上误先帝，今又将复误陛下，天下事岂堪小人再破坏耶！"

范祖禹疏中又说："陛下初即位时，中外臣民上书言新法之不便者至有万数。太皇太后因人心之所欲改，与陛下同改之。盖出于天下之至公，非一人之私意也。夫既以法为病民而改之，则当时立法之人，与附和而行其法者，自然有罪当逐。太皇太后亦因天下人心之共愤而逐之。盖此辈皆诬上行私，蠹国害民，上负先帝知遇之恩，下负天下仰望之意，罪不容诛者也。太皇亦岂以私意逐之哉！愿陛下清心察理，鉴太皇忧勤保国之心，烛群小挟私兴谤之故，敢有以离间之言进者，重处一人以警群邪，则小人自知慑服，朝廷帖然无事矣。若陛下一不主持，稍入其言，则奸言望风而兴，凡可以上诬太皇而阴间陛下者，必相继而进。万一陛下追报太皇之礼少有未至，于太皇圣德固无所损，而于陛下孝道则大有亏缺，所系岂小小哉！今陛下初揽万几，人怀观望，正小人乘间伺隙之时，不可不谨防之也。此辈昔日既上误先帝，今又结党窥伺，将复误陛下。天下事被此辈破坏久矣。以太皇十年之培养尚未全复，岂堪小人再坏之耶！"

按哲宗以冲年践祚，赖太后同政，信用诸贤，故元祐之政庶几仁宗。及太后一崩，而群奸窥伺者望风而至，虽以祖禹辈之极谏而不能阻章惇诸人之频进，议论纷纭，国是不定，以致国家破坏，卒不可收拾，岂非万世之明鉴哉！

按元祐中，帝御迩英殿，吕大防等进曰："祖宗家法甚多，所立最善。自古人主事母后，朝见有时；祖宗以来，事母后皆朝夕见，此事亲之法也。前代大长公主用臣妾之礼；仁宗以侄事姑，此事长之法也。"帝曰："今宫中见行家人礼。"大防等曰："前代宫闱多不肃；本朝宫禁严密，此治内之法也。前代外戚多预政事；本朝母后之族皆不预事，此待外戚之法也。前代宫室多尚华侈；本朝宫殿止用赤白，此尚俭之法也。前代人君虽在宫禁，出舆入辇；祖宗皆步自内庭，出御后殿，此勤身之法也。前代人主在禁中冠服苟简；祖宗以来，燕居必以礼，此尚礼之法也。此皆祖宗家法，所以致太平者。陛下不须远法前代，但尽行家法，足以为天下。"帝深然之。

史臣记：元祐年间，一日哲宗御迩英殿，宰相吕大防等侍侧，因奏说："本朝祖宗家法极多，立得规矩最好。前代人主事母后，朝见有定期，情礼疏简。祖宗以来，事母后皆朝夕朝见，以尽昏定晨省之礼。此事亲之家法也。前代大长公主入宫则行臣妾之礼，是以姑拜侄。我朝仁宗皇帝以侄礼事姑，不敢少慢。此事长之家法也。"哲宗说："今宫中姑侄之间，见行家人礼，尊仁宗故事。"大防等又奏说："前代宫闱之内，多不严肃，致多秽德。我朝宫禁严密，内外肃清。此治内之家法也。前代皇亲外戚，多于预政事，致有擅权乱政害国亡家之祸。我朝母后之族，但荣之以爵禄，并不委任政事。此待外戚之家法也。前代宫室多尚华侈，竭民财力以作无益。我朝宫殿止用赤白二色，并无五彩辉煌之制。此尚俭之家法也。前代人君虽在宫禁近地，出入必乘舆辇。我朝祖宗皆从内廷步行出到后殿，宫中无乘舆之制。此勤身之家法也。前代人主在宫禁中适情自便，冠服多苟简非礼。我朝祖宗以来，燕居独处，必正衣冠，尊瞻视，依礼而行。此尚礼之家法也。此等都是祖宗以来世守之家法，故家齐国治，累世安享太平，皆由于此。陛下不须远法前代之君，但尽行祖宗家法，即为守文之令主，而足以治天下矣。"哲宗深纳其言。

按宋之立国规模不及汉、唐，而家法则远过之。若吕大防等之所宣述，皆修身齐家要务，诚其子孙所当世守也。

徽宗

徽宗皇帝，名佶，是神宗第十一子。哲宗无子，佶以端王继统，在位二十六年。

以朱勔领应奉局及花石纲于苏州。初，蔡京过苏州，欲建僧寺阁，会费巨万。僧言必欲集此缘，非郡人朱冲不可。京即召冲语之。居数日，冲请京诣寺度地，至则大木数千章积庭下。京器其能。逾年，京召还朝，遂挟冲子勔与俱，窜姓名于童贯军籍中，皆得官。帝颇垂意花石，京讽冲密取浙中珍异以进。初致黄杨三本，帝嘉之。后岁岁增加，贡五六品。至是渐盛，舳舻相衔于淮、汴，号花石纲。置应奉局于苏州，命勔总其事。

应奉局，是供应上用衙门。花石纲，是管运花木山石的领头。

这一段是记宋徽宗崇信奸回，纵欲害民的事。

崇宁四年十一月，徽宗新设应奉局于苏州，以朱勔领之，就教他兼管解运花石的领头。史臣因叙花石纲根由及朱勔所以进用的缘故，说：初，蔡京未入相之时曾过苏州，要于僧寺建一佛阁，估计支费该用钱巨万。僧说这工力艰大，非得郡人朱冲干办不可。蔡京随即唤朱冲来，以此事托之。数日之间，朱冲便请蔡京到寺，看度建阁的地基。及蔡京到寺，已有大木数千株堆积庭下，可以建阁。于是蔡京以朱冲干济敏给，才力过人，堪备委用。次年京被命还朝，遂将朱冲并他儿子朱勔，一同带到京中。时童贯为熙河等处经略使，用兵于西边上。蔡京就将朱冲、朱勔父子姓名诡窜入童贯军籍中，后皆冒滥军功，得授官职。是时徽宗怠于政事，颇留意于花木山石之好。蔡京乃教朱冲密地采取浙中所产珍异之物以进。初间止进黄杨树三株以窥探上意，徽宗果甚喜之。以后便年年进贡，加增至五六样。至是所进益多，用大船装载，前后连续不绝，以百千计，从淮入汴，运到京师，号为花石纲。因置应奉局于苏州地方，命勔总管其事。

此应奉局、花石纲皆自古所未有之事。史臣叙之，见宋之所以亡也。大抵小人欲盗君之权，必先中君之欲，使其心流连于淫乐而无忧危之远图，使其身羁迷于玩好而无清明之暇日，然后得以纵其恶而无忌矣。蔡京之于徽宗，正用此术。是以明主必清心寡欲，以端治原，则小人无所投其隙矣。

勔指取内帑如囊中物，每取以数十百万计。于是搜岩剔薮，幽隐不置。凡士庶之家，一石一木稍堪玩者，即领健卒直入其家，用黄杷覆之加封识焉，指为御前之物。未即取，使护视之。微不谨，即被以大不恭罪。及发行，必撤屋抉墙以出。人不幸有一物小异，共指为不祥，惟恐芟夷之不速。民预是役者，中家破产，或卖子女以供其须。劚山辇石，程督惨刻。虽在江湖不测之渊，百计取之，必得乃止。至截诸道粮饷纲，旁罗商船，揭所贡，暴其上。篙工柂师，倚势贪横，凌轹州县，道路以目相视。

粮饷纲，就如今运粮的船。篙工柂师，是驾船的人。

朱勔既奉朝命，总领应奉局，遂恣意购求花石，指供奉为名，动支内库钱粮，就似囊中取物一般。每一取，辄以数十百万计。于是岩穴薮泽之中，无不搜剔，虽幽深隐辟去处也不放过。凡士民之家有一块石，一根木，稍稍可玩者，即带领健卒径入其家，用黄巾杷盖上，加以封识，指为朝廷御用之物。又未即取去，着本家早晚看守。一或不谨，小有损伤，便加以大不敬之罪。及发行时，必撤毁房屋，抉破墙壁以出。人家不幸有一物小异，都指为不祥，惟恐芟除不速，致受其累也。百姓每为这差使，中等人家都破荡产业，或至鬻卖子女以供其费。如山上有奇石，就令人凿山取之，用车搬运，催督工匠，极其惨刻。虽在江湖不测之渊，也千方百计取之，务要得了才罢。及装载入京，船只众多，至将各道粮船都截住不行。又四散捉拿商船，将贡物安放暴露于上。篙工柂师，因而恃势贪横，凌轹所过州县。道路观者不敢出一言，只以目相视而已。

夫人主以四海之富，垂意一花石，似无甚害。乃其弊至于耗国用，竭民财，敛天下之怨，何哉？盖人主一有所好，则小人争致奇美以中其欲，而取用必多，征求必广，其势必至此极也。昔魏明帝起土山于芳林，正与徽宗之事相类。然两君皆立致丧乱，曾不得终享花石之乐。人主推此而观其嗜好，可不慎哉！

二月，蔡京有罪免。京怀奸植党，威福在其手中。托绍述之名，纷更法制，贬斥群贤。增修财利之政，务以侈靡惑人主，动以《周官》"惟王不会"为说。每及前朝惜财省费者,必以为陋。至于土木营造,率欲度前规而侈后观。时天下久平,吏员冗溢,节度使至八十余员,留后、观察下及遥郡刺史多至数千员,学士、待制中外百五十员。京因睹帑藏盈溢,遂倡为"丰亨豫大"之说,视官爵财物如粪土,累朝所储扫地矣。及彗星见,帝悟其奸,凡所建置一切罢之,而免京为中太一宫使。

遥郡刺史,是不到地方,但遥领各州刺史的职衔。

徽宗崇宁五年二月,宰相、司空、右仆射蔡京有罪罢免。史臣因叙他罪状说:蔡京在朝,心怀奸恶,广植私党,窃弄国家刑赏之柄,作威作福在其手中。以绍述熙宁、元符之政为名,将朝廷制度纷纷更改。凡一时贤人君子,目为党人,贬斥流窜,死亡略尽。增修聚敛财利之政,务在剥民媚上,以淫侈华靡之事迷惑人主,每常将《周礼》中"惟王不会"一句借为口实。盖《周礼》中载周时制度,凡诸司费用钱粮,每岁终则会计其多少,惟王之所费则不会计,不敢以有司之法制王也。然虽不会计,却自有九式定制,不是荡然无节。蔡京要阿奉徽宗,乃妄引圣经以恣其欲。又每论及前朝圣帝明王惜财省费之事,则曲加诋毁姗笑,以为鄙陋,不能以天下自奉。至于土木营造之工,都要极其宏丽,度越前人之规制,而震耸后人之观瞻。是时天下太平日久,官秩冗溢。如各路节度使至八十余员,留后、观察下及遥郡刺史多至数千员,兼学士与待制衔的官,在京在外至百五十员。其耗财扰民无有纪极如此。京因见库藏充溢,遂倡为"丰亨豫大"之说,说王者当这等极盛之世,百凡规模都宜恢弘阔大,以明示得意。故其视官爵财物,略不爱惜,如粪土一般。不但百计巧取的四方物货浪费尽绝,并将累朝祖宗之所储蓄皆扫地尽矣。及是彗星出见,徽宗始悟其为奸。于是下诏,凡蔡京之所建置,如诸州供奉之物,方田之法,党人之禁,一切都停革,并免京为中太一宫使,罢其宰相职事。

按宋室之乱,始于哲宗之相章惇,成于徽宗之相蔡京。今因大变而黜京,宋事犹可为也。乃未及一年,而京复入相,迄于颠覆播迁而不悔,何哉?徽宗侈忲自恣,宴安成性,徇于耳目玩好之事,溺于流连荒亡之业,始终皆蔡京引诱赞成之。蔡京一去,则承顺无人,徽宗之心必有寂然不乐者。是以明知其作奸误国,天怒人怨而终身不能去也。可为万世之永鉴矣。

以赵挺之为尚书右仆射。初，挺之首兴边事，用兵累年。至是帝临朝语大臣曰："朝廷不可与四夷生隙，隙一开，祸拏不解，兵民肝脑涂地，岂人主爱民恤物意哉！"挺之退谓同列曰："上志在息兵，吾曹所宜将顺。"

徽宗召中太一宫使赵挺之复为尚书右仆射。挺之在朝专务迎合上意，初时见徽宗喜好边功，遂首建用兵西夏之议，致夏人进略镇戎，再攻湟州，兵连数年不息，边民横遭屠掠，财力困竭。至是徽宗悔悟，临朝谓大臣说："朝廷与四夷，但当以威信服之，不可擅生衅隙。衅隙一开，则兴兵构怨，祸患不解，徒使兵民糜烂，肝脑涂地，岂人主爱民恤物之意哉！"挺之知其意，乃退谓同列说："主上志在息兵，我等正宜将顺。西方用兵之事，所当止矣。"

按西夏在宋世，自元昊纳款以后，世奉盟约，未有衅端，而挺之与童贯等徼功生事，自启祸阶，误国之罪大矣。徽宗因兵连祸结，知四夷不可生隙，乃不能推类观变，而复听邪说，约金灭辽，自挑强敌，以至国破身辱，何哉？盖沉酣逸欲，内鲜谋议之臣，是以颠倒迷谬，轻蹈危亡而不顾也。

赐方士林灵素号通真达灵先生。灵素，温州人。少从浮屠，苦其师笞骂，去为道士。善妖幻，往来淮、泗间，丐食僧寺，僧寺苦之。及王老志死，王仔昔宠衰，帝访方士于左阶道箓徐知常，知常以灵素对，即召见。灵素大言曰："天有九霄，而神霄为最高，其治曰府。神霄玉清王者，上帝之长子，主南方，号长生大帝君，陛下是也。既下降于世，其弟号青华帝君者，主东方，摄领之。又有左元仙伯、书罚仙吏褚慧等八百余官。今蔡京即左元仙伯，王黼即文华吏，盛章、王革即园苑宝华吏，郑居中、童贯等皆有名。"而己即褚慧下降也，佐帝君之治。时刘贵妃方有宠，灵素以为九华玉真安妃。帝心独喜其事，甚加宠信，赏赉无算。灵素本无所能，惟召呼风霆，间祷雨，有小验而已。

温州，即今浙江温州府。浮屠，是僧。淮、泗，即今南直隶、淮安、泗州等地方。王老志、王仔昔，都是方士，蔡京所荐以瞽惑徽宗崇奉道教者也。

政和六年正月，徽宗赐方士林灵素道号为通真达灵先生。史臣叙灵素原籍温州人，少本无赖，出家投僧为师，不守戒律，苦被其师打骂，因逃去为道士。善为妖幻之术，以煽诱愚俗，常往来于淮、泗间，从僧寺中乞丐度日，僧人都厌苦之。是时徽宗崇奉道教，尊礼道士王老志、王仔昔等。及王老志病死，王仔昔术穷宠衰，徽宗乃访求方士于左阶道箓官徐知常。知常遂将林灵素姓名奏荐。徽宗闻之，即时召见。灵素因妄设无影虚言以耸动徽宗，说："天上有九霄，而神霄是最高的去处，其王者所居，号名为府。其王是神霄玉清王，乃上帝之长子，主管南方，别号为长生大帝君，因下界无主，故降生为天子，即陛下是也。长生大帝君既下降于世，他有个兄弟号青华帝君，主管东方，今替他带管南方之事。长生大帝君名下，又有左元仙伯、书罚仙吏唤名褚慧等，共有八百余员仙官。今宰相蔡京就是左元仙伯的化身，学士王黼是文华吏的化身，盛章、王革是园苑宝华吏的化身，枢密使郑居中、童贯等都是有名的仙吏。"林灵素说他本身也就是褚慧下降，都为长生大帝君出世，共来辅佐政治耳。此时刘贵妃正得宠，林灵素因谄奉徽宗说贵妃是天上九华玉真安妃。其言诡怪鄙浅，人皆知其妄诞，无不非笑，而徽宗心为所惑，独喜其事以为实然，甚加宠信，赏赐不可胜算。灵素虽利口狂言，然其实别无本事，只有些小法能呼唤风雷，间或使之祷求雨泽，略有小验而已。

古语说：国将兴，听于人；国将亡，听于神。圣王之世，有左道乱政者杀无赦，岂有亲奉异端，务为妖幻以惑世者乎！昔梁武帝舍身佛寺，而终饿死于台城。今宋徽宗倾信道教，而亦陷没于虏地。二氏所称祸福报应之谈，不足信亦明矣。所以孔子说："务民之义，敬鬼神而远之。"此治天下者所宜审察也。

九月，朝散郎宋昭上书谏伐辽，诏编管于海州。昭上书极言辽不可攻，金不可怜，异时金必败盟为中国患。乞诛王黼、童贯、赵良嗣等。且曰："两国之誓，败盟者祸及九族。陛下以孝理天下，其忍忘列圣之灵乎？陛下以仁覆天下，其忍置河北之民于涂炭之中，而使肝脑涂地乎？"王黼大恶之。

罪人迁谪远方，编籍为民，着地方收管，叫做编管。海州，即今淮安府海州。金，是前代女直夷人国号。

宋自太祖以来，与辽人通好，世世不绝。至是金人乘辽国内乱，发兵攻之，辽主败奔。宋遂用王黼、童贯等议，与金人约夹攻辽，以复燕、云之地。宣和四年九月，朝散郎宋昭以伐辽为不可，上书切谏。徽宗怒其妄言，命革职编管于海州。昭疏中极言辽为中国唇齿，必不可伐；金人如豺狼，必不可亲。今金人所以通好于我者，不过欲借我兵力共灭辽耳。他日得了辽地，便垂涎中国，必将败盟为中国患。此社稷存亡所系，识者无不忧之。而少傅王黼、内侍童贯、秘书丞赵良嗣等方以为得计，力主此议，误国之罪不可胜诛，乞斩此三人以谢辽主，而阴折金人之心，天下幸甚。又说："祖宗时与辽结好，两国誓书中有言，败盟者祸及九族。列圣相承，世守勿失。陛下以孝治天下，其忍背此信誓，基九族之祸而忘列圣在天之灵乎？且争地以战，杀人盈野。陛下以仁覆天下，河北之民皆陛下赤子，其忍驱之战斗，置斯民于涂炭之中，而使肝脑涂地乎？"王黼见其疏，大恨之，故有海州之贬。

大抵善为国者，惟在政事之修举，而不在土地之广大。向使宋能亲贤图治，保境安民，虽无燕、云，何损于治？徽宗荒废政事，信用小人，忽宋昭之忠言，而信王黼等之谬计，贪一时之小利，而忘万世之远图，卒之燕、云甫复，而金师既至，靖康之祸，举族北辕，岂不深可恨哉！

卷之二十七

宋纪附金纪

高宗

高宗皇帝，讳构，徽宗第九子。初封康王。在位三十六年。

建炎元年，元祐孟后降手书告中外，俾康王嗣统。其略曰："历年二百，人不知兵。传世九君，世无失德。虽举族有北辕之衅，而敷天同左祖之心。乃眷贤王，越居旧服。汉家之厄十世，宜光武之中兴；献公之子九人，惟重耳之尚在。兹乃天意，夫岂人谋！"王受命即位于应天府。

建炎，宋高宗年号。元祐，宋哲宗年号。孟后，宋哲宗后。元祐三年，废为仙师，出居瑶华宫。自道君太上皇帝，及太上皇后、诸妃、诸王、公主、驸马都尉如金师，及六宫有位号者，皆从。元祐皇后孟氏，以废居私第获免。至是尊为元祐皇后，入居禁中，垂帘听政，乃降手书，诏告国中侯国知道，使康王承大统。诏大意云："历有二百年来，人无有知兵者。祖孙父子，相传九代为君，代代无有恶行。今日虽因金人虏去二帝，举亲族都随驾去，其祸非常，然而布满天下人心，都左袒我宋者。昔汉高帝殂，吕后临朝，吕氏肆横，刘氏失职。周勃曰：'为刘氏者左袒，为吕氏者右袒。'军皆左袒，无向吕氏的。今日天下都左袒我宋，乃思念康王有贤能，使居祖宗之旧位，着祖宗之成服。当昔汉业十传后，遭王莽之篡，而光武皇帝中兴，不失旧物。又晋献公生九子，为惑于骊姬，九子中止重耳逃入外国，其余诸公子都被诛戮。这都是天数，不是人谋可及也。康王为嗣王，受命钦哉！”乃即帝位于金陵之应天府。

召李纲为尚书右仆射。纲上疏曰：“兴衰拨乱之主，非英哲不足以当之。惟其英，故用心刚，足以荏大事而不为小故之所摇。惟其哲，故见善明，足以任君子而不为小人之所间。在昔人君体此道者，惟汉之高、光，唐之太宗，本朝之艺祖、太宗。愿陛下以为法。”

仆射者，制六部尚书，左右仆射为入座。当时，李纲者，以河南、河东路宣抚使罢知扬州，特召为尚书右仆射。纲一拜职，即上奏疏云：“国以一人兴，以一人衰。及反乱为治之君，不是英敏明哲者，不能胜其任焉。何也？惟其英敏，故作用存心刚果，足以断大事，而不使小事得以摇惑之。惟其明哲，故见善洞彻朗鉴，足以识君子，而不使小人得以离间之。此往昔为君体贴此道者，惟汉之高祖与光武皇帝，唐之太宗，我朝之太祖、太宗二帝者，臣望陛下取法而无失焉。”

监察御史张所上言曰：“河东、河北，天下之根本。昨误割三镇，两河民怨入骨，因而用之，可藉以守。”且请帝还京。具言五利：奉宗庙，保陵寝，一也；慰安人心，二也；系四海之望，三也；释河北割地之疑，四也；早有定处，而一意于边防，五也。帝欲用所，会所言黄潜善奸邪不可用，潜善引去，帝留之，乃安置张所于江州。

初集百官于尚书省，议三镇弃守。百官多请割三镇与金。何卓曰：“三镇，国之根本，奈何一旦弃之？金人无信，割亦来，不割亦来。且河北之民，皆吾赤子，弃地，则并其民弃之，为民父母而弃其子，可乎？”故所言民怨割地，仍用之可仗以为守。就请帝复归京师，且陈五利以献上。欲大用张所，会说黄潜善奸邪不可用，潜善求致仕，留之。乃责张所，改御史，斥之江州。正言正人，自不两立也。

李纲至行在，固辞相位。帝曰：“朕知卿忠义智略久矣，其勿辞。”纲泣谢，且言：“昔唐明皇欲相姚崇，崇以十事要说。今臣亦以十事仰干天听：一议国是，二议巡幸，三议赦令，四议僭逆，五议伪命，六议战，七议守，八议本政，九议久任，十议修德。”

行在者，高宗自济州受即位诏也。李纲至帝行宫见帝，力辞相职，且说："当时唐明皇要姚崇为相，崇著十事要说进。今臣纲亦以十事干渎天朝听闻，臣即不在臣位，臣亦有荣矣。"

翼日班，纲议于朝，僭逆、伪命二事，留中不行。纲曰："二事乃今日政刑之大者，陛下欲建中兴之业，而崇僭逆之臣，用伪命之事，四方谁不解体？"乃安置张邦昌，并其党王时雍等。

翼日，是明日。僭逆、伪命，前金人遣人至京，议立异姓为帝，竟立张邦昌为楚帝，以宋二帝北归是也。高宗以二事止不行，由潜善主张。李纲说："二事，今日极大事，陛下要中兴宋业，而尊崇僭逆之邦昌，从矫伪之事，天下人心谁不涣散。"帝乃斥邦昌，并其恶党王时雍辈，而答众心。

以傅雳为二圣通问使。李纲上言："尧、舜之道，孝弟而已矣。今日之事，正当枕戈尝胆，内修外攘，使刑政修而中国强，则二帝不俟迎请而自归矣。不然，虽冠盖相望，卑词厚币，恐亦无益。今所遣使，但当奉表通问两宫，致思慕之意可也。"

宋二帝羁留虏廷，帝以傅雳与金人通问，候二帝起居。李纲奏言："古帝王之孝弟，莫过于尧、舜。故孟子尝说尧、舜之道，孝弟尽之矣。今我宋之事，正君与臣不忘战，则以戈为枕，思报仇，则以胆为尝。内则修德，外则攘乱，使刑明政举，而中国强盛，则二帝不待奉迎以归，而虏人自扈驾以归矣。若不如此，虽通问使相接于道路，修币表踵献于虏，终是无益。如今去通问二帝，只当曲陈思慕之念可也。"

以宗泽为东京留守。有王善者，河东巨寇也。泽单骑驰至其营，泣谓之曰："朝廷当危难之时，使有如公一二辈，岂复有敌患乎！今日乃汝立功之秋，不可失也。"善感泣，遂解甲降泽。又降诸贼，又连结两河忠义民兵。于是陕西京东西诸路人马，咸愿听泽节制。泽累表请帝还京，而帝用黄潜善计，决意幸东南，不报。秉义郎岳飞犯法将刑，宗泽一见奇之，曰："此将材也。"会金人攻汜水，使立功赎罪，飞遂大败金人而还。

乃升飞为统制，而谓之曰："尔智勇材艺，古良将不能过。然好野战，非万全计。"因授飞阵图。飞曰："阵而后战，兵法之常。运用之妙，存乎一心。"泽是其言，飞由是知名。

时宗泽为东京路留守之职，留守司主除寇贼者。那时有王善，河东有名大盗。宗泽一身一骑，奔至其营中，垂涕对他说："当今二帝被虏，京师失陷，正朝廷危难之时，因为国家无有才干人耳。使有如公一二辈维持于内，捍御于外，岂犹有金虏之患乎！今天下得人为急，英雄展布，正在此时，汝辈建功立业之秋，不可失了。毋图小成，为自顾之计可也。"王善闻之，不觉痛心，解甲免胄降服。其他同辈为寇者，闻王善降，亦望风而降。泽又连结河东、河北怀忠抱义之民，于是陕西京一路，及东西各路人马，都愿受泽的节制。泽几次表请帝还京师，而帝惑于黄潜善奸计，决意只要幸东南。泽虽上表，帝不报命。有秉义郎名岳飞者，犯法不赦，将受刑，宗泽见其貌奇之，说："此人必有将材，非凡庸辈也。"正当金人进攻氾水地方，使他出死力，建功业，赎前罪。飞遂大胜而还，金人乃遁。于是进飞为统制之职，而对之说："尔智谋勇力，材调武艺都全，即古来名将亦不能胜尔。然尔喜旷野之地交战，不是万全计策。"因而授飞战阵图册。飞阅之说："依阵法而后战，兵家之常事。惟运筹决胜之妙理，在心上施行。"泽深服其言，而飞亦因泽之识拔而名著。

以张所为河北西路招抚使。所以岳飞充中军统领，问飞曰："尔能敌几何？"飞曰："勇不足恃，用兵在先定谋。栾枝曳柴以败荆，莫敖采樵以致绞，皆定谋也。"所矍然曰："君殆非行伍中人。"补飞武经郎。

岳飞以立功赎罪败金人，遂升中军统领，对张所说："徒恃勇力何用？行兵须先定谋略。昔年晋国栾枝欲取荆，使乘车者左实右伪以先驱，舆曳柴而从之，荆人败。楚伐绞，军其南门，莫敖屈瑕曰：'绞小而轻，轻则寡谋，请无扞采樵者以诱之。'从之。绞人获三十人，明日绞人争出驱楚役徒于山中，楚人坐其北门，而复诸山下，大败之。此二国之胜，皆是谋先定耳。"所闻醒然说："君不是武弁辈中人。"遂补武经郎，进统领一级。

帝欲幸东南避敌，李纲极言不可，且曰：“自古中兴之主起于西北，则足以据中原而有东南。起于东南，则不能以复中原而有西北。夫南阳，光武所兴，高山可以控扼，平野可以屯兵。西邻关陕，可以召将士；东达江淮，可以运谷粟；南通巴蜀，可以取货财；北距王都，可以遣救援。暂议驻跸，乃还汴都，策无出于此者。”帝乃许幸南阳，而汪伯彦、黄潜善阴主扬州之议。

李纲主意在还都，而帝意每信汪伯彦、黄潜善幸东南，所以纲极言幸东南不可：“中兴之主起于西北，是处活路；起于东南，是处死路。活路，可守中原而有东南；死路，不能复中原而有西北。汉光武兴于南阳，高山可以捍御外寇，平野可以屯粮养兵。西邻关陕，可以召募将士；东至江淮，可以转运米粟；南通巴蜀，可以征求货财；北距王都，可以征兵援救。且暂留停驾，方可以还汴都，策无出于此者。”帝于是许幸南阳，法光武之兴，而汪、黄阴主幸扬州。

太学录陈东、布衣欧阳澈上书，乞留纲而罢汪、黄，诋用事大臣。潜以语激怒帝，遂斩之于市。

陈东于徽宗七年上疏：“乞斩六贼。”帝嘉纳之。至是，东与澈署斥用事大臣，求罢之。所以汪、黄激帝怒，俱斩于市。

三年，金粘没喝入天长军。报至，帝乘骑驰至瓜州，得小舟渡江。时汪伯彦、黄潜善方率同列听浮屠说法。堂吏大呼曰：“驾行矣！”二人相顾仓皇，乃戎服策马南驰。

粘没喝，金主名。天长军，在应天府城外。

金兵至天长军，帝始闻报，乃匹马奔至瓜州，幸遇小船渡得江。此时天子播迁，逃窜无从，而汪、黄二人，犹与同官听僧徒谈经说法。汪、黄之堂吏大声呼说：“天子驾出矣。”汪、黄骇愕无措，乃衣戎衣，驰马南行。

扈从统制苗傅、刘正彦作乱，杀王渊及内侍康履等，劫帝传位于皇子旉，请隆祐太后临朝。敕至诸镇，韩世忠举酒酹地，誓不与贼共戴天。遂与张浚、吕颐浩会兵讨之。帝复位，召浚知枢密院事。帝解所服玉带赐浚及颐浩。浚获苗、刘，至行在诛之。帝手书"忠勇"二字，揭旗以赐世忠。

　　苗、刘作乱，擒帝左右内侍杀之，欲废帝，别立皇子居帝位，解元祐太后印，请隆祐太后临朝，传敕各镇。那时韩世忠手执酒卮酬于地，誓不与贼同生。与张浚、吕颐浩合兵讨之。帝初闻乱避位，至是方复位，召浚知枢密院事。帝解己所系玉带赐浚及颐浩。浚获苗、刘，送帝前诛之。帝亲写"忠勇"两字，揭旗以赏赐世忠云。

　　以洪皓充金通问使。金人执之，乃迫使仕刘豫。皓不屈，将杀之，旁一校曰："此真忠臣也。"为皓跪请，得流递冷山。

　　洪皓字容斋，择他为通问使，往金候二帝。金人执之，强他仕刘豫。初为济南知府，金人来侵，刘豫以城降。皓不屈节，力拒。金人将杀之，旁有金人将校说："此真忠臣，不易得，不可杀。"至跪救请，乃赦之，得流窜冷山地方。

　　帝如临安府。

　　临安府，属浙江，即今临安县界，属东南。帝幸之，从汪、黄议也。自是不议防淮矣。

　　起居郎胡寅进七策：一、罢和议，而修战略；二、置行台，以区别缓急之务；三、务实效，去虚文；四、大起天下之兵，以自强；五、都荆、襄；六、选宗室之贤才者，封建任使之；七、存纪纲，以立国体。书凡数千言，吕颐浩恶其切直，罢之于外。

　　胡寅上七策，中兴之第一良策，但件件都是帝与汪、黄所忌。言虽切直，而身不容矣。

　　御史赵鼎所言四十事，施行者三十六。及金人至江上，鼎陈战、守、御三策，拜御史中丞。鼎上言："经营中原，当自关中始。经营关中，当自蜀始。欲幸蜀，当自荆、襄始。经营大计，无出此。"

　　赵鼎为御史时，和议、守战、权臣、任将、用人等凡四十件，已行者三十六件。至金人到江上，又陈战、守、御策，进中丞。又言经营大业，帝受之。

兀术入建康，守臣杜充出降。通判杨邦乂不屈，以血大书衣裾曰："宁作赵氏鬼，不为他邦臣。"遂骂贼而死。

金太子兀术寇建康，郡守臣降虏，通判死节。忠叛较然矣。

岳飞败金人于广德，韩世忠大败金兀术于江中。

岳飞前败金人于汜水，此又败之于广德，飞立两次功。宗泽败之于东京，韩世忠又败之于江中，金人四败矣。

秦桧还自金师，至越州，求见帝。帝谓辅臣曰："桧忠过人，朕得之喜而不寐。既闻二帝母后消息，又得一佳士也。"先是，朝廷虽屡遣使于金，但且守且和，而专意与敌解仇息兵，则自桧始。

秦桧自金还，到越之温州来见帝。帝见桧巧为对答，与廷臣说："桧之忠，在廷少有。朕既知二帝母后起居安否消息，又得这一个才能不凡之士。"以前帝尝使使者到金，只是或说守或说和。至于立意与金人相好，不用兵戈，则始于秦桧。

金立刘豫为齐帝于大名府。

前济南知府刘豫，把城降金。这济南府属山东，领州四，县二十六。今金人以豫为齐帝，居大名府。大名府领州一县十。豫称帝于大名府，金僭立，豫僭号。

岳飞败金人于静安。

时飞败金人于静安，此飞已立功有三次矣。

金徙二帝于五国城。洪浩自云中密遣人奏书，以桃梨栗面等献二帝。

时洪浩被金人流递冷山，已令人访知二帝被金人徙五国城，使人奉书与果物献二帝。

以秦桧为尚书右仆射。时范宗尹既去，桧扬言曰："我有二策，可以耸动天下。今无相位，不可行也。"语闻，乃有是命。

先是，桧从二帝至燕，金主以桧赐挞懒，为其任用，乃南伐，以为参军事。桧与妻王氏自军趋楪水砦，自言杀金人监己者夺舟而来。及见宰执，言："如欲天下无事，须是南自南，北自北。"人多疑之。惟范宗尹及李回与桧善，力荐其忠。桧又自言有二策耸动天下。此时有策，不省何以能然，况前又有范、李之荐，因传及于帝，与荐言相合，遂拜为相。

吴玠大败金兀术于和尚原，兀术亟剔须髯而遁。初，金人至，有谋劫玠兄弟北降者。玠召诸将插血，勉以忠义，故感激成功。

吴玠，宋朝名将。和尚原，在宝鸡县西。插血，是杀牲取血，以立盟誓也。

吴玠与金兀术战于和尚原，兀术大败，又恐玠追及识其面貌，乃剃削其须而逃。初，金慕吴玠兵法勇力，计校引诱至北边，迫勒投降，兄与弟俱不放过。玠知之，召众将插血立誓，通要尽忠竭义以扶宋室，所以军士奋力，以收和尚原之战功也。玠弟璘，仕太傅宣抚，亦名将。

韩世忠拔建州，范汝为自焚死。捷闻，帝曰："虽古名将何以加！"世忠因进讨江西、湖广诸盗。

建州，府名，属福建。前建州被范汝为所据，世忠破其城，汝为遂自焚。帝闻世忠奏捷，乃说："世忠克建州，计前败兀术诸功，比之从古以来有名之将，孰能胜之？"世忠因以得胜之兵，进讨江西、湖广两省诸为寇盗者。

召胡安国为中书舍人。安国因上时政论二十一篇，谓："尚志所以立本，正心所以决事，养气所以制敌，宏度所以用人，宽隐所以明德。具此五者，王之能事毕矣。"论入，改给事中。

胡安国，号康侯。时政论，是关系当时急务也。立本者，《中庸》所谓立天下之大本，然必先尚志。志而曰尚者，不是孟子高尚其志之说，此尚在帝王心上说，即如二帝陷虏，皆由志不定，故尚志为首决事，凡军国、思祖、安民、复仇诸大事，不可不决，然必先君心正而万事可理。制敌者，如问罪金人，内修外攘，雪徽、钦二圣之耻，斥和议之说，故曰制敌急矣。然必先养气。人君气壮，则军民亦气壮；人君气馁，则军亦气馁。君以浩然之气塞于上，则军民辈皆勇往直前，而何坚不破，何敌不克，所以养气急也。用人正今日，倥偬之际，难于得人，得其人则忠正有益于国，不得人，则邪佞有损于国。又须在用之，随才器使，不可求备，然而用人又以容人之量为要也。明德，即帝尧克明峻德，即《大学》在明明德。明德中有许多工夫，正心修身齐家治国平天下都在此。不为物欲污染，不为欺诈掩蔽，即心曲隐微，必宽弘开大，如天之高，如日之明，而德始昭著矣。以上五件全具于心，则君天下之大端全备矣。安国论上，改给事中。

秦桧免，榜其罪于朝堂，示不复用。吕颐浩讽御史黄龟年劾桧专主和议，沮止国家恢复远图，乃罢桧相。初，桧所陈二策，欲以北人还金，中原人还刘豫。帝曰：“南人归南，北人归北，朕北人，将安归？”桧语乃塞。至是人始知其奸。

秦桧免相，揭其罪恶榜之于朝堂之上，示永不录用。时尚书右仆射吕颐浩隐讽御史黄龟年，劾桧专意欲与金人和议，画地与他，沮止朝廷恢复中国、迎还二圣之永远图谋。乃罢桧相。初，桧言我有二策，可以耸动天下，无相位不可行，欲要把北面人民、地方与金人，中原人民、地方与刘豫。帝初不省，即拜为相。今思想：“南付与刘豫，北付与金人，朕亦北人，置之何地？”桧无以为辩。至此，方人人知其奸恶。

岳飞大败盗彭友于雩都，虏、吉平。入见，帝手书“精忠岳飞”字，制旗以赐之。

彭友据江西赣州府雩都县，长二十里，前临大江，冈阜陡绝，多虎盗之警。岳飞于彼地大战彭友而败之，虏、吉平。来见帝奏捷，帝亲手御书“精忠岳飞”四大字，制之于旗，以旌赐飞，用表其功。

吴玠大败金人于仙人关。

仙人关，辽东地名。金人驻兵于此，玠败之。

以岳飞兼黄、复州、汉阳军、德安府制置使。时湖贼杨么与刘豫通，欲顺流而下。李成既陷襄阳六郡，又欲自江西陆行趋浙与么会。帝命飞为之备。飞奏襄阳六郡为恢复中原根本，今当先取六郡以除腹心之疾，然后加兵湖湘，以殄群盗。帝从之。逾月，襄汉悉平。捷闻，帝喜曰："朕素闻飞行军有纪律，未知其能破敌如此。"

黄是黄州府，汉阳是汉阳府，襄阳是襄阳府，湖是襄湖，俱属湖广省所属。德安是九江府，江西省所属。高宗以飞诸处制置使。时湖寇杨么与刘豫交通，欲一顺水而来。且湖寇李成已陷襄阳六府，又欲从江西陆路直奔浙江，与杨么会合。高宗命飞防备之。飞就奏言，襄阳六府，是恢复中国根基，先收复六府以去腹心之病，然后起兵到湖湘以灭众寇。帝意正与飞合。一月之外，襄汉尽平。复捷报闻于帝，帝大喜，说："朕平素听闻飞行军一本纪律而行，不道他能除灭寇盗，立如许大功绩也。"

以赵鼎为尚书右仆射，兼知枢密院事。初，以鼎都督川、陕、荆、襄诸军事，条奏便宜，朱胜非忌而抑之。时鼎上疏将赴川、陕，会刘豫使子麟以金师寇淮南，报至，举朝震恐。帝曰："卿岂可远去，当相朕。"制下，朝士相庆。

赵鼎方奉旨都督川、陕二省，荆、襄二府军事，条陈事宜，被朱胜非谮忌而沮抑之。至是鼎方赴任。值刘豫子以金人之师寇淮南地方，举朝君臣震惧。帝乃曰："卿岂可往川、陕，留以为相朕矣。"制命遂相鼎，满朝俱庆宰相得人矣。

韩世忠大败金人于大仪镇，追至淮南还。捷闻，帝曰："世忠忠勇，朕知必能成功。"沈与求曰："自建炎以来，将士未尝与金人迎敌一战，论者以此举为中兴武功第一。"

大仪镇，地名。淮，是淮安府。韩世忠迎金人兵于大仪镇交战，金兵大败。世忠兵又远追至于淮上而退。捷音闻于朝，帝说："世忠存心忠而气力勇，临事自然好谋而成者。"在朝有沈与求说："自建炎初年起兵与金人战，至今绍兴四年，共八年以来，惟此举我朝中兴首功，为宋朝君臣稍为吐气，今后当图后举可也。"

帝自将御金师，次于平江府，以张浚知枢密院事，视师镇江。浚至，见赵鼎曰："此行举指皆合人心。"鼎笑曰："喻子才之功也。"浚视师江上，将士勇气十倍。

赵鼎劝帝亲征金、齐，帝从之。喻樗谓鼎曰："大龙临江，兵气百倍。若使宣抚江、淮、荆、浙、福州诸道军赴阙，为朝廷归路。"帝遂发临安，驾次平江府，欲自度江决战。帝曰："逆豫犹使子，岂可烦至尊耶？"以张浚视师镇江，对赵鼎说："此一行，举动尽当人心。"鼎笑说："喻子才裁度之功也。"喻樗，字子才。张浚于江上观兵，凡在将士，勇气加十倍。

金师渡淮北归。帝语张浚曰："赵鼎真宰相，天佐朕中兴，可谓社稷之幸。"鼎奏："金人虽逃归，尤当博采群言，为善后之计。"于是诏议攻战备御，措置绥怀之方。李纲上疏，帝褒谕之而不能用。

时挞懒屯泗州，兀术屯竹塾镇，为韩世忠所扼，以书约战，且言张枢密已在镇江。兀术说："张枢密贬岭南，何得在此？"乃出浚文书示之。兀术色变，遂有归志。会雨雪馈绝，引师还。帝谓赵鼎说："近将士争先，守臣自效，卿之力也。"鼎谢曰："皆出圣断，臣何力焉。"鼎奏金人虽去，尤当广收众论，为后日计。于是李纲上疏，帝赐赞美，而终不用。

龙图阁直学士致仕杨时，著书讲学为事。学者推为程氏正宗。罗从彦往从三日，惊汗浃背，曰："不至是，几虚过一生矣。"朱熹谓："龟山倡道东南，游其门潜思力行，任重诣极者仲素一人而已。"学者称为豫章先生。李侗从从彦学，悟曰："学问不在多言，但默坐澄心体认天理而已。"学者称为延平先生。朱熹称侗气节豪迈，而充养完粹，自然中有成法。

杨时号龟山。程氏，程明道。罗从彦字仲素。从彦从学龟山。李侗字延平。侗又从学从彦。今龟山致仕，以汪、黄小人而居宰辅之尊，贤否倒置矣。

岳飞受命讨杨幺，其党黄佐曰："岳节使号令如山，不如往降。"遂降。飞单骑按其部，复遣佐至湖中，视其可乘者擒之，可劝者招之。佐疑飞玩寇。张浚曰："岳侯忠孝人，兵有深机，胡可易言？"会旨召浚还防秋，飞袖小图示浚，曰："都督能少留。"不八日而捷书至。浚叹曰："岳侯神算也。"

湖贼杨幺向与刘豫通，欲从襄汉自江西陆行趋浙，与李成会合。岳飞平之，其党已先胆破矣。至是其党黄佐者，说："岳节使军中号令如山岳之不可捍，我辈犯之，只卵被泰山压耳，不如投降。"佐遂降。飞即单骑至黄佐营中，点检按验其部伍。仍遣佐到湖中，视其贰三者擒之，可以言语劝从者招徕之。佐又疑飞以寇为玩。张浚谓之曰："岳侯忠信孝义之人，其军中大有机变，说不可尽。"正值圣旨召浚还临安以防秋警，飞即于袖内出一小图示浚，说："都督且未去，寇可不待八日而捷音至矣。"浚俟之，不八日，捷书果至。浚乃叹说："岳侯之算，真有神助者也。"

六年，以韩世忠为京东、淮东路宣抚处置使，屯楚州。岳飞为京西、河北路宣抚副使，屯鄂州。张浚每称二人可倚以大事，故并命之。

京东、淮东、京西、河北，宋分天下二十三路，京东东路为一路，京东西路为一路，京西南路为一路，京西北路为一路，淮南东路为一路，河北东路为一路，河北西路为一路。楚州、鄂州二郡名，韩、岳分为二处。宣抚张浚每每称赞二人，可倚仗以恢复中原大事，所以并用二人任之。

以岳飞为湖北、京西宣抚使，进拜太尉。飞数请恢复中原，走刘豫而复陕右，屯浚、滑而经略两河。社稷长久之计，实在此举。帝曰："中兴之事，一以委卿。"飞遂图大举。秦桧主和议，忌之，言于帝，请诏飞诣都督张浚议事。浚谓飞曰："欲以淮西军付王德、吕祉，何如？"飞曰："德与郦琼不相下，恐必争。吕尚书不习军旅，恐不足服众。"浚曰："张俊、杨沂中何如？"飞曰："张宣抚暴而寡谋，沂中视德等耳，岂能御此军哉？"浚艴然曰："浚固知非太尉不可也。"飞曰："都督以正问飞，飞不敢不尽其愚，岂以得军为念哉！"遂与浚忤。即日上表乞终丧，步归庐山。浚怒，奏飞求去要君，遂以张宗元监其军。

时飞以湖北、京西宣抚使加太尉。十余次奏请与金人战，恢复中原，迫走刘豫，收复陕右，屯兵浚、滑二县名，属顺天大名府，经略淮南、淮北两河。社稷长久之计，实在此举。帝说："中兴事业，一仗卿身上矣。"飞此时正拟为恢复计。值秦桧力主与金人讲和，嫉飞，言于帝，诏诣都督张浚处议军事。浚与飞不合，遂相矛盾。飞即上表乞还庐山之母丧，竟自步归。浚奏飞求去要君，借终丧以逆君命，罪不容逃矣。遂举张宗元监飞军事。此实忌飞爵位与齐，以议见忤宜矣。

以王德为淮西都统制，郦琼副之。二人交讼，召德还。参谋吕祉密奏罢琼，漏语。琼怒叛降豫，祉死之。张浚悔不用飞言，乃因力求去。荐赵鼎代为相。浚去，帝欲远窜浚，鼎力救，故止贬永州。

初，张浚欲以淮西军付王德、吕祉。飞说："王德与郦琼各是已非人，终致争斗。况吕尚书不闲习军事，虑其不能服众人。"今王德与郦琼果然不睦，上召德还归。吕祉密地奏罢琼之副，偶几事不密，琼觉惧罪，怒叛王德，投降刘豫去，执吕祉杀之。此时张浚悔飞先见之言不用得，以至败事，乃引咎求去。帝问："谁代卿？桧何如？"浚对暗。又问赵鼎，对得之。桧由是憾浚。浚得赵鼎言，遂奉祠罢，安置永州。

帝定都临安。

帝因无志中原，以临安僻在海隅，又非用武之地，图苟安而已。若有志中原，不都川、陕则都荆、襄，不都建康，则都维扬矣。

以秦桧为尚书左仆射。时朝士相贺，独吏部侍郎晏敦复有忧色，曰："奸人相矣。"闻者皆以其言为过。

初，张浚与赵鼎论人才，浚极称桧善。鼎曰："此人得志，吾辈无所措足矣。"及鼎再拜相，桧惟鼎言是从，鼎遂言桧可大任。桧相，满朝相庆，独晏敦复知人，洞烛其奸，忧形于面，曰："奸人作相耶！"闻者俱以其为过。

参知政事刘大中与赵鼎不主和议，秦桧忌之，荐萧振为御史。振即

劾大中，罢之。鼎曰："意不在大中也。"振亦谓人曰："赵丞相不待论，当
自去矣。"遂罢鼎。

秦桧主与金人讲和，赵鼎与刘大中主与金人战，复中原，意已相背。
桧因大中参知政事，赵鼎为相，思劾去之，乃荐萧振为御史。振由我荐，
欲劾鼎及大中，彼必惟吾意指，遂劾大中。鼎曰："振之劾，桧之计也。
意在我，不在大中也。"振也说："今赵丞相不必劾，当自见几矣。"未几，
鼎知上先入之言，引疾求罢，遂出知绍兴府。

诏侍从、台谏详议和金得失。先是，礼部侍郎曾开当草国书，辨视
体制非是，论之不听，请罢。桧慰之曰："主上虚执政以待。"开曰："儒者
所争在义，爵禄弗顾也。"复引古谊折之。桧大怒。至是，晏敦复等皆言
不可和，李纲亦上疏，不省。枢密院编修官胡铨亦上书，连贬窜。陈刚中
启事贺胡铨，吴师古锓其书于木，金人募其书千金。师古坐流袁州。

帝下诏，凡侍从、台谏详议与金人讲和可否。前此礼部侍郎曾开当
起草创书，与其词意若何，桧不合，曾开请罢。桧阳为慰之曰："主上
留执政之位，虚以待公。何求罢也？"开曰："儒者于义之所在，宜明诤
之。执政之位虽尊，儒者不顾也。"开又援引故事来辨。桧便动怒，见于
容色矣。至是晏敦复、尹焞等俱极口说不可与金人和。李纲亦上疏言不可
和。上不悟。胡铨也上疏，遂罢职远窜。时陈刚中有书贺胡铨此贬，吴师
古镌板以传之。金人闻知，觅得其书者予千金。桧知之，坐以罪，流配于
袁州。

岳飞在鄂州上疏，力陈和议之非，有"愿定谋于全胜，期收功于两
河，唾手燕、云，终欲复仇而报国，誓心天地，尚令稽首以称藩"之语。
疏入，桧益怒，遂成仇隙。

初，岳飞为京西、河北路宣抚副使，屯鄂州，至是上疏于朝，力诋
讲和之失。其疏词有云"愿定谋于全胜"，矢志出万全之谋也。云"期收
功于两河"，相期两河收复以见功也。云"唾手燕、云，终欲复仇而报
国"，言向所失四京、燕、云之地，金人唾手而还我，庶国仇可复，而国
恩可报。云"誓心天地，尚令稽首以称藩"，言对天立誓，不与贼俱生，

歼其渠魁，以正冠履之分，终令为藩国称臣。此疏入，桧以飞不附己，不从和议，失信金人，已之权不专故也。

四川宣抚使吴玠用兵本孙、吴，务远略，不求小利。御下严而有恩，故士卒乐为之死。自富平之败，金人专意图蜀。微玠当其冲，无蜀久矣。

孙、吴，是孙膑、吴起，战国时名将，其兵法有《武经七书》传于世。玠行军务远大之谋略，不狃隘小之便利。待下士卒，有罪必诛，有功必赏，虽严而以恩济之，故士卒愿为之出死力。前金人富平之败，立意有图四川一省之志，而四川所以不被金人陷者，以玠当一面之冲，守御密而机谋胜也。故卒后西人思之，作庙以祀焉。

李纲为相七十日，其忠诚义气，动乎远迩。每使者至金，金人必问李纲、赵鼎安否。其为远人畏服如此。

李纲位观文殿大学士、庞西公，然不能立朝日久，建复中原之业。而其一身用舍，为社稷生民安危，由一腔之忠诚。一生之义气凛凛然，华夏蛮夷无不闻风仰慕。金人虽夷虏顽慢，每见中国使人至，必问公举动安否。其远方畏服，惓惓敬服如此。

金人寇京西，帝赐岳飞札曰："设施之方，一以委卿。"飞遣牛皋、李宝等，分布经略西京诸郡，而自率军长驱以阚中原。皋、宝相继败金人于京西，而秦桧力主和议，奏谕旨班师。

札，是手札。时金人攻掠京西二路。帝赐岳飞手札曰："设施方略，尽属于卿。"飞乃使牛皋、李宝二将，分布经营谋略西京几郡军事，而飞自统军长驱直入，以看顾中原可复。于是皋、宝协力接踵，与金人战于京西，大败之。而秦桧之主于讲和，奏遣司农少师李若虚诣飞军谕旨班师。

岳飞大败金兀术于郾城。初，兀术以拐子马万五千来。飞戒步卒，以麻札刀入阵，勿仰视，第斫马足。拐子马相连，一马仆，二马不能行。飞军奋击，遂大破之。兀术大恸曰："自海上起兵以来，皆以此胜，今已矣！"愤甚，复合师十二万侵颍昌。飞使王贵及子云，又大败之。兀术夜遁，追奔千五里，中原大震。飞使梁兴渡河，会太行忠义、两河豪杰，败金人于垣曲。又败之于沁水，遂复怀、卫州。太行道绝，金人大恐。飞又大败兀术于朱仙镇。兀术走还汴，飞遣使修治诸陵。

郾城县属河南开封府。兀术犯郾城，其兵用拐子马，以三匹马为一拐，一马仆地，二马俱行不动。飞命士卒步敌，以麻绳束刀，冲入其阵，只看马足斫去，勿得上视。军士奋力斫马足，兀术兵遂大破，哭曰："自从起兵，皆是此阵胜人，今日休矣！"恨极，又合兵十二万攻颍昌。颍昌即许州，郾城邻县。飞使副将及子岳云又杀败之。兀术畏惧夜逃，贵与云追逐他千五多路，中原百姓大喜。飞又使副将梁兴渡河，约太行忠义、两河豪杰败兀术于垣曲。太行山在彰德、卫辉二府界内。垣曲，地名。又败兀术于沁水。沁水在山西，泽州属县。又收复怀、卫二州。怀，怀庆府；卫，卫辉府，俱属河南省。自是太行一路，人迹断绝，金人畏惧。飞又大败兀术于朱仙镇。朱仙镇，地名。兀术于是还奔汴梁去。飞方能修治宋太祖、太宗诸陵寝。初，金人寇河南，尽发诸陵，骸骨暴露。有义士假妆乞人，潜取其骸骨，藏以趋至临安献之，收置庙宇。至是重整诸陵葬之。

岳飞奉诏班师，河南州郡复陷于金。时两河豪杰皆期日兴兵与官军会，父老百姓顶盆焚香者充满道路。自燕以南，金人号令不行。金将王镇等帅其众内附。飞大喜，语其下曰："直抵黄龙府，与诸军痛饮耳。"秦桧方欲画淮以北与金人和，讽台谏请诸将班师。于是飞一日奉十二金字牌。飞愤惋泣下，拜曰："十年之力，废于一旦。"乃引兵还。民遮道泣曰："我辈戴香盆，运粮草以迎官军，金人皆知之。相公去，我辈无噍类矣。"飞亦悲，取诏示之。留五日以待民徙，从而南者如市。初，兀术败于朱仙，欲弃汴而去。有书生叩马曰："太子毋走，自古未有权臣在内，而大将能立功于外者。岳少保不免矣。"兀术乃止。及飞还河南，新复府州皆复为金有。

岳飞统兵，河南失而复得。不意帝以桧意，必欲与金人议和，诏飞班师，河南州府得而复失，仍陷于金人。所可恨两河豪杰，俱拟兴师大举恢复，与官军期约，父老及士民听从的与百姓每焚香于盆，以头顶之者遍满道涂。自燕以南，金人号令，民不奉行，就是金人将官姓王名镇者，都以军士归附。飞大喜悦，对其在下军士说："直到金人黄龙府，擒得兀术渠魁，迎还二圣，中原重整。那时与君等痛饮以洗宿恨耳。"秦桧正要剖分淮之北畀金求和，潜讽台谏尽诏诸将还师，庶向日与兀术相期之约不爽耳。于是飞一日内奉朝廷十二次金字牌诏回。飞愤恨泣下，拜来诏曰："十年征战之劳苦，一朝付之东流。"乃不得已引兵而还。万民遮蔽于路，哭曰："我每顶香盆，运供粮草，以迎候官军。金人若知相公兵去，其一来，我小民毛发无存矣。"飞亦哭泣，只得取诏书示民看了。姑缓五日还师，待百姓迁徙，从军中而南行如归市。初，兀术兵败于朱仙镇，意要弃舍汴梁而逃去。偶有一书生拜于马前曰："太子不必去，从古以来，朝中有权臣，必忌大将立功于外。今宋朝有秦桧，岳少保必不免加罪，况立功乎！"兀术乃留不去。自飞还师，河南新复州府，仍为金人有。

秦桧以刑部侍郎张九成排和议，贬之。

张九成上策，以中兴之主，刚德为尚，去谗节欲，远佞防奸，皆中兴之本也。桧以九成与喻樗谤讪和议，遂贬官有差。

刘锜败兀术于柘皋，又败之于东山。敌望见惊曰："此顺昌旗帜也。"即退走。锜复庐州，旋奉诏班师。

柘皋在太平路。庐州巢县有柘皋河。东山一曰孤山。顺昌属福建延平府。庐州府属应天。刘锜以太尉为威武节度使。前已曾败术一次。兀术两败于刘锜，远望旗帜，即前败我兵者，遂退奔。锜复归庐州府。桧主和议，尽收诸将兵柄也。

张俊首请以所部隶御前，力赞和议。桧喜之。

张俊为枢密使，以己部下军士留御前听调，用是和议。桧悦之。

岳飞以恢复为己任，不附和议，尝读桧奏，至"德无常师，主善为师"二语，恚曰："君臣大伦，根于天性。大臣而忍面欺其主耶！"兀术遗桧书曰："汝朝夕以和请，而岳飞方为河北图。必杀飞，始可和。"桧遂罢飞为万寿观使，奉朝请。

飞不附桧和议，力主恢复。兀术乃遗书与桧："汝朝夕以和来请，而究竟岳飞正在图河北。看来飞在，和决不成。杀飞，和乃可必。"桧遂讽中丞何铸等，论飞奉旨援淮西而不进，比于张俊按兵淮上，欲弃山阳而不守，乃罢之。

下岳飞于大理狱。桧以飞不死，终梗和议，己必及祸。及与张俊谋，必欲杀之。乃密诱飞部曲，能告飞事者优赏，卒无应者。闻飞统制王俊，善告奸，号雕儿，以奸贪屡为张宪所抑，使人谕之。王俊许诺。于是桧、俊谋以张宪、王俊皆飞部将，使其徒自相攻发，因以及飞父子，庶帝不疑。俊乃自为状付王俊，妄言副都统制张宪谋据襄阳，还飞兵权。执宪赴镇江行枢密府鞫之，使宪自诬，谓得飞子云手书，命宪营还兵计。宪被掠无完肤，竟不伏。俊手自具狱成，告桧。桧矫诏遣使召飞父子证宪事，飞笑曰："皇天后土，可表此心。"遂与云就大理狱。桧命中丞何铸庭诘之。飞裂裳以背示铸，有旧涅"尽忠报国"四大字，深入肤理。既而阅实俱无验。铸察其冤，白之桧。桧曰："此上意也。"乃改命万俟卨。卨素与飞有怨，遂诬飞致书张宪、王贵，令虚申探报以动朝廷，云与宪书令措置，使飞还军。且云其书已焚，附会成狱。大理卿薛仁辅等，皆言飞无辜。判宗正寺士㒟请以百口保飞无他，且曰："中原未靖，祸及忠义，是忘二圣，不欲复中原也。"皆不听。韩世忠不平，诣桧诘其实。桧曰："岳云与张宪书，虽不明，其事莫须有。"世忠曰："莫须有三字，何以服天下也！"

桧以飞不附和议，且兀术致书桧曰："必杀飞，始可和。"桧遂置飞于大理狱。大理狱，拘罪人之地。桧以和议不成，身必及祸，乃同张俊谋，必欲杀之。乃暗地以重赏置之，有告飞者予之。但同朝惟俊、桧恨飞，此外绝无人也。闻得飞手下统制王俊善于讼，号称雕儿，素以奸贪数为张宪排抑。以王俊又在张宪下，必思报平素排抑之仇，使人谕以此意，正合其怀。桧与俊就谋以张宪、王俊俱是飞部下将，使其二人自相攻击，因以及飞父子，则帝自然无疑。俊乃自草相构之状，潜与王俊造言副都统制张宪阴谋占据襄阳，还飞兵权。拘宪送镇江府行枢密府鞫，强使宪自诬，谓得飞子岳云手札，致宪营还兵计。宪被拷掠，身无完肤，竟不伏。张俊手自具供状告桧。桧不为题请朝廷，矫为天子诏令，遣使召飞父子证实宪事。飞笑曰："皇天在上，后土在下，天地昭明，此心可对，不可妄加陷害也。"桧即命拘飞与子云就大理狱。桧使中丞何铸跪飞于庭，鞠之。飞裂开衣露背，示铸见之，有旧时墨涅刺"尽忠报国"四大字，其墨深入肉内。既而坐实，俱无证验者。何铸察飞冤，往陈于桧，冀一宽其罪。桧曰："此举实帝不喜悦，欲置之死地，我辈何必强为之理说哉！"又改命重勘，使万俟卨。卨平素与飞曾不有合，遂诬坐飞致书张宪、王贵，令枉造手申报上，以耸朝廷，听云与宪书令措置，使飞还军。且说其书付火焚灭，巧为坐实就狱。大理卿薛仁辅诸官尽说飞父子无罪，字字句句枉法。判官宗正寺官士㒟敢以一家百口保飞无此事，且说："中原未及恢复，大祸已加忠义之辈，是不与二圣复仇，又不要恢复中原也。"桧俱不听。此时韩世忠闻飞父子诬坐重辟，心抱不平，往与桧穷究其故。桧曰："岳云与张宪书，虽不明白道，其事莫须有。"世忠曰："莫须有三个字，天下闻之谁为心服？"

韩世忠屡抗疏言秦桧误国之罪，桧讽言官论之，罢为醴泉观使。世忠自是杜门谢客，绝口不言兵。

韩世忠为秦桧主和议，误天下国家，数抗疏论之。桧讽御史论罢。世忠自杜门，闭口而已。

秦桧杀万寿观使岳飞于大理寺狱，云与张宪弃市。洪皓在金，以蜡书奏言：金人所畏惟飞，及闻其死，诸酋酌酒相贺。

秦桧以金字牌十二召岳飞，贬为万寿观使，随诬坐置大理寺狱，矫诏并云与宪弃市。洪皓使金被拘，欲寄信，恐为金人检验，细书藏于蜡丸中，潜以寄归。书云：金人向畏惧者飞，知其死，酋辈设酒相庆，见中原永为我有矣。

加秦桧太师，封魏国公，以和好成也。

秦桧主和议，至是和议成，以何铸签书枢密院事，奉表称臣于金，故加秦桧是职。

行人洪皓留金十五年，至是和议成，还入对，求郡养母，除徽猷阁直学士。复以论事忤桧，出知饶州。

初以皓充金通问使，金人执之，流递冷山，经十五年。时以割地讲和得归。甫受职，即罢之。

徙赵鼎于吉阳军。桧怨其不附和议。

前以赵鼎不主和议，桧命萧振劾之。罢之，安置潮州，又徙吉阳。桧曰："此老倔强犹昔。"

秦桧死。桧居相位十九年，劫制君父，倡和误国，忠良诛尽。兴大狱诬张浚等五十三人，病呕释。

桧主和议，不欲恢中原，令高宗牵手制足，惟其指使；忠良将相，被其屠戮。病不成狱，实天意不能容之也。

虞允文大败金师于东采石。刘锜执允文手曰："朝廷养兵，而大功乃出一儒生。我辈愧死矣！"允文还入对，帝嘉叹曰："允文天性公忠，朕之裴度。"

采石，山名，属应天太平府北，昔李白尝乘月与崔宗之放歌豪饮处。虞允文为川、陕宣谕使，时败金师于采石。因王权已去，李显忠未来，贼兵充斥，允文大败之。裴度，唐封晋公。

帝至建康，张浚迎拜道左。卫士见浚，无不以手加额。浚起废复用，风采隐然，军民倚以为重。

前张浚以淮西王德、郦琼之败，贬永州，起判建康。因帝驾至，张浚拜迎道左旁。凡护驾宿卫之士卒，久闻浚名，及见其容貌，无不举手谢天。中兴可倚重者，况废而再起，至举动之风神采色，正大有作为之日，军国之事、万民之命倚重焉。

洪迈充金贺登极使，金令于表中改"陪臣"二字。迈执不可，遣还。

时金人弑其主亮于瓜州，金师北还，立乌禄为帝。桧以和议成，奉表称臣于金。今新主立，命洪迈充金贺登极使臣。金人必要于表内"臣"字上加一"陪"字，言臣犹不敢，仅仅陪耳。迈执意不肯。即"臣"字亦出桧意，至于"陪臣"两字，羞辱极矣。

卷之二十八

宋纪

孝宗

孝宗皇帝，讳昚，太祖七世孙，秀王子偁之子。高宗无子，立为皇太子。在位二十七年。

高宗逊位皇太子，自称太上皇。谓群臣曰："付托得人，吾无憾矣。"

皇太子初封建王，至是帝传位太子，自称太上皇帝，退居德寿宫。帝对百官说："天下大事，君位重任，不可授非其人。今得其人，我可无恨矣。"

召张浚入朝，以为江、淮宣抚使，封魏国公。浚入见，帝改容曰："朝廷所恃惟公。"浚从容言："人主之学，以一心为本。一心合天，何事不济！所谓天者，天下之公理而已。"又劝帝坚意以图恢复。帝嘉纳之。

帝召张浚入朝，以建康判擢为江、淮宣抚使，封魏国公。浚入觐，帝喜形于面，说："朝廷事体艰难重大，担当肩任，甚难其人。今日惟恃公在朝耳。"于是浚从容讲说："陛下在今日，所急者惟学耳。但帝王之学与士庶不同，要以一心为本，心又以法天为本。法天则自强不息，大公无我，而动与天合，事事当理。若舟楫然，巨川亦济；若调羹然，五味亦济。自然无有抵牾，无有偏倚，方为合天。何谓合天？天者，如'无偏无党，王道荡荡；无党无偏，王道平平；无反无侧，王道正直'，是公理也。"又劝帝说："陛下新嗣服之时，立志不可不坚。立志一坚，则思忠邪之当辨；志一坚，则思祖业之当守；志一坚，则思耻辱之当雪。况中原几为金人蹂躏矣，称臣几为祖宗玷辱矣。恢而复之，是在陛下。勿便己私，勿图苟安，听忠臣义士之良谟而意诚坚，何虑金人为！"帝于是嘉纳之。

诏复岳飞官，以礼改葬，官其孙六人。

孝宗新立，凤知秦桧和议之失，岳飞恢复中原之忠，为桧矫诏诬坐，致之于死，已为惜之。然死于枉法，桧亦不容其善葬。至是，帝念其战功忠诚，乃以成礼改葬之；其子云枉法弃市，云子有六人，具命之官秩，以荣其父子尽忠。

以张浚为枢密使，都督江、淮军马，开府建康。浚子栻为机宜文字，其所综画，幕府诸人不及也。

张浚初为江、淮宣抚使，此又进枢密使，都督江、淮，开府建康。浚子栻前赴行在见上，即进言："陛下上念宗社之仇耻，下悯中原之涂炭，惕然于中而思以振之，则今日之功可以立成。"帝大异其言，以为机宜文字，掌职文书。其所裁定草创，俱核事理，即凤谙幕府中事者，俱让其能事云。

以辛次膺同知枢密院事。初，次膺力谏和议，为秦桧所怒，流落者二十年。帝召为中丞。帝呼其官而不名。渡江以后，直言之臣，次膺为首。

辛次膺初不主和议，秦桧久已罢其官。至此帝即位，心切报仇，故特起次膺是职，时帝召为中丞。帝但呼官衔而不呼其名，尊之也。自高宗渡江以至于今，无直言者，惟次膺一人。

张浚使邵宏渊、李显忠帅师伐金。显忠复灵璧及宿州。捷闻，帝手书劳浚曰："近日边报，中外鼓舞，十年来无此克捷。"邵宏渊谓显忠曰："招抚，真关西将军。"

邵宏渊、李显忠是二名将。张浚命统兵伐金，复灵璧、宿州二县。奏捷，帝说建炎以来，十四处战功，皆因其来而与战，今往而征之，故说十年以来，从未有此美举也。显忠，关西人。

帝以符离之败，乃议讲和，遗卢仲贤使金军。金人书定四事：一、欲通书称叔侄，二、欲得唐、邓、海、泗四州，三、欲岁币银绢之数如旧，四、欲归彼叛臣及归正人。帝大悔。

帝以李显忠、邵宏渊师败于符离地方，乃听汤思退议，如金讲和议。遗卢仲贤使金军以议。金人写定四件事：一要书札往来称叔侄，二金画唐、邓、海、泗四州，三要每年币银绢之数照旧，四要送还他的叛臣及正人。金人先写定这四件以要宋，帝悔之。

诏侍从、台谏集议和金得失。召张浚还。浚曰："今之和议，失中原将士、四海仰慕之心。夫立大事，以人心为本。人心既失，他日复谁为陛下用命哉！"帝乃令胡昉谕金以四州不可割。金以失信执之。帝曰："和议不成，天也。自此事当归一矣。"

帝诏群臣议与金人讲和是否。召浚还。时浚还扬州，上疏劾李显忠纳印待罪，帝慰之。至是召还议和金得失。浚曰："今之和议，大失人心。立天下大事，以人心为本。抚即后，虐即仇，人心至愚而神者也。倘人心一失，就如土之崩，如瓦之解，一有不虞，便散而之四方，谁与皇家出死力以相卫哉！"帝于是命胡昉往金谕之，说通书称叔侄可也，岁币银绢之数可也，归彼叛臣及正人可也；欲割唐、邓、海、泗四州，则祖宗世传之土宇，岂容分裂与人。胡昉一露其意，金遂以宋朝语言不实。当先秦桧遣使来讲定和好，道中国决无反复。今人吝四州之割，汝来何干。拘留不容返国。帝闻报，曰："前者秦桧力主讲和，今讲和已定，又欺凌如此。和好不成，真天意有在，祖宗之有灵也。今后中国一以恢复为事矣。"

魏杞至金，金人以国书称大宋，胁杞去"大"字。杞拒之，卒正敌国礼而还。

先是，秦桧奉表称臣于金。今宗正少卿魏杞易表为国书，改臣字而称侄，以宋字上加"大"字。金人逼杞止称宋，不许称大宋。杞不从，终以大宋为敌国之礼而归。

帝以射弩断弦伤目。陈俊卿言于帝曰:"陛下未能忘骑射者,盖志图恢复耳。诚使任智谋之士以为腹心,仗武猛之将以为爪牙,明赏罚以鼓士气,恢信义以怀归附,则英声义烈,不出樽俎之间,而敌人固已逡巡震慑于千万里之远,尚何待区区驰射于百步之外哉!"

帝日思二帝被虏,中原失土,以复仇雪耻为急,从事弓马,不意为弓弩弦绝伤目。陈俊卿奏曰:"武备中有弓弩以御寇也,亦凶器也。陛下宵旰于万几,勤思乎民祚,诚寝食不遑者。然而未能忘情于骑射者,盖念祖宗以积德累仁,奄有疆土,而金人以背逆不仁,残我土宇,盖志图恢复耳。若果能委任智术谋议之士,以为运筹帏幄而腹心待之,全仗武毅勇猛之将,以爪牙寄之,赏有功,罚有罪,诚明白不爽,则士气奋;敦其信,明其义,崇厚不薄,则众云集。如是则英发之声,高义之烈,即在樽俎间雍容礼法之场,而金人固已退缩畏惧于千里之外矣。何必于身亲武夫之事,仅仅驰马射箭于咫尺百步之近已哉!"

起复刘珙,同知枢密院事。珙辞不拜,其上札子略云:"陛下卑宫室,菲饮食,未明求衣,日旰而食,惟恢复是图。然而旷日持久,绩用未著者,有恢复之形,而未尽恢复之实故也。荆、襄兵单财乏,要当责两路帅臣,练兵以壮军声,令荆南守臣措置以广边用。此荆、襄今日之急务也。然荆、襄,四支也;朝廷,腹心元气也。元气强,则四支壮。故以修己为本,求贤为先,恤民为重,而后用将养兵。此本末先后之序,政事之大亦无过四者。愿陛下强固根本,增修德政。此恢复之上策也。人事若尽,以兴六月之师,犁庭扫穴,在反掌间耳。"时六诏起之,而刘珙亦六疏辞之。帝纳其言为寝前诏。

初,刘珙同知枢密院事,罢为端明殿学士。至是复起同知枢密院事,为荆、襄宣抚使。珙不受职,不拜。所上札子大略有云者:"俭德勤政,总为恢复中原计也。偏荆、襄二府,中原枢要所在,譬之人之手足一般。至于朝廷,人之腹心元气一般。元气强足,则四支荣壮。所以人君修己之本根,求贤为先务,恤民为重事,然后用良将、养精兵。缓急轻重之序,无出于此,而国家政事之极大,亦无有过于此四者。愿陛下坚固其根本,增修其德政,方是恢复中原之第一策也。然此皆是人事,若人事不尽,则志卑身辱，不可言矣。倘人事能尽，犹之兴六月之师，犁庭扫穴，如反手之易耳。"刘珙方罢职，以和议不成，帝六降诏起之，珙亦六疏辞之。帝虽纳札子所上之言，而前六诏遂寝。

六年，诏求直言。知建康军朱熹上疏言："天下之大务，莫大于恤民。恤民之本，又在人君正心术以立纪纲。"大要以民贫赋重，宜计军实、去浮冗为言，反复切至。

孝宗是时，近习盗权，而民贫赋重，不堪其忧。文公一疏，惓惓于恤民，计军实，去浮冗，治屯田，其要也。而恤民之本，又在于正心术以立纪纲。非苦口良药，而中孝宗之膏肓乎？

帝读之大怒，熹以疾辞。诏以提举江西常平茶盐。

左司员外郎兼侍讲张栻罢。栻在朝仅一年，召对至六七。所言皆修身务学，畏天恤民，抑侥幸，屏谗谀，故宰执、近习皆惮之。罢知袁州，改右殿修撰。病且死，犹手疏劝帝亲君子，远小人，信任防一己之偏，好恶公天下之理。天下传诵之。栻尝言："学莫先于义利之辨。义者，本心之当为，非有为而为之也。有为而为，则皆人欲，非天理矣。"学者称为南轩先生。

张栻，张浚子，号南轩。罢左司员外郎兼侍讲，缘宰相虞允文阴主张说故也。时张说签书枢密院事。栻立朝止一年，召对六七次，帝遇之重矣。凡对所言，皆修身等正事，近习小人皆畏忌之，故落职袁州。及改右殿修撰，至病，临终手疏皆忠君爱国之诚。死而不忘，诚不负所学矣！

著作郎吕祖谦，学以关洛为宗，少辩急，一日诵孔子"躬自厚而薄责于人"，忽觉平时忿懥，涣然冰释。朱熹言："伯恭方能变化气质，既卧病，而任重道远之志不衰。居家之政，皆可为后世法。"学者称为东莱先生。

关洛，即周敦颐、邵雍诸先儒，为理学之正宗。吕祖谦，字伯恭，其祖即好问。祖谦心平气和，不立崖异，言论不事辨给，一读"躬自厚"句，骤然把是己非人念头镕化。朱文公尝说："吕伯恭之气质，皆从涵养得定，一应浮薄都消释如冰镕。即卧病时，而任重则以仁为己任，道远则力仁,死而后已。至于居家,自有法度,不异居官,可永为天下后世法。"

以黄治为御史中丞。治质重,有大臣体。尝言:"居家不欺亲,仕不欺君,仰不欺天,俯不欺人,幽不欺鬼神。"

黄治敦重严整,有大臣立朝之丰度。尝自说:居家尽孝于亲,无涯之报,罔极之恩,何容有欺?出仕尽忠于君,竭股肱之力,效靖献之忱,何容有欺?至于自修,则仰不愧于天,俯不怍于人,幽不欺鬼神,如尸居而龙见,渊默有雷声。为五不欺。

光宗

光宗皇帝,讳惇,孝宗第三子。年四十受禅,孝宗即退居重华宫。在位四年。

帝欲诛宦者,近习皆惧,遂谋离间两宫,帝疑之。顷之,内宴,后请嘉王扩为太子,寿皇不许。后退,持嘉王泣诉于帝,谓寿皇有废立意。帝惑之,遂不朝寿皇。后又以黄贵妃有宠,谋杀之,以暴疾闻。翼日,合祭天地,风雨大作,黄坛烛灭,不能成礼而罢。帝既闻贵妃卒,又值此变,震惧增疾,遂不视朝。

光宗即位,尊孝宗皇帝为寿皇圣帝。嘉王扩,光宗第三子。光宗年四十即位,宜立扩为太子。时后性悍妒,亟欲立子,又因宦者离间,后泣诉于帝,谓寿皇有废立意。帝惑之,遂不朝寿皇。后以贵妃有宠,后杀之,以暴疾闻。及祭天地,因天变,不成礼而罢,遂增疾,至不能视朝。

帝疾不朝重华宫。吏部尚书赵汝愚谏,秀王伯圭调护,两宫之情始通。帝乃朝,竟日而还,都人大悦。

帝有疾,重华温清之礼,与诞辰节序,屡以寿王传旨免。既而帝稍愈,百官请帝朝者,至叩头引裾,即凤驾而不果,都人始以为忧。至是赵尚书、王嗣伯圭往复言而悟,帝拟朝,寿皇允朝,两宫通意,帝遂朝。父子聚欢终日,都人忧改而为喜。

　　陈亮才气超迈，善谈兵，议论风生，志在经济。淳熙中，诣阙上书，极言时事。孝宗将擢用，亮辞。帝至是问礼乐刑政之要，亮对策以君道、师道对。帝大喜，以为善处父子之间，御笔擢为第一，授签书建康府判官。

　　陈亮才气英发，善讲兵法，笔舌如悬河，而留心经济。淳熙中，上书言事，帝善之。大臣恶其切直，交沮之。是时对策甚切帝心事，帝喜，以为善调停骨肉之间。

　　韩侂胄欲推定策功。赵汝愚曰："吾宗臣，汝外戚也。何可以言功。"但迁侂胄为汝州防御使。侂胄大失望，然犹以传道诏旨，浸见亲幸，时时乘间，窃弄威福。叶适闻侂胄觖望，言于汝愚曰："侂胄所望，不过节钺，宜与之。"不从。适叹曰："祸自此始矣！"

　　韩侂胄，韩皇后季父。立嘉王，侂胄亦与定策。赵汝愚，宋太祖宗室，故说宗臣。侂胄于韩皇后面为外戚。宗臣、外戚俱矜不得功。但侂胄以防御使不能有节钺之任，大失所望。然犹以御座前传宣诏令，渐见亲爱，时时伺有可下手处，便将朝廷威权窃弄。时左选郎官叶适闻韩侂胄怨望朝廷薄待之语，对汝愚说："侂胄本意，不过欲得节钺为荣，此分所宜与者。"汝愚不听，是终虚其望矣。适曰："侂胄能窃弄威权，何难伸怨于人，祸根始此矣！"

　　焕章阁待制兼侍讲朱熹进讲，务积诚意以动帝心。讲毕，极言四事：一、谏修东宫，二、定省太皇，三、谏左右窃柄，四、为寿皇求吉地。熹仕于外者仅九考，立朝四十六日，进讲者七，内引奏事者再。熹急于致君，知无不言，言无不尽，亦颇见严惮。帝遂罢熹职，侂胄益无所忌。

　　朱熹每进经筵前一日，必沐浴端居，积诚以为献纳地。讲毕有可以开益帝德者，馨竭无隐，帝亦虚心加纳焉。其所最急切者四件：一、修东宫以储太子；二、辰昏必定省太皇安否；三、左右窃弄威权，以中伤忠良；四、为孝宗皇帝宜葬，急须勘吉地以为山陵。熹自出仕以来，已历九考，而立朝止四十六日，进讲经筵者七次，内召对者二次。熹以尧、舜之君望君，有所学则有所知，知无不言，言无不尽，以下不负所学。光宗颇有畏惮之意。倘帝以四事一一行之，而使久于其位，进讲岂止于七，奏事岂止于再？于凡陈善闭邪，进贤远奸，用以启心沃心，而君臣之间严惮如对师保，朝夕纳诲以辅德，则中原可复，耻辱可雪，而名分可正，岂至偏安于一隅已耶？奈何熹进言而终为侂胄所嫉，一罢职而只为侂胄恣行无忌，赘旒其君之地耳。

国子祭酒李祥抗疏言："赵汝愚勋劳著于社稷，精忠贯于天地，乃卒受黯黜而去，天下后世其谓何？"李沐劾为党，斥之。

韩侂胄欲逐赵汝愚，谋于京镗。镗曰："诬以谋危社稷，则一网打尽矣。"侂胄乃引李沐为右正言，使劾汝愚将不利社稷，乞罢为观文殿大学士，出知福州。时祭酒李祥见方正不容，谗谄蔽明，邪曲害公，乃上疏言："功劳昭然于社稷，精诚忠悃达于天地，翊皇上以登九五，如此鸿功伟积，乃受诬陷而去位。近而天下，远而后世，其何以解？"右正言李沐劾为恶党，斥逐之。

太学生杨宏中与周端朝、张道、林仲麟、蒋傅、余范等六人，伏阙上书，言："赵汝愚之忠勤，祥等之非党，乞窜李沐以谢天下。"疏上，韩侂胄大怒，内批编管六人五百里外，天下号为六君子。

太学生六人伏阙上书，言："赵汝愚定策翊主，勤劳王室。李祥救汝愚，为致君，非党恶。李沐计劾汝愚以同姓居相位，将不利社稷而乞罢政，使陛下孤立，万民丧气。陛下降窜逐之诏，快天下之心。"侂胄闻之大怒，矫诏流放六人于五百里远方，天下称六君子。

蔡元定生而颖异。父发，博览群书，以程氏《语录》、邵氏《经世》、张子《正蒙》授元定，曰："此孔、孟正脉也。"元定深涵其义。既长，闻熹名，往师之。熹叩其学，大惊曰："此吾老友，不当在弟子列。"至是被窜，与从游者饯之，坐客叹泣，元定不异平时。熹喟然曰："朋友相爱之情，季通不挫之志，可谓两得矣。"至舂陵，远近来学日众。爱元定者，谓宜谢生徒。元定曰："若有祸患，亦非闭门塞窦所能避也。"元定贻书训子曰："独行不愧影，独寝不愧衾。勿以吾得罪故，遂懈其志。"在道逾年卒。学者尊曰西山先生。

时韩侂胄命沈继祖论朱熹十罪："又收召四方无所义之徒，以益其党。其徒蔡元定佐熹为妖。"诏："熹落职罢祠，窜元定于道州。"元定幼年英敏不群。其父名发，博览万卷，以程颐《语录》、邵雍《皇极经世书》、张载《正蒙》授元定，说："此孔、孟相传正脉也。"元定潜心以涵泳其义理。及长，闻朱熹名誉，负笈去，师事之。熹探问其夙学，大骇曰："汝年虽少，乃似老学，不是弟子辈中人也。"此时被窜，熹与同门游者饯行，坐间客或叹其以学为圣贤，乃蒙罪累事不可解，至于泣下。独元定坦然如平时。熹叹曰："友朋相爱之谊，季通百折不回之志，俱得之矣。"元定乃言："数该有祸患，不是闭户绝迹可脱的。俗言闭门家里坐，祸从天上来。"言非人所自取也。元定留家训于子说："庄子有云'独行不愧影'，言所为可对天日；云'独寝不愧衾'，言所行不欺暗室。汝勿谓吾以为善得罪而遂懒于修身力学也。"明年卒于道州路次。先生字季通，又以居洞庭之西山，学者称西山先生。

放前起居舍人刘光祖于房州。光祖撰《涪州学记》，言："学之大者，明圣道以修身，而世以道为伪；小者治文章以达志，而时以文为病。好恶出于一时，是非定于万世。"谏议大夫张釜劾光祖佐逆罔上，遂落职。

涪州，是郡名。刘光祖是时重修涪州学，作记以记之。但当时以名儒为党人，以圣学为伪学。御史胡纮乞禁用伪学之党。沈继祖论朱熹十罪。至乡会试取家状，必书不是伪学。刘德秀奏毁《语录》《四书》《六经》。所以光祖记云："大者明圣道以修身，而世以道为伪。大凡立学校以养人才，为士者明历代圣贤之道以治身，而近世以道为虚伪无实之物而毁之。立学以兴文运，作文者明经传义理之蕴以成文，而近世以文为张浮驾诞之物而禁之。好则奸邪合志，恶则忠正违心。不知是是非非，公论千万世不泯灭者也。"时谏议大夫张釜希韩侂胄之旨，劾光祖辅佐背逆以欺上，贬职。

时攻伪学日急，而朱熹日与诸生讲学。改《大学》诚意章，此为绝笔。门人黄榦尝曰："道之正统，待人而后传，能使斯道章著者一二人。

由孔子而后，曾子、子思得其微，至孟子而始著。由孟子而后，周、程、张子继其绝，至熹而始著。"众以为知言。李燔初见熹，熹告以曾子"弘毅"之语。燔因以"弘"名其斋。熹语人曰："李燔进学可畏，处事不苟。他日任师道者，必燔也。"燔尝曰："凡人不必待仕宦有职事，方为功业。但随力到处有以及物，即功业也。"陈淳少习举子业，得《近思录》读之，遂弃其业而学焉。及熹至漳，淳受学。熹曰："吾南来，喜得陈淳。"由是所闻见皆切要语。淳义理贯通，恬退自守，名播天下。李方子初见熹，熹曰："子于宽大中要规矩，和缓中要果决。"方子遂以"果"名斋。尝曰："吾幸于大本有见处，此心尝觉泰然。"

时韩侂胄攻伪学，附之者御史陈贾、京镗、李沐、胡纮、沈继祖、谏议大夫张釜辈。外面攻伪学严紧，而熹日与门人讲学不彻。至《大学》诚意章，手为辑定。其门人黄榦，字直卿。尝说："道统之正传，必待其人，使斯道章明昭著者，千古来不过一二。自孔子而后，曾子与子思得道之传，而尚微而未著，至孟子而道始章明昭著于战国之际矣。孟子而后，又历千百年，周敦颐、程颢、张载继其垂绝，至朱熹而又章明昭著于有宋矣。"看黄榦此言，深识道脉之渊源者也。又门人李燔，初见熹，熹告以曾子"士不可以不弘毅"一语。燔因以"弘"题其斋额。熹语人曰："吾门李燔，其勇猛精进，一往之概，令人可畏。及其临事，无论物来顺应，即盘根错节，亦游刃处之，无难事矣。今日无论，即他日任师范者，必燔也。"燔尝说："凡人何必出仕有职事，方展经济，立勋绩。但随我本分，随所造诣，有以济人利物，即功业也。"又门人陈淳，字安卿。少时习举子业，所学未博，尚是无本之学。及见《近思录》读之，幡然有悟，遂改其前习而学焉。及熹至漳漳，漳州府，属福建省，陈淳受学。熹曰："吾自南方来此，喜得陈淳一人。凡所闻，无不切要语。"淳潜心养道，凡义理看得透彻，恬退自得，不以爵禄为荣，不以意气为尚，其声誉播满天下。李方子，字正叔，熹高弟。初见熹，熹对说："子天资近道，而端谨纯笃。气度宽宏，尤须合规矩；禀性和易，尤须作事果断。"方子遂于"果"题其书斋，说："吾幸于大本根上看透，此心便自觉得与义命皆安，与乾坤同泰。"

史弥远杀韩侂胄于玉津园。

侂胄以金人欲罪首谋，乃复锐意出师，中外忧惧。吏部侍郎史弥远陈危迫之势，诛侂胄以安邦国。帝始允可。翌日侂胄入朝，弥远以兵拥侂胄至玉津园，殛杀之。

以真德秀为江东转运副使。德秀论边事，上奏曰："臣观鞑靼之在今日，无异昔者女直方兴之时，一旦与我为邻，亦必祖述女直已行之故智。陛下宜以宣、政为监，不可不预图以应之也。"

真德秀，号西山。论当日边事，上奏云："鞑靼，夷人也，在今日就如向者女直盛时，归燕城，通和好，一旦与相邻近，亦必要照依女直所行旧事。陛下当以宣和、政和为戒，不可不防备以应敌也。"

签书枢密院事任希夷，尝从朱熹学，笃信力行。为礼部尚书，以周敦颐、程颢、程颐、张载未有赠谥，乃上言："四人为百代绝学之倡，乞定议赐谥。"朝廷从之。

任希夷说："朱熹谥文，张栻谥曰宣，吕祖谦谥曰成，皆已赐谥。而四人继续百代之绝学，求亦赐谥以褒贤哲。"言上，朝廷遂赐谥。

权知枣阳军孟宗政大败金人。金自是不敢窥襄、汉。中原遗民来归者，宗政发仓赡之，籍其壮者号忠顺军。由是威名大振，金人呼为孟爷爷。宗政信赏必罚，好贤乐善，为一时名将循吏云。

枣阳之胜，孟宗政竭力于内，扈再兴合兵于外。金人自大败于枣阳军，并襄阳、汉阳二府，俱不敢窥望。枣阳县，属襄阳府。此时遭乱之民归者，宗政以仓廪发赈之，选其年壮者号为忠顺军。宗政自此威名大著，金人以爷爷呼之，畏之、重之也。即赏必信，罚必果，好贤人，乐善事，为当时名将良有司云。

真德秀朝奏五事：一曰宗社之耻不可忘，二曰比邻之道不可轻，三曰幸安之谋不可恃，四曰导谀之言不可听，五曰至公之论不可忽。

一言：国家于金虏，万世必报之仇。今天亡此胡，近在朝夕，何惮而犹事之？且重于绝虏者，畏召祸而启衅也。然能不召怨于亡虏，而不能不启衅于新敌。权其利害，孰重孰轻？二言：鞑靼及山东之盗，苟得志而邻于吾，莫大之忧也。愿朝廷毋轻二贼，日夜讲求攻守之策，以杜窥窬之心。三言：议者以金之存亡为我欣戚，闻危蹙之报，则冀其非实；得安静之耗，则幸其必然。愿陛下励自强之志，恢用武之经，毋以虏在为喜，虏去为安，则大势举矣。四言：边事方殷，正君臣戒惧之日，而小人工为诔说，或以五福足恃为言。天象告警，逐日尤甚，其可恃谶纬不经之说而忽昭昭之徵戒哉！五言：公论，国之元气。元气痞膈，不可以为人；公论湮郁，不可以为国。倘能以言者为爱君为报国，无猜忌之意，而有听用之诚，则公论自此伸矣。若以言者为沮事为徼名，无听用之诚，而有猜忌之意，则公自此屈矣。

五事之论，俱老成谋国之念。宁宗当惕然于中，昭示中外，与群臣朝夕策励，强固国本，俟敌有衅，然后起而图之，何难哉！

以魏了翁为起居郎。开禧初，了翁以武学博士对策，谏开边事。御史徐相劾其狂妄，遂辞去。筑室白鹤山下，开门受徒，士争负笈从之，由是蜀人尽知礼义之学。

魏了翁，字华父，号鹤山。时宁宗改年号嘉定，前者号开禧。初，了翁官武学博士，召试学士院，对策谏开边事。时和战未定，有提兵临边战者，徐相劾其说为迂阔狂妄。了翁辞职，筑室于嘉定府卭县西白鹤山下，以讲学受徒。士子慕其文艺道德，负橐而从。四川人始知圣贤义理之学而文盛。

理宗

理宗皇帝，讳昀，太祖十世孙，荣王希之子。宁宗无嗣，史弥远矫诏迎而立之。时元主灭金、灭夏，威行海内，中才之主能自固耶？然崇尚理道，在位四十年。

赠前礼部侍郎张九成太师、崇国公。帝以九成正色立朝，有中兴明道之功也。

张九成，字子韶。陈说忠愤激烈，无所顾避。仕礼部侍郎，与秦桧议论不合，谪南安军，复知温州。理宗特起加太师，封公，以研思经学，功足以明道也。

罢礼部侍郎直学士院真德秀，贬权工部侍郎魏了翁于靖州。梁成大贻书所亲曰："真德秀乃真小人，魏了翁乃伪君子，此举大快公论。"识者笑之。了翁至靖，多士从学。乃著《九经要义》百卷，订定精密，先儒所未有也。德秀归浦城，修《读书记》，语门人曰："此人君为治之门，如有用我者，执此以往可也。"

靖州，属湖广省。梁成大以知县谄事弥远，因弥远言德秀当逐，成大曰："若入台必能办此。"遂擢监察御史。首劾德秀罢之。了翁因不为弥远所容，力求外补，乃出知常德府。谏议大夫朱端又劾之，夺三秩，靖州居住。梁成大见二公俱罢，借二姓以调笑云："此二人罢，大快在朝公论。"而识者实笑成大无耻之极矣。了翁到靖州，湘、湖、江、浙之士，不远千里负书从学。乃作《九经要义》，九经：《孝经》《论语》《孟子》《毛诗》《尚书》《周易》《礼记》《周礼》《春秋》。成百卷，晰义精详细密，俱先儒所未及发者。德秀归，修《读书记》，皆正心、修身、齐家、治国、平天下大道理。对门人说："如后有用我，执此以为具矣。"

赠全州教授陆九龄、舒州通判沈焕官谥。九龄累世义居，闺门之内，肃若朝廷。与兄九渊为师友，和而不同。学者号为二陆。

九龄，金溪人。幼颖悟端重。进士，调教授。未上，会寇剽掠，公曰："文事、武备，一也。"遂领其事，调度有法，郡县倚以为重。仕兴国，士类兴起。改全州，卒。公累世义居，如张公艺治家，以一人最长者为家长，一家之事听命，岁选子弟分任家事，田畴、租税、出内、庖爨、宾客之事，各有主者。阖门百口，男女各居其职，闺门俨若朝廷，而忠敬乐易，乡人化之，皆逊顺焉。且与兄九渊自相师友，天伦之乐，德业之进，志同而道合。谥文达。沈焕，九龄门人。

陆九渊年三四岁，问其父贺曰："天地何所穷际？"父笑而不答。他日读书至"四方上下曰宇，古往今来曰宙"，忽悟曰："宇宙内事，乃己分内事。"又曰："东海有圣人出焉，此心同也，此理同也。至西南北海有圣人出，此心此理亦莫不然。"学者称为象山先生。初，九渊与朱熹会于鹅湖，论辨所学多不合。及熹与至白鹿洞，九渊为讲"君子小人喻义利"一章，熹以为切中学者隐微深痼之病。

陆九渊父名贺。穷际，言穷尽处。"宇宙内事，乃己分内事。见得功满乾坤，不出本分。德配天地，只为分定，何有限量乎？"又说："天生圣人，原不择地。东西南北，同此心理。先圣后圣，其揆一也。"学者称为象山先生。初，九渊与朱文公会于鹅湖地方，各出一议论，不相合。及文公至白鹿洞，那时九渊工夫更进，及讲喻义章书，听者至有泣下者。如《孟子》："孳孳为善，是舜之徒；孳孳为利，是跖之徒。"其切中俗学隐微沉痼之病，为之痛心。

沈焕尝言："昼观诸妻子，夜卜诸梦寐，两无所愧，始可以言学。"

沈焕，九龄门人，人品甚高，不肯自恕。观诸妻，如身不行道，不行于妻子，卜诸梦寐，如寝不愧衾。此燕居独处，平旦清明境界如此而两无愧怍，斯学有修治矣。

舒璘刻苦磨励，改过迁善。闻朱熹、吕祖谦讲学婺源，徒步谒之。以书告其家曰："敝床疏席，总是佳趣。栉风沐雨，反为美境。"

舒璘，沈焕友也，从游于张栻、陆九龄。工夫勤励不息，见善能徙，改过不吝。熹与祖谦讲学婺源县，步往拜之。寄家信于妻子，得道之乐，不知有困苦荒凉之味。

袁燮尝曰："人心与天地一本，精思以得之，兢业以守之，则与天地相似。"

袁燮，九渊门人，说："人心一小天地，求而得之，得而守之，便与天地相合矣。"

图功臣像于昭勋崇德阁。

赵普、曹彬、薛居正、石熙载、潘美、李沆、王旦、李继隆、王曾、吕夷简、曹玮、韩琦、曾公亮、富弼、司马光、韩忠彦、吕颐浩、赵鼎、韩世忠、张浚、陈康伯、史浩、葛邲、赵汝愚。

赠朱熹太师，追封信国公。熹子工部侍郎在入对，言人主学问之要。帝曰："先卿《中庸》序，言之甚详。朕读之不释手，恨不与之同时也。"

理宗以文公集注《四书》，发挥圣贤蕴奥，有补治道，特封赠之。熹子朱在入对，以人君务学为急陈之。帝云："卿父熹作《中庸》序，以详言之。朕每读不忍舍去，恨不同时亲见之也。"

帝始亲政，励精求治。郑清之亦以天下为己任。下诏改元，略曰："《春秋》正王道之端，式严谨始；圣德开太平之路，尤贵更新。"

自宁宗崩，史弥远矫诏拥立。至是弥远死，帝始亲政，而以谨始更新为词。则九年间诏诰命令，皆出弥远，理宗拥虚位而已。郑清之以天下为己任，不负所学。

帝因民望，召真德秀为翰林学士，魏了翁直学士院。德秀进《大学衍义》，因奏三札：一言祈天永命，在敬德和民。二言进取有二难：用将难，馈饷难。有此二难，正诸葛亮闭关息民之时。三言守战之论，同于为国。帝曰："封事可见忠诚。"了翁入对曰："陛下以圣贤之资而为权臣所据者十年。试思当事变之时，可以系天下之重者谁与？《诗》曰：'价人维藩，大师维垣。大邦维屏，大宗维翰。怀德维宁，宗子维城。'此六者，守邦之要道也。"

书召所以表理宗用贤之美。《大学衍义》四十三卷，极陈帝王为治为学之本，在乎以身心为始。万几之暇，特诏德秀进讲是编。祈天永命，在敬德和民。《尚书·召诰》云："王其疾敬德。王惟德之用，祈天永命。"大意去谗佞，远声色，答天心，重民命，其一也。急于用人，又急之兵饷，其二也。战守之论不同，同于为国，以前事为戒。帝读其札子称善，俱积诚所发可知。此时了翁亦入对，以宰相辅导为急。史弥远之奸，帝德其立己，恩宠终身，权倾内外，天下托非其人矣。《诗》云：价，大也，大德之人也。师，众也。大邦，强国也。大宗，强族也。宗子，同姓也。引此六者，见守邦之要道也。

召崔与之参知政事，不至。帝遣使趣之，且访以政事之当行罢，与人才之当用舍者。与之上疏曰："天生人才，自足供一代之用，惟人主辨其君子小人而已。忠实有才者，上也；才不高而忠实有守者，次也。用人之道，无逾于此。"帝嘉纳之，召命益力。与之抗疏至十三疏，不许。

广东安抚，会摧锋军士作乱，与之肩舆登城，叛兵望之，俯伏听命而散。帝闻之，注想弥切，乃召参大政。但与之出自番禺，所历有政惠，屹然有大臣风。疏言皆虑弥远最亲用事，尚多在朝，故独惓惓及之。然与之犹虑祸及，所以力辞，帝终不许。

元人初破许州，获金军资库使姚枢。杨惟中见之，以兄事枢。时北庭无汉人士大夫，元太祖见枢至，甚喜，特嘉重焉。继拔德安，得赵复，以儒学见重于世，其徒称为江汉先生。既被获至燕，学徒百人，由是北方始知经学。

许州，属河南开封府。元人破许州，获金军资库使姚枢至燕。杨惟中见之，以兄礼事枢。比时北庭尽为元有，而为士大夫者并无汉人。元太祖一见枢至，大喜，知为南方文士，更嘉礼焉。又克德安府，赵复被获。以文行著于儒学，为世所重者，其徒称之江汉先生。被获，令北行不肯，力求死所，姚枢止之，始悟。枢与至燕，学徒甚众，自此北方经学行矣。而枢亦始得程颐、朱熹性理诸书之奥焉。

嘉熙元年，以李心传为秘馆修撰。心传父李舜臣，博学力行，尤邃于《易》。尝曰：《易》起于画，画从中起，乾坤中画为诚明。"朱熹每为学者称之。

隆州李舜臣有子三人，曰：心传、道传、性传。父子四人，皆道学之儒。心传闭户著书，有史才，通政事。至是召为修撰，专修高、孝、光、宁四朝实录。道传明河洛之学，操行修洁，阐《易》理之微玄。朱熹每为学者称其邃《易》。

元忽必烈召许衡为京兆提学，不至。衡过目辄不忘，七八岁受学于乡师。问曰："读书欲何为？"师曰："应举取第耳。"曰："如此而已乎？"师大奇之。谓衡父母曰："儿颖悟非常，他日必有过人者，吾非其师也。"及长，刻意坟典。闻姚枢以道学自任，乃诣苏门见之。枢授以伊川《易传》、晦庵《四书集注》。或问及小学书。衡说："读之，深有默契于中。"尝曰："今闻进学之序，令众皆自小学入。"又语其子曰："小学、《四书》，吾敬信如神明。"

忽必烈，元主太弟。许衡，河内人，号鲁斋。幼嗜学，颖悟不凡。及长，经传子史、礼乐名物、星历兵刑、食货水利之类，无所不通。七八岁便道读书不徒取科第，父师已奇之。及长，有道学志，闻姚枢名，不辞千里之劳，往见之。从枢受程氏《易传》、文公《集注》等书，有深会于心。尝自幸得进学之次序，且又鼓舞后学从入之门。又对其子弟云："小学、《四书》，其中义理关切甚大，吾敬信之，直如对神明。"

时策士文天祥以"法天不息"为对，考官王应麟曰："是卷古谊若龟鉴，忠肝如铁石，臣敢为得人庆！"帝赐及第。

文天祥策以"君道当法天行健"为对，帝亲拔为第一。王安石以来，状元多非其人，至末运得一文山。王应麟批卷，卜其一生忠义，冠绝万古不爽云。

元主侵蜀，内侍董宋臣请迁都以避敌锋。判官文天祥上书，乞斩宋臣，不报。

元侵四川，逼近帝都。宦寺董奏帝迁都以避其锐气。时天祥初受判官，上书斩议迁都者。

右丞相董槐，政务大体，任人先旧，嗜进者不悦。又极言丁大全奸邪。大全先围其第，迫之出城，而罢相之制始下。太学生六人极言大全之奸。大全取旨，削六人籍，编管远州，士论号六君子。

萧山尉丁大全诡事内嬖，窃弄威福。槐恶之，大全惧，日夜求槐短于帝。槐入对，言大全邪佞不可近。大全怨劾槐，因夜半擅召兵露刃围槐第，驱出城，而罢相之制方下，物论大骇。太学生陈宜中、黄镛、林则祖、曾唯、刘黻、陈宗六人上书言："进退大臣，当以礼。"遂极言大全恶。大全怒，矫旨籍六人编远州，士论翕然称之，号为六君子焉。

加贾似道少师，封卫国公，将士进官有差。似道既至，诏百官郊劳，如文彦博故事，奖眷甚至。时帝年高，内侍董宋臣、卢允升为之聚敛，以媚悦上意。引荐奔竞之士，交通贿赂，置诸通显。又引外戚子弟为监司郡守。作芙蓉阁、香兰亭宫中，进倡优傀儡以奉帝为游燕。窃弄权柄，群臣有谏者，帝宣谕使去，谓之节贴。似道既相，百官守法，人颇称能。然既颛政，权倾内外，蛊惑帝心，进用群小，变更法制矣。

哲宗诏起文彦博平章军国重事，命百官郊饯，设祖帐以迎。理宗待似道亦依此故事，眷礼极隆。时帝老年，凭内侍辈敛财物以悦其心。兼进匪人，通货贿以陟通显。又引阁贵妃子侄贾似道子弟，为监司郡牧以敛钱粮。作亭阁，献倡优之辈以奉帝。窃帝威柄，不容谏诤。初相，令百官守法。人以为似道有相才。及权柄在手，内而朝廷，外而郡邑，惟其威权所使，帝心被惑，群小进御，比初相立法，更变尽矣。

度宗

度宗皇帝，讳禥，理宗侄。初封忠王，理宗立为皇太子。在位七年。

诏贾似道十日一朝。时襄樊围急，似道日肆淫乐，方与群妾斗蟋蟀，狎客戏曰："此军国重事耶？"又酷嗜宝玩，建多宝阁，一日一登玩。有言边事者，辄加贬斥。一日帝问曰："襄阳之围已三年矣，奈何？"似道对曰："北兵已退。陛下何从得此言？"帝曰："适有大嫔言之。"似道诘其人，诬以他事赐死。由是边事虽日急，无敢言于帝者。

似道时加太师，封魏国公，平章军国重事。赐第西湖之葛岭，起楼台亭榭，作半闲堂，延羽流塑己像其中。取宫人叶氏，及倡尼有美色者为

妄，日肆淫乐。广收宝物，人有物，求不得，辄得罪。累月不朝，即边事
甚急，闻者贬杀。帝闻之，必穷究言者，诬他杀之，无敢言者。

恭帝

恭宗皇帝，名㬎，度宗次子。年四岁，北兵入临安，执帝北狩，降
封瀛国公。在位二年，殂于沙漠。

江西提刑、知赣州文天祥起兵入卫。初，勤王诏至赣州，天祥捧之
涕泣，乃发郡中豪杰，并诸溪洞山蛮万人，遂入卫。其友止之曰："今敌
兵三道鼓行，破郊畿，薄内地，君以乌合万余赴之，何异驱群羊而搏猛
虎！"天祥曰："国家养育士庶三百余年，一旦有急，征天下兵，无一人赴
者，吾深恨之。故不自量，欲以身殉，庶天下忠臣义士，将闻风而起。义
胜者谋立，人众者力济。如此则社稷犹可保也。"天祥性豪华，平生自奉
甚厚，声伎满前。至是痛自损益，尽以家赀为军费。每与宾客僚佐语及时
事，辄流涕曰："乐人之乐者，忧人之忧；食人之食者，死人之事。"闻者
莫不为之感动。

文文山奉勤王诏，起兵入卫，征郡中溪洞山蛮赴援。其友止之。天
祥曰："国家三百年来养士，有急征兵，竟无人肯赴，吾方恨之。故吾不
自揣，愿以身殉国，庶令有忠义之气者，闻风而起。有谋可立，有力可
济，全赖义与众耳。能如是，社稷犹宋朝社稷也。"天祥豪华之性，自享
不薄，声伎在列以为乐。至是痛自省却，尽以家财为军中费。每与人谈及
时事，便泣下曰："俗语云：天下治平，君民偕乐，吾亦乐之；天下危乱，
君民偕忧，吾亦忧之。口食天禄而沾君惠，身死王事而报国恩，政在此
日。"闻者莫不为之感动焉。

端明殿学士、江淮招讨使汪立信闻似道师溃，叹曰："吾今日犹得死
于宋土。"乃置酒召宾寮与诀，手自为书起居三宫，与从子书，嘱以家事。
夜分起步庭中，慷慨悲歌，挥拳抚膺者三，扼吭而卒。后伯颜入建康，或
以立信二策及死告于伯颜。伯颜叹息久之，曰："宋有是人，有是言哉！

使果用之，我安得至此！"命求其家，厚恤之，曰："忠臣之家也。"

三官者，天子、太子、后妃也。汪立信死国难者，时必不可为，所以起居三官，以全君之义；与子书，属以家事，以全祖宗之义；别僚友，以全朋友之谊。此伯颜亦为之感叹，厚赒恤其家曰："忠臣之家也。"

张世杰败绩，奔圌山。台谏、侍从上疏，乞诛似道，太皇太后不许。遣归越终丧，似道留扬不还。王爚复论似道，既不死忠，又不成孝。乃降似道三级，婺州居住。婺州闻似道至，率众为露布逐之。诏徙于建宁。翁合文上言："似道以妒贤无比之林甫，辄自托于伊、周；以不学无术之霍光，敢效尤于莽、操，专权罔上，卖国召兵，迫于众怒，仅谪于建宁。窃惟建宁实朱熹讲道之阙里，虽三尺童子，亦知向方，闻似道名咸欲呕唾，况见其面乎？乞投荒昧，以伸国法。"遂诏籍其家，安置循州。会稽尉郑虎臣以父尝为似道所配，请为监押。似道时寓建宁之开元寺。虎臣至，夺其宝玉，撤轿盖，暴行秋日中，令舁轿夫唱杭州歌谑之，窘辱备至。至泉州洛阳桥，遇叶李自漳州放还，见于客邸，李赋词赠之，似道俯首谢焉。及至漳州木绵庵，虎臣讽令自杀，似道不从。虎臣曰："吾为天下杀似道，虽死何憾！"遂拘似道之子于别室，即厕上拉似道胸杀之。殡于庵侧。

似道以败绩为捷闻，以边事报则罪死。至是张世杰败绩，三学及台谏、侍从皆上疏乞诛似道。太皇太后不从，遣归家终丧事。似道留淹扬州，恋恋不行。平章军国重事王爚，又论似道国家事坏，既不出死力以尽忠，又不奔亲丧以尽孝。遂降似道三级官，徽州居住。徽人闻似道至，率众作露布逐之不容。至诏徙于建宁。翁合文上言："似道以妒害贤人至于无比，并之李林甫，尚敢自言我即伊尹、周公也。昔霍光不学无术，而似道亦无学问，乃敢效法王莽、曹操所为，擅天子之威权，卖国于元，以起兵衅，为众怒所迫，止谪建宁。但念建宁实是朱文公讲道之阙里，虽赤子无知，也知向方，闻说似道二字，也要唾骂，况见其面乎！必得投之天涯海角，荒野无人处以正其罪。"遂下诏籍没其家事，流放循州。适会稽尉郑虎臣，正是父仇不共戴天，少雪其恨于路。又叶李也相遇，天道不爽，李赋词赠之云："余归路，君来路，天理昭昭胡不悟？公田关会竟何如，子细思量真自误。雷州户，崖州户，人生会有相逢处。客邂逅，欠蒸羊，聊赠一篇长短句。"似道听而谢之。至漳州府城南木绵庵，虎臣杀似道于厕上。

以文天祥为浙西江东制置使、知平江府。天祥至临安，上疏言："本朝削藩镇，建都邑，一时虽足以矫尾大之弊，然国以侵弱，故敌至一州则一州破，至一县则一县破。中原陆沉，痛悔何及！今宜分境内为四镇，建都统于中。以广西益湖广，而建阃于长沙；以广东益江西，而建阃于隆兴；以福建益江东，而建阃于鄱阳；以淮西益淮东，而建阃于扬州。责长沙取鄂，隆兴取蕲黄，鄱阳取江东，扬州取两淮。地大力众，约日齐奋。彼备多力分，疲于奔命，而吾之豪杰者，又伺间出于其中，如此则不难却也。"

信国公之谋略，其条理谨严，可谓御敌之上策。宋削藩镇，惩五季之乱也。在今日则可行，议者反以为迂阔而不报，宋事其不可为矣。

伯颜进次皋亭山。文天祥、张世杰请移三宫入海，而己帅众背城战。陈宜中不许，白太后遣监察御史杨应奎上传国玺以降。伯颜受之，遣使召宜中出议降事。宜中遁归于温州之清澳。世杰以不战而降，去入海。

皋亭山在杭州府西北，伯颜次兵于此。文文山、张世杰请三宫入海，自己背城一战，胜负未可知。陈宜中终是贾似道故智，启太后上伯颜传国玺以求降。伯颜召宜中降礼如何。宜中遁逃而还，世杰遂入海。

以文天祥为右丞相兼枢密使，如元师议和，见执于元。元唆都说天祥曰："国亡与亡四字，愿公勿言。"天祥拒之，争辩不屈。伯颜怒，遂留焉。

杨应奎自皋亭还，言伯颜欲执政面议。天祥往，对伯颜曰："北朝若以宋为与国，请退兵，然后议岁币与金帛犒师，上也。若欲毁其宗社，则淮、浙、闽、广尚多未下，利钝未可知。"伯颜怒，拘留之，夜以军围所寓舍。唆都从容说天祥曰："丞相在宋为状元宰相，今为大元宰相。国亡与亡，此男子心。今天下一统，为大元宰相岂是易事？"遂留之。

文天祥自镇江亡入真州，至温州，以求益王昰、广王昺。陈宜中、张世杰等，奉益王昰即皇帝位。

伯颜执文天祥北去，亡入真州，制置司捕文丞相甚急，天祥乃变姓名，由通州浮海如温州。陈宜中等奉益王为天下兵马都元帅，广王副之，开府福州，起兵兴复。秀夫先入闽中，抚安生民。二王檄召诸路忠义，同奖王室，有将官刘浚等多来归，兵势稍振。

端宗

端宗皇帝，名昰，度宗长子，恭宗兄。在位三年。时年十一岁。

陈宜中、张世杰等，奉益王即帝位于福州。文天祥帅师次于汀州，兴化军通判张日中等，闻天祥开督勤王，遂各起兵来应。

天祥开府剑州，经略江西，复梅州，命陈瓒复兴化军。天祥自梅州出江西，复会昌。兴化通判张日中、赵时赏兵皆会张世杰，复潮州、吉、赣诸县。

元李恒袭文天祥于兴国县。天祥出走，与长子道生奔循。天祥妻欧阳氏，男佛生、环生，及二女见执。

时赵时赏、张日中皆死。天祥妻子家属送于燕，二子死于道。

帝昺

帝昺，名昺，度宗末子，端宗弟。即位于碙州，又迁新会厓山，在位三年而宋亡矣。

祥兴元年，以陆秀夫为左丞相，俨然正笏，立如治朝，与张世杰共秉政，日书《大学章句》以劝讲。

二公每外筹军旅，内调工役，虽播海滨，急遽流离，犹如是。

元张弘范执文天祥于五坡岭，乃命天祥为书招张世杰。天祥不肯。强之，书所《过零丁洋》书与之。末云："人生自古谁无死，留取丹心照汗青。"弘范笑而置之。

天祥被执，吞脑子不死，固请死。弘范不听，求族属被俘者悉还之，处之舟中以自从。

张弘范以舟师南北并进，宋师大溃。陆秀夫负帝同溺，太后赴海死。世杰至平章山下，遇大风作，仰天叹曰："我为赵氏亦已至矣，若天不欲存赵氏，则风覆我舟。"世杰溺死。

元纪

世祖

世祖皇帝，讳忽必烈，太祖第四子拖雷之次子，宪宗同母弟。灭宋，始承正统。在位三十五年，承正统一十六年。

天祥留燕三年，坐卧一小楼，足不履地。王积翁荐之，对曰："倘缘宽假，得以黄冠归故乡。他日以方外备顾问可也。"未几入对，愿乞死。乃诏斩于燕京之柴市。天祥临刑，从容曰："吾事毕矣。"南向拜而死。其衣带中有赞曰："孔曰成仁，孟曰取义，惟其义尽，所以仁至。读圣贤书，所学何事？而今而后，庶几无愧。"有张毅甫者，负天祥骸骨，归葬吉州。会林某亦自惠州舁天祥母枢同至，人以为忠孝所感。

信国公在元，欲用之，固辞。元欲杀之，亦不屈，乃赦。至三年，元主求南人有才者甚急，王积翁荐之，力辞。积翁欲请宋官谢冒等十人，释为道士，议将释之。未几，中山狂人自称宋主，有数千人欲取文丞相。帝乃召问何愿。天祥曰："受宋恩为宰相，安事二姓？赐之一死足矣。"帝犹未忍。左右力赞，帝从其请，乃诏杀之。俄有诏使止之，天祥死矣。临死，南向拜宋。孔曰成仁，言杀身以成仁句也。孟曰取义，言舍生而取义者句。无愧，犹言九原之下，可答君亲也。张毅甫故为义举，林某此举若有神使之，此皆信国忠君孝亲使然。

参政魏天祐执宋故臣谢枋得北去。天祐让之曰："封疆之臣，当死封疆。安仁之败，何不死？"枋得曰："程婴、公孙杵臼，一存孤，一死节。一死于十五年之前，一死于十五年之后。万世之下，皆不失为忠臣。"天祐曰："强辞。"枋得曰："今日乃参政之时，枋得复何言！"遂不食而死。

安仁之败：初，枋得知信州，元吕师夔徇江东，枋得迎战，败绩。弃家变姓名，奔建宁之唐石山。元人执枋得妻李氏及二子一女，拘于扬州狱；母夫人老疾得免。李氏不屈死，二子得还。程婴、公孙杵臼事：婴、杵臼相与谋曰："立孤与死孰难？"婴曰："死易，立孤难耳。"臼曰："子为其难者，吾为其易者。"乃婴死杵臼，存孤儿。后十五年，孤儿武长，婴具实告，方谋族屠岸贾报之。俱为忠臣。枋得誓不仕元。

成宗

成宗皇帝，名铁木耳，世祖之孙，太子真金第三子。在位一十三年。

丞相答剌罕哈言："治道必先守令。"乃精选，定官吏赃罪十二章。
治道先守令，知治道而又知用人之道者。

武宗

武宗皇帝，名海山，顺宗答剌麻八剌之长子也。在位五年。

帝读《贞观政要》，谕侍臣曰："此书有益于国家。"命刊行。又有进《大学衍义》者。帝曰："治天下此一书足矣。"因命刊行以赐臣下。
《贞观政要》，唐太宗御制以颁天下者。《大学衍义》，宋真德秀辑成，以《大学》为序，共四十三卷，极陈帝王为治为学之本。命刊行以赐臣下行之。

仁宗

仁宗皇帝，名爱育黎拔力八达，顺宗次子，武宗母弟也。在位十年，孜孜为治，一遵世祖成宪，为大元盛德守文之主。

帝谕近臣曰："回回以宝玉鬻于官，此何足为宝，惟善人乃可为宝。善人用，则百姓安，兹国家所宜宝也。"

回回，夷国名。彼国以珠宝为重，头面俱妆嵌珠宝，馈送交际，俱重宝玉。善人为宝，即《楚书》"楚国无以为宝，惟善以为宝"同意。置宝玉而善人用，则以安百姓为国本，而天下可平矣。

以李孟为翰林学士承旨。先是，孟平章政事时，言："人君之柄在刑赏，赏一善而天下劝，罚一恶而天下惩。所施失当，何以为治。"乃奏冤死复官荫，滥爵者悉追夺。

赏以赏有功，罚以罚有罪，是人君之操柄也。人君诚赏一善，而天下俱劝于为善；诚罚一恶，而天下俱惩不敢为恶。若施为失当，天下何由而治哉！是向之枉死者，奏复官荫子；冒滥爵禄者，追夺示惩。

英宗

英宗皇帝，名硕德八剌，仁宗嫡子也。在位用人无私，果于诛杀。在位四年。

以吴澄为翰林学士。初，元明善以文学自负，尝问澄《易》《诗》《书》《春秋》奥义，叹曰："与吴先生言，如探渊海。"遂执弟子礼终其身。

元明善，清河人。五经皆通，尤邃《春秋》，以文章自豪，出入秦、汉间。吴澄自初知用力圣贤之学，著述万卷。明善就证诸书奥义，叹说："吴先生所言，如探沧海之渊源，寻本溯脉，非徒文章小技而已也，即为百世师可也。"终身师视之。

文宗

文宗皇帝，名图帖睦尔，武宗次子，明宗弟。泰定帝崩，大臣迎立，登大宝，在位五年。

经历范梈，天资颖异，虽瞿然清寒若不胜衣，而卓然自树于流俗。所至兴学教，雪理冤滞。

梈于是时，而体质瞿瘦，衣若不堪服，而超然于俗。又兴学校以教民，理冤狱以救民云。

顺帝

顺皇帝，名妥欢贴睦尔，明宗长子。出广西。宁宗崩，登大宝，在位三十六年。

金华处士金履祥，所著《论语孟子考证》，尝曰："吾儒之学，理一而分殊。"门人许谦致其辨于分之殊，而要其归于理之一，谓"为学之功，无间断耳"。

金履祥得朱子之传，谦又出于其乡，统绪相传之，自理一分殊，以约该博，以博反约是也。

处士吴莱尝云："作文如用兵。兵有正有奇，正者法度，奇者不为法度所缚。"闻者服之。

吴莱穷经史，以著述为务，善论文，所论皆作文要诀，可为万世法。

翰林学士揭傒斯，进《太平政要策》。

揭傒斯，字曼硕。进《太平政要策》，帝以示台臣曰："此朕授经郎揭曼硕所进。"其见敬礼如此。

以朱公迁授翰林直学士院。劝帝亲贤远佞，却豪强，省冗费，修德恤民，庶天意可回，民志可定。帝嘉纳之。公迁辞职，章七上，出为金华学士。

公迁，字克升。以天变地震，而帝乃荒于游乐女色，公迁知世之不可为，故进言而旋辞职。

翰林学士虞集尝论省海运，帝不行。集学博洽，而究极本源。与弟槃构二室，左书陶潜诗，曰"陶庵"；右书邵雍诗，曰"邵庵"。学者称集为邵庵先生。

虞集，字伯生，允文五世孙。槃字中常。集言东南运粮，实竭力。疏不行，遂构陶庵、邵庵自适。

宁国府推官杨载，文章以气为主，自成一家言；于诗尤有法，与范、杨、虞、揭俱为一代文章巨擘。

杨载，字仲弘。论文章，尚气胜，无蹈袭常套，自成一家言；于诗更清新俊逸，为文章大家。

女诫直解

林益莉　点校

曹大家女诫序

家字，读作姑字。曹大家是汉朝班彪之女，班固之妹，名叫班昭，嫁与曹寿为妻。有贤德，通书史，又善作文词。汉和帝常召入宫，后妃皆以师礼事之，宫中俱称他为曹大家，盖尊之也。《女诫》，是教诫女人的说话。序，是说作《女诫》的原由。

鄙人愚昧，受性不敏。

鄙人，是大家自谦之辞。说：我是鄙俗之人，愚鲁暗昧，天赋与我的资性不甚明敏。

蒙先君之余宠，赖母师之典训。

大家的父亲先亡了，故称先君。余宠，是福荫。母，是母亲。师，是师傅。古人女子具有师，教读女典。训，是教训。

大家说：我少时，蒙先人的余荫，赖母亲并师傅的教训，才得长大成人。

年十有四，执箕帚于曹氏，于今四十余载矣。

执，是手持之也。箕，是簸箕。帚，是苕帚。

大家说：我十四岁时，嫁为曹门之妇，执箕帚，供洒扫，以尽妇道，至今四十有余年了。

战战兢兢，常惧黜辱，以增父母之羞，以益中外之累。

战战，是恐惧。兢兢，是戒谨。黜，是休退。辱，是污辱。益，是增益。中外，是曹门内外。累，是连累。

大家说：我自从嫁到曹门，常恐惧戒谨，只怕失了妇道，被夫黜辱，添父母之羞，为曹门之累。

夙夜劬心，勤不告劳，而今而后，乃知免耳。

夙，是早。劬，是勤。

大家说：我为恐辱父母之故，所以四十余年之间，常早晚勤其心志，以供妇职，虽勤而不敢言劳。自今以后，方知得免于黜辱，不致羞辱父母，贻累曹门也。

吾性疏顽，教导无素，恒恐子谷，负辱清朝。

疏，是粗疏。顽，是顽钝。谷，是大家的儿子，叫做曹谷。

大家又谦说：我生性粗疏顽钝，平素不曾训教引导我的儿子，常恐曹谷不肖，玷辱了清明之朝。

圣恩横加，猥赐金紫，实非鄙人庶几所望也。

不当加而加，谓之横加。不称其赐，谓之猥赐。金紫，是腰金衣紫，乃贵官的服色。庶几，是近。

大家说：我子曹谷，素失教训，乃荷蒙朝廷的厚恩，加赐以金紫，居贵显的官职，这实不是我鄙人庶几所敢希望也。

男能自谋矣，吾不复以为忧也。

大家说：我的儿子既已成立，能自为身谋，我不再以为忧矣。

但伤诸女，方当适人，而不渐训诲，不闻妇礼，惧失容它门，取耻宗族。

女子出嫁，叫做适人。渐，是渐磨，慢慢的意思。

大家说：我的儿子，我不忧虑了。只是伤痛你众女，方当出嫁之时，却未曾渐磨训教得你每，失了妇人之容，在他人家有些过差，玷辱我曹门的宗族。

吾今疾在沈滞，性命无常，念汝曹如此，每用惆怅。

沈滞，是疾病淹缠的意思。无常，是说不久。汝曹，即是你每。惆怅，是忧思的意思。

大家说：我今疾病沉重，性命不久，思念你众女每，不知妇女礼法，因此常是忧思，放心不下。

间作《女诫》七章，愿诸女各写一通，庶有补益，裨助汝身。去矣，其勖勉之。

间，是病少瘥。一通，是一本。裨字，即是补字。助字，即是益字。勖字，即是勉字。

大家说：趁今我病稍瘥，作此七篇诫女之言，愿你众女各写一本，时时诵读，庶几有益于你众女之身。我今去后，你众女将我这教诫的言语务要勉励，身体力行，不要怠慢忘记了。

卑弱第一

此一章专说女人卑而不高，弱而不强之义。盖女乃坤道，以柔顺为主。卑弱者，女德之先务也，故以为第一章。

古者，生女三日，卧之床下，弄之瓦砖，而告斋焉。

瓦砖，即今之纺砖。弄，是以手拈弄。

大家说：古人生女，三日之后卧之床下，寝之于地，将一块纺砖与他拈弄。斋戒而告之祖先，说我某日生一女。

卧之床下，明其卑弱，主下人也。弄之瓦砖，明其习劳，主执勤也。斋告先君，明当主继祭祀也。三者，盖女人之常道，礼法之典教矣。

典，即是常。这一节是解说上四句之意。

大家说：古人生女，所以卧之床下者，明其不高傲，不强梁，专尚卑弱之义。盖女人以事人为职，故专主于下人，而不可高傲也。所以弄以纺砖者，明其熟习劳苦之义。盖女人以纺织为职，故主于执持勤劳，而不可懒怠也。斋告先君者，盖女子长大嫁人，将以内助其夫，承家祭祀，故于诞生之初，即斋戒而告之。这三件乃女人常行之道，礼法中常以为教而不容已者。

谦让恭敬，先人后己；有善莫名，有恶莫辞；忍寻含垢，常若畏惧：是谓卑弱下人也。

这一节是解说卑弱下人之义。

大家说：女人能谦而不亢，让而不争，恭而不傲，敬而不怠；凡事让人，自己退后；有好处，莫自扬名，有不好处，居之而不辞；忍耐污辱，含纳尘垢，常常小心，有如畏惧。这是卑弱下人的道理。

晚寝早作，勿惮凤夜；执务私事，不辞剧易；所作必成，手迹整理：

是谓执勤也。

这一节是解说执勤之义。

寝，是睡。作，是起。勿，是禁止之辞。惮，是畏难。私事，是家事。剧，是繁难。易，是简易。

大家说：女人能晚睡早起，不以夙夜为劳而有畏难之心；执务家事，不分难易，任之而不辞；所作之事，必期于成，不始勤而终怠，不有头而无尾，必须亲手整理，不托之他人。这是执勤的道理。

正色端操，以事夫主；清静自守，无好戏笑；洁齐酒食，以供祖宗：是谓继祭祀也。

这一节是解说继祭祀之义。

正色，是正颜色。端字，也解做正字。操，是守。清，是不混浊。静，是不妄动。洁，是洁静。齐，是齐整。

大家说：女人能正其颜色，而不为妖冶之态，端其操守，而不为邪媚之行；既能专心以事夫主，又能清静自守，不好戏笑；洁齐酒食，以供养祖宗。这是善继祭祀的道理。

三者苟备，而患名称之不闻，黜辱之在身，未之见也。三者苟失之，何名称之可闻，黜辱之可远哉？

这一节是总说上文之意。

三者：谓卑弱下人，一也；执勤，二也；继祭祀，三也。苟，是诚。备，是全。

大家说：女人诚能全得这三件美德，则事务有成，神人皆悦，由是而患名称不闻，黜辱不免，决无此理。三者苟失之而不能全备，则明有人非，幽有鬼责矣，何名称之可闻，黜辱之可远哉？

夫妇第二

有男女，则有夫妇，故夫妇为第二章

夫妇之道，参配阴阳，通达神明，信天地之宏义，人伦之大也。是以《礼》责男女之际，《诗》著《关雎》之义。由斯言之，不可不重也。

这一节是说夫妇所系之重。

参，是并立而为三。配，是对。达，是通。宏，是大。《礼》，是《礼记》。《诗》，是《诗经》。《关雎》，是《诗经》的篇名。

大家说：夫妇之道甚大。刚柔相济，足以参配阴阳；和敬相与，足以通达神明。乃天地自来之大义，人伦故有之大节也。是以《礼记·昏义篇》言男女之际，甚为可贵;《诗经·关雎》章于好逑之义，发之甚明。由是言之，则知夫妇之道，不可不重也。

夫不贤，则无以御妇；妇不贤，则无以事夫。夫不御妇，则威仪废缺；妇不事夫，则义理堕阙。方斯二者，其用一也。

这一节是说夫妇相须为用。

御，是管束的意思。堕，是落。方，是比方。

大家说：夫有夫之道，妇有妇之道。若夫不能尽夫道而不贤，则不能管束其妇；妇不能尽妇道而不贤，则不能承事其夫。夫不能管束其妇，则夫之威仪废缺，便不成个夫主了；妇不能承事其夫，则妇之义理堕阙，便不成个妇人了。以此比方，可见夫妇二人，虽有男女不同，其相须为用，所系甚重之义，则一也。

察今之君子，徒知妻妇之不可不御，威仪之不可不整，故训其男，检以书传，殊不知夫主之不可不事，礼义之不可不存也。但教男而不教女，不亦蔽于彼此之数乎！

这一节是说后世之人徒知教训男子，不知教训女人。

君子，指父母说。检，是检阅。传，是传记。蔽，是遮隔。数，是分数。

大家说：我看今之为人父母的，只知为妇人者不可不着夫主管束，做夫主的威仪不可不整齐，故专教训男子，检阅书传，讲明道理，使他好管束妇人。却不知女人也要承事夫主，也要存守女人的礼义。若只教训男子，而不教训女人，则于男女分数之重，不亦遮隔而不明乎！

《礼》：八岁始教之书，十五而至于学矣。独不可依此以为则哉？

这一节是说教训男子之法，欲为人父母者，依此以教女也。

《礼》，是《礼记》。书，是写字记事。至，与"志"同。则，是法则。

大家说:《礼记》上说，男子之生，自八岁时，便教他写字记事。到十五岁，则教他志于成人之学。夫教男子之法如此，今独不可依此法以教女子乎？

敬慎第三

慎字，当作顺字，古时慎、顺二字通用。有夫妇，则有夫妇的道理。敬顺者，妇人之道也，故以为第三章。

阴阳殊性，男女异行。阳以刚为德，阴以柔为用。男以强为贵，女以弱为美。故鄙谚有云："生男如狼，犹恐其尪；生女如鼠，犹恐其虎。"

鄙谚，是俗语。尪，是羸弱。狼、虎都是兽之刚强者；尪与鼠，言其柔而弱也。

大家说：女人属阴，男子属阳，阴阳之性，原自不同，则男女之行，亦宜有异。何以见阴阳殊性？盖阳以刚为德，阴以柔为用，刚则不柔，柔则不刚。何以见男女异行？盖男以强为贵，女以柔为美，强则不弱，弱则不强。故俗话说：生男如狼之刚，还怕他后来怯弱，言男子贵于刚强也；生女如鼠之柔，还怕他后来粗猛，言女子贵于柔弱也。

然则修身莫若敬，避强莫若顺。故曰敬顺之道，妇之大礼也。夫敬非它，持久之谓也；夫顺非它，宽裕之谓也。持久者，知止足也；宽裕者，尚恭下也。

宽，是不狭隘。裕，是不急躁。恭下，是谦下。

大家说：男女之行，刚柔既殊，然则为女者，要修身，莫若以敬，要避强，莫若以顺。所以古人说，敬顺之道乃为妇之大礼也。夫所谓敬者，不必他求，只是常守此心便是；顺者亦不必他求，只是存心宽裕便是。人能常守此心，便知分止足而不敢僭越；人能宽裕此心，便崇尚谦下而不肯骄傲。

夫妇之好，终身不离。房屋周旋，遂生媟黩；媟黩既生，语言过矣；语言既过，纵恣必作；纵恣既作，则侮夫之心生矣。此由于不知止足者也。

这一节是说女人不敬的根由。

好，是恩爱。媟黩，是轻慢。纵恣，是放肆。

大家说：夫妇相爱，终身不离。相与周旋于房室之间，岂不易生媟黩；媟黩既生，则语言不复点检，多致过差；语言既过，则情意纵恣，势所必致；纵恣既作，则侮夫之心生矣。此其病根，在于不知我止足之分，而遂至于侮慢夫主如此。

夫事有直曲，言有是非。直者不能不争，曲者不能不讼。讼争既施，则有忿怒之事矣。此由于不尚恭下者也。

这一节是说女人不顺的根由。

争，是争兢。讼，是词讼。忿怒，是心气不平，着恼的意思。

大家说：夫妇之间，或事有曲直，或言有是非；直者不肯让则争，曲者不肯服则讼。讼争既兴，则有忿怒之事矣。此其病根，在于女人不尚谦下也。盖能尚谦下，则不论是非曲直，皆忍受之而不言矣，安得有争讼忿怒之事乎？

侮夫不节，谴呵从之；忿怒不止，楚挞从之。

节，是止。谴，是责怪。呵，是呵叱。楚，是杖。挞，是打。

大家说：女人侮夫不止，则为夫者，岂肯甘受？必加之谴呵矣。夫主忿怒不止，不但谴呵，将又继之以杖责矣。

夫为夫妇者，义以和亲，恩以好合。楚挞既行，何义之存？谴呵既宣，何恩之有？恩义俱废，夫妇离矣。

义，是宜。宣，是露。

大家说：为夫妇者，彼此相宜，由于和顺而亲厚；恩爱相结，由于情好而和谐。今夫妻反目，至于楚挞既行，则和亲之情已疏，复何相宜之有？谴呵既宣，则好合之义已乖，又何恩爱之有？恩爱俱废，夫妇离心矣。由是黜辱有所不免，将贻父母之羞。然其始，皆由女人不敬顺所致，可不戒哉！

妇行第四

女人之道，其大者在敬顺，其行则多端，故以妇行为第四章。

女有四行：一曰妇德，二曰妇言，三曰妇容，四曰妇功。夫云妇德，不必才名绝异也；妇言，不必辩口利辞也；妇容，不必颜色美丽也；妇功，不必工巧过人也。

大家说：女人之行有四件：一是妇德，二是妇言，三是妇容，四是妇功。然所谓妇德，不必有才干聪明，绝异于人也；所谓妇言，不必有辩口利辞，会说过人也；所谓妇容，不必颜色美丽，娇娆动人也；所谓妇功，不必工巧过人，百能百会也。凡此皆世俗之所贵，非淑女之美行也。

清闲贞静，守节整齐，行己有耻，动静有法，是谓妇德。

这一节是妇德之实。

大家说：女人能清而不贪，闲而不暴，贞而不邪，静而无妄；操守大节，整齐不乱；行己之间，辄有羞耻；一动一静，卓有法度，这才叫做妇人之德。

择辞而说，不道恶语，时然后言，不厌于人，是谓妇言。

这一节是妇言之实。

择，是拣择。厌，是厌恶。

大家说：女人能拣择好辞而说，不道丑恶之言；时当言，而后言，未尝轻言；说出来的话都合道理，使人喜听，不生厌恶，这才叫做妇人之言。

盥浣尘秽，服饰鲜洁，沐浴以时，身不垢辱，是谓妇容。

这一节是妇容之实。

盥浣，是洗濯。尘，是尘土。秽，是不净。垢，是泥垢。

大家说：女人能常盥浣服饰，使之鲜洁；以时沐浴身体，使不致垢秽，这才叫做妇人之容。

专心纺绩，不好戏笑，洁齐酒食，以奉宾客，是谓妇功。

这一节是妇功之实。

纺，是纺线。绩，是绩麻。洁，是净。齐，是整。

大家说：女人能专心纺线绩麻，只务本等的事，不好与人戏笑；安排些洁净整齐酒食，以奉宾客，这才叫做妇人之功。

此四者，女人之大德，而不可乏之者也，然为之甚易，唯在存心耳。古人有言："仁远乎哉？我欲仁，而仁斯至矣。"此之谓也。

乏，是少。

大家说：妇德、妇言、妇容、妇功这四件，乃是女人的大德，不可少者。四者俱全，才尽得女人的道理。然为之亦不难，唯在以此四者常存于心，不可忘也。古人有言："仁道岂远乎哉？我欲行仁，仁即至矣。"此正所谓一存其心，而德、言、容、功，皆在于我也。

专心第五

专心，是一心只敬事夫主，更无他虑。妇行故有四，而根本节目之大者，则在于贞静，故以专心为第五章。

《礼》：夫有再娶之义，妇无二适之文，故曰夫者天也。天固不可逃，夫固不可离也。行违神祇，天则罚之；礼义有愆，夫则薄之。

违，是背。罚，是谴。愆，是过差。

大家说：考之于《礼》，夫丧其妻，则有再娶之义；妇丧其夫，则无再嫁之文。所以古人说，夫乃妇之天。人生世间，随到那里，都顶戴着天，不可逃也。人不可逃于天，则为妇者，岂可离于夫哉？人之行事，有违背神祇者，天必降之以罚；女人之礼义，若有过差，则为夫者，岂不疏薄而谴辱之哉？

故《女宪》曰："得意一人，是谓永毕；失意一人，是谓永讫。"由斯言之，夫不可不求其心。

宪，是法。《女宪》，是书名。一人，即夫也。永，是长。毕，是终。讫，也是终。

大家说：《女宪》书上说道，女人若得了夫主意，固可以仰赖终身；若失了夫主意，也就将此一身断送了。夫女人一生的事，只靠在夫主身上。由此言之，可见夫主之心意，不可不求而得之，以仰赖终身也。

然所求者，亦非谓佞媚苟亲也，固莫若专心正色。礼义居絜，耳无涂听，目无邪视，出无冶容，入无废饰，无聚会群辈，无看视门户：此则谓专心正色矣。

佞，是口才。媚，是邪媚。苟，犹俗言将就也。专心正色，盖指下七句而言。涂，是道路。涂听，是听的道路上的说话。冶容，是妖艳之容。废饰，不妆饰也。

大家说：我所求得夫主之心者，亦不是佞口邪媚，苟且将就，以求亲悦，只是要专心正色，以礼自处耳。必须守礼执义，居止端絜。耳之所听，必出于道理之言，道路上说的言语，未曾经自己看见的，不要听他。目之瞻视，贵于端正，若旁观邪看，乃非礼之视，必以为戒。容仪贵乎有常也，不因出外之时，打扮出那妖冶艳丽之容也；不因入内之时，就阘茸懒散不加修饰。无事不聚会群小，闲行嬉戏。在家不倚靠门户，窥看外面。视听言动，皆以礼自处，这才叫做专心正色。所以求得夫主之意者，在此而已。

若夫动静轻脱，视听陕输，入则乱发坏形，出则窈窕作态，说所不当道，观所不当视，此所谓不能专心正色矣。

轻脱，是不尊重。陕输，是不正大。

大家说：妇人求亲之道，贵于以正自虚。若是举动轻率，不自尊重，则与礼义居絜者异矣。视听闪倏，不以正道，则与耳无涂听，目无邪视者异矣。入则蓬头垢面，出则妆饰窈窕，做出诸般态度，则与出无冶容，入无废饰者异矣。不当说的说，不当看的看，则与不聚会群辈，不看视门户者异矣。这正是佞媚苟亲，不知专心正色者。以此求得夫主之意，岂不难哉！

曲从第六

以上五章，论女人之道，大略尽矣，而未及于舅姑，故以曲从为第六章。

夫得意一人，是谓永毕；失意一人，是谓永讫。欲人定志专心之言也。舅姑之心，岂当可失哉？

舅姑，是公婆。

大家说：我前面说，得意一人，是谓永毕；失意一人，是谓永讫。盖谓妇人以夫为天，不可不定志专心以求得其意的说话。然上面还有公婆，公婆又是夫主之所敬事者也。若不得公婆的喜悦，则为夫主者，亦岂敢违亲而见容哉？故舅姑之心尤不可失也。

物有以恩自离者，亦有以义自破者也。夫虽云爱，舅姑云非，此所谓以义自破者也。然则欲得舅姑之心奈何？固莫尚于曲从矣。

大家说：妇人事夫与事舅姑微有不同：事夫固贵敬顺，然尚有当执正守义者；若事舅姑，则虽于义有未合者，亦不可以不曲从也。盖人之情固以恩爱相结，然亦有恩重而反以自离者；固以情义相合，然亦有义重而反以自破者。今有女人，其夫主怜爱之，可谓恩义好合矣。然其舅姑不喜之，则为夫者，亦不得不顺父母之意，而与之相离。此所谓以恩自离、以义自破也。此可见以妇视夫，则夫为重；以夫视舅姑，则舅姑为重。然则为妇人者，欲得舅姑之心当何如？固莫如曲意顺从而已矣。

姑云尔而是，固宜从令；姑云尔而非，犹宜顺命。勿得违戾是非，争分曲直，此则所谓曲从矣。故《女宪》曰："妇如影响，焉可不赏。"

姑云尔，譬如说婆婆分付的这件事。违，是背。戾，是乖戾。

大家说：妇事舅姑，只当以顺从为主。假如婆婆分付的这件事，于理恰是，固当从令；假如婆婆分付的这件事，于理有未是，没奈何，也要顺从。不可与姑违戾是非，争分曲直，如此，方是曲从。若于理所当从而从，不叫做曲从了。所以《女宪》书上说：妇女承事舅姑者，凡从命如影之随形，如响之应声，则岂有不得舅姑之心而受赏者哉？然父母之心既顺，则夫主之心亦得矣。

和叔妹第七

叔，是小叔，夫之弟也。妹，是小姑，夫之妹也。上言舅姑之心不可失，而叔妹者，则舅姑之所爱也，欲得舅姑之心，不可不知处叔妹之道，故以和叔妹终焉。

妇人之得意于夫主，由舅姑之爱己也；舅姑之爱己，由叔妹之誉己也。由此言之，我臧否毁誉，一由叔妹，叔妹之心，复不可失也。皆知叔妹之不可失，而不能和之以求亲，其蔽也哉！

臧，是善。否，是不善。誉，是扬其善。毁，是称其恶。蔽，是遮隔。

大家说：妇人之得意于夫主，由舅姑之爱己，所以夫主以父母之心为心，亦爱己也。舅姑之爱己，由叔妹之誉己，所以舅姑取信于叔妹之言，亦爱己也。由此言之，我一身的善恶毁誉，皆系于叔妹，则叔妹之心，岂可以失哉？人亦皆知叔妹之心不可失，而乃不思和叔妹之心，以求亲心之悦，岂非心有遮蔽而不明也哉？

自非圣人，鲜能无过。故颜子贵于能改，仲尼嘉其不贰，而况妇人者也！虽以贤女之行，聪哲之性，其能备乎？是故室人和则谤掩，外内离则恶扬。此必然之势也。《易》曰："二人同心，其利断金。同心之言，其臭如兰。"此之谓也。

聪，是聪明。哲，是智慧。备，是全美。室人，是一家之人。掩，是闭藏。臭，是气味。兰，是香草。

大家说：叔妹之所以当和者，以其能掩吾之过，扬吾之美也。人非圣人，谁能无过差。虽以颜子亚圣人一等，还有过差，只是他不惮自改，故仲尼以不贰其过称之。而况于妇人秉性阴柔，虽以贤女之行，赋性聪明智慧者，亦岂能备道全美无一过？若有过，人必知之。所以，一家之人相与和气则谤言自掩，内外之间相与离心则恶名自扬。此势之所必然，而不容已也。《易经》上说："二人同心，如快利刀刃，金铁可断。同心的语言说出来，彼此契合，其气味就如兰之芬香一般。"即此观之，室人和，则谤可掩；而欲和室人，不可不先于叔妹加之意也。

夫叔妹者，体敌而分尊，恩疏而义亲。若淑媛谦顺之人，则能依义以笃好，崇恩以结援。使徽美显章，而瑕过隐塞，舅姑矜善，而夫主嘉美。声誉曜于邑邻，休光延于父母。

敌，是相等。淑、媛，都解做美字。笃，是厚。徽，也是美。瑕，是疵。

大家说：小叔与小姑，与我虽是等辈人，而分则尊于我，其恩疏而义则相亲。若是淑媛谦顺有贤德的人，知叔妹之不可慢，则能依义以笃厚其爱，崇恩以结为援应。叔妹之心既得，便都加敬爱于我。我有徽美，则彼为之显章；我有瑕过，则彼为之隐塞，使舅姑矜怜我之善，而夫主嘉爱我之美，声誉光曜于邑邻，美光延及于父母。夫能和于叔妹，便有这许多好处，然则为妇者，岂可不求得其心哉？

若夫蠢愚之人，于叔则托名以自高，于妹则因宠以骄盈。骄盈既施，何和之有？恩义既乖，何誉之臻？是以美隐而过宣，姑忿而夫愠。毁誉布于中外，耻辱集于厥身，进增父母之羞，退益君子之累。斯乃荣辱之本，而显否之基也。可不慎哉！

蠢，是不伶俐。愚，是不聪明。宠，是眷爱。骄，是矜肆。盈，是满。臻，是至。宣，是布。忿、愠，俱是怒。訾，是不善之言。

大家说：惟有贤德知义理的人，才能和于叔妹而致美誉。若夫蠢愚之人，他处叔，则托名自尊，高傲而不知谦下；处妹，则因夫之宠以自骄盈。骄满既行，必乖和好之情；恩义既乖离，则情义不相联属，岂有称誉至于我？我即有美处，则隐藏而不宣；我或有过处，则播扬而不匿。姑听叔妹之言，说我有过，而忿怒之色作。短毁不善之言，布扬于中外；耻辱不好之事，皆集于其身，进增父母之羞，退益君子之累矣。夫能和于叔妹，则荣而显；不和于叔妹，则辱而不显。是叔妹者，乃我荣辱之本，而显否之基也。与叔妹相处，可不谨慎而求，以得其心哉！

　　然则求叔妹之心，固莫尚于谦顺矣。谦则德之柄，顺则妇之行。凡斯二者，足以和矣。《诗》云："在彼无恶，在此无射。"斯之谓也。

　　柄，是把柄。射，是厌烦。

　　大家说：叔妹之心固不可不求；欲求其心，莫尚于谦顺。谦则虚，虚则能受，故为德之柄。顺，坤道也，故为妇之行。凡此二者，有容物，无忤物，处于叔妹之间，不论贤与不贤，皆足以和矣，何往而不得其心哉！《诗经》说："在彼无恶我者，在此无有厌射我者。"这个正是谦顺，足以取和之说也。

帝鉴图说

林翠霞　点校

圣哲芳规

任贤图治

唐史纪：尧命羲、和，敬授人时。羲仲居嵎夷，理东作；羲叔居南交，理南为；和仲居昧谷，理西成；和叔居朔方，理朔易。又访四岳，兴舜登庸。

唐史上记：帝尧在位，任用贤臣，与图治理。那时贤臣有羲氏兄弟二人、和氏兄弟二人。帝尧着他四个人敬授人时。使羲仲居于东方嵎夷之地，管理春时耕作的事；使羲叔居于南方交趾之地，管理夏时变化的事；使和仲居于西方昧谷之地，管理秋时收成的事；使和叔居于北方幽都之地，管理冬时更易的事。又访问四岳之官，着他荐举天下贤人可用者，于是四岳举帝舜为相。那时天下贤才，都聚于朝廷之上，百官各举其职。帝尧垂拱无为，而天下自治。

盖天下可以一人主之，不可以一人治之。虽以帝尧之圣，后世莫及，然亦必待贤臣而后能成功。《书》曰："股肱惟人，良臣惟圣。"言股肱具而后成一人，良臣众而后成圣，意亦为此。其后帝舜为天子，也跟着帝尧行事，任用九官十二牧，天下太平。乃与群臣作歌以纪其盛，曰："元首明哉，股肱良哉，庶事康哉。"所以古今称尧舜垂衣裳而天下治，斯任贤图治之效也。

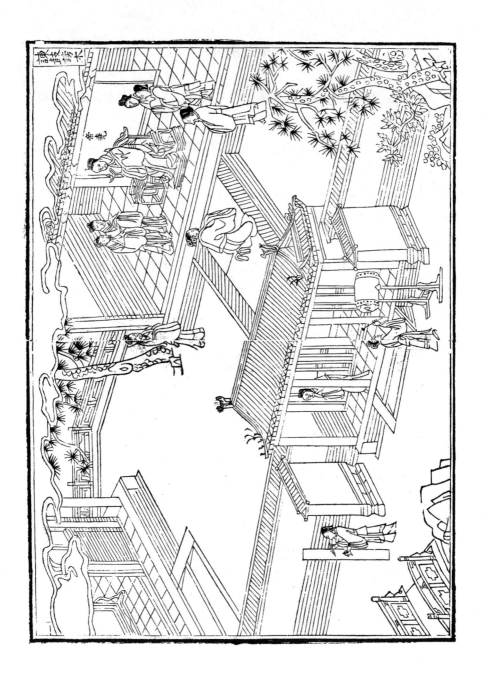

谏鼓谤木

唐史纪：尧置敢谏之鼓，使天下得尽其言；立诽谤之木，使天下得攻其过。

唐史上记：帝尧在位，虚己受言。常恐政事有差谬，人不敢当面直言，特设一面鼓在门外，但有直言敢谏者，着他就击鼓求见，欲天下之人，皆得以尽其言也。又恐自己有过失，人在背后讥议，己不得闻，特设一木片在门外，使人将过失书写在木上，欲天下之人，皆得以攻其过也。

夫圣如帝尧，所行皆尽善尽美，宜无谏可谤者，而犹惓惓以求言闻过为务，故下情无所壅，而君德日以光。然欲法尧为治，亦不必置鼓立木，徒仿其迹，但能容受直言，不加谴责，言之当理者，时加奖赏以劝励之，则善言日闻，而太平可致矣。

孝德升闻

虞史纪：舜父瞽叟，娶后妻，生象。父顽，母嚚，象傲。常欲杀舜，舜避逃。克谐以孝，瞽叟亦允若。帝求贤德可以逊位，群臣举舜。帝亦闻之，于是以二女妻舜。舜以德率二女，皆执妇道。

虞史上记：大舜的父是个瞽目人，他前妻生的儿子就是大舜。舜母故了，瞽叟又娶一个后妻，生的儿子叫做象。那瞽叟愚顽不知道理，后妻嚚恶不贤，象又凶狠无状。他三个人时常商量着要杀舜，舜知道了，设法躲避，然后得免。然终不敢怨其父母，只尽自家的孝道。久之，感化得一家人都和睦。瞽叟见他这等孝顺，也相信欢喜了，所以人都称他为孝子。

当时，帝尧要求贤德的人，可逊以帝位者，群臣都举荐他。此先，帝尧已知大舜善处父母兄弟，是个圣人，但是不知处夫妇之间何如。于是召舜去，把两个女儿都嫁与他为妻。舜又能以德化率这二女，在他父母前尽做媳妇的道理。尧因此遂禅以帝位。

自古圣贤，皆以孝行为本，然父母慈爱而子孝顺，尚不为难。独舜父母不慈，而终能感化，所以当时以为难能，而万世称为大孝也。

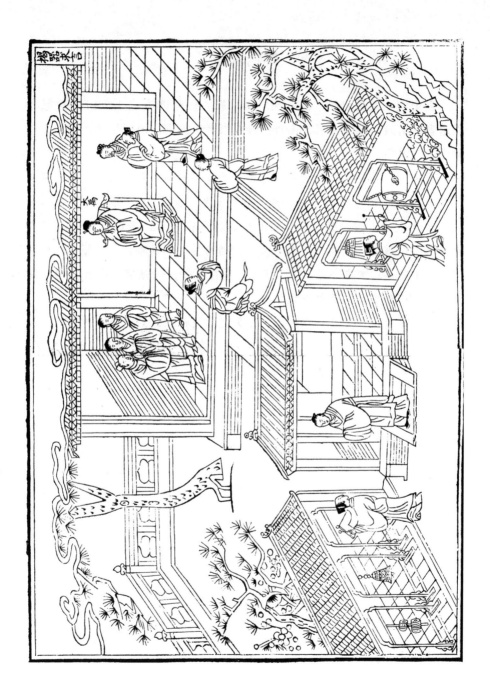

揭器求言

夏史纪：大禹悬钟、鼓、磬、铎、鞀，以待四方之士，曰："教寡人以道者，击鼓；谕以义者，击钟；告以事者，振铎；语以忧者，击磬；有狱讼者，摇鞀。"

夏史上记：大禹既居帝位，恐自家于道有未明，义有未熟，或事务有不停当处，或有可忧而不知，或狱讼之未断，四方远近的人无由得尽其言。于是将钟、鼓、磬、铎、鞀五样乐器挂在外面，告谕臣民说道："有来告寡人以道者，则击鼓；谕以义者，则撞钟；告以事者，则振铎；语以忧者，则敲磬；有狱讼者，则摇鞀。"禹在里面，听见有那一件声响，便知是那一项人到，就令他进见尽言。

夫禹是大圣，聪明固以过人，而又能如此访问，则天下事物岂有一件不知，四方民情岂有一毫壅蔽？此禹之所以为大，而有夏之业所由以兴也。

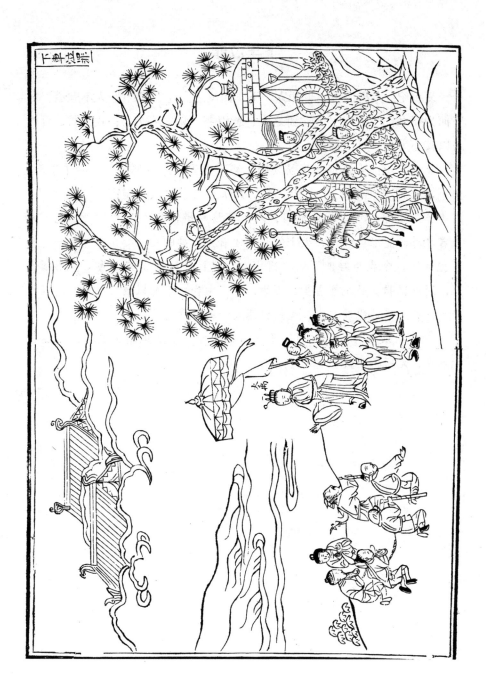

下车泣罪

夏史纪：大禹巡狩，见罪人，下车而泣之。左右曰："罪人不顺道，君王何为痛之？"王曰："尧、舜之人，皆以尧、舜之心为心；我为君，百姓各以其心为心，是以痛之。"

夏史上纪：大禹巡行诸侯之国，路上遇见一起犯罪的人，心中不忍，便下车来问其犯罪之由，因而伤心垂泣。左右的人问道："这犯罪之人，所为不顺道理，正当加以刑罚，君王何故痛惜他？"禹说："我想尧、舜为君之时，能以德化人，天下的人都体着尧、舜的心为心，守礼安分，自不犯刑法。今我为君，不能以德化人，这百姓每各以其心为心，不顺道理，所以犯罪。是犯罪者虽是百姓，其实由我之不德以致之。故我所以伤痛者，不是痛那犯罪之人，盖痛我德衰于尧、舜也。"

夫禹不以罪人可恶，而以不德自伤如此，则所以增修其德，而期于无刑者，无所不至矣。

戒酒防微

夏史纪：禹时仪狄作酒。禹饮而甘之，遂疏仪狄，绝旨酒，曰："后世必有以酒亡国者。"

夏史上记：大禹之时，有一人叫做仪狄，善造酒。他将酒进上大禹，禹饮其酒，甚是甘美，遂说道："后世之人，必有放纵于酒以致亡国者。"于是疏远仪狄，再不许他进见；屏去旨酒，绝不以之进御。

夫酒以供祭祀、燕飨，礼所不废。但纵酒过度，则内生疾病，外废政务，乱亡之祸，势所必致。故圣人谨始虑微，预以为戒。岂知末世孙桀，乃至以酒池牛饮为乐，卒底灭亡。呜呼！祖宗之训，可不守哉！

解网施仁

商史纪：汤出，见网于野者，张其四面而祝之，曰："自天下四方，皆入吾网。"汤曰："嘻！尽之矣！"解其三面，而更其祝曰："欲左，左；欲右，右；欲高，高；欲下，下；不用命者，乃入吾网。"

汉南诸侯闻之，曰："汤德至矣，及禽兽。"一时归商者，三十六国。

商史上记：成汤为君宽仁，曾出至野，见有人四面张着罗网捕鸟雀，口里祷祝说："从天上坠下的，从东西南北四方飞来的，都要落在我网里。"汤闻之不忍，叹息说："这等，是那鸟雀一个也逃不出去了，何伤害物命不仁如此！"于是使从人将那网解去三面，只存一面。又从新替他祷祝，说道："鸟之欲左者左，欲右者右，欲高者高，欲下者下，任从你飞翔；只是舍命要死的，乃落吾网中。"

夫汤之不忍害物如此，其不忍害民可知。所以当时汉江之南列国诸侯，闻汤这一事，都称说："汤之仁德，可谓至矣，虽禽兽之微，亦且及之，而况于人乎？"于是三十六国，一时归商。盖即其爱物，而知其能仁民，故归之者众也。

桑林祷雨

商史纪：成汤时，岁久大旱。太史占之，曰："当以人祷。"汤曰："吾所以请雨者，人也。若必以人，吾请自当。"遂斋戒，剪发断爪，素车白马，身婴白茅，以为牺牲，祷于桑林之野。以六事自责曰："政不节欤？民失职欤？宫室崇欤？女谒盛欤？苞苴行欤？谗夫昌欤？"言未已，大雨方数千里。

商史上记：成汤之时，岁久不雨，天下大旱。灵台官太史占候说："这旱灾，须是杀个人祈祷，乃得雨。"成汤说："我所以求雨者，正是要救济生人，又岂忍杀人以为祷乎？若必用人祷，宁可我自当之。"遂斋戒身心，剪断爪发，素车白马，减损服御，身上披着白茅草，就如祭祀的牺牲模样，乃出祷于桑林之野。以六件事自责，说道："变不虚生，必有感召。今天降灾异以儆戒我，或者是我政令之出不能中节欤？或使民无道，失其职业欤？或所居的宫室过于崇高欤？或宫闱的妇女过于繁盛欤？或苞苴之贿赂得行其营求欤？或造言生事的谗人昌炽而害政欤？有一于此，则宁可降灾于我一身，不可使百姓每受厄。"汤当时为此言，一念至诚，感动上天，说犹未了，大雨即降，方数千里之广。

盖人有善念，天必从之。况人君为天之子，言一动，上帝降临，转灾为祥，乃理之必然也。

德灭祥桑

商史纪:大戊时，有祥桑与谷合生于朝，一暮大拱。大戊惧。伊陟曰："妖不胜德，君之政，其有阙欤？"大戊于是修先王之政，明养老之礼，早朝晏退，问疾吊丧。三日而祥桑枯死；三年远方重译而至者七十六国，商道复兴。

商史上记：中宗大戊之时，有妖祥之桑树与谷树，二物相合生于朝中，一夜之间，就长得大如合抱。中宗见其怪异，心中恐惧，以问其臣伊陟。伊陟说道："这桑、谷本在野之物，不宜生于朝。今合生于朝，又一夜即大如拱，诚为妖异。然妖不胜德，今朝中生这妖物，或君之政事有缺失欤？君但当修德以胜之，则妖自息矣。"

中宗于是听伊陟之言，修祖宗的政事，明养老的礼节，早朝勤政，日晏才退，百姓每有疾苦问之，有丧者吊之。大戊有这等德政，果然妖物不能胜，三日之间，那桑与谷自然枯死。三年之后，远方外国的人慕其德义，经过几重通事译语朝他的，有七十六国。商道前此中衰，至此而复兴焉。

夫妖不自作，必有所召。然德在当修，亦岂待妖？观大戊之祥桑自枯，益信妖不足以胜德，而为人君者，不可一日不修德也。

梦赉良弼

商史纪：高宗恭默思道，梦帝赉良弼，乃以形旁，求于天下。说筑傅岩之野，惟肖，爰立作相。命之曰："朝夕纳诲，以辅台德。启乃心，沃朕心。"说总百官，佐成商家中兴之业。

商史上记：商高宗初即帝位，在谅阴之时，恭默不言，想那治天下的道理，于是至诚感动天地。一日梦见上帝赐他一个忠臣辅佐他，醒来说把梦中所见的人，使人画影图形，遍地里去访求。

至于傅岩之野，见一个人叫做傅说，在那里筑墙，却与画上的人一般模样。召来与他讲论治道，果然是个贤人，于是就用他做宰相。命他说："你朝夕在我左右，进纳善言，以辅我之德。当开露你的心，不可隐讳，灌溉我的心，使有生发。"

傅说既承高宗之命，统领百官，劝高宗从谏、好学、法祖、宪天。高宗能用其言，遂为商家中兴之主。

详见《尚书·说命》三篇。

泽及枯骨

周史纪：文王尝行于野，见枯骨，命吏瘗之。吏曰："此无主矣。"王曰："有天下者，天下之主；有一国者，一国之主。我固其主矣。"葬之。天下闻之，曰："西伯之泽及于枯骨，况于人乎？"

周史上记：文王初为西伯时，一日出行于郊野之外，见死人的枯骨暴露于野，因吩咐吏人以土瘗埋之。吏人对说："这枯骨都是年久死绝的人，已无主了。"文王说道："天子有天下，就是天下的主；诸侯有一国，就是一国的主。今此枯骨，我就是他的主了。何忍视其暴露，而不为掩藏之乎？"乃葬而掩之。时天下之人，闻文王这等阴德，都说道："西伯的恩泽，虽无知之枯骨亦且沾及，况有生之人乎？"

夫文王发政施仁，不惟泽被于生民，而且周及于枯骨。所谓"为人君，止于仁"者，此类是也。岂非有天下者之所当取法哉？

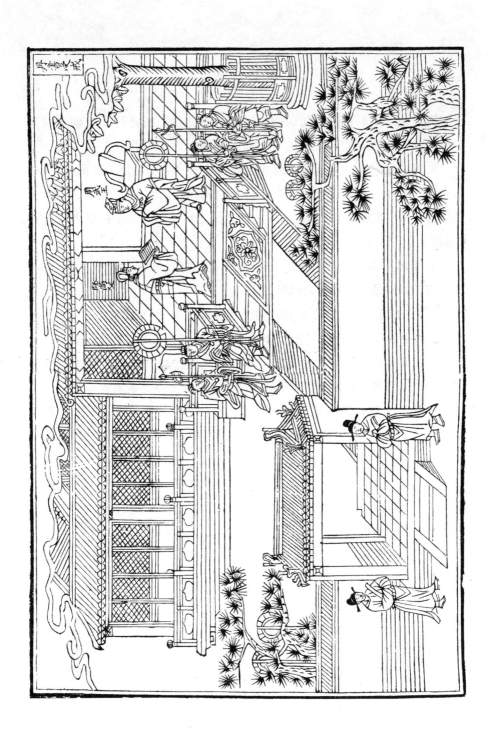

丹书受戒

周史纪：武王召师尚父而问曰："恶有藏之约，行之行，万世可以为子孙常者乎？"师尚父曰："在《丹书》。王欲闻之，则斋矣。"

三日，王端冕，下堂南面而立。师尚父曰："先王之道不北面。"王遂东面立，师尚父西面道书之言，曰："'敬胜怠者，昌；怠胜敬者，亡；义胜欲者，从；欲胜义者，凶。'藏之约，行之行，可以为子孙常者，此言之谓也。"

王闻之，而书于席、几、鉴、盥、盘、楹、杖、带、履、觞、豆、户、牖、剑、弓、矛，皆为铭焉。

周史上记：武王即位之初，向老臣师尚父问说："凡前人创造基业，将使后人世世守之也，而能世守者甚少。不知有什么道理，藏之简约，行之顺利，而可以为万世子孙常守者乎？"师尚父对曰："有一卷书，叫做《丹书》，这个道理皆在其中。王欲闻之，必须重其事，斋戒而后可。"

武王于是斋戒了三日，端立冠冕，不敢上坐，下堂南面而立，致敬尽礼，求受《丹书》。师尚父说："南面是君位，北面是臣位。王南面而立，则《丹书》当北面而授，先王之道至大，岂可北面而授受乎？"王遂东面而立，不敢居君位。师尚父西面而立，亦不居臣位。乃述《丹书》中的言语，说道："'凡为君者，敬畏胜怠忽，国必兴昌；怠忽胜敬畏，国必灭亡；公义胜私欲，事必顺从；私欲胜公义，事必逆凶。'这个道理，只要在'敬''公'二字上做功夫，藏之何等简约，行之何等顺利，可以为子孙万世常守者，不外乎此矣。"

武王敬而信之，遂融化这四句的意思，于是凡那席上、几上、镜子上、洗面盆上、殿柱上、杖上、带履上、觞豆上、门窗上、剑弓矛枪上，一一作为铭词。不但自家随处接目警心，要使子孙看见，也都世守而不忘焉。

夫武王是个圣君，能屈尊老臣受戒，作为铭词，传之后世。周家历年八百，享国最为长久，非以其能守此道也哉？

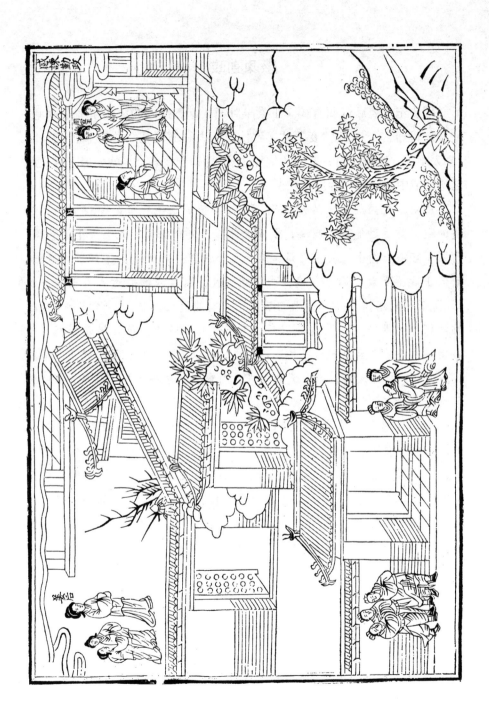

感谏勤政

周史纪：姜后贤而有德。王尝早卧而晏起，后乃脱簪珥待罪于永巷，使其傅母通言于王曰："妾不才，致使君王失礼而晏朝，敢请罪。"王曰："寡人不德，实自生过，非夫人之罪也。"遂勤于政事，早朝晏退，继文武之迹，成中兴之业，为周世宗。

周史上记：周宣王的后姜氏，贤而有德。宣王尝有时睡得太早，起得太迟，姜后恐他误了政事，要劝谏他，乃先自贬损，脱去头上的簪珥，待罪于宫中长街上，使其保母传言于王，说道："我无德，不能以礼事王，致使王耽于女色，溺于安逸，失早朝之礼，这是我的罪过，请王加我以罪。"王因此感悟说："这是我自家怠惰，有此过失，非夫人之罪也（古时称后妃都叫做夫人）。"自此以后，宣王遂勤于政事，每日早起视朝，与君臣讲求治道，至晚方退。其致治之迹，是以上继他祖文王、武王，虽其父厉王时，势渐衰弱，至此复能中兴。因宣王有这等功业，所以周家的庙号称他为世宗。

古者后妃夫人进御侍寝，皆有节度，每至昧旦，女史奏《鸡鸣》之诗，则夫人鸣佩玉于房中，起而告退，以礼自防，不婬于色，故能内销逸欲，以成其君勤政之美。《鸡鸣》之诗云："虫飞薨薨，甘与子同梦。会且归矣，无庶予子憎。"言日将旦而百虫飞作，我岂不乐与子同寝而梦哉？但君臣候朝已久，君若不出，彼将散而归矣。岂不以我之故，而使人并憎恶于子乎？姜后之进谏，古礼也。宣王中兴周业，盖得之内助为多。

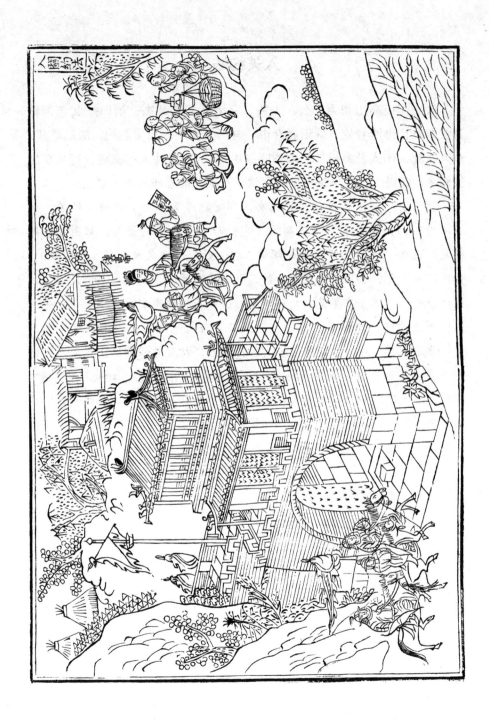

入关约法

汉史纪：高祖初为沛公。入关，召诸县父老豪杰，谓曰："父老苦秦苛法久矣！诽谤者族，偶语者弃市。吾当王关中，与父老约，法三章耳：杀人者死，伤人及盗抵罪。余悉除去秦苛法。"又使人与秦吏，行县乡邑告谕之。秦民大喜，争持牛羊酒食献享军士，惟恐沛公不为秦王。

西汉史上记：高帝初起兵伐秦，那时犹号为沛公。既破了崤关，到咸阳地方，因呼唤各县里年高的父老，与那有本事的豪杰，都到面前慰劳之，说道："秦君无道，法令烦苛，你百姓每被害久矣。但凡言时政的，他就说人诽谤，加以灭族之罪；两人做一处说话，他就说人有所谋为，加以弃市之刑。其暴虐如此。众诸侯有约：先入关破秦者，王之。今我先入关，当王关中，与你百姓每做主。今日就与父老相约，我的法度只有三条：惟是杀了人的，才着他偿命。若打伤人，及为偷盗的，止各坐以应得的罪名，不加以死。此外，一切苛法都革去不用。"又恐远处不能尽知，使人同着秦吏，遍行到各县乡邑中，将这意思都一一晓谕。那时百姓们被秦家害得苦了，一旦闻这言语，如拔之于水火之中，莫不欢喜踊跃，争持牛羊酒食，犒享沛公的军士，只恐怕沛公不做秦王。

此可见，抚之则后，汉之所以兴也；虐之则仇，秦之所以亡也。有天下者，当以宽仁为贵矣。

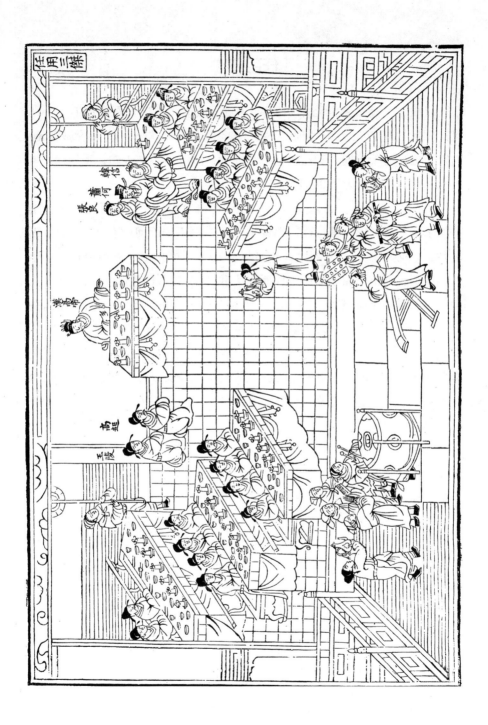

任用三杰

汉史纪：高帝置酒洛阳南宫，曰："通侯诸将，试言吾所以有天下者何？项氏之所以失天下者何？"高起、王陵对曰："陛下使人攻城略地，因以与之，与天下同其利；项羽妒贤嫉能，战胜而不与人功，得地而不与人利，此其所以失天下也。"

上曰："公知其一，未知其二。夫运筹帷幄之中，决胜千里之外，吾不如子房；镇国家，抚百姓，给馈饷不绝，吾不如萧何；连百万之众，战必胜，攻必取，吾不如韩信。三者皆人杰，吾能用之，此所以取天下者也。项羽有一范增而不能用，此所以为我擒也。"群臣悦服。

西汉史上记：高帝既定天下，置酒宴群臣于洛阳之南宫，因问群臣说："尔通侯诸将等，试说我所以得天下者何故？项羽所以失天下者何故？"高起、王陵二人齐对说："陛下使人攻打城池，略取土地，既得了，就封那有功之人，与天下同其利，因此人人尽力战争，以图功赏，此陛下之所以得天下也；项羽则不然，妒贤嫉能，虽战胜而不录人之功，虽得地而不与人同利，因此人人怨之，不肯替他出力，此项羽之所以失天下也。"

高帝说："公等但知其一，未知其二。夫运筹策、定计谋于帷幄之中，而决胜于千里之外，这事我不如张子房；镇守国家，抚安百姓，供给军饷，不至乏绝，这事我不如萧何；统百万之兵，以战则必胜，以攻则必取，这事我不如韩信。张子房、萧何、韩信三人，都是人中的豪杰。我能一一信用他，得此三人之助，此所以取天下者也。项羽只有一个谋臣范增，而每事猜疑，不能信用，是无一人之助矣，此所以终被我擒获者也。"群臣闻高帝之说，无不欣悦敬服。

夫用人者恒有余，自用者恒不足。汉高之在当时，若论勇猛善战，地广兵强，不及项羽远甚，而终能胜之者，但以其能用人故耳。故智者为之谋，勇者尽其力，而天下归功焉。汉高自谓不如其臣，所以能驾驭一时之雄杰也。

过鲁祀圣

汉史纪：高帝击淮南王黥布，还过鲁，以太牢祀孔子。

西汉史上记：汉高帝因淮南王黥布谋反，自领兵征之，擒了黥布，得胜回还，经过山东曲阜县，乃旧鲁国，是孔子所生的地方，有孔子的坟墓，高帝具太牢牲礼，亲拜祭之（祭祀的牛叫做太牢）。

夫孔子虽是大圣，其官不过鲁国的大夫。自孔子殁后，战国之君皆不知尊信其道，及秦始皇又焚烧其书。高帝以天子之尊，方用兵征伐之际，就知崇儒重道，且用太牢，与社稷宗庙的祭礼一样，后世人君尊重孔子，实自高帝始。其好尚正大如此，宜其为一代创业之君也。

却千里马

汉史记：文帝时，有献千里马者。帝曰："鸾旗在前，属车在后；吉行五十里，师行三十里。朕乘千里马，独先安之？"下诏不受。

西汉史上记：文帝时，有人进一匹马，一日能行千里。文帝说道："天子行幸，有鸾旗导引于前，有属车拥护于后；或巡狩而吉行，一日不过五十里而止；或征伐而师行，一日不过三十里而止。朕骑着这千里马，独自个先往何处去？"于是下诏拒而不受，还着那进马的人牵回去了。

夫千里马，是良马也。文帝以为非天子所宜用，尚且不受，况其他珠玉宝贝、珍禽奇兽、不切于人生日用者，又岂足以动其心乎？《书》曰："不作无益害有益，功乃成；不贵异物贱用物，民乃足。"正文帝之谓也。

止辇受言

汉史纪：文帝每朝，郎、从官上书疏，未尝不止辇受言。言不可用者，置之；可用，采之；未尝不称善。

西汉史上记：文帝每出视朝，但有郎、从等官上书陈言者，虽正遇行路之时，亦必驻了辇，听受其言。纵使所言没有道理，不可用，但置之不行而已，亦不加谴责；如其言有益于生民，有补于治道，则必亟加采择，次第行之；又每每称道其所言之善，盖不但采取而已。

尝闻人君之德，莫贵于听言。自秦禁偶语，天下以言为讳矣，是以底于灭亡而不悟也。观文帝之虚怀听纳如此，虽大舜之明目达聪、成汤之从谏弗咈，亦何让焉！

纳谏赐金

汉史纪：文帝从霸陵上，欲西驰下峻阪，中郎将袁盎骑并车，揽辔。上曰："将军怯耶？"盎曰："臣闻圣主不乘危，不徼幸。今陛下骋六飞，驰下峻阪，有如马惊车败，陛下纵自轻，奈高庙、太后何？"上乃止。又从幸上林，奏却慎夫人坐。上说，赐盎金五十斤。

西汉史上记：文帝到霸陵上面，过西边，欲驰车下高峻的坡阪，有随驾的中郎将，姓袁名盎，骑着马傍车而行，急忙挽住了车辔，不肯驰骤。文帝说："将军莫非胆气怯耶？何乃惧怕如此？"袁盎说："臣闻明圣之主，不肯乘危险之地。凡有举动，必要完全，不图徼幸而免，知此身所系甚重也。今陛下驾六马之车，驰骋而下峻阪，就是无事，亦乘危幸免耳。倘或一时马惊车败，卒有不测之变，悔将何及？陛下纵然自轻其身，其如高祖之付托、太后之属望何？"帝听其言，停车不下。

后袁盎又随文帝往上林。帝有个宠爱的慎夫人，与皇后同席而坐，袁盎以为非礼，奏使慎夫人退却。文帝喜其屡进忠言，赐他金五十斤。

夫人臣进谏，只要其君免于危险，无有过失，非图赏也。今文帝既听其言，又加重赏如此，盖深知其言之有益，且欲以劝他人之直言耳。从善之意，何其切哉！

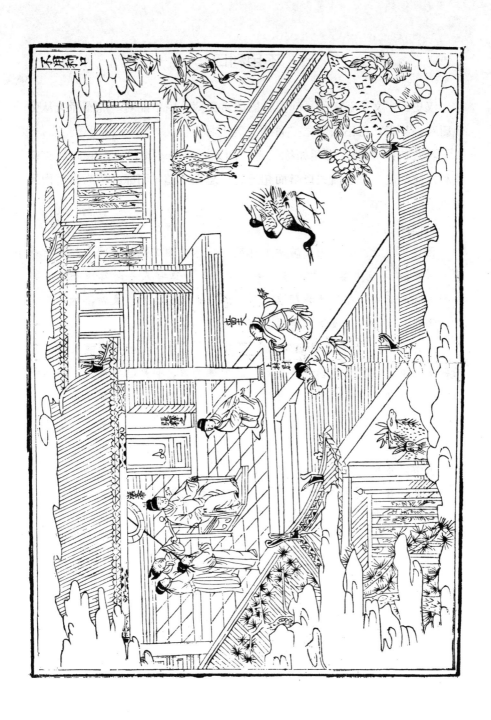

不用利口

汉史纪：文帝登虎圈，问上林尉诸禽兽簿，尉不能对。虎圈啬夫从旁代尉对，甚悉。帝诏张释之："拜啬夫为上林令。"

释之曰："周勃、张相如称长者，两人言事曾不出口，岂效此啬夫喋喋利口捷给哉？今以啬夫口辩而超迁之，恐天下随风而靡，争为口辩而无实也。"

帝曰："善！"

西汉史上记：文帝一日游幸上林苑，登养虎的虎圈，因问上林苑管簿籍的官说："这苑中各样的禽兽有多少数目？"这官人一时答应不来。有个管虎圈的啬夫，在旁边替那官人一一答应，甚是详悉。文帝喜他，遂诏侍臣张释之，说："这啬夫有才能，可就着他做上林苑令。"

释之对说："如今朝中如周勃、张相如，这两个人是有德的长者，能任朝廷大事，然其言事皆说不出口。盖有德的人，自然器宇深沉，言语简当，岂学这啬夫喋喋然用快利之口、便捷以辩给哉？今若因啬夫口辩就超迁他，恐天下闻此风声而靡然仿效，都只学舌辩能言，不务诚实，则风俗薄而人心离矣。"

文帝以张释之所言当理，遂止，不用啬夫。

观此一事，则用人者不当但取其言。而文帝从谏之善，亦于此可见矣。宜其为汉朝一代之贤君也。

露台惜费

汉史纪：文帝尝欲作露台，召匠计之，值百金。上曰："百金，中人十家之产也。吾奉先帝宫室，常恐羞之，何以台为？"

西汉史上记：文帝尝欲在骊山上造一露顶高台，使工匠计算所费几何。工匠计算说："该用百金。"文帝说："百金之资产，若以民间中等的人家计之，可够十户人家的产业。今筑了一个台，就破费了十家的产业，岂不可惜！且我承继着先帝的宫室，不为不广，常恐自己无德，玷辱了先帝，又岂可糜费民财，而为此无益之工作乎？"于是停止露台之工，复不兴造。

夫文帝富有四海，况当承平无事之时，财用有余，然百金之微，犹且爱惜，不肯轻费如此，虽尧、舜之土阶，大禹之卑宫，何以过之哉！大抵人主爱民之心重，则自奉之念轻。夫以一台之工，遂至费百姓十家之产，若如秦皇之阿房、骊山，宋徽之龙江、艮岳，其所费又不知其几千万家矣。穷万民之财，以供一己之欲，一旦民穷盗起，社稷丘墟，虽有台池鸟兽，岂能独乐哉？后世人主，诚当以汉文帝为法，毋以小小营建为费少，而遂恣意为之也。

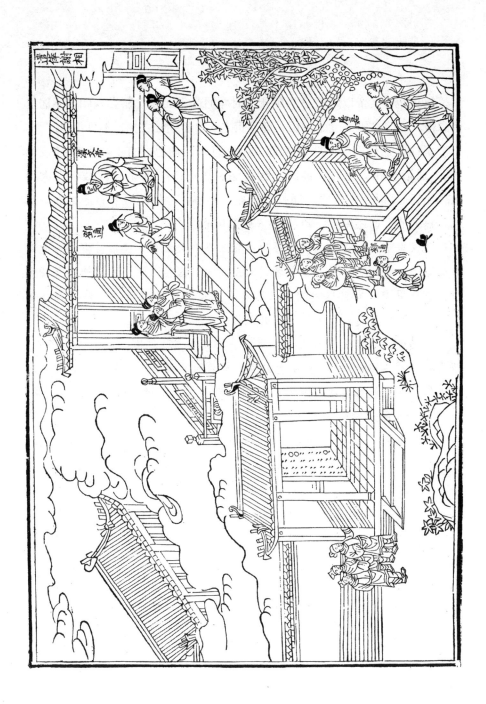

遣幸谢相

汉史纪：文帝以申屠嘉为丞相，时邓通爱幸无比。嘉尝入朝，通居上旁怠慢。嘉曰："陛下爱幸群臣，即富贵之。至于朝廷之礼，不可不肃。"

罢朝，嘉坐府中，为檄召通，不来且斩。通恐，言上。上曰："汝第往。"通诣丞相，免冠，徒跣，顿首谢。嘉责曰："通小臣戏殿上，大不敬，当斩。"语令吏斩之。通顿首出血，不解。上使使持节召通，而谢丞相，嘉乃解。通还见上，流涕曰："丞相几杀臣。"

西汉史上记：文帝以申屠嘉为丞相，嘉为人正直，文帝甚重之。此时有个郎官叫做邓通，得幸于文帝，宠爱无比。嘉尝入朝，见邓通在文帝旁边，狎恃恩宠，有怠慢之状。嘉即奏说："陛下爱幸群臣，只好赏赐他财物，使之富贵足矣。至于朝廷上的礼仪，则不可不严肃。"

及罢朝，回坐于丞相府中，写文书去提邓通，说道："他若抗拒不来，便当处斩。"邓通恐惧，求救于文帝。文帝知丞相所执者是朝廷之礼，邓通委的有罪，就着他去见丞相。通到了府中，取了冠，跣足，顿首谢罪。申徒嘉责他说："朝廷乃礼法所在，你一个小臣敢狎戏于殿上，犯了大不敬，论罪当斩。"因使吏拿出斩之。通叩头谢罪，至于出血，嘉怒犹不解。

文帝料邓通已在丞相处陪话知罪了，乃使人持节召通，而致谢丞相，申屠嘉乃遣之。邓通回去，到文帝面前流涕说道："丞相几乎杀了臣。"

夫文帝宠幸邓通，致敢于怠慢，其始固不能无过。然申屠嘉正言直论，而帝略不偏护，即遣令就罪，使大臣得申其法，而嬖幸不敢狎恩，非圣君而能若是哉！

屈尊劳将

汉史纪：文帝时，匈奴大入边。使刘礼屯霸上，徐厉屯棘门，周亚夫屯细柳，以备胡。

上自劳军细柳。先驱至，不得入。曰："天子且至。"军门都尉曰："军中闻将军令，不闻天子诏。"上乃使使持节诏将军曰："吾欲入营劳军。"亚夫乃传言开壁门。壁门军士曰："将军约，军中不得驱驰。"于是天子乃按辔徐行。至中营，亚夫持兵揖，曰："介胄之士不拜，请以军礼见。"上改容式车，使人称谢，成礼而去。

曰："嗟乎！此真将军矣！向者霸上、棘门如儿戏耳，其将固可袭而虏也。至于亚夫，可得而犯邪！"

西汉史上记：文帝时，北虏匈奴入边为寇。帝拜刘礼、徐厉、周亚夫三人俱为将军，各领兵出京，分布防守。刘礼屯霸上，徐厉屯于棘门，亚夫屯于细柳。

文帝亲自到各营抚劳将士。初到霸上、棘门二营，车驾径入，没些阻挡。末后往细柳营。导驾的前队已到营门，被军士阻住不得入。与他说："圣驾就到，可速开营门。"那军门都尉对说："我军中只知有将军的号令，不知有天子的诏旨。"少间，文帝的驾到了，还不开门。文帝乃使人持节召亚夫说："朕要进营劳军。"亚夫才传令开营门接驾。临进门时，守门军士又奏说："将军有令：军中不许驰驱车马。"文帝乃按住车辔，徐徐而行。到中军营，亚夫出迎，手执着兵器，只鞠躬作揖，说道："甲胄在身，不敢跪拜，臣请以军礼参见。"文帝听说，悚然改容，俯身式车，使人传旨致谢亚夫，说："皇帝敬劳将军。"成礼乃去。

文帝出营门，叹美亚夫说道："这才是个真正将军！恰才见霸上、棘门二营，那样疏略，如儿戏一般。万一有乘虚劫营之事，其将固可掩袭而掠也。至如亚夫这等纪律，可得而轻犯邪！"

尝考古者人君命将，亲推其毂，授之以钺，曰："阃以外，将军主之，不从中制也。"盖将权不重，则军令不严，士不用命。故穰苴戮齐王之嬖臣，孙武斩吴王之宠姬，而后能使其众，以成大功。观周亚夫之纪律严明，诚为一时名将，然非文帝之圣明，重其权而优其礼，则亚夫将求免罪过之不暇，况望其能折冲而御侮哉！后世人君御将，宜以文帝为法。

蒲轮征贤

汉史纪：武帝雅向儒术，以赵绾为御史大夫，王臧为郎中令。二人荐其师申公。上使使奉安车蒲轮、束帛加璧，迎之。既至，以为太中大夫，舍鲁邸。上问以治道，对曰："为政不在多言，顾力行何如耳。"

西汉史上记：武帝素喜好儒者的学术，因举用当时名儒，以赵绾为御史大夫，王臧为郎中令。赵绾、王臧又荐举他师傅申公，说他的学问更高。武帝闻说，即遣使去征聘他。又闻申公年老，恐其途中受劳，因驾一辆安车去迎接申公。又用蒲草裹了车轮，使其行路软活，坐的自在。又用币帛一束，另加玉璧，以为聘礼。

申公感武帝这等尽礼，遂随聘到京。武帝授以太中大夫之职，安置在鲁王府里居住。问他治天下的道理何如？申公对说："为治也不在多言，只是着实行将去便好。"盖议论多，则心智惑。与其托之空言，不若见诸行事之为有益也。

夫天下治乱，系贤人之去留。是以古之明君，以屈己下贤为盛事，而亲枉万乘，以尽礼于衡门韦布之贱者，往往有之。汉兴以来，虽不逮古，而武帝此举，犹庶几古人之意。至于申公力行一言，则又治天下之要道也。

明辨诈书

汉史纪：昭帝时，盖长公主、左将军上官桀及其子安及桑弘羊等，诈令人为燕王旦上书，言大将军霍光擅调幕府校尉，专权自恣。书奏，帝留中。

明旦，光闻之，不入。有诏召大将军，光入，免冠顿首。上曰："将军冠。朕知是书诈也。将军调校尉未十日，燕王何以知之？"

是时，帝年十四。尚书左右皆惊，而上书者果亡。后桀党有谮光者，上怒曰："大将军忠臣，先帝所属以辅朕身，敢有毁者，坐之！"桀等乃不敢复言。

西汉史上记：昭帝年幼登极，大将军霍光受遗诏辅政。那时盖长公主、左将军上官桀与其子上官安及桑弘羊等，各以私恨霍光，而燕王旦以帝兄不得立为天子，亦怀怨恨。于是上官桀等，欺昭帝年小，设谋要排陷霍光，教人假充做燕王的人，上本劾奏霍光。说他擅自更调幕府校尉，加添人数，专权自恣，图谋不轨。昭帝览奏，留中不下。

霍光闻之，待罪于外，不敢入朝。帝使人召光入，光见帝，取了冠帽，叩头谢罪。昭帝说："将军戴起冠。朕知这本是假的。将军调校尉还未满十日，燕王离京数千里，他怎么便就得知？可见是诈。"

那时，昭帝年才十四岁。左右之人，见帝这等明察，莫不相顾惊骇，那上书的人，果然涉虚逃走。以后上官桀的党类，又有谮毁霍光者，昭帝即发怒说："大将军是个忠臣，先帝因朕年幼，托他辅朕，再有言者，即坐以重罪！"自是桀等惧怕，不敢复言。而霍光辅相昭帝，竟为贤主。

若使上官桀等之谗得行，则霍光之祸固不待言，而汉家宗社亦危矣！于戏！托孤寄命，岂易事哉？

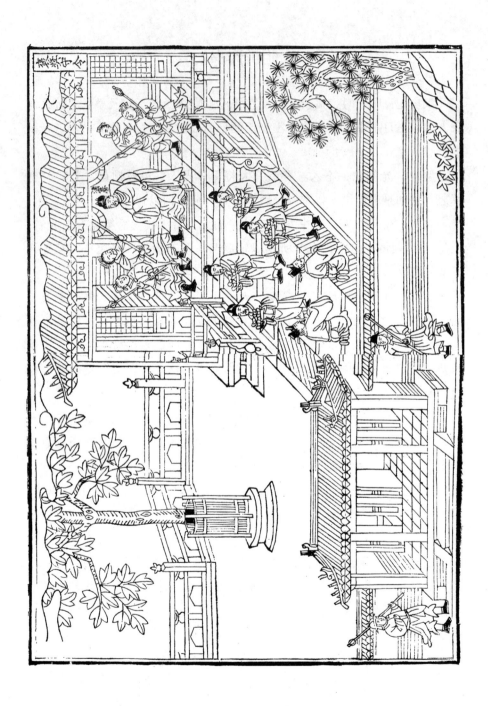

褒奖守令

汉史纪:宣帝时，极重守令。尝以为太守吏民之本，数变易则下不安。民知其将久，不敢欺罔，乃服从其教化。故二千石有治理效，辄以玺书勉励，增秩赐金，或爵至关内侯。公卿缺，则选诸所表，以次用之。是故汉世良吏于是为盛，称中兴焉。

西汉史上记:宣帝选用官员，极重那知府、知县两样官。尝说道："各府太守，最是亲民之官，第一要紧。若是到任不久，就转迁去，百姓便不得蒙其恩惠，且迎新送旧，徒见劳扰。必须做得年久，然后民情土俗、百姓甘苦，他都知道，施些恩惠，行些政事，也都晓得头脑；那百姓也欺哄不得，自然顺从他的教化。"

所以，宣帝时做守相，食二千石俸的，都要久任。若是历任未久，就有功劳，也只降敕书奖励，或就彼加升官级，或赏赐金帛，或赐以关内侯的爵级，仍令照旧管事。到做的年岁深了，遇三公九卿有缺，即把向前旌表的好太守不次擢用。如黄霸以颍川太守入为太子太傅，赵广汉以颍川太守入为京兆尹。宣帝之留心守令如此，所以那时做官的，人人勤勉，好官甚多，而天下太平，中兴之美，后世鲜及焉。

夫官惟久任，则上下相安，既便于民；日久超擢，则官不淹滞，亦便于官。此用人保民之善法也。后来科目太繁，额数日增；升转之期，计日可俟，席不暇暖，辄已他迁。视其官如传舍，视百姓如路人而已，其何以治天下哉！

诏儒讲经

汉史纪：宣帝时，诏诸儒讲五经同异，萧望之等评奏其议，上亲称制临决焉。乃立梁丘《易》、大小夏侯《尚书》、穀梁《春秋》博士。

西汉史上记：宣帝好文，见得五经所言，都是修身治天下的大道理。自经秦人烧毁一番，到今表彰之后，虽已渐次寻出，但诸儒传授互有异同，不得归一，而诸家传注，亦且各以为是，无一定之说。因此，诏诸儒臣讲究五经异同，如经文有不同的，便要见谁是真传、谁是错误；传注有不同的，便要见某人说的与经旨相合，某人说的与经旨相悖。又命萧望之等评论他每讲究的谁是谁非，奏闻于上。上亲称制临视，而裁决其可否。这五经中，定以先儒梁丘贺传授的《易经》，夏侯胜、夏侯建传授的《尚书》，穀梁淑传授的《春秋》为真当。

于是将这三经各立博士之官，着他教习弟子，以广其传。其《诗》《礼》二经，盖先已有定论，故不述也。自宣帝以来，五经如日中天，传之万世，为治天下者准则，其功亦大矣。

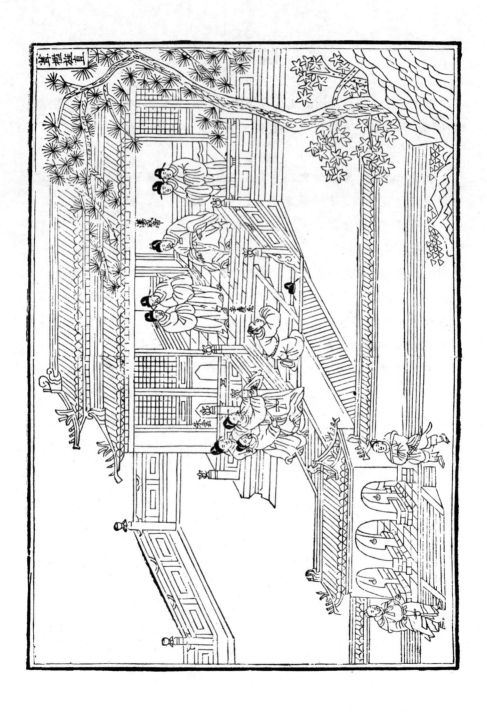

葺槛旌直

汉史纪：成帝时，张禹党护王氏。故槐里令朱云上书求见，公卿在前，云曰："臣愿赐尚方斩马剑，断佞臣一人头，以励其余。"上问："谁也？"对曰："安昌侯张禹。"上大怒曰："小臣廷辱师傅，罪死不赦。"御史将云下，云攀殿槛，槛断。云呼曰："臣得从龙逢、比干游于地下足矣！未知圣朝何如耳？"左将军辛庆忌，免冠叩头力救。上意解，得已。及后当治槛，上曰："勿易，因而葺之，以旌直臣。"

西汉史上记：成帝时，外戚王氏专权乱政。安昌侯张禹，原授成帝经，成帝以师礼待之。禹为人有经学，但其性柔佞，又年老，要保全名位，因见王氏威权盛，遂党护之，其误国不忠之罪大矣。

那时有原任槐里县令朱云，为人刚直，恶张禹如此，乃上书求见天子言事。公卿侍立在前，朱云上前直说："愿赐尚方斩马剑与臣，斩一个佞臣的头，以儆其余。"成帝问："佞臣是谁？"朱云对说："是安昌侯张禹。"成帝大怒说："小臣敢当大廷中辱我师傅，其罪该死，不可赦宥。"御史遂拿朱云下殿去，朱云攀扯殿前栏杆，死不肯放，御史拿急，遂将栏杆扯断了。朱云乃大呼说："昔桀杀关龙逢、纣杀王子比干，臣今以直谏被戮，得从二臣游于地下，为忠义之鬼，其愿足矣。但惜圣朝为奸佞所误，不知后来变故何如耳？"朝班中有左将军辛庆忌，取去冠帽叩头说："此臣素称狂直，宜赐优容。"于是成帝怒解，朱云才得免死。到后来修理栏杆，成帝说："此栏杆不必改换新的，只把这折处葺补，留个遗迹，使人知道是朱云所折，以旌表直言之臣。"

夫国家不幸有奸佞弄权，邪佞小人又从而阿附之，相与壅蔽人主之聪明，所赖忠义之士，发愤直言，以阴折其气而消其党，苟加之罪，则天下莫敢忤权奸，而人主益孤立于上矣。成帝既悟朱云之直，遂宥其死，且留槛以旌之，盖亦有见于此，可谓有人君之度者，故史臣记而称之。

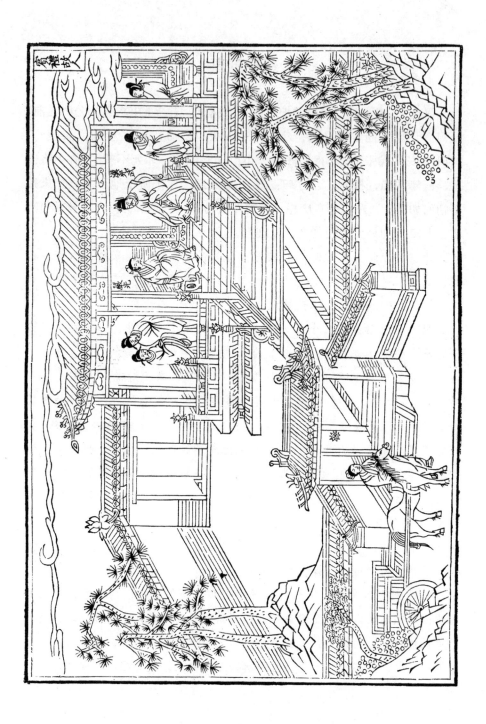

宾礼故人

汉史纪：光武少与严光同学，及即位，思其贤，令以物色访之。

有一男子披羊裘钓齐泽中，帝疑其光，乃备安车玄纁，遣使聘之，三反而后至。车驾即日幸其馆，光卧不起，帝抚光腹曰："咄咄子陵，不可相助为理也？"光张目熟视曰："昔唐尧著德，巢父洗耳，士故有志，何至相迫乎！"帝叹息而去。复引光入，论旧故，相对累日。因共偃卧，光以足加帝腹。

明日太史奏：客星犯帝座甚急。帝笑曰："朕与故人严子陵共卧尔。"

东汉史上记：光武少时曾与处士严光同学读书，到后来光武即帝位，严光逃匿不肯见。光武思念他贤，使人按他的模样去各处访求。

闻说有一男子披着羊裘钓鱼于齐国之泽中，光武知是严光，乃备安车及玄纁币帛，遣使者聘请之。三次往返，然后肯来。到京师，光武车驾即日亲到他下处看他，严光睡着不起，光武直到他床前，以手抚摩其腹，称他的字说："咄咄子陵，不可扶助我为治耶？"严光张目看着光武说道："古时唐尧为天子，著德于天下，隐士巢父独临水洗耳，不闻世事。尧也相容，不逼他做官。士人各有志愿，我既不愿出仕，何苦相逼迫乎？"光武知其不可屈，叹息而去。又复引严光入禁中，与他论说往年故旧之情，相对累日，因与他共睡，严光不觉以足加在光武腹上，其忘分如此。

明日灵台官奏说：昨夜有一客星犯帝座星甚急。光武笑说："这非干变异，乃朕与故人严子陵共睡耳。"

光武既帝天下，则严光乃草野中之一民耳。光武只为他是贤士，又是故人，遂加三聘之礼，亲屈万乘之尊，任其张目疾言而不以为傲，容其加足于腹而不以为侮，殷勤款曲，不复知有崇卑之分，此其盛德含容为何如哉！所以，先儒说光武之量，包乎天地之外，非过美矣。后来东汉二百年，人心风俗皆以节义相高。实光武之尊贤下士，有以感发而兴起之也。

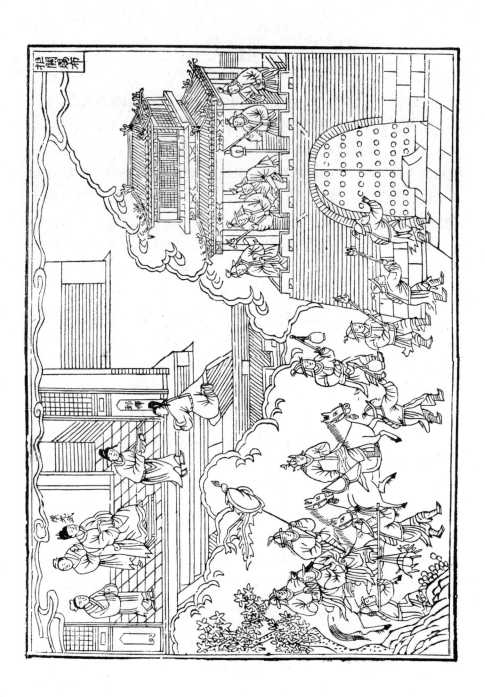

拒关赐布

汉史纪：光武尝出猎，车驾夜还，上东门侯郅恽拒关不开。上令从者见面于门间。恽曰："火明辽远。"遂不受诏。上乃回，从东中门入。明日，恽上书谏曰："陛下远猎山林，夜以继昼，如社稷宗庙何？"书奏，赐恽布百匹。贬东中门侯为参封尉。

东汉史上记：光武皇帝一日曾出去打猎，偶至夜深方回。那时城门已闭，光武至上东门，有个守门官姓郅名恽，闭门不开，不放车驾入。光武道他不认得，着左右随从的人，见面于门间，使他识认。郅恽对说："这等夜深，火光辽远，怎么辨得真伪？"终不开门。光武不得已，转从东中门进入回宫。

至次日早，郅恽又上书谏说："陛下以万乘之尊，远猎山林，昼日不足，以夜继之。陛下纵自轻，其如社稷宗庙付托之重何？臣诚未见其可也。"书奏，光武深嘉其言，赐布百匹。反将东中门的门官降为参封县尉，以其启闭不严故贬之。

盖皇城门禁最宜严谨，深夜启闭，疑有非常。况天子以万乘之尊，出入尤当戒备，故郅恽之闭关不纳，他岂不认的是光武，盖欲因此以示儆耳。

光武是创业之主，素谨周身之防，故于郅恽不惟不罪，且加赏焉。若如后世寻常之见，则东中门侯必以顺意蒙赏，而郅恽必以忤旨见罪矣。

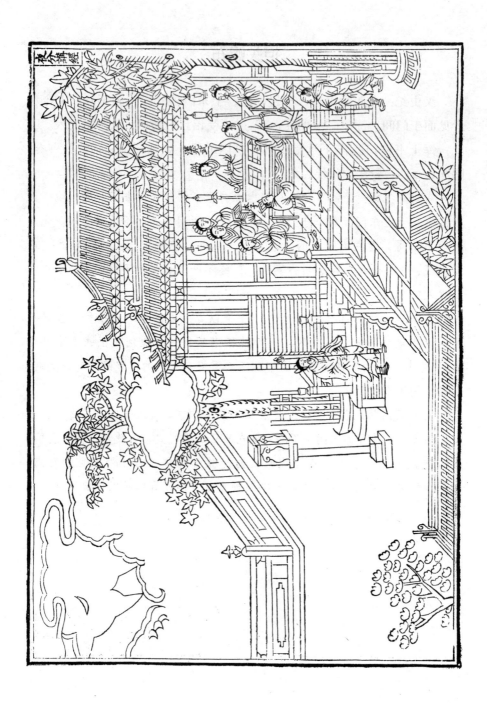

夜分讲经

汉史纪：光武数引公卿郎将，讲论经理，夜分乃寐。皇太子见帝勤劳不怠，乘间谏曰："陛下有禹、汤之明，而失黄、老养性之福，愿颐养精神，优游自宁。"帝曰："我自乐此，不为疲也。"

东汉史上记：光武皇帝退朝之后，常常引公卿及郎将之有经学者，与之讲论经书中的义理，至于夜半，方去歇息。皇太子见帝讲论劳苦，恐过用了精神，乘空进谏说："陛下励精图治，固有大禹、成汤之明，而形神过劳，昧于黄帝、老子养性之福。愿颐养爱恤此身之精神，使常优游自宁，不可过于劳役。"光武说："经书中义趣深长，我只见得这件事可乐，故常与群臣讲论，不为疲倦也。"盖治天下之道，具于经书，而天下之可乐，莫如务学。

光武虽以征伐中兴，然非讲明治道，则虽有天下，未易守也。惟光武有见于此，而急于讲求，故能身致太平，而遗东汉二百年之业。其得于经理之助多矣。

赏强项令

汉史纪：光武时，董宣为洛阳令。湖阳公主苍头杀人，匿主家。及主出，以奴骖乘。宣驻车叩马，以刀划地，大言数主之失，叱奴下车，格杀之。

主还，诉帝。帝大怒，召宣，欲棰之。宣叩头曰："陛下圣德中兴，而纵奴杀人，将何以治天下乎？臣不须棰，请自杀。"即以头击楹。帝令人持之，使宣叩头谢主。宣不从，强使顿之。宣两手据地，终不肯俯。帝敕强项令出，赐钱三十万，京师莫不震栗。

东汉史上记：光武时，有姓董名宣者，做在京洛阳县令。帝姊湖阳公主，有家人白日杀人，藏躲在公主家里，官府拿他不得。一日公主出行，此奴在公主车上，董宣于路拦着公主的车，叩着马不放过去，以刀划地，大言数说公主的过失，喝奴下车，亲手击杀之。

公主即时还宫，告诉光武。光武大怒，拿得董宣来要打杀他。宣叩头说："陛下圣德中兴，当以法度治天下。若纵奴杀人，不使偿命，是无法度也。家奴犯法尚不能治，将何以治天下乎？臣不须棰杖，请自杀便了。"即以头撞柱。光武见他说得有理，令人持定他，不要他撞柱，只着他与公主叩头谢罪就饶他。宣不肯从。光武强使人将头按下，宣只两手撑定，强直了项，终不肯叩头。光武见他耿直，反因此喜他，传旨着这强项令且出，又赐钱三十万以奖励之。于是京师内外，莫不震栗，无敢倚恃豪强以犯法者。

《书》曰："世禄之家，鲜克由礼。"岂其性与人殊哉！良以习见富势之为尊，不知国法之可畏。而奴仆庄佃之人，倚强使势，生事害人，亦有其主不及知者，若不因事裁抑，示以至公，使之知儆，至于骄盈纵肆，身陷刑宪，则朝廷虽欲从宽，亦不可得矣。光武之嘉赏董宣，意盖以此。故终光武、明、章之世，贵戚妃主之家，皆知守礼奉法，保其禄位，岂非以贻谋之善哉！

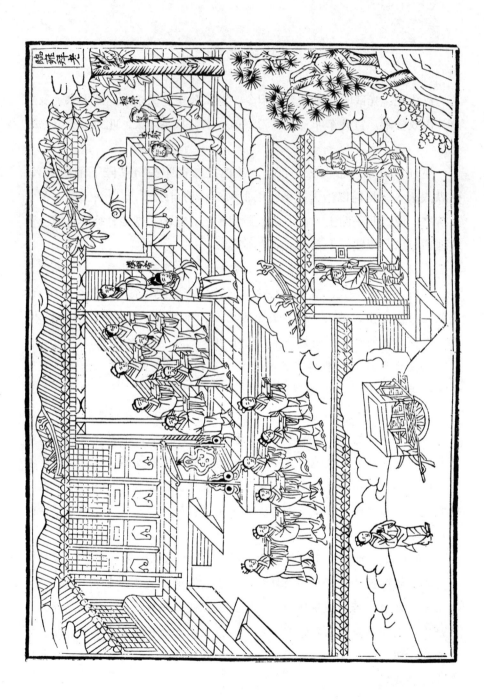

临雍拜老

汉史纪：明帝幸辟雍，初行养老礼，以李躬为三老，桓荣为五更。礼毕，引桓荣及弟子升堂，上自为辩说，诸儒执经问难于前。冠带搢绅之人，圜桥门而观听者，盖亿万计。

东汉史上记：明帝初登极时，幸辟雍，行古养老之礼。辟雍，即是今之国子监。古来养老，有三老五更名色。三老是年高有德的，五更是更历世事的。明帝举行古礼，以其贤臣李躬为三老，以其师傅桓荣为五更。行礼既毕，乃引桓荣等及辟雍中的生徒弟子，进入堂上，亲与他讲解经义。诸弟子亦手执经书，向帝坐前，问所疑难。其时冠带搢绅之人，罗列在辟雍桥门外，观礼听讲者，有亿万多人。其崇尚教化，而感动人心如此。

爱惜郎官

汉史纪：明帝时，馆陶公主为子求郎。帝不许，而赐钱千万。谓群臣曰："郎官上应列宿，出宰百里。苟非其人，民受其殃，是以难之。"

东汉史上记：明帝的姊馆陶公主，向明帝上乞恩，要将他的儿子除授郎官。明帝不许，以公主的份上，不好直拒，乃赏赐他铜钱一千万，以见厚他的意思。

公主退后，明帝向群臣说："天上有个郎位星，可见这郎官之职，上应列宿。出去为宰，管着百里地方，责任非轻，岂是容易做的，必得其人，方可授之。若错用了一个不才的人，叫那百姓每都受他的害，岂我为民父母之意哉！今公主之子，贤否未知，我所以不肯容易许之也。"

夫朝廷设官分职，本以为民，不是可以做人情滥与人的。明帝于馆陶公主之子，宁可以千万钱赐之，以益其富，不肯轻授一职以遗害于民，诚得圣王重官爵惜名器之意。史称当时吏称其官，民安其业，有由然哉！

君臣鱼水

三国史纪：诸葛亮隐于襄阳隆中，有王霸大略。刘先主闻其名，亲驾顾之，凡三往，乃得见。亮因说先主以拒曹操，取荆州，据巴蜀之策。先主深纳其言，情好日密。关羽、张飞不悦，先主解之曰："孤之有孔明，犹鱼之有水也，愿诸君勿复言。"

三国史上记：诸葛亮初隐居于襄阳之隆中地方，有兴王定霸的才略，不肯出仕，人称他为卧龙。蜀先主刘备闻其名，乃亲自枉驾去见他，凡去三次，才得相见。亮以道自重，本不求仕进，见先主屈尊重道，诚意恳切如此，心怀感激，遂委质为臣，因说先主以拒曹操、取荆州、据巴蜀的计策。先主以这计策甚善，深纳其言，与他相处，情好日益亲密。

当时先主有两个结义的兄弟，叫做关羽、张飞，见先主一旦与亮这等亲密，心中不喜。先主劝解说："孤之有孔明，如鱼之有水一般。鱼非水，无以遂其生；我非孔明，无以成帝业。诸君既与我同心要兴复汉室，不可不亲厚此人也。愿诸君勿再以为言。"

夫先主信任孔明，虽平日极相厚如关、张，亦离间他不得如此。故孔明得展其才，结吴拒魏取蜀，当汉祚衰微之时，成三分鼎立之势。其后又于白帝托孤，辅佐后主。观其前后《出师》二表，千古读之，使人垂涕。盖其心诚感激先主之恩遇，故鞠躬尽瘁而不辞也。后世称君臣之间，相亲相信者，必以鱼水为比，盖本诸此云。

焚裘示俭

晋史纪：武帝时，太医司马程据献雉头裘，命焚之于殿前。诏中外，自今毋献奇技异服。

晋史上记：武帝初即位时，有太医司马程据者，以雉头羽毛织成裘袄来献。帝见其过于华丽，恐长奢靡之风，命人以火焚之于殿前，以示己之不贵异物，不尚服饰也。又诏中外，自今以后，再不许将奇异技巧之物，及华美异样的衣服来献。盖人主之好尚，乃天下观法所系，不可不慎也。

晋武禅位之初，承魏氏奢侈之后，欲矫以节俭，故不焚于他所，而焚于殿前，要令众庶共见之耳。然其意不出于至诚，故未久即变，孽后乱政，五王僭侈，而晋室南迁矣。孟子说："恭俭岂可以声音笑貌为哉！"正此之谓也。

留衲戒奢

宋史纪:高祖微时,尝自于新洲伐荻。有衲布衫袄,臧皇后手所作也。既贵,以付其长女会稽公主,曰:"后世有骄奢不节者,可以此衣示之。"

六朝宋史上记:高祖刘裕起初微贱时,其家甚贫,常亲自在新洲上砍斫芦荻。那时穿一件碎补的衲袄,乃其妻皇后臧氏亲手缝成的。及高祖登了帝位,思想平生受了许多艰苦,创下基业,恐子孙不知,不能保守,乃将这衲袄付与他的长女会稽公主收藏,嘱咐她说:"后来我的子孙若有骄恣奢侈,不知节俭的,你可把这衣与他看,使他知我平素曾穿这等衣服,不得过求华美也。"

大抵创业之君,亲历艰苦,知民间衣食之难,爱惜撙节,人又瞒他不得,是以取于民者有制,而用常有余。后来子孙生长富贵,若非聪明特达者,易流于奢靡,轻用财帛,而人又欺瞒得他,冒破侵克,取于民者日多,而用反不足。至于横征暴敛,民穷盗起,危其国家,此宋高祖示戒之意也。继体之君,若能取法祖宗,自服御之近,以至一应费用,必考求创业时旧规,要见当初每年进出几多,后来每年进出几多,在前为何有余,后来为何不足,把那日渐加增之费一一革去,则财用自然充积,赋敛可以简省,民皆安生乐业,爱戴其上,而太平可长保矣。

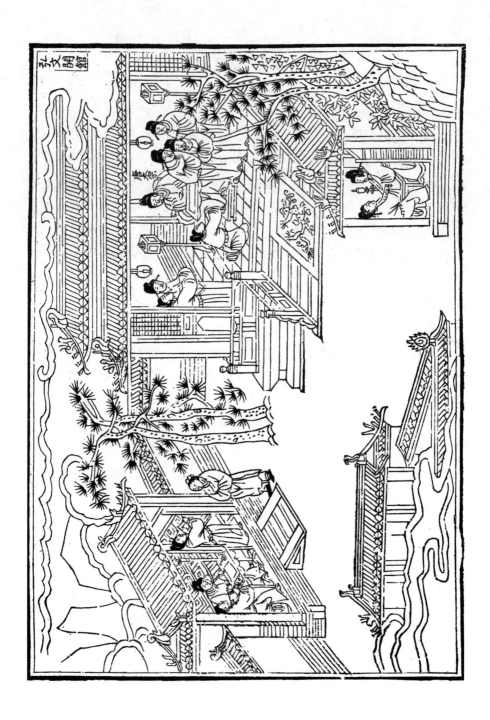

弘文开馆

唐史纪：太宗于弘文殿，聚四部书二十余万卷，置弘文馆于殿侧。精选天下文学之士虞世南、褚亮、姚思廉、欧阳询、蔡允恭、萧德言等，以本官兼学士。令更日宿直，听朝之隙，引入内殿，讲论前言往行，商榷政事，或至夜分乃罢。

唐史上记：太宗于弘文殿内，聚经史子集书四部，有二十余万卷。又于殿旁开设一馆，就叫做弘文馆。精选天下文学之士虞世南、褚亮、姚思廉、欧阳询、蔡允恭、萧德言等，各以原官兼弘文馆学士，处之馆中。还教他轮番宿直，每朝罢，便引世南等到内殿，与他讲论那书中的言语，古人的行事，或商量那时的政事该何如处，常至夜半才罢。

夫太宗以武定天下而好文如此，盖战乱用武，致治以文。太宗有见于此，故能身致太平，而为一代之英主也。

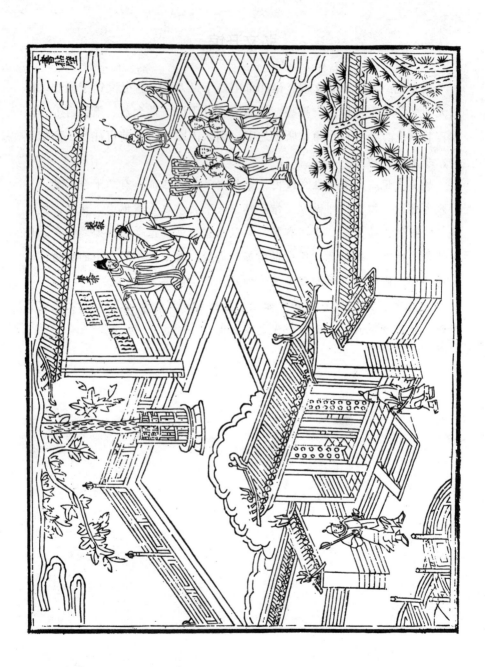

上书黏壁

唐史纪：太宗谓裴寂曰："比多上书言事者，朕皆黏之屋壁，得出入省览。数思治道，或深夜方寝。公辈亦当恪勤职业，副朕此意。"

唐史上记：太宗一日向司空裴寂说道："近日以来，上书奏事者条陈甚多。朕将各衙门条陈的章奏，取其言之当理者，都黏在墙壁上，庶一出一入，常接于目，便于朝夕省览。每思天下至大，治之甚难，如何才有利于民，如何才不病于国。思想起来，至不能寐，或到深夜时分才去安歇。此朕一念不敢怠荒之心也。公等为国大臣，分理庶政，亦当夙夜罔懈，恪供职事，以副朕惓惓图治之意可也。"

昔孔子说："为君难，为臣不易。"古语说："尧兢兢，舜业业。"夫以天下之广，兆民之众，若非为君者忧勤惕厉，主治于上，为臣者竭忠尽力，分治于下，欲求治平，岂可得哉！观唐太宗告裴寂之言，即虞庭君臣交相儆戒之意也。其致贞观太平之盛也，宜哉！

纳箴赐帛

唐史纪：太宗即位，张蕴古上《大宝箴》。其略曰："今来古往，俯察仰观，惟辟作福，为君实难。圣人受命，拯溺亨屯。归罪于己，因心于民。大明无私照，至公无私亲。故以一人治天下，不以天下奉一人。勿谓无知，居高听卑；勿谓何害，积小就大。乐不可极，乐极生哀；欲不可纵，纵欲成灾。壮九重于内，所居不过容膝；彼昏不知，瑶其台而琼其室。罗八珍于前，所食不过适口；惟狂罔念，丘其糟而池其酒。勿内荒于色，勿外荒于禽；勿贵难得货，勿听亡国音。勿谓我尊而傲贤慢士，勿谓我智而拒谏矜己。安彼反侧，如春阳秋露；巍巍荡荡，恢汉高大度。抚兹庶事，如履薄临深；战战栗栗，用周文小心。《诗》云：'不识不知。'《书》曰：'无偏无党。'众弃而后加刑，众悦而后行赏。勿浑浑而浊，勿皎皎而清；勿汶汶而暗，勿察察而明。虽冕旒蔽目，而视于未形；虽黈纩塞耳，而听于无声。"上嘉之，赐以束帛，除大理丞。

唐史上记：太宗初登极时，有一书记官张蕴古上《大宝箴》一篇。大宝，是人君所居的宝位；箴，是儆戒之辞。人臣不敢直说是箴规天子，故以大宝名箴。这箴中的言语，字字真切，句句有味，从之则为尧、舜，反之则为桀、纣。人君尊临大宝，须把这段说话常常在目，做个箴规，方可以长保此位，所以名《大宝箴》。太宗深以蕴古之言为善，赐他束帛，升他做大理寺丞。

观太宗纳善之速如此，其所以为唐之令主，而成贞观之治者，盖得于是箴为多。

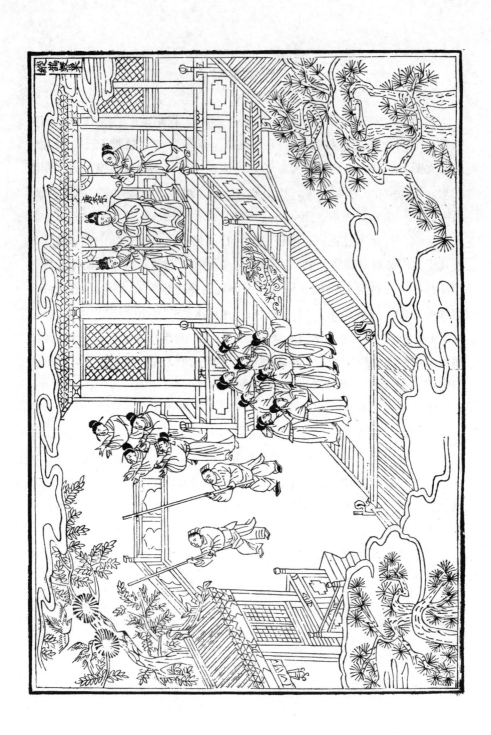

纵鹊毁巢

唐史纪:太宗时,尝有白鹊构巢于寝殿之上,合欢如腰鼓。左右称贺。上曰:"我常笑隋帝好祥瑞。瑞在得贤,此何足贺?"命毁其巢,纵鹊于野外。

唐史上记:太宗时,尝有白鹊结窝巢于寝殿之上。其巢两个合而为一,有合欢之形,又两头大,中腰小,恰似那乐器中腰鼓的模样。左右侍臣都说道:"凡物相并,则不能相容。今两鹊为巢,合而为一,形状殊常,实为稀有。此盖天地和气所钟,主上圣德所感,理当称贺。"太宗说:"不然,昔隋帝不好贤人而好祥瑞,至于亡国。我尝笑他。以我看来,只是得贤臣、理政事、安百姓,使天下太平,这才是真正的祥瑞。至于珍禽奇兽,不过一物之异耳。何足为瑞而称贺哉!"遂令人毁其窝巢,而纵放白鹊于野外。

夫天地之间草木鸟兽,形质间有殊异者,皆气化偶然,不足为奇。人主不察,遂以为瑞,于是小人乘机献谄,取悦于上,至有以孔雀为鸾凤而诬上行私者矣。人主好尚,可不谨哉!唐太宗纵鹊毁巢,诚为超世之见,而瑞在得贤,尤万世人君之龟鉴也。

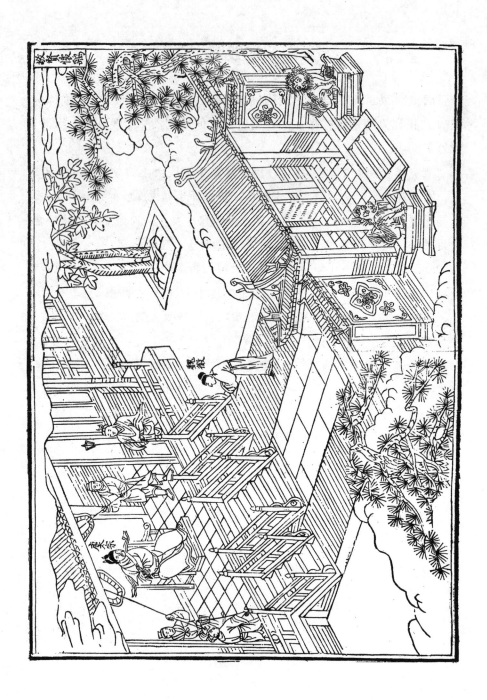

敬贤怀鹞

唐史纪：太宗尝得佳鹞，自臂之。望见魏徵来，匿怀中。徵奏事故久不已，鹞竟死怀中。

唐史上记：太宗一日得个极好的鹞子，心上喜爱，亲自在臂膀上驾着。魏徵平日好直言极谏，太宗尝敬惮他。当驾着鹞子的时节，恰好魏徵走来奏事，太宗恐怕他看见，将鹞子藏在自己怀里。魏徵晓得太宗怀着鹞子，故意只管奏事不止，那鹞子藏的时候久了，毕竟死于怀中。

夫太宗尊为天子，偶有臂鹞之失，见了正直的臣，便惭沮掩蔽，如害怕的一般。盖他本是个英明之主，自知所为的非礼，故深以为歉，宁坏了所爱的物而不恤也。臂鹞是他差处，匿于怀中，是他明处。

览图禁杖

唐史纪：太宗览《明堂针灸图》，"人五脏之系，咸附于背"。诏自今毋得笞囚背。

唐史上记：太宗一日看《明堂针灸书》，这书是医家针灸治病的方法。内有个图形，说人腹中，心、肝、脾、肺、肾五脏的系络，皆附贴于脊背。太宗观览此图，思想起来，打人脊背，则五脏震动，或致伤命。遂下诏，令天下问刑衙门，自今以后不许笞杖罪囚的脊背。盖五刑各有差等，而笞罪为轻，彼罪当处死者，固自有应得之条矣。而于轻罪者，复笞其背，使或至于死，诚为不可。

太宗天资仁恕，耳目所接，无一不念在生民，故一览医方，而不忍之心遂萌。此诏一出，民之免毙杖下者，不知其几矣。传称太宗以宽仁治天下，而于刑法尤谨，信哉！

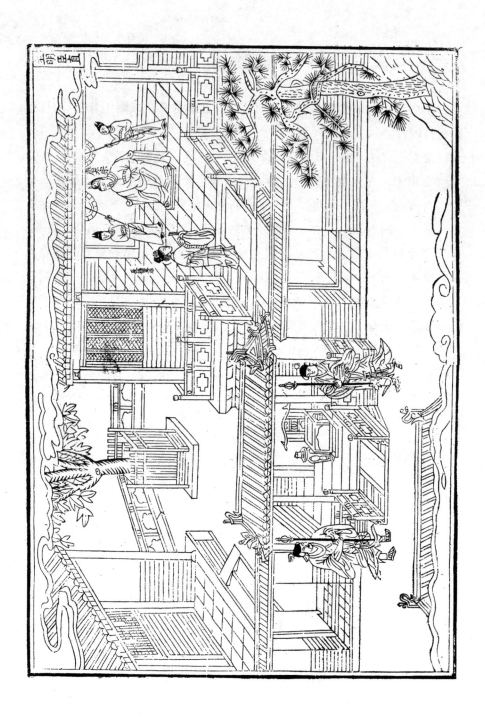

主明臣直

唐史纪：太宗尝罢朝，怒曰："会须杀此田舍翁。"后问为谁，上曰："魏徵每廷辱我。"后退，具朝服，曰："妾闻主明臣直，今魏徵直，由陛下之明故也。妾敢不贺！"上乃悦。

唐史上记：太宗曾一日朝罢还宫，忽发怒说："少间定要杀了这个田舍翁。"时长孙皇后问说："陛下要杀谁？"太宗说："是魏徵。此人不知忌讳，每每当着众臣僚攻击我的过失，羞辱我，我十分忍受不得，所以要杀他。"长孙皇后贤德，知道魏徵是个忠臣，乃退去，穿了朝贺的袍服，来对太宗说："妾闻古云：上有明哲之君，则下有鲠直之臣。今魏徵之直言不阿，由陛下之圣明，能优容之故也。君明臣直，乃千载难逢，国家盛事。妾敢不称贺！"太宗闻皇后之言，其心乃悦。

尝考自古创业守成之令主，虽圣明天挺，然亦有内助焉。观长孙皇后之于唐太宗，虽夏之涂山，周之太姒，无以过之矣。太宗外有忠臣，内有贤后，天下安得不太平！

纵囚归狱

唐史纪：太宗亲录系囚，见应死者悯之，纵使归家，期以来秋就死。仍敕天下死囚皆纵遣，至期来诣京师。至是九月，去岁所纵天下死囚，凡三百九十人，无人督率，皆如期自诣朝堂，无一人亡匿者，上皆赦之。

唐史上记：太宗尝亲自审录罪囚，见那该死的囚犯，心里怜悯，不忍杀他，都放他回家，看父母妻子，限到明年秋间，着他自来就死。因此又敕令法司，将天下死囚也都暂放还家，亦限至明年秋里自来赴京。及至次年秋间，前时所放的罪囚，共三百九十人，都感太宗不杀之恩，不要人催督帅领，个个都照依期限，齐到朝堂听候处决，没一个逃亡隐匿下的。太宗见这些囚犯依期就死，终不忍杀，尽皆赦之。

夫死者，人之所甚惧，而犯死之人，必天下之恶人也。人君一施恩德，遂能感激至此，使其死且不避，则人之易感者可知，而凡可报君之德者，必无所不用其情矣。然则，人君之治天下，其必以恩德为务哉！

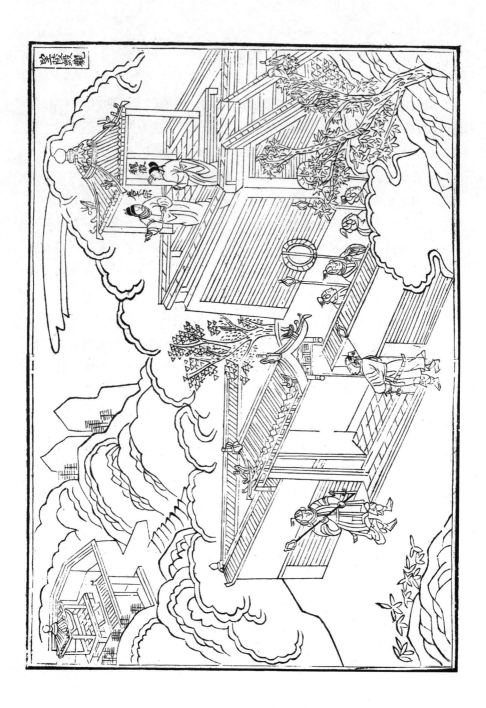

望陵毁观

唐史纪：太宗葬文德皇后于昭陵。上念后不已，乃于苑中作层观，以望昭陵。尝引魏徵同登，使视之。徵熟视之曰："臣昏眊，不能见。"上指示之，徵曰："臣以为陛下望献陵，若昭陵，则臣故见之矣。"上泣，为之毁观。

唐史上记：太宗贞观十年，皇后长孙氏崩，谥为文德皇后，葬于昭陵。太宗因后有贤德，思念不已，乃于禁苑中起一极高的台观，时常登之以望昭陵，以释其思念之意。

一日，引宰相魏徵同登这层观，使他观看昭陵。魏徵思太宗此举欠当，他的父亲高祖葬于献陵，未闻哀慕，今乃思念皇后不已，至于作台观以望之，是厚于后而薄于父也。欲进规谏，不就明言，先故意仔细观看良久，对说："臣年老，眼目昏花，看不能见。"太宗因指昭陵所在，教徵看。魏徵乃对说："臣只道陛下思慕太上皇，故作为此观以望献陵。若是皇后的昭陵，臣早已看见了。"太宗一闻魏徵说起父皇，心里感动，不觉泣下，自知举动差错，遂命拆毁此观，不复登焉。

太宗本是英明之君，事高祖素尽孝道，偶有此一事之失。赖有直臣魏徵能婉曲以进善言，太宗即时感悟，改过不吝，真盛德事也。

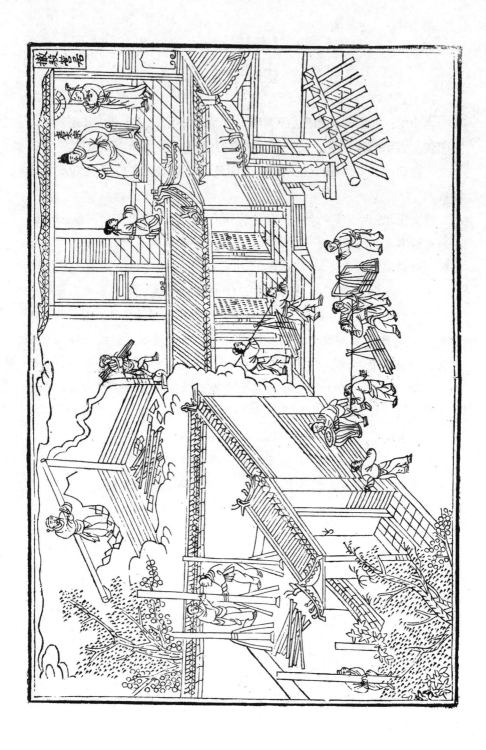

撤殿营居

唐史纪：太宗以魏徵宅无堂，命辍小殿之材以构之，五日而成。仍赐以素屏、褥、几、杖等，以遂其所尚。徵上表谢。上手诏曰："处卿至此，盖为黎元与国家，何事过谢。"

唐史上记：太宗时的大臣，只有个魏徵能尽忠直谏，太宗也极敬重他。一日，闻魏徵所住的私宅，止有旁屋，没有厅堂。那时正要盖一所小殿，材料已具，遂命撤去，与魏徵起盖厅堂，只五日就完成了。又以徵性好俭朴，复赐以素屏、褥、几、杖等物，以遂所好尚。徵上表称谢，太宗手诏答曰："朕待卿至此，盖为社稷与百姓计，何过谢焉。"

夫以君之于臣，有能听其言，行其道，而不能致敬尽礼者，则失之薄；亦有待之厚，礼之隆，而不能谏行言听者，则失之虚；又有赏赐及于匪人，而无益于黎元国家者，则失之滥，而人不以为重矣。今观太宗之所以待魏徵者，可谓情与文之兼至，固宜徵之尽忠图报，而史书之以为美谈也。

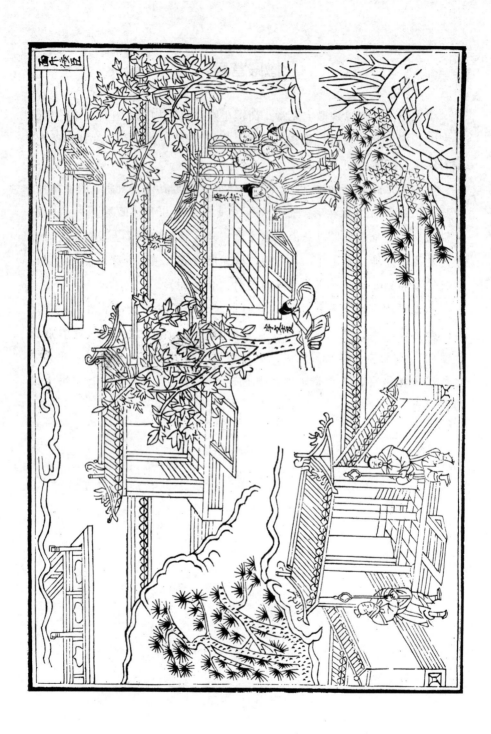

面斥佞臣

唐史纪:太宗尝止树下，爱之。宇文士及从而誉之不已。太宗正色曰:"魏徵尝劝我远佞人，我不知佞人是谁，意疑是汝，今果不谬。"士及叩头谢。

唐史上记:太宗一日退朝之暇，曾闲行到一树下，见其枝叶茂盛，心颇爱之。是时，宇文士及在旁，要阿奉太宗的意思，就将那株树称誉不止。太宗觉得士及是个便佞的人，心里厌他，因正色面斥之，说道:"往日魏徵尝劝我斥远佞人，我不知今朝中那一个是佞人，但心里也疑是你。自今观之，一树之微，何足称誉，其曲意承顺如此，所谓佞人，非汝而谁？平日所疑，果不谬也。"士及惶恐叩头谢罪。

尝观孔子有言曰:"恶利口之覆邦家。"又曰:"远佞人。"盖便佞之人，专一窥伺人主的意思，巧于奉承，哄得人主心里喜悦，就颠倒是非，变乱黑白，贼害忠良，报复仇怨。如费无忌、江充之伦，把人家君臣父子都离间了，终至于骨肉相残，国家倾败而后已。是以圣人深以为戒，如饮鸩毒，如避蛇蝎，不敢近他。如唐太宗之面斥宇文士及，可谓正矣。然终不能屏而远之，则亦岂得为刚明之主哉。然佞人亦难识，但看他平日肯直言忠谏的，就是正人，好阿谀奉承的，就是佞人，以此辨之，自不差矣。

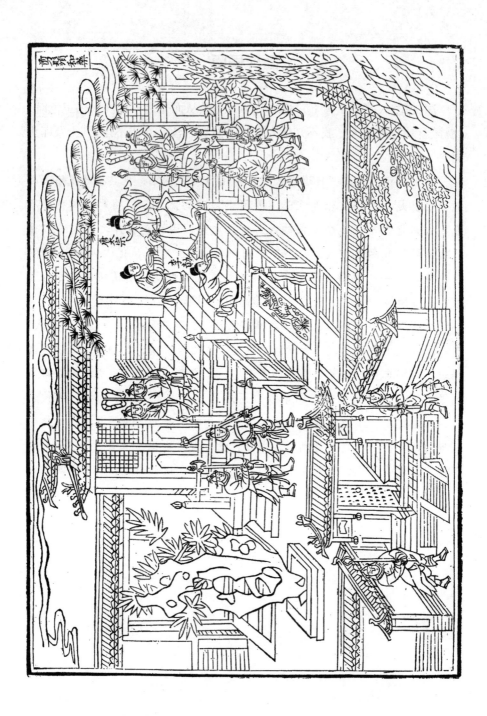

剪须和药

唐史纪：太宗时，李世勣常得暴疾。方云：须灰可疗。上剪须为之和药。世勣顿首出血泣谢。上曰："朕为社稷，非为卿也。何谢之有？"

唐史上记：太宗时，有功臣李世勣得个暴病。医方上说用人须烧灰，可治此病。太宗只要世勣的病好，遂将自己的须剪与他合药。世勣病愈，感帝之恩，叩头出血，涕泣而谢。太宗说："朕赖卿以安社稷，卿安则社稷安矣。朕剪须以治卿病，乃是为社稷计，不为卿一人之私也。何谢之有？"

孟子曰："君之视臣如手足，则臣视君如腹心。"太宗忧世勣之病，至亲剪其须以疗之，诚不啻若手足之爱矣。为之臣者，安得不竭忠尽力，奋死以图报哉！

遇物教储

唐史纪：太宗自立太子，遇物则诲之。见其饭，则曰："汝知稼穑之艰难，则常有斯饭矣。"见其乘马，则曰："汝知其劳而不竭其力，则常得乘之矣。"见其乘舟，则曰："水所以载舟，亦所以覆舟。民犹水也，君犹舟也。"见其息于木下，则曰："木从绳则正，后从谏则圣。"

唐史上记：太宗自立晋王为太子，凡遇一物一事，必委曲诲谕之，以启发他的意志。如见太子进膳，就教之说："农夫终岁勤苦，耕耘收获，种得谷成，方有此饭。汝若用饭之时，即念稼穑艰难，此饭不容易得，推此心去体恤农夫，节省用度，则上天必监汝有惜福之智，而多降天禄，使汝常得用此饭矣。"如见太子乘马，就教之说："马虽畜类，亦具知觉之性，所当爱惜。汝若乘马之时，即念此马之劳，驰驱有节，不尽其力，则上天必监汝有爱物之仁，而贵畀万乘，使汝常得乘此马矣。"如见太子乘舟，就教之说："水本以载舟，故舟藉水以运，然而水亦能覆舟，则舟不可倚水为安。那百姓每就譬之水一般，为君上的譬之舟一般，君有恩德及民，则民莫不戴之为君，若是暴虐不恤百姓，则人亦将视之为寇仇而怨叛之。譬之于水，虽能载舟，亦能覆舟，不可不惧也。"如见太子息一阴一于木下，就教之说："木生来未免有弯曲处，惟经匠氏绳墨，则斫削的端正，可为宫室器物之用。"

人君生长深宫，未能周知天下之务，岂能件件不差，惟虚心听从那辅弼谏诤之臣，则智虑日明，历练日熟，遂能遍知广览而成圣人矣。这是《书经》上的说话，不可不知也。唐太宗之教诲太子，用心谆切如此。盖太子乃天下之本，欲成就其德，惟在教诲周详。所以唐太宗特加意于此，其深谋远虑，真可为万世法矣。

遣归方士

唐史纪：太宗时，天竺方士娑婆寐，自言有长生之术。上颇信之，发使诣婆罗门诸国采药，药竟不就，乃放还。高宗即位，复诣长安，上复遣归。谓宰相曰："自古安有神仙！秦始皇、汉武帝求之，卒无所成。果有不死之人，今皆安在？"李勣对曰："此人再来，容发衰白，已改于前，何能长生。"竟未及行而死。

唐史上记：太宗时，西域天竺国有个方外的道士，叫做娑婆寐，自己说他有长生不老的药方。太宗初信其言，发人去往婆罗门诸国采取药物，着他制药，竟不能成，乃遣他还归本国。及至高宗即位，这方士又到京师，以其方术见上。高宗不纳，仍复遣还。因与宰相说道："自古生必有死，神仙之说都是虚诞。昔时秦始皇、汉武帝为求神仙，费了一生心力，到底没一些效验。若使世界果有长生不老之人，今皆何在？"李勣对曰："此人这一番来，容貌衰老，发尽皓白，与前次不同。他若有仙方，何不自家服食延年，而衰老如此，其妄诞可知矣。"后果不及还家而死。

由此观之，神仙之说，原是谄谀之人干求恩宠，见得天子之富贵已极，无足以动其意者，惟有长生一事，不可必得，遂托为渺茫玄远之说，以歆动人主之意。是以为秦皇求仙药者，有徐福辈，入海不返；为汉武求仙方者，有栾大等，无功被诛。即此二事，可为明验。然惟清心寡欲，节慎于饮食起居之间，自可以完固精神，增益年寿，如五帝三王，享国长久，垂名万世，不亦美乎！

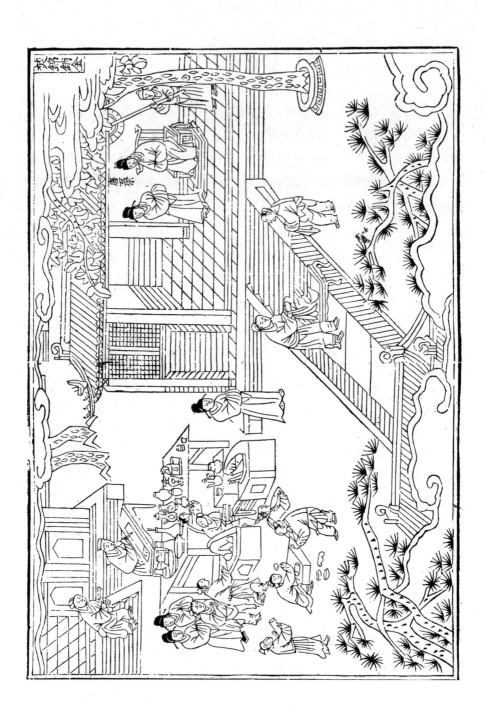

焚锦销金

唐史纪：玄宗以风俗奢靡，制："乘舆服御、金银器玩，令有司销毁，以供军国之用。其珠玉锦绣，焚于殿前。后妃以下，皆毋得服珠玉锦绣。天下更毋得采珠玉、织锦绣等物。罢两京织锦坊。"

唐史上记：玄宗初年，因见当时风俗奢侈华靡，心甚恶之，欲痛革其弊，乃诏：凡上用服御器玩，系是金银装饰打造的，令有司尽行销毁，却将这金银就充朝廷军国的费用。其内府所积珠玉锦绣，都取在殿前用火烧了，以示不用。又以后宫不先禁止，外面人未免效尤，乃诏后妃以下，勿得用珠玉锦绣为服饰。又诏天下官民人等，再不许采取珠玉、织造锦绣等物。两京旧日有织锦坊，也命撤去了，不复织造。

盖珠玉锦绣，徒取观美，其实是无益之物。人君喜好一萌，必至征求四方，劳民伤财，无所不至。又且天下化之，习尚奢侈，渐至民穷财尽，贻害不小。玄宗初年刻励节俭如此，所以开元之治，大有可观，到后来还不免以奢取败。可见靡丽之物，容易溺人，而人主持志不可不坚也。

委任贤相

唐史纪：玄宗初即位，励精为治。以姚元之为相，每事访之，元之应答如响，同僚皆唯诺而已。故上专委任之。元之尝奏请序进郎吏，上仰视殿屋，再三言之，终不应。元之惧，趋出。

罢朝，高力士谏曰："陛下新总万机，宰臣奏事，当面加可否，奈何一不省察？"上曰："朕任元之以庶政，大事当奏闻共议，郎吏卑秩，乃以烦朕耶？"会力士宣事至省中，为元之道上语，元之乃喜。闻者皆服上识人君之体。

唐史上记：玄宗即位之初，励精图治。知道姚元之是个贤臣，以他为宰相，每事必访问他。元之素有才能，练达政事，随问随答，如响之应声，同僚官皆不能及，但从后唯诺而已。于是玄宗专意委任之。一日元之面奏，请以次序升转郎官，玄宗不答应他，只仰面看着殿屋。元之又再三奏请，玄宗终不答应。元之只说玄宗怪他，恐有得罪，不敢再奏，趋走而出。

及朝罢，内侍高力士谏说："陛下新总万机，宰相奏事，宜面定可否，何故只仰看殿屋，通不礼他？"玄宗说："我将国家的事，都付托与元之，委任至重，惟大事当奏闻，我与他商议。今郎吏小官，也来一一奏请，岂不烦渎耶！"这是玄宗专任宰相的意思，元之却不知，心怀疑惧。适遇高力士以传奉旨意事，到中书省中，将玄宗的言语，备悉说与元之，元之心上才喜。群臣闻之，都说玄宗不亲细事，而委任贤相，得为君之体也。

然人主须是真知宰相之贤，乃可以委任责成，不劳而治。若不择其人，而轻授以用舍之柄，将至于威权下移，奸邪得志，其为害又岂浅也哉。故帝王之德，莫大于知人，而治乱之机，惟视其所任。人主不可不慎也。

兄弟友爱

唐史纪：玄宗素友爱。初即位，为长枕大被，与兄弟共寝，饮食起居，相与同之。薛王业有疾，上亲为煮药。火熱上须，左右惊救之，上曰："但使王饮此药愈，须何足惜？"

唐史上记：玄宗与他兄弟诸王，极相友爱，到做了天子，也不改变。初登宝位，即制为长枕大被，与诸兄弟每一处宿歇，饮食行坐，都不相离。少弟薛王名业，曾染疾病，玄宗自己替他煎药。炉内火被风吹起来，烧着玄宗的须，左右惊慌上前救之，玄宗说："但愿薛王服药，病得痊可，我之须何足惜？"其友爱之切如此。

夫兄弟本是同胞所生，故大舜待弟，亲之欲其贵，爱之欲其富，至于一忧一喜，莫不与共。玄宗身为天子，能这等笃于友爱，亦可谓贤君矣。

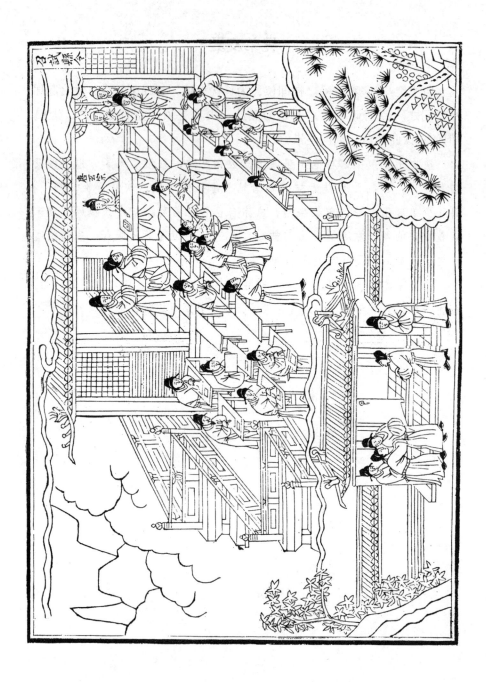

召试县令

唐史纪：玄宗悉召新除县令至殿庭，试理人策，惟韦济词理第一，擢为醴泉令；余二百人不第，且令之官；四十五人放归学问。又敕京官五品以上、外官刺史，各举县令一人，视其政善恶，为举者赏罚。

唐史上记：玄宗以县令系亲民之官，县令不好，则一方之人皆受其害，故常加意此官。是时有吏部新选的县令二百余人，玄宗都召至殿前，亲自出题考试，问他以治民之策。那县令所对的策，惟有韦济词理都好，取居第一，拔为京畿醴泉县令；其余二百人，文不中第，考居中等，姑令赴任，以观其政绩何如；又四十五人，考居下等，放回原籍学问，以其不堪作令，恐为民害也。又敕令在京五品以上官，及外面的刺史，各举他所知的好县令一人，奏闻于上。既用之后，遂考察那县令的贤否，以为举主的赏罚。所举的贤，与之同赏；所举的不肖，与之同罚。所以那时县令多是称职，而百姓皆受其惠，以成开元之治。

今之知县，即是古之县令。欲天下治安，不可不慎重此官也。

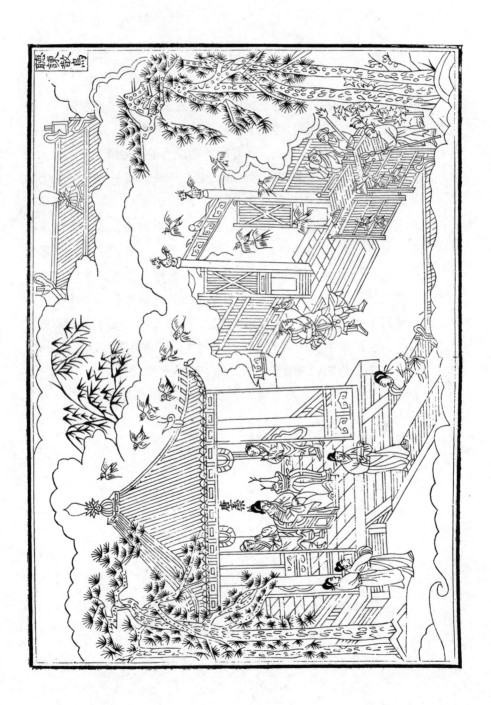

听谏散鸟

唐史纪：玄宗尝遣人诣江南，取鸂鶒鸂鶒等，欲置苑中，所至烦扰。汴州刺史倪若水上言："今农桑方急，而罗捕禽鸟，陆水转送，道路观者，岂不以陛下为贱人而贵鸟乎？"玄宗手敕谢之，纵散其鸟。

唐史上记：玄宗尝遣使臣往江南地方，采取鸂鶒、鸂鶒等水鸟，畜养于苑中，以恣观玩。时使臣所到的去处，百姓每不胜扰害。有汴州刺史倪若水，上书谏说："如今江南百姓衣食不足，饥寒过半，方务农采桑，以耕织为急，而朝廷之上，乃使之罗捕禽鸟，水陆转运，远至京师，负累小民，骚扰地方。那路上人看见的，岂不说陛下轻视民命，重视禽鸟，为贱人而贵鸟乎？何故为此不急之务，好此无益之物，以亏损圣德也？"玄宗一闻若水之言，深合于心，即发手敕一道谢之。因纵散其鸟，不复采捕。

尝闻召公之训武王曰："不贵异物贱用物，民乃足。"又曰："珍禽奇兽，不育于国。"人主之好尚，不可不审也。玄宗爱鸟，近于禽荒，一闻若水之言，即命散之，可谓从谏如流矣。然不但禽鸟一事，但凡人主喜好那一件物，即为地方之害。盖官吏奉承，指一科十，半入公家，半充私橐，甚至严刑峻罚，催督苛扰，百姓每至于鬻儿卖女，倾家荡产，其害可胜言哉！惟人主清心寡欲，一无所好，只着百姓每纳他本等的赋税，则黎元皆得休息，天下自然太平矣。

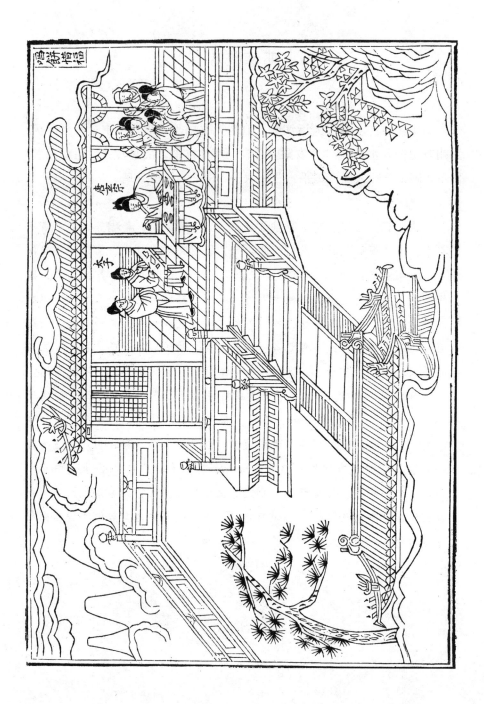

啖饼惜福

唐史纪:肃宗为太子，尝侍膳。有羊臂臑，上顾太子使割。肃宗既割，余污漫刃，以饼洁之。上熟视不怿。肃宗徐举饼啖之，上大悦，谓太子曰:"福当如是爱惜。"

唐史上记：肃宗为太子时，曾在宫中亲侍他父皇玄宗进膳。盖问安侍膳，乃太子之礼也。那席间有一块羊臂臑（臂小节间肥肉也），玄宗欲食之，顾视肃宗，着他亲自割切。肃宗承命，就用刀割切了。因刀刃上有些羊脂污漫，取一块饼，将刀揩得洁净。玄宗见饼乃食物，而以之拭刀为可惜，注目看着他，有不悦之色。肃宗从容举起那饼，放在口中吃了，不敢抛弃，玄宗方才大喜，遂对肃宗说道:"凡人福禄有限，应当如此爱惜。"

大抵自天子以至庶人，福分虽有大小，然皆以撙节爱惜而得长久，暴殄靡费，必致短促。譬之井泉，徐徐汲取，则其来无穷，用之不尽，若顿行打汲，则顷刻之间，立见其干竭矣。所以自古圣贤之君，虽尊居九重，富有四海，而常服浣濯之衣，不食珍奇之味，减省服御，爱养民力，故得寿命延长，国祚绵远。彼齐后主、隋炀帝之流，竭万民之膏血，以供一人之欲，如恐不足，一旦福穷禄尽，身丧国亡，岂不可悲也哉！唐玄宗"惜福"二字，诚万世人主之龟鉴也。

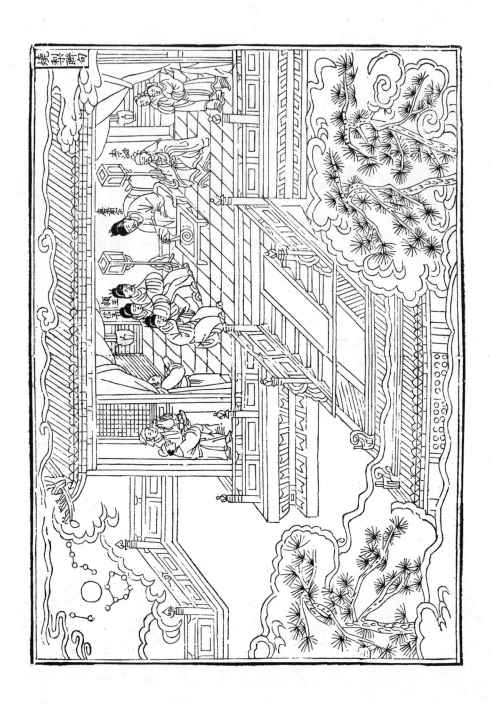

烧梨联句

唐史纪：肃宗召处士李泌于衡山，至，舍之内庭。尝夜坐地炉，烧二梨以赐李泌。颍王恃宠固求，上不许，曰："汝饱食肉，先生绝粒，何争耶？"

时诸王请联句，颍王曰："先生年几许，颜色似童儿。"信王曰："夜枕九仙骨，朝披一品衣。"一王曰："不食千钟粟，惟餐两颗梨。"上曰："天生此间气，助我化无为。"

后肃宗恢复两京，泌之策为多。至德宗时拜相，时人方之张子房。

唐史上记：处士李泌有道行，隐居嵩山，曾侍肃宗于东宫。及肃宗即位，遣人各处求访，得之于衡山。既到，待以宾友之礼，就着他在内殿居住，便于咨访。

曾一寒夜，肃宗坐地炉，自烧两个梨以赐李泌。颍王年幼，倚着肃宗宠爱，要这烧的梨吃。肃宗不肯与他，说道："你终日饱食肉味，先生休粮绝粒，不吃烟火食，故我以此梨赐之，如何来争？"颍王乃止。

此时诸王因请联诗以赠李泌。颍王先倡一联云："先生年几许，颜色似童儿。"说李泌年纪多少，而颜色美好，只如童子一般。此美其有道养形，异于常人也。信王接一联云："夜枕九仙骨，朝披一品衣。"说李泌夜间则枕九仙的骨睡着，昼则穿一品极贵的衣服。此美其以隐逸而兼尊贵也。有一王又接一联云："不食千钟粟，惟餐两个梨。"说李泌固辞相位，不肯受千钟俸禄，惟今夜二梨之赐则受而食之。此美其高尚之志也。于是肃宗凑成末联云："天生此间气，助我化无为。"说李泌非是凡人，乃上天间气所生，以助我成无为之化也。

其后肃宗收复两京，平安史之乱，李泌之谋策居多。至德宗时为宰相，功业尤著。时人把他比汉时张子房，为神仙宰相也。

夫李泌一山人尔，而肃宗乃呼为先生，称为间气，至烧梨以赐之，此所谓以天子而友匹夫者也。

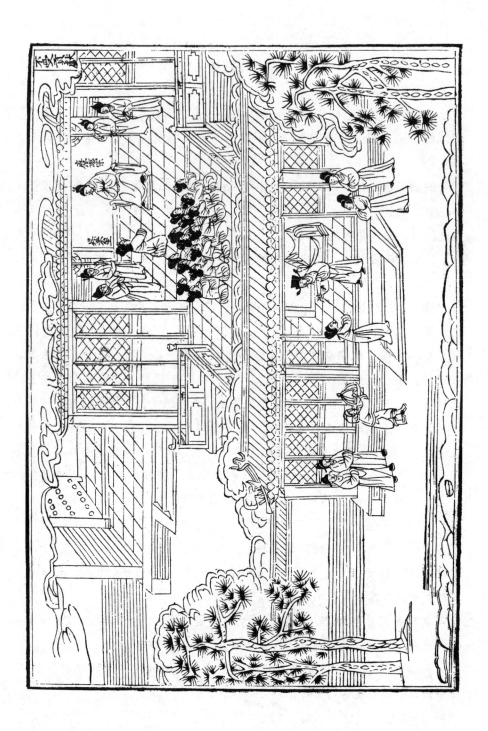

不受贡献

唐史纪：宪宗初即位，升平公主献女口。上曰："上皇不受献，朕何敢违！"遂却之。荆南献毛龟。诏曰："朕永思理本，所宝惟贤。至如嘉禾神芝，珍禽奇兽，皆虚美尔，所以《春秋》不书祥瑞。自今勿复以闻，其有珍奇，亦毋得进。"

唐史上记：宪宗初即帝位，升平公主献妇女五十人进宫答应。宪宗说道："我父皇在时，不受人的贡献，朕何敢违其教。"遂却而不受。又荆南地方献两个绿毛龟，宪宗又下诏书却之，说道："朕长思治道之本，惟贤人为可宝，取其能安国家，利百姓也。至如嘉禾灵芝、珍禽奇兽，徒为耳目观美，都是无用之物，何足宝乎！所以孔子作《春秋》之书，并不曾记一件祥瑞，正以其无益也。自今以后，天下有司，再勿以祥瑞奏闻，其有珍禽奇兽，如毛龟之类者，亦不许进献。"

盖天下之物，恒聚于所好，而声色、祥瑞、珍奇三件，尤人情所易溺者。人主一有所好，则邪佞小人，遂得以乘其隙而投之。欲端一开，辟之堤防溃决，不可复塞，终至于心志蛊惑，政事荒怠，亡身复国而不悟，可悲也哉！今宪宗即位之初，即能一切拒绝如此，其高识远志，诚超出乎寻常万万矣！

遣使赈恤

唐史纪：宪宗四年，南方旱饥，命左司郎中郑敬等为江淮、两浙、荆湖、襄鄂等道宣慰使，赈恤之。将行，上戒之曰："朕宫中用帛一匹，皆籍其数，惟赒救百姓，则不计费。卿辈宜识此意，勿效潘孟阳饮酒游山而已。"

唐史上记：宪宗四年，南方大旱，百姓饥荒。宪宗命左司郎中郑敬等，为江淮、两浙、荆湖、襄鄂等处各道宣慰使之官，分头去赈济饥民。

郑敬等奉命将行，辞朝。宪宗戒谕他说："朕于宫中用度，虽一帛之微，必登记其数，惟恐浪费。独于赒济百姓，则不计所费，虽多弗惜，盖以民命为重，必使百姓受惠，而库藏盈缩，所以不暇计也。卿等此行，宜体朕此意，凡所至饥荒之处，务要量其轻重，备查户口，逐一散给，必使百姓每个个都沾实惠才好。若前此所遣潘孟阳，出去只饮酒游山，而以赈济委之他人，全不体朝廷爱民之意，深负委托，卿等切勿效之。"

盖国依于民，而民依于食，使民有饥荒，而不为赈恤，则死者固多，而民心亦离散矣！将何以为国乎？宪宗有见于此，故薄于自奉，而厚于恤民，可谓知用财之道，得保邦之本矣！宜其为有唐之令主也欤！

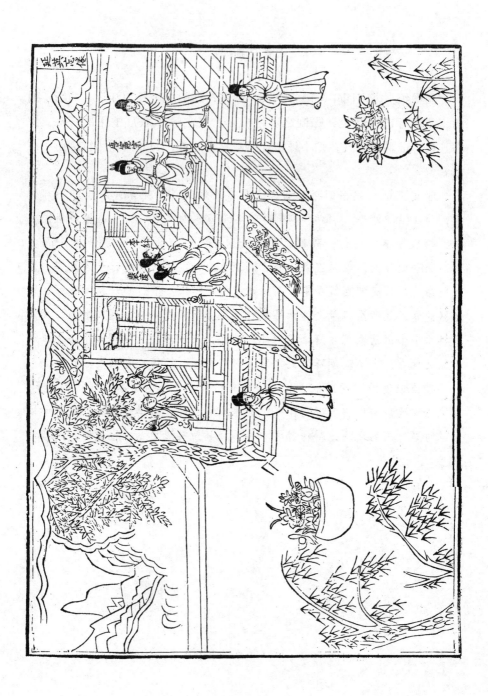

延英忘倦

唐史纪：宪宗尝与宰相论治道于延英殿，日旰暑甚，汗透御服。宰相恐上体倦，求退。上留之，曰："朕入宫中，所与处者，独宫人近侍耳，故乐与卿等且共谈为理之要，殊不知倦也。"

唐史上记：宪宗励精图治，尝与宰相讲论治天下的理论于延英殿，直到日暮尚未还宫。天气又甚暑热，汗透了皇上的袍服。宰相李绛、裴度恐上御体劳倦，因求退出。宪宗留之，说道："朕回到宫中，所与相处者，不过是宫女及左右近侍耳，安得对贤士，闻正言？所以每日喜与卿等，且共谈论为治的要务，甚是有益，不知疲倦也。"

夫人君一日之中间，事有万几，须是常常接见贤臣，从容讲论，方得停当。所以尧、舜之时，君臣一体，都俞吁咈于一堂之上。文王自朝至于日中昃，不遑暇食，万世称为圣明之君。今观宪宗之勤政如此，亦可谓知君者，宜其能削平僭乱，所向归服，有光于前烈也。

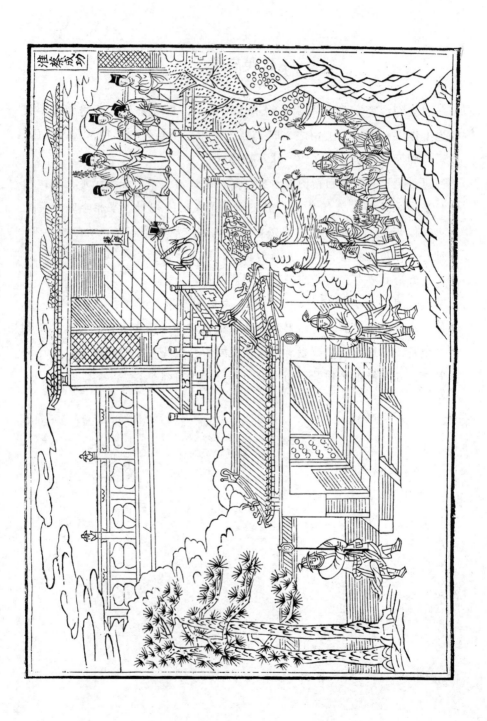

淮蔡成功

　　唐史纪：吴元济反淮西，宪宗命发兵讨之。是时，诸道节度使及宰相李逢吉，皆与元济交通，多请罢兵，惟裴度力主讨贼之议。上曰："吾用度一人，足破此贼。"遂以度为相。

　　师累岁无功。度请自诣行营。上许之。度陛辞，言曰："臣若灭贼，则朝天有期；贼在，则归阙无日。"上为之流涕，解通天御带以赐之。度至淮西，身自督战，由是诸将效力。李愬夜袭蔡州，擒元济，淮西遂平。韩愈奉诏撰《平淮西碑》，曰："凡此蔡功，惟断乃成。"

　　唐史上记：淮西节度使吴元济造反，宪宗命将发兵去征剿他。当时诸道节度使，多有元济的党与。朝中宰相李逢吉，也与元济交通，多替他游说，奏请罢兵。惟有御史中丞裴度，晓得淮西决然可取，力劝宪宗讨贼。宪宗说："我只消用裴度一人，就足以破此贼，决不罢兵。"遂用裴度做宰相，讨贼甚急。

　　出兵已经二年，还未见成功。裴度自愿亲往淮西营里督战。宪宗大喜，就命他充淮西宣慰招讨使。裴度临行辞朝，面奏说："臣此去若能灭贼，才有回来朝见之期。若此贼不灭，臣义在必死！终无归阙之日矣！"宪宗听说，不觉为他流涕。因解自家束的通天犀带一条赐他，以宠其行。裴度既到淮西，宣谕朝廷的威令，催诸将进兵讨贼，于是诸将人人效力。每战有功，遂擒元济。

　　淮西用兵，凡累年而不克，群臣请罢兵者甚众。若非宪宗之明，独断于上，裴度之忠，力赞于下，则淮西几无成功矣。所以韩愈奉诏撰《平淮西碑》纪功，其词有云："凡此蔡功，惟断乃成。"盖美宪宗之能断而成功也。然则人君欲定大事，建大功，岂可以不断哉！

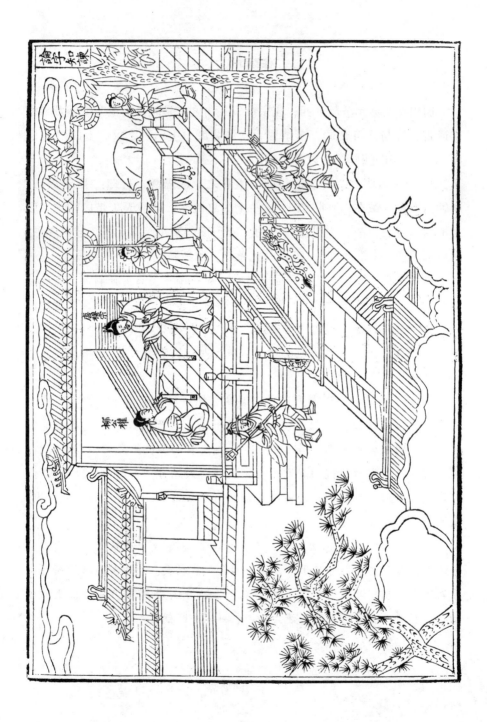

论字知谏

唐史纪：穆宗见翰林学士柳公权书迹，爱之。问曰："卿书何能如是之善？"对曰："用笔在心，心正则笔正。"上默然改容，知其以笔谏也。

唐史上记：穆宗性好写字，见翰林学士柳公权写的字好，爱之。问说："卿写的如何能这等好？"公权对说："写字虽在手，用笔实在心。心里端正，则笔画自然端正。"公权是个贤臣，因穆宗问他书法，就说在心上见得，凡事都从心里做出来。况人君一心，万化本源，若不是涵养的十分纯正，发出来的政事，岂能一一停当合理。这正是以笔讽谏。穆宗是个聪明之君，就知他是以笔谏，闻之，默然改容起敬，可谓善悟矣。若能体贴此言，真真实实务正其心，常用着柳公权这样人做辅弼之臣，少有阙失，随事箴规，岂不成一代之明君乎！

屏书政要

唐史纪：宣宗尝以太宗所撰《金镜书》授翰林学士令狐绹，使读之。至"乱未尝不任不肖，治未尝不任忠贤"，上止之，曰："凡求致太平，当以此言为首。"又书《贞观政要》于屏风，每正色拱手而读之。

唐史上记：宣宗有志法祖图治。他的祖太宗曾将前代治乱兴亡的事迹，编成一书叫做《金镜书》。宣宗一日将这部书授与翰林学士令狐绹，着他在面前诵读。这书中有两句说道："乱未尝不任不肖，治未尝不任忠贤。"说古来天下因甚么就乱亡？只为朝廷错任用了那不好的人。他心心念念，罔上行私，行的都是蠹国殃民的事。用了这样人，天下安得不乱。天下因甚么就平治？只为朝廷能任用着那忠良之臣，他心心念念，竭忠事主，行的都是要福国利民的事。若常用这样人，天下安得不治。

宣宗听得令狐绹读到这两句言语，喜其切中事理，就止住他："且莫读。"说道："大凡人君要求致太平，须要把这两句说话做第一件紧关的事，着实审察。辨别其孰为君子，孰为小人。果然是奸邪的小人，就当斥远了他；果然是忠贤的君子，就当专心信任他。天下岂有不太平的道理！"又见他先朝有《贞观政要》一书，是当年史臣吴兢编载太宗与贤臣魏徵等图治的事迹，遂把来写在屏风上，常时正色拱手，一一诵读。盖以为师法而效仿之也。

夫观宣宗留心法祖图治，其切如此，真近代帝王盛事。所以当时称为小太宗，岂虚也哉！

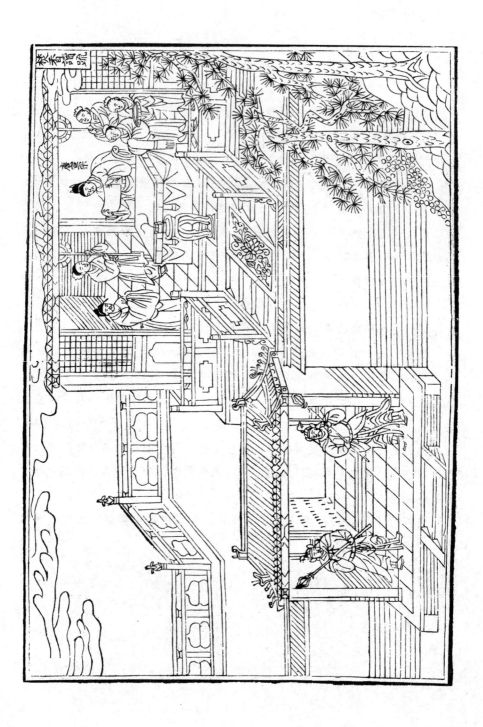

焚香读疏

唐史纪：宣宗乐闻规谏。凡谏官论事，门下封驳，苟合于理，常屈意从之。得大臣章疏，必焚香盥手而读。

唐史上记：宣宗励精求治，乐闻臣下箴规谏诤之言。凡谏官议论政事，及门下省给事中等官，遇诏敕之出，以为不可而论驳封还者，苟所论所驳有合于理，则自己虽以为是，亦每屈己意以从之，未尝偏执。每得大臣所奏的章疏，必焚香洗手，致其诚敬，而后展读。

夫忠言逆耳，庸主所不乐闻。然使规谏尝闻，则政事无缺，实可乐也。宣宗乐于闻谏，屈己从人，可谓明矣！至于大臣涉历既多，虑事尤熟，又非庶官之比，故读其章疏，必加诚敬。盖诚敬则精神收敛，精神收敛则意见精详，可以察其言之当否，以为施用，非徒敬其章疏而已也。宣宗图治若此，故大中之政，人思咏之，以为继美太宗，岂不足为贤君哉！

敬受母教

宋史纪：太祖尊母南郡夫人杜氏为皇太后。太祖拜殿上，群臣称贺。后愀然不乐。左右进曰："臣闻母以子贵，今子为天子，胡为不乐？"后曰："吾闻'为君难'。天子置身兆庶之上，若治得其道，则此位可尊。苟或失驭，求为匹夫不可得。是吾所以忧也。"太祖再拜，曰："谨受教。"

宋史上记：太祖既即帝位，尊母杜氏为皇太后。太祖拜上尊号，群臣皆称贺。太后愀然有忧愁不乐之色。左右之人问说："臣闻母以子贵，今子既为天子，太后天子之母，其贵无以加矣！何故反有不乐？"太后说："吾闻古人说'为君难'。盖为天子者，置其身于亿兆众庶之上，若治之有道，则民皆爱戴，而尊位可以常保。倘或治失其道，以致兆庶离叛，则虽求为匹夫，亦不可得矣。今我子虽为天子，吾方忧天位之难居，岂可以为乐乎！"

太后这说话，虽是告群臣，实有微戒太祖之意。故太祖即再拜谢，说："谨当受教。"自是，即位之后，夙夜畏惧，窒欲防非，重道崇儒，缓刑尚德，以忠厚立国，推赤心置人。故能削平僭乱，创业垂统。于戏，若宋太祖者，可谓大孝矣！

解裘赐将

宋史纪：王全斌之伐蜀也，属汴京大雪。太祖设毡帏于讲武殿，衣紫貂裘帽以视事。忽谓左右曰："我被服如此，体尚觉寒。念征西将士，冲冒霜雪，何以堪处？"即解裘帽，遣中使驰赐全斌。仍谕诸将曰："不能遍及也！"全斌拜赐感泣，故所向有功。

宋史上记：太祖遣大将王全斌帅师征蜀。时冬月天寒，京城大雪。太祖设毡帏于讲武殿中，身穿着紫貂裘，头戴着紫貂帽，临朝视事。忽然谓左右说："我穿戴这般样温暖的物，身上尚觉寒冷。想那西征的将士，冲冒霜雪，又无有这样衣服，怎么当得这等寒冷！"即时将所服裘帽解下，遣中使马上赍去，赐与全斌。又晓谕他部下的将士，说："诸将寒苦，朝廷无不在念，奈裘帽有限，不能人人遍及也。"于是全斌拜受赐物，感激泪下。诸将皆感激，相与戮力图报，故所向皆捷，卒能平定蜀。

夫宋太祖有解衣之恩，及于将帅，遂能得其死力，成功如此。可见人主要边将成大功，不可不体其情、厚其赏以劝之也。

碎七宝器

宋史纪:太祖尝见蜀主孟昶宝装溺器，命撞碎之。曰:"汝以七宝饬此，当以何器贮食？所为如是，不亡何待！"

宋史上记：太祖平蜀之后，曾见蜀主孟昶有一个溺器，是七样宝贝装成的。太祖见了大怒，命左右打碎之。说道:"七宝是珍贵之物，就做饮食之器也是奢侈不该的！ 汝却把来装饰溺器，不知又用何等的器皿去盛饮食？其侈用暴殄，一至于此。欲家国不至败亡，岂可得乎？"

夫太祖为创业之君，其言真足以垂戒万世！人君推此，件件都该崇尚朴素，乃为爱惜福禄，保守国家之道也。

受言书屏

宋史纪：太祖征处士王昭素为国子博士。召见便殿，年七十余矣。令讲《乾》卦。至"九五，飞龙在天"，昭素援引证据，因示讽谏微旨。太祖大悦。问治世养身之术。对曰："治世莫若爱民；养身莫若寡欲。"太祖爱其言，书于屏几。

宋史上记：太祖之时，有个处士姓王名昭素。太祖素知他有学行，征聘他来做国子监博士。既至，召他进见于便殿。此时昭素年七十余岁矣。太祖命他讲《易》经的《乾》卦，至第五爻"飞龙在天"，乃是人君之象。昭素讲论君道，援引古时帝王以为证据，遂阴寓讽动劝谏之意。太祖见他忠直，大喜悦他，就问他治天下与养身的道理。昭素对说："治天下，莫如爱恤百姓；养身体，莫如寡少嗜欲。"盖民为邦本，本固则邦宁。故治国之道，莫如爱民也。欲为身害，害少则身安。故养身之道，莫如寡欲也。太祖爱他说得有理，将这两句言语，书于屏风及几案上，欲时时警省，不致遗忘也。

然寡欲爱民，固皆致治之要，而寡欲一言，又为爱民之本。盖自古百姓不安，皆因人主多欲，或好兴土木，或恣意声色，或妄开边衅，或求珍奇玩好之奉，或耽驰骋游幸之娱。此等事，皆不免伤民之财，劳民之力。上之所欲无穷，下之所需难继，以致海内骚然，百姓怨叛，而君身不可保矣。以是知人主必爱身，乃可以爱民，而安百姓，亦所以安其身也。

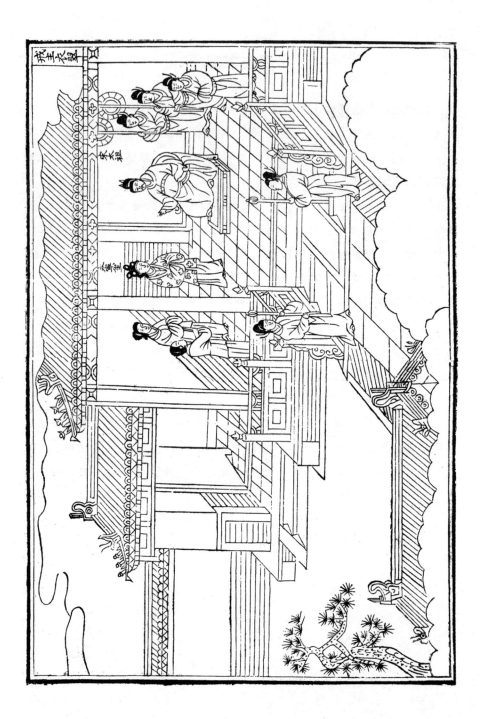

戒主衣翠

宋史纪：永宁公主尝衣贴绣铺翠襦入宫中。太祖谓曰："汝当以此与我，自今勿复为此饰。"公主笑曰："此所用翠羽几何？"太祖曰："不然。主家服此，宫闱戚里必相效。京城翠羽价高，小民逐利，展转贩易，伤生浸广，实汝之由。汝生长富贵，当念惜福，岂可造此恶业之端？"公主惭谢。

宋史上记：太祖的女永宁公主，曾穿一领贴金铺翠的襦入宫中。太祖嫌其奢侈，向公主说道："汝可解此襦与我。自今以后，再不要如此装饰。"公主笑说："此襦所用翠羽几多，而官家以为过费？"太祖说道："我之意非专为汝一襦而惜也。主家既穿此衣，宫中妃嫔，及皇亲贵戚每看见，必都相仿效，所用翠羽必多。京城中翠羽之价必贵。百姓每逐利，见此物可以取利，必然都去捕捉那翠鸟，展转贩卖，杀生害命，皆汝此衣有以致之。其罪过多矣。汝生长富贵，不知艰苦，须当思爱惜受用，以图长久。岂可造此恶业之端，自损己福耶！"公主见太祖说得激切，乃惶恐谢罪。

夫宫闱之好尚，系四方之观法。古语说道："宫中好高髻，四方高一尺；宫中好广眉，四方且半额；宫中好大袖，四方至匹帛。"言好尚之不可不慎也。若宫闱之中，服饰华丽，用度奢侈，则天下化之，渐以成风。坏风俗，耗财用，折福损寿，其害有不可胜言者矣，岂但如宋祖所谓戕害物命而已哉！

大抵创业之君，阅历艰辛，惟恐享用太过。后世子孙，且有鄙而笑之者矣！吁，可不戒哉！

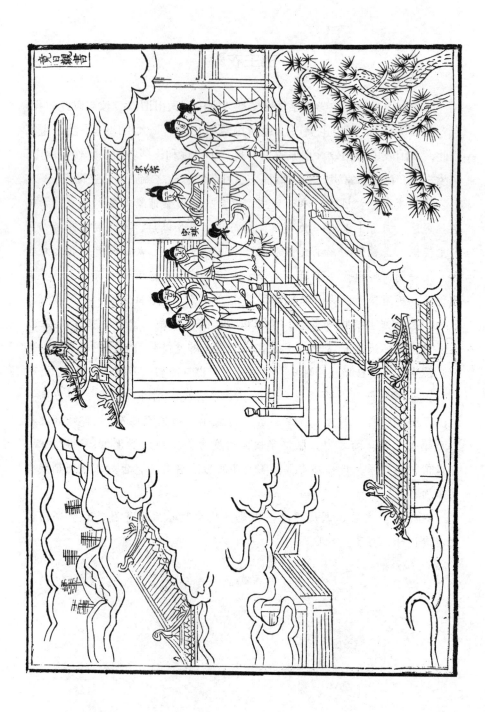

竟日观书

宋史纪：太宗勤于读书，自巳至申，然后释卷。诏史馆修《太平御览》一千卷，日进三卷。宋琪以劳瘁为谏。帝曰："开卷有益，不为劳也。朕欲周岁读遍是书耳。"每暇日，则问侍读吕文仲以经义，侍书王著以笔法，葛湍以字学。

宋史上记：太宗勤于读书，每日从巳时看书起，直到申时，然后放下书卷。诏史馆儒臣，采辑古今事迹，纂修成一书，叫做《太平御览》，共有一千卷。每日进三卷。太宗观览，日日如此。

其臣宋琪以看书勤苦，恐劳圣体为劝。太宗说："天下古今义理，尽载书卷中，但开卷观看，就使人启发聪明，增长识见，极有进益。虽每日读书，自是心里喜好，不为劳苦也。朕要一年之内，读完这一千卷书，故须一日三卷，乃可读完耳。"每遇闲暇无事日，还不肯错过，就召翰林侍读吕文仲，问他以经书上的义理；召侍书王著，问他以写字的笔法；召葛湍，问他以字学训解。

夫自古圣人，虽聪明出于天赋，莫不资学问以成德。盖古今治乱兴衰，天下民情物理，必博观经史，乃可周知；必勤于访问，乃能通晓。故明君以务学为急，正为此也。观宋太宗勤学好问，不以为劳。若此，其能为太平令主，而弘开文运之盛，有由然哉！

引衣容直

宋史纪：寇准为枢密直学士，尝奏事殿中，语不合，太宗怒起。准辄引帝衣，请复坐，事决乃退。太宗嘉之曰："朕得寇准，犹文皇之得魏徵也。"

宋史上记：宋太宗以寇准为枢密院直学士。寇准为人，忠直敢言。一日奏事殿上，不合太宗的意思，太宗发怒起去，欲罢朝回宫。寇准即上去扯住太宗的袍服，请太宗复还御座，决断其事，务要听其言才罢！太宗见他这般鲠直，反嘉美他说道："朕得寇准，如唐太宗之得魏徵也。"

夫人臣奏事忤旨，至于牵引上衣，以尽其说。为君者若不谅他忠直之心，必以为不敬而怒斥之矣。今太宗不惟不斥，且叹美之。其容人之度如此，所以能使臣下尽言，政事少过，而为宋之贤君也。如太宗者，真无愧于文皇矣！

改容听讲

宋史纪：仁宗初年，宰相王曾以帝初即位，宜近师儒，乃请御崇政殿西阁，召侍讲学士孙奭、直学士冯元讲《论语》。初诏双日御经筵，自是虽只日，亦召侍臣讲读。帝在经筵，或左右瞻瞩，及容体不正，奭即拱立不讲。帝为竦然改听。

宋史上记：仁宗初年，宰相王曾以帝新即位，当亲近师儒之官，读书勤学，以涵养圣德。乃请临御崇政殿西阁，召侍讲学士孙奭、直学士冯元进讲《论语》。起初，定以双日御经筵，后来以学问不宜间断，虽是单日也召侍臣讲读。帝在经筵讲读时，或偶然左右观看别处，或容体少有不端，孙奭即端拱而立，停住不讲。盖恐帝心不在书上，虽讲无益也。仁宗见奭这等诚恳，那怠惰的意思，即时收敛，为之竦然改听。

夫仁宗天资本是粹美，又有贤宰相辅导向学，当时讲官复尽心开发，一些不肯放过。仁宗能敬信而听从之，所以养成盛德，恭俭仁恕，始终如一，而为有宋一代之贤君也。

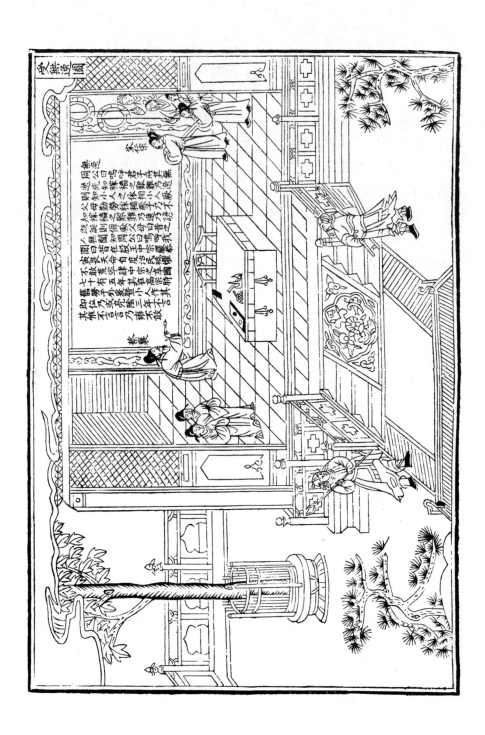

受無逸圖

受无逸图

宋史纪：龙图阁学士孙奭，尝画《书·无逸》为图以进。上命施于讲读阁。及作"迩英"、"延义"二阁成，又命蔡襄写《无逸》篇于屏。

宋史上记：仁宗时，有龙图阁学士孙奭，日侍讲读。每至前代治乱，必反复规讽。尝取《书经·无逸》篇中所载古帝王勤政恤民的事迹，画作一图，叫做《无逸图》，进上仁宗，欲其知所法也。仁宗喜之，命挂在讲读阁里，日日观览。其后，新造迩英、延义二阁成，又命馆阁校勘蔡襄，把《无逸》一篇写在二阁之屏上，使随处皆得观览。

夫《无逸》一书，乃周公告成王的话，大意欲成王知稼穑、勤政事，兢兢业业，不敢自安。能如此，则福祚绵长；不如此，则寿命短促。因举商中宗、高宗、祖甲、周太王、王季、文王以为法，商纣以为戒。其言深切恳至，实万世人言之龟鉴也。仁宗既受孙奭之图，又命蔡襄书之，盖必有味其言矣。则其观后苑之麦、忍中夜之饥，孰非自此书中得来？所以明君以务学为急。

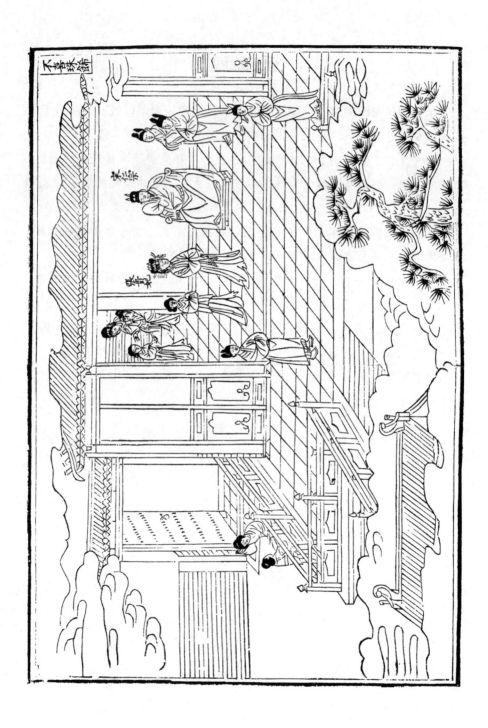

不喜珠饰

宋史纪：仁宗宫中颇好珠饰。京师珠价腾涌，上患之。一日，上在别殿，妃嫔毕集，所幸张贵妃至，首饰皆珠。上望见，举袖掩面，曰："满头白纷纷地，没些忌讳。"贵妃惭，起易之，上乃悦。自是禁中更不戴珠，珠价大减。

宋史记：仁宗时，宫中人好以珠为首饰，采买者多，因此京师中珍珠登时涨起价来。仁宗恐宫中相尚不已，风俗趋于侈靡，思量要革他。

一日，在别殿上游赏，诸妃嫔每都在左右。有个宠幸的张贵妃到来，头上的头饰都是珍珠。仁宗望见，故意把袖子遮了脸，不看他。说道："满头插得白纷纷地，近于不祥之象，好没些忌讳。"张贵妃惭愧，慌忙退去，摘下珍珠首饰，换了别样首饰来，仁宗方才喜悦。从此宫中人只说仁宗厌忌此物，再不敢戴他。京师里珠价登时大减。

夫珠玉珍宝，饥不可食，寒不可衣，而铢两之间，其价不赀。糜费民财，以供一时之玩，何益于用？故明君贵五谷而贱珠玉，盖不以无益害有用也。然亦系人主之好尚何如。观仁宗一言，而珠价顿减，岂待于法制禁令哉！

纳谏遣女

宋史纪：仁宗时，王德用进二女，王素论之。上笑曰："朕，真宗子，卿，王旦子，有世旧，非他人比。德用实进女，然已在朕左右，奈何？"素曰："臣之忧正恐在陛下左右耳。"上动容，立命宫官遣女。素曰："陛下既不弃臣言，亦何遽耶？"上曰："朕若见其人留恋不肯行，恐亦不能出矣。"顷之，宫官奏宫女已出内东门，上乃起。

宋史上记：仁宗时，王德用判定州，曾取两个女子献入后宫，以悦仁宗之心。仁宗就收留在后宫，这是仁宗差处。那时谏官王素闻知，即奏此女不可收留，劝仁宗去之。仁宗笑对王素说："朕乃真宗之子，卿乃宰相王旦之子，卿父辅佐我父皇，君臣相得，则朕与卿有世好之旧，与别的群臣不同，只得实与卿说。这两个女子委的是王德用进的，但朕已误纳，现在左右服事了，如何去得？"王素奏说："陛下以此女在左右为不可去，不知臣之所忧，正恐此女在陛下左右蛊惑圣心，有累圣德，所以劝陛下去之耳。"仁宗一闻此言，遂自悟其失，竦然动容，即时命宫官打发二女出宫。王素奏说："陛下既已听臣言，少待陛下还宫从容遣之，亦无妨，何必如此急遽。"仁宗说道："待我还宫时，万一此女有留恋不肯去的意思，我那时为情所牵，恐也遣他不成了，不如趁今遣之为易。"少时，宫官来奏，二女子已出内东门去讫。仁宗方才退朝。

夫宫禁之事，乃人主之所讳言，而房帷之爱，又人情之所牵恋。今仁宗既纳二女，已经进御，一旦闻王素之谏，即开诚直告，略无回互，割舍所爱，不少迟留，可谓从谏之速而改过之勇矣。此真盛德事也。

天章召见

宋史纪：仁宗幸龙图天章阁，以手诏问辅臣及御史中丞以上时政阙失，皆给笔札，令即坐以对。时翰林学士张方平条对四事，帝览奏惊异。诘旦，更赐手札，问诏所不及者。侍御史何郯乞诏两制臣僚，自今有闻朝政阙失，并许上章论列。帝嘉纳之。

宋史上记：仁宗曾临幸龙图天章阁，召见辅弼大臣及御史中丞以上，因出手诏，问诸臣以时政欠阙差失处，都给与纸笔，着他就坐上开写以对。当时诸臣皆有奏答，内翰林学士张方平条答汰冗兵、退剩员、慎磨勘、择将帅四事。帝见其所言，切于治道，深加惊叹。明日早，又赐手敕，询问他昨日诏书上所不及的事，着他一一奏来。

又有侍御史何郯上言："翰林管内外制文的诸臣，原是为备顾问而设。乞诏谕他，今后但是朝政有阙失，得于见闻之真者，并许他上疏论列，直言无隐，以助圣化。"仁宗因何郯说的有理，也欣然从之。

盖仁宗求治之心甚切，故引见群臣，面加咨询，使之条对，惟恐忠谋谠论不得上达。及闻张方平等直言，又复虚心延访，嘉奖听受。所以那时朝政修举，海内治平，为宋朝守成之令主也。

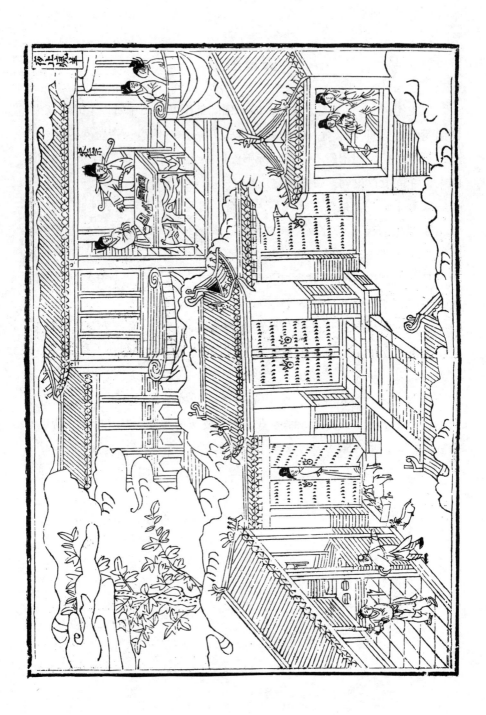

夜止烧羊

宋史纪：仁宗尝语近臣："昨因不寐而饥，思食烧羊。"曰："何不取索？"曰："恐遂为例。可不忍一夕之饥，而启无穷之杀。"或献蛤蜊二十八枚，枚千钱。曰："一下箸，费二十八千，吾不堪也。"

宋史上记：仁宗一日对近臣说："朕昨夜因睡不着，腹中觉饥，想些烧的羊肉吃。"近臣因问说："何不令人取进？"仁宗说："恐膳房因此遂为定例，夜夜要办下烧羊，以备取用，则伤害物命必多。岂可恣口腹之欲，不忍一夕之饥，而忍于戕害无穷之生命乎！因此遂止。"又一日，有献蛤蜊二十八枚者，说一枚价值钱千文。仁宗说："这一下箸之间，就费了二万八千文钱。似此享用无度，我岂能堪？"遂不受其献。

仁宗在宋朝最为仁厚之主，观其不忍害物如此，则其不忍于伤民可知。故能致治升平，而享祚悠久也。

后苑观麦

宋史纪：仁宗幸后苑，御宝岐殿观刈麦，谓辅臣曰："朕作此殿，不欲植花卉而岁以种麦，庶知稼穑之不易也。"

宋史上记：仁宗留意农事，宫中后苑里有空地，都使人种麦。又于其地建一小殿，名叫宝岐殿。麦一茎双穗谓之岐，此丰年之祥，最宜宝重，故以为殿名。每年麦熟时，仁宗亲自临幸后苑，坐宝岐殿看人割麦，谕随驾的辅臣说道："宫殿前似当栽植花卉，以供赏玩。今朕造此殿，独不种花卉，但年年种麦，此是何故？盖以我深居九重，无由知稼穑之艰难，所以种麦于此，要看他耕种耘锄，庶几农家之苦，时时在吾目中也。"

大抵四民中，惟农为最苦，春耕夏耘，早作暮息，四体焦枯，终岁勤动，还有不得一饱食者。古人有诗云："锄禾日当午，汗滴禾下土。谁知盘中餐，粒粒皆辛苦。"真可谓格言矣。古之贤君知此，所以极其悯念民力为赈恤，而民卒受其福。后世人主生长富贵，不知稼穑为何物，荒淫佚乐，惟恐不暇，而何暇恤农也。仁宗以天子之尊，亲临农夫之事，知惓惓于稼穑如此，则其恭俭仁恕，卓越近代，不亦宜乎！

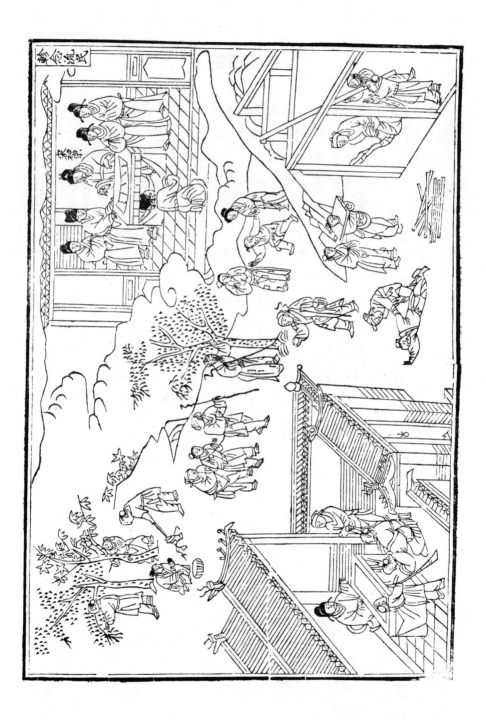

轸念流民

宋史纪：神宗时，东北大旱，诏求直言。郑侠上《流民图》，疏奏。帝反复观图，长吁数四，袖以入内，是夕寝不能寐。翌日，遂命开封体勘新法不便者，凡十有八事，罢之，民间欢呼相贺。是日果大雨，远近沾洽。

宋史上记：神宗时，行了王安石的新法，扰害百姓，民不聊生。到熙宁七年间，天又大旱，年岁饥荒，东北一带的百姓都流移转徙，死亡离散，其艰难困苦之状，实为可怜。那时有一个官是光州司法参军，叫做郑侠，因考满赴京，在路上看见那流民的模样，心甚不忍，说道："小民这等穷苦，朝廷如何知道？"乃照那样子画一本图形，叫做《流民图》。其中有采树叶、掘草根充饥的；有衣衫破碎，沿途讨吃的；有饿死在沟渠的；有扶老携幼，流移趁食的；有恋土不去，被在官公人比较差徭、拷打枷锁的；有拆屋卸房、鬻儿卖女，变价纳官的，一一都画将出来。至京之日，将这图本进在御前，奏说："只因新法不善，致的百姓这等，伤了天地的和气，所以久旱不雨。如今要天降雨，需是把新法革去不行才好。"

神宗将此图反复看了几遍，才晓得新法之害与民间之苦如此，甚是感伤懊悔，长叹数回，袖了入宫，一夜不能睡着。到明日，传旨着在京开封府官，查那新法为民害者，共有一十八件，都罢革不行。当时京城内外的百姓，听说如此，以为从此得生，人人欢呼相庆。即日天果大雨，处处田苗俱各沾濡充足。

夫人君一去敝政，便能感动天地如此，可见为民祈祷者，在实政，不在虚文，而祖宗旧法，慎不可轻变也。

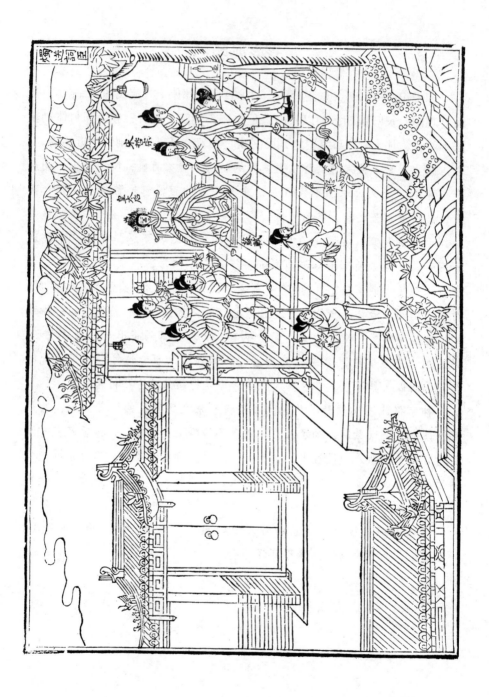

烛送词臣

宋史纪：苏轼为翰林学士，尝宿禁中，召见便殿。太皇太后问曰："卿今何官？"对曰："待罪翰林。"曰："何以遽至此？"对曰："遭遇太皇太后、皇帝陛下。"曰："非也，此先帝意也。先帝每诵卿文章，必叹曰：'奇才！奇才！'但未及进用卿耳。"轼不觉哭失声，太皇太后与帝亦泣，左右皆感泣。已而命坐赐茶，撤御前金莲烛送归院。

宋史上记：苏轼在神宗时，被小人排抑，一向贬谪在外，至哲宗登极，才取他做翰林学士。宋朝翰林院设在禁中，每夜有学士一员轮流直宿，以备不时顾问。

有一夜，遇苏轼该直，哲宗的祖母太皇太后与哲宗同御便殿，宣苏轼入见。太皇太后问苏轼："卿如今做什么官？"苏轼对说："待罪翰林学士。"谓之待罪者，说他不称此官，惟待罪责而已，谦词也。太皇太后又问："学士是美官，卿一向流落江湖，怎能勾到此地位？"苏轼乃归恩于上，说道："臣幸遭遇太皇太后及皇帝陛下见知，故得到此耳。"太皇太后说："非我用卿，乃先帝神宗意也。先帝每读卿的奏疏文章，必叹美说：'奇才！奇才！'不久先帝遂晏驾，故未及用卿耳。今我用卿为此官，实承先帝之意也。"苏轼因此追感先帝知遇，不觉痛哭失声。太皇太后与哲宗也相向而泣。那时左右内臣，也都感伤流涕。太皇太后赐苏轼坐，又赐他茶吃，将退时，撤御前的金莲烛送他归院。

看那时人君接见臣下，问答从容，礼数款洽，蔼然如家人父子一般。所以为臣的感激主恩，不觉悲泣。君臣间是何等景象！史称宋家以忠厚立国，又言其竟得尊贤敬士之报，岂不信矣！

右善可为法者八十一事，臣等既论次终篇，乃作而叹曰：嗟乎！孟轲称五百年而后有王者兴。《传》曰："千年一圣，犹旦暮也。"讵不信哉！夫自尧、舜以至于今，代更几世，主更几姓矣，而其可取者，三十余君而已。中间又或单举一善，节取一行，究其终始，尚多可议。其完善铄懿、卓然可为世表者，才什一耳。可不谓难哉！

天祐我明，圣神继作。臣等尝伏读我祖宗列圣《实录》，仰稽创守鸿规，则前史所称圣哲之事，无一不备者。略举其概，如二祖之开基靖难，身致太平，则尧、舜、汤、武，功德兼焉；典则贻休，谟烈启后，则汉纲唐目，巨细具焉。昭皇帝之洪慈肆宥，培植国脉，则解网、泽骨之仁也。章皇帝之稽古右文，励精图治，则弘文、延英之轨也。睿皇帝之聘礼处士，访问治道，则蒲轮、玄纁之举也。

纯皇帝之亲爱诸王，厚遇郦邸。则敦睦友于之风也。敬皇帝之延见群臣，曲纳谠直，则揭器、止辇之明也。肃皇帝之心存敬一，治本农桑。则《丹书》《无逸》之箴也。皇考穆宗庄皇帝之躬修玄默，服戎怀远，则垂衣、舞干之化也。其他片言之善，一事之美，又不可以殚述。

盖明兴才二百余年，而圣贤之君，已不啻六七作矣。以是方内乂安，四夷宾服；重熙袭洽，迭耀弥光；致治之美，振古罕俪焉。猗欤休哉！岂非乾坤光岳之气，独钟于昭代；河清里社之兆，并应于今日哉！《诗》云："下武维周，世有哲王。王配于京，世德作求。"我明世德，盖轶有周而特盛矣。今皇上睿哲挺生，膺其抚运，又将觐光扬烈，以远追二帝三王之治焉。臣等何幸，躬逢其盛！

狂愚覆辙

游畋失位

夏史纪：太康即位荒逸，弗恤国事。畋猎于洛水之表，十旬弗返。有穷后羿，因民之怨，拒之于河，弗许归国。厥弟五人，作歌以怨之。太康失国，居阳夏。

夏史上记：太康即位，荒于逸乐，不以国事为念。只好在外面打猎，巡游于河南地方、洛水之外，流连百日，不肯回还。把朝廷政事都荒废了，百姓禾稼都践踏了。民皆嗟怨。

当时，有一个臣叫做后羿，极善射。因民之怨，率领军马，手持弓矢，拒之于河上，不要他归国。其弟五人，恨他荒淫无道，坏了祖宗的基业。于是，作诗五章，称述其祖大禹的训辞以怨之，谓之《五子之歌》。太康毕竟不得归国，居于夏阳之地而死。

夫太康为启之子，启能继禹之道，贤圣之主也。再传太康，止以好尚游畋一事，遂至失国。父祖之德泽，皆不足恃矣。吁，可畏哉！

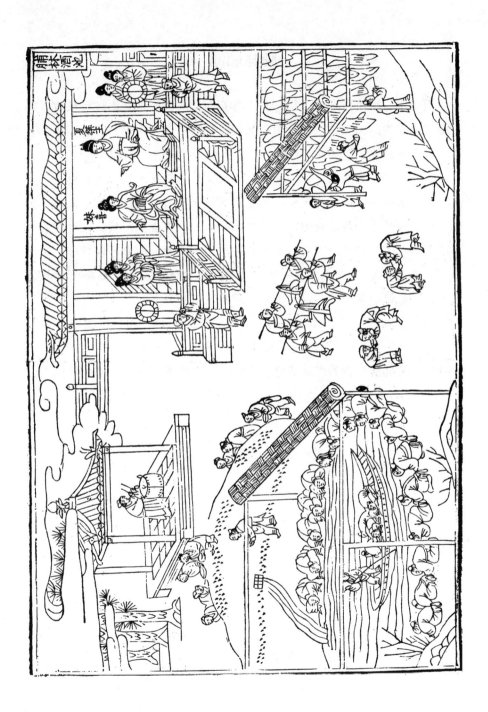

脯林酒池

夏史纪：桀伐在施氏，得妹喜。喜有宠，所言皆从。为瑶台象廊，殚百姓之财。为肉山脯林，酒池可以运船，糟堤可以望十里，一鼓而牛饮者三千人。妹喜笑，以为乐。

夏史上记：夏桀无道，不修德政。因征伐有施氏之国，有施氏进了个美女，叫做妹喜。桀甚是宠爱，他说的言语无不听从。造为琼台象廊，极其华丽，竭尽了百姓的财力。又性嗜酒放纵，不但自家酣饮，各样禽兽之肉堆积如山，烹熟为脯者悬挂如林；凿个大池注酒，池中可以行船，积糟为堤，其高可望十里。击鼓一通，则齐到池边低头就饮，如牛之饮水者三千人。桀与妹喜欢笑，以此为乐。朝政之废可知矣。

夫桀之始祖大禹，卑宫室，恶衣服，克勤克俭，因饮酒而甘，遂疏造酒之仪狄。何等忧深虑远，辛勤创业。而桀乃放纵如此，不亡何待！后六百年，又有商纣亦为肉林酒池，亦亡商国。嗜酒之祸，可鉴也哉！

革囊射天

商史纪：武乙无道。为偶人，谓之天神。与博不胜而戮之。为革囊盛血，仰而射之，谓之射天。在位五年，猎于河渭之间，暴雷震死。

商史上记：商王武乙无道，不知敬事天地。把木雕成人形，叫做天神。与之对局而博，使人代为行筹，若是偶人输了，就将他斫碎，恰似杀戮那天神的一般。又将皮革为囊，里面盛着生血，高悬于空中，仰而射之，叫做射天。其慢神亵天如此。在位五年，出畋猎于河渭之间，着暴雷霹死，

夫人君无不敬也，而敬天为大。《书》曰："钦若昊天！"《诗》曰："敬之敬之，天惟显思，命不易哉。"若以天为不足畏，则无可畏者矣。武乙之凶恶，说他不但不怕人，连天也不怕，故为偶人而戮之，为革囊而射之。呜呼！得罪于天，岂可逃哉！震雷殒躯，天之降罚，亦甚明矣。

妲己害政

商史纪：纣伐有苏，获妲己。妲己有宠，其言是从，作奇技淫巧以悦之。使师延作朝歌北鄙之音，北里之舞，靡靡之乐。造鹿台，为琼室玉门。厚赋敛，以实鹿台之财，盈巨桥之粟。以酒为池，悬肉为林，使男女裸而相逐。宫中九市，为长夜之饮。百姓怨望。

诸侯有畔者，妲己以为罚轻威不立。纣乃为铜柱，以膏涂之，加于炭火之上，令有罪者行焉。辄堕炭中，以取妲己笑。名曰"炮烙之刑"。

商史上记：纣无道，恃强用兵，征伐有苏氏之国。有苏氏畏其威力，进献个美女，叫做妲己。纣得了妲己，甚是宠爱他。但是他说的就听，造作奇巧的服饰器物，以悦其心。使乐官师延作为朝歌北鄙之音，北里之舞，靡靡之乐，大率都是淫声。又穷极土木之工，造鹿台一座，以琼瑶为室，以玉石为门。厚敛百姓的财物以为私积，那鹿台之内，钱财充实，巨桥之仓，粟米盈满。又凿个大池盛酒，悬挂鸟兽之肉为林，使男女裸体驰逐于其间。宫中又开设九处店市，与外人交易买卖。君臣酣饮，从夜达旦。竭民膏血，极欲穷奢，所以一时的百姓每都兴嗟含怨，困苦无聊。

诸侯有背畔者，妲己说："诸侯之畔，都因罚轻诛薄，主威不立所致。"纣听其言，使人铸铜为柱，柱上抹上脂油，下面烧起炭火，将铜柱加于炭火之上，使有罪的人在柱上行走。那铜柱既热又滑，人如何行得，就都堕在炭火中烧死。妲己看见，以为笑乐。这个叫做"炮烙之刑"。

尝考之于史，说商纣闻见甚敏，材力过人。使其有此才智，而能亲近贤臣，容纳忠言，则其恶岂至于此哉！乃醢鄂侯，剖比干，而唯妇言是用，欲不亡，得乎？万世之下，言大恶者必曰桀、纣。女祸之烈，一至于此，有天下者可不戒哉！

八骏巡游

周史纪:穆王臣造父善御，得八骏马。王使造父御之西巡，乐而忘返。东方徐夷，乘间作乱，周乃中衰。

周史上记:穆王时，有个臣叫做造父，善能御车驾马。是时，穆王得了八匹极善走的骏马，使造父驾着，往西方去巡幸。当时天下太平，穆王驾着那骏马，任意遨游，不思返国，把朝廷政事都废了，民心离叛。东方有个徐夷，因此乘空造反，僭称为徐偃王。近徐的诸侯，多有往朝于徐者，周家的王业至此中衰。

夫穆王初年，亦是个英明之主。后来只为用了造父，耽于游幸，遂致政乱国衰。然则人君之举动，可不慎哉！

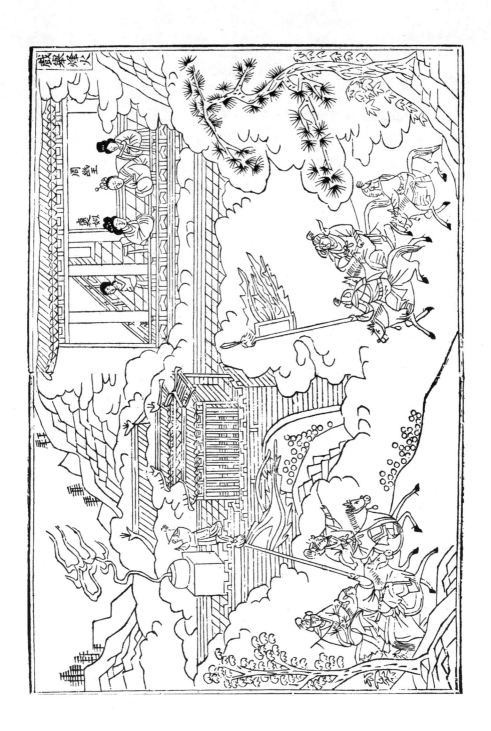

戏举烽火

周史纪：幽王嬖爱褒姒，褒姒不好笑，王说之万方，故不笑。王与诸侯约，有寇至，举烽火为信，则举兵来援。王欲褒姒笑，乃无故举火，诸侯悉至，至而无寇，褒姒大笑。后犬戎伐王，王举火征兵，兵莫至。戎遂杀王于骊山下，虏褒姒。

周史上记：幽王宠爱美女褒姒，褒姒性不好笑。王只要得他一笑，设了万般的方法，引褒姒笑，褒姒故意只是不笑。先是，王与诸侯相约，若有贼寇兵至，就烟墩上举起烽火为信，则列国举兵来救援。至是，王念无可动褒姒笑者，遂无故举烽火。诸侯望见，只说有贼兵到了，都领兵来救援，一时齐到城下，却不见有贼兵。褒姒见哄得众诸侯空来这一遭，乃不觉大笑。然诸侯由此不信幽王。后犬戎调兵伐王，王复举火召兵。诸侯见前次哄了他，这遭一个也不来。王遂被犬戎杀害于骊山之下，连褒姒也虏去了。

夫女色可远不可近，近则为其所迷，而举动不知谨，患害不知虑。幽王只为要褒姒欢喜，至无故征天下之兵，以供其一笑，卒致身弑国亡，其昏暗甚矣。谥之曰"幽"，不亦宜乎？

遣使求仙

秦史纪：始皇帝东巡海上，遣方士齐人徐市等，入海求蓬莱、方丈、瀛洲三神山及仙人不死之药。市等诳始皇，言未能至，望见之焉。请得斋戒，与童男女，及百工之事求之，即得之矣。始皇从其言，使童男女三千人，与百工之事偕往。徐市止，王，不来。

秦史上记：始皇帝好神仙，说海中有三座山，一名蓬莱，一名方丈，一名瀛洲，这三座山都是神仙所居。始皇东巡至海上，遣方士齐人徐市等，入海访求此三山，及仙人长生不死之药。

这神仙之说，本是妄诞，徐市因始皇好之，遂哄他说："海中实有三神山，臣等虽不曾到，常在海上望见之焉。请得斋戒，与童男童女，及百工技艺之人，入海求之，则三山可到，不死之药可得也。"始皇不知其诈，遂发童男童女三千人，及百工技艺之事，使徐市等泛海求之。徐市得了这许多人，走在海外，寻个地方，就在那里做了王，不回来，而仙药终不可得也。

尝观秦始皇既平六国，凡平生志欲，无不遂者，所不可必得者寿耳。于是信方士之言，觅不死之药，竟为徐市等所诳。何其愚哉！至汉武帝，亦遣方士入海，求蓬莱安期生之属，终不可得，迨其末年，始悔为方士所欺。乃曰："天下岂有仙人，尽妖妄耳。"吁，亦晚矣！宜史臣表而出之，以戒后世人主之惑于方士者。

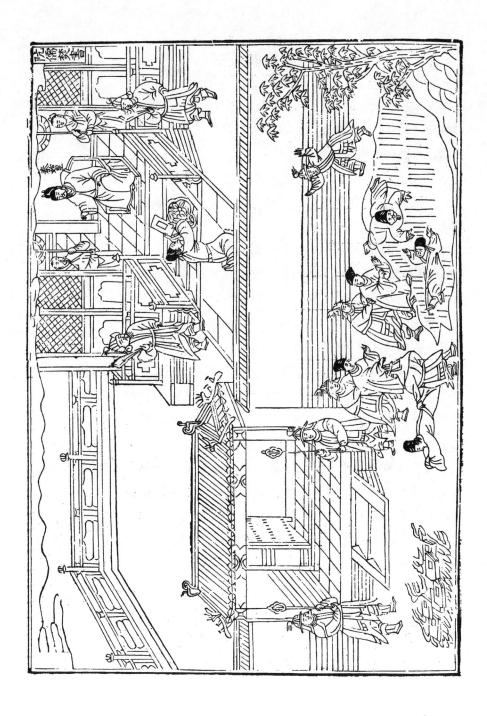

坑儒焚书

秦史纪：始皇三十四年，用李斯之言，烧《诗》、《书》、百家语。有敢偶语《诗》《书》者弃市，以古非今者族，吏见知不举者与同罪。所不去者，惟医药、卜筮、种树之书。

侯生、卢生相与讥议始皇，因亡去。始皇闻之，大怒曰："诸生为妖言，以乱黔首。"使御史案问，诸生转相告引，犯禁者四百六十余人，皆坑之。

秦史上记：始皇帝三十四年，从丞相李斯之言，天下人但有私藏《诗》《书》及百家言语文字者，都着送官，尽行烧毁，再不许天下人读书。有两人成偶，口谈《诗》《书》者，就戮之于市。有援引古事，非毁当今者，全家处死。官吏有见知不举发者，与之同罪。所存留不毁者，只是医药与卜筮、种树这几种小书而已。

时有儒士侯生、卢生，两个人相与讥议始皇所为，不合道理，又恐得罪，因逃去躲避。始皇闻之大怒，说："这儒生每造为妖言，煽惑人心，不可不诛。"乃使御史访察案问之。诸生互相讦告，攀扯连累，凡犯诽谤之禁者，四百六十余人，皆坑杀于咸阳地方。

夫自古帝王欲治天下，未有不以崇儒重道为先务者。而始皇乃独反其道，至使典籍尽为煨烬，衣冠咸被屠戮，其罪可胜言哉！至汉高帝过鲁，以大牢祀孔子，文帝除挟书之律，武帝表章六经，公孙弘以儒生为宰相，而孔氏之教乃复兴。夫观秦之所以亡，与汉之所以兴者，得失之效，昭然可睹矣。

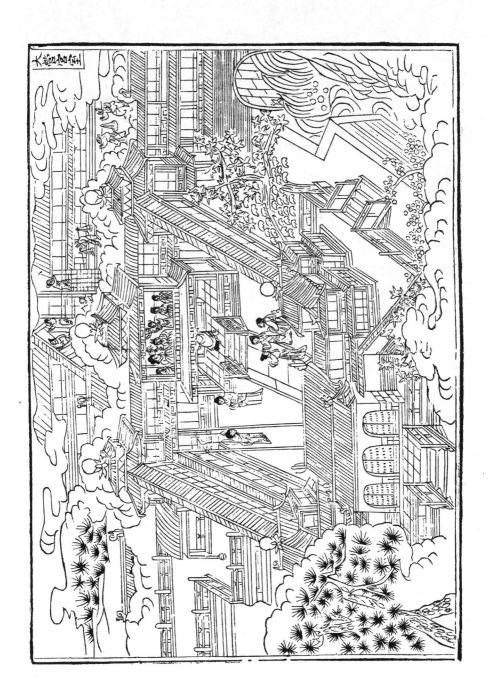

大营宫室

秦史纪:始皇以先王宫廷小,乃营朝宫渭南上林苑中。先作前殿阿房,东西五百步,南北五十丈。上可以坐万人,下可以建五丈旗。周驰为阁道,自殿下直抵南山,表山巅以为关。复道渡渭,属之咸阳。计宫三百,帷帐、钟鼓、美人充之,各案署不移徙。

秦史上记:始皇建都咸阳,以先王所住的宫殿狭小,不足以容,乃营建朝宫于渭南上林苑中。先起前面一座殿,叫做阿房殿。这殿的规制,自东至西,横阔五百步;自南至北,入深五十丈。上面坐得一万人,下面竖立得五丈高的旗。只这一座殿,其高大深阔如此,其他可知矣。周围四边,俱做可驰走的高阁道,自殿下直至南山,就南山顶上竖立阙门。其北首砌一条复道,直跨过渭水,如桥梁一般,接着咸阳都城。计建立的离宫有三百所,一一都有铺设的帷帐等物、作乐的钟鼓等器及四方美女充实其中,以待始皇游幸。但所到之处,百事俱备,不用那移。

夫自古帝王皆以民力为重,不忍轻用。知民心之向背,乃天命去留所系也。始皇竭天下之力以营宫室,极其壮丽,自谓可乐矣。而民心离叛,覆灭随之,竟为项羽所焚,悉成煨烬。吁,可鉴哉!

女巫出入

汉史纪：武帝时，女巫往来宫中，教美人度厄，每屋辄理木人祭之。因妒忌恚骂，更相告讦，以为咒咀。上怒，多所击杀。上心既疑，尝梦木人数千，持杖欲击上，因是体不平。

江充自知为太子所恶，因言上疾，祟在巫蛊。于是使江充治巫蛊狱。充云："于太子宫得木人尤多。"太子愤恨，无以自明，于是发武库兵捕江充诛之。武帝怒，使人捕太子。太子自缢。

西汉史上记：武帝时，纵容民间女巫出入宫中（女巫，如今师婆之类）。教宫人每祈祷解厄，刻木为神道形像，埋在屋里，时常祷祀以祈福。于是宫人每有彼此妒忌怨骂者，就告讦于武帝，说他每在背地里雕刻人形，魇镇咒咀主上。武帝发怒，打死宫人甚多。武帝心中既疑，尝梦木人数千，持杖要来打他，因此身体欠安。

有奸臣江充，自知太子恶他，见帝年老，恐日后为太子所诛，因奏说："主上这疾，由巫蛊魇镇所致。"武帝信之，就着江充穷治巫蛊之狱，遍宫中掘地搜寻木人。江充就借此倾陷太子，说："臣到太子宫中，掘得木人尤多。"武帝怒。太子负屈，无以自明，不胜愤慨之心，遂擅发武库兵仗，捕得江充诛之。武帝愈怒，说太子谋反，使人捉拿太子。太子惶惧，走出湖县，自缢而死。

大抵妇人妒宠相谗，乃其常态。但使宫禁严密，不许外人擅自出入，妃嫔近幸之人，不许彼此无事往来，则闺闼自然清肃，谗害不生。至于女巫邪术，尤不可近。俗语云："三婆不入门，便是好人家。"（谓师婆，卦婆，卖婆也。）况于天子之宫禁，而可容此辈出入乎？

武帝只因不能禁绝于初，故致自生疑惑，而奸人乘间构祸，骨肉伤残，后虽追悔，亦何及哉！此万世所当鉴戒也。

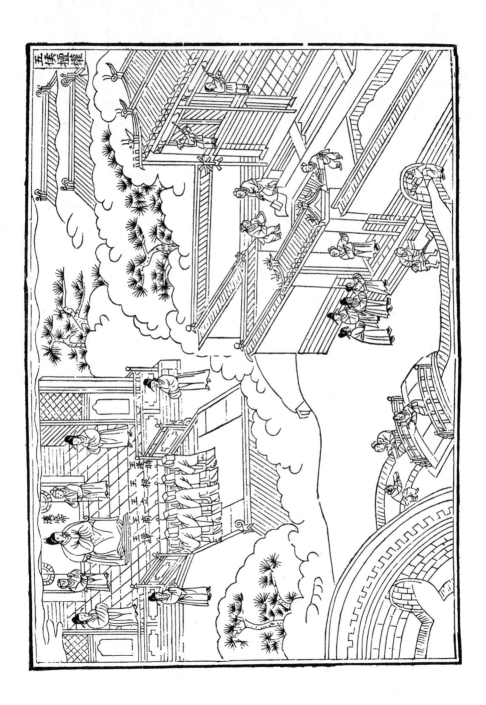

五侯擅权

汉史纪：成帝初立，以元舅阳平侯王凤为大司马、大将军辅政。诸舅谭、商、立、根、逢时，同日封侯，世谓之五侯。是日黄雾四塞。商、根又相继秉政。王氏一门，乘朱轮华毂者二十五人，分据势要。朝士皆出其门，赂遗四面而至。五侯争为奢侈，大治第室，至为赤墀青琐，起土山渐台像白虎殿，穿城引沣水注第中。群臣及吏民多上书，言王氏威权太盛。上皆不听，于是王氏益横。其后新都侯王莽遂篡汉自立。

西汉史上记：成帝初即位，待太后家王氏过厚，用长舅阳平侯王凤做大司马、大将军，专执朝政。诸舅王谭、王商、王立、王根、王逢时，五人同日都封为列侯，当时人号他做五侯。受封之日，黄雾四塞。天戒甚明如此，而成帝不悟。后来王商、王根又继王凤秉政。王氏一门贵盛，乘朱轮华毂之车者，多至二十五人，都分占势要之官。朝中仕宦，个个是他门下私人。馈送财宝者，四面而至。五侯争以奢侈相尚。大起第宅，穷极壮丽，至用赤土为墀，门户上刻成连琐，而以青色涂之。僭拟朝廷宫殿的制度。园中起土山渐台，恰似白虎殿一般，又径自凿开长安城墙，引城外的沣水到他宅里为池。其奢僭如此。那时群臣及官民人等，多上书说王氏威权太盛，恐不可制。成帝只为溺爱母家，都不听其说。因此王氏越发横恣，无所忌惮。其后平帝以幼年继立，新都侯王莽专政，威权尽归其手，遂毒杀平帝，篡汉自立。

夫人君之于外戚，固当推恩，但不当假以权柄。不幸而有罪，亦宜以法裁之。汉文帝知后弟窦广国之贤而不肯用，诛其舅薄昭之罪而不少贷，后世称明焉。成帝不思祖宗贻谋之意，乃使诸舅更执国政，子弟分据要官，至于骄纵不法，一切置而不问，养成篡弑之祸。岂非千古之鉴戒哉？人主欲保全外家，惟厚其恩赉，而毋使之干预朝政，则富贵可以长守矣。

市里微行

汉史纪：成帝为微行。从期门郎，或私奴，或乘小车，或皆骑，出入市里郊野，远至旁县，斗鸡走马，常自称富平侯家人。富平侯者，侍中张放也。宠幸无比，故假称之。

西汉史上记：成帝好微行。微行，是私自出外行走，不使人知其为天子也。他既是私行，所以不乘辇辂，也不要百官扈驾。只悄悄地着几个禁卫的期门郎，或常侍的仆役跟随着，或时坐一小车，或混同随从人，都一概骑马，出入街市坊里、荒郊野外，远至邻京县邑，斗鸡走马，以为戏乐。此时，侍中张放，封富平侯，得宠于上，贵幸无比。成帝乃假充作张放的家人，以震服人心，泯其形迹。

夫以天子之尊，出入警跸，前后法从，有和鸾鸣珮之节，凡以别等，威备非常，肃臣下之观望也。成帝自轻其身，遨游市里，又妄自贬损，称为富平家人，其玷辱宗社甚矣，何以君天下而临万国哉！

宠昵飞燕

汉史纪：成帝微行，过阳阿主家，见歌舞者赵飞燕而悦之，召入宫，大幸。有女弟合德，姿性尤秾粹，亦召入。披香博士淖方成在帝后唾曰："祸水也，灭火必矣。"后姊弟俱立为婕妤，果谮告许皇后，咒诅主上。帝乃废许后，而立飞燕为后。

西汉史上记：成帝微行时，一日到阳阿公主家。有个歌舞的女子，身体最轻，能为掌上舞，名叫赵飞燕。成帝见了，甚是喜悦，就召入宫中，大得宠幸。飞燕有个妹子，名叫合德，姿容性格更是秾艳粹美。亦复召入。时披香殿里有个博士，姓淖名方成，最有识见。跟随成帝之后，见了飞燕姊妹这等模样，知是不祥之兆。因以口唾之，说道："汉家以火德王天下。此女子入官，必乱国家，乃祸水也。灭火必矣。"其后，飞燕姊妹日见宠幸。不久，俱封为婕妤，果然在成帝面前谗谮许后，说他诅咒主上。成帝信其言，遂将许后废处昭台官，而立飞燕为后，卒以败德乱政焉。

夫自古亡国非一，而女色居其大半，岂女子有色遂为害哉？良以有色无德故耳。盖妇德必贞静幽闲，端庄雅重，无邪媚轻佻之态者，然后可以配至尊，奉宗庙，而母仪天下。飞燕姊妹以倡优歌舞贱人，而帝宠之为后，其视桀宠妹喜，纣宠妲己，又有甚矣。汉祚之衰，实自此始。可叹也哉！

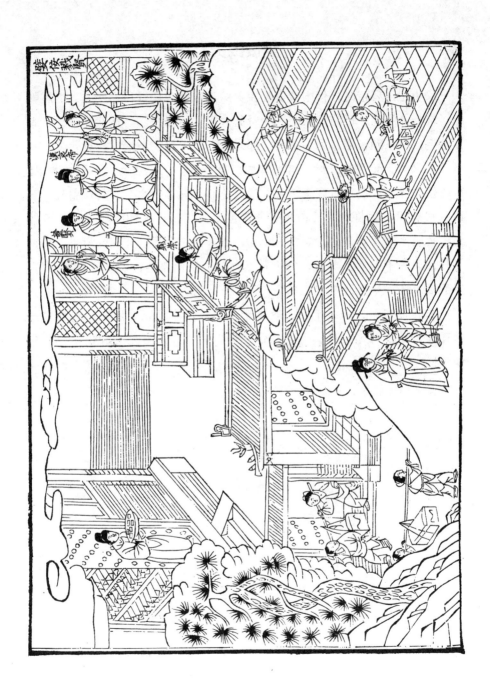

嬖佞戮贤

汉史纪：哀帝时，侍中董贤姿貌美丽，以和柔便辟得幸于上，贵震朝廷。常与上卧起。诏将作大匠，为贤起大第，穷极技巧。赐武库禁兵，尚方珍宝，及东园秘器，无不备具。郑崇谏上，上怒，下崇狱，竟死。

西汉史上记：哀帝时，有个侍中叫做董贤。他容貌美丽，性体和柔，而便佞邪辟，以此得帝宠幸，至与帝同卧起。其尊贵之势，震动朝廷。帝诏令总管营建的将作大匠，替董贤起盖大第宅，诸般的技能工巧无不做到。又赐他武库里禁兵，尚方的珍宝，及东园中葬器。皆朝廷所用，俱以赐贤，无一不备者。其时，有个贤臣郑崇，因此谏争，以为不可。上怒，而下崇于狱，竟死狱中。

夫哀帝初年，躬行节俭，政事皆由己出，亦可以为明主。到后来一宠董贤，遂至颠倒迷惑，无复顾惜，卒以促亡。人君之宠狎佞幸，其祸如此！

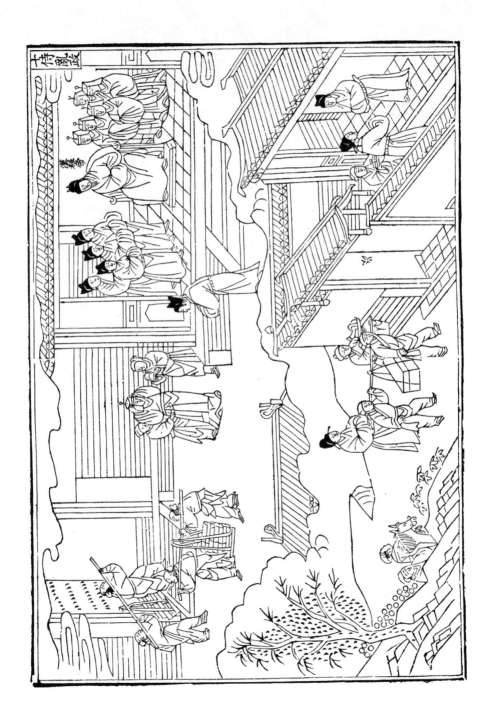

十侍乱政

汉史纪：桓帝封宦者左悺、贝瑗、徐璜、唐衡、单超为列侯。侯览上缣五千匹，封高乡侯。又封小黄门八人为乡侯。悺等皆据势擅权，交通贿赂，五侯尤贪纵，倾动内外。天下为之语曰：左回天，贝独坐，徐卧虎，唐两堕。兄弟姻戚，宰州临郡，与盗无异。民不堪命，多为盗贼。其后，中常侍曹节、王甫及赵忠、张让等十常侍，相继专政，浊乱海内。寻召董卓之乱，汉因以亡。

东汉史上记：桓帝封中官左悺、贝瑗、徐璜、唐衡、单超五人俱为列侯。时帝方卖爵，因侯览上缣五千匹，也封为高乡侯。又封小黄门八人俱为乡侯。由是悺等占据势要，专擅威权，交通四方贿赂。就中五侯尤为贪婪放纵，气焰熏灼。那时有个民谣，叫左悺做"左回天"，言其势力能转动人主的意向也；叫贝瑗做"贝独坐"，言其豪贵无人敢与相并也；叫徐璜做"徐卧虎"，言其如卧虎之可畏也；叫唐衡做"唐两堕"，言其任意妄为，东西无定也。左悺等的兄弟、亲戚，又多是无赖之人，个个都叨冒官职，有做一州方伯的，有做一郡太守的，遍布天下，贪赃坏法，陵虐小民，就与盗贼一般，百姓每困苦无聊，往往逃亡，去为盗贼。其后有中常侍曹节、王甫及赵忠、张让等十个常侍，相继专擅朝政，起党锢之狱，杀贤臣窦武、陈蕃、李膺等百余人。任意纵横，浊乱海内，遂致黄巾贼起。未几，董卓举兵内向，劫迁天子，汉随以亡。

按天文志，宦者四星，在帝座之侧，中官给事左右，供奉内庭。盖王制所不可少者。但不宜授以兵权，使得专制朝廷耳。考之当时，中常侍吕疆，清忠好直谏，最为善良。使桓帝左右皆小心端恪，如吕疆之流，而外任贤臣李固、黄琼等，以为股肱心膂，则汉至今犹存可也。奈何不顾祖制，宠之以五等之封，授之以威福之柄，遂使权倾人主，毒流海内，乱亡之祸，岂非自取之哉！

西邸鬻爵

汉史纪：灵帝开西邸卖官，入钱各有差。二千石，二千万；四百石，四百万。其以德、次应选者，半之。令长随县好丑，丰约有贾。富者先入，贫者到官倍输。又私令左右卖公卿。公，千万；卿，五百万。于西园立库贮之，以为私藏。

东汉史上记：灵帝于西园中开设邸舍，如市店一般，鬻卖官爵。官有大小，则纳钱各有差等。秩二千石的，如今之知府等官，则纳钱二千万；秩四百石的，如今之县令等官，则纳钱四百万。就是本等以德行、次序应该选除的，也要他纳钱一半，才许他做官。令长，即今之知县，随那地方的好歹，以为纳钱多寡，都有定价。富者，纳完了钱，才与他官做；贫者，赊与他，着他到地方后加倍补纳。又私令左右之人卖公卿。公卿大官，必是资望相应的，然非因近幸入钱，亦不肯便与。公，卖钱一千万；卿，卖钱五百万。将这卖官的钱，都收贮在西园库里，以为自家的私藏。

考之于史，灵帝初为侯时，常苦贫，及即位，叹桓帝不能作家计，无私钱，故卖官聚钱如此。夫朝廷官爵，以待贤才。《书》言："官不及私昵，爵罔及恶德。"任意与人，犹且不可，况卖之以为私藏乎？且天子富有四海，安用私藏。乃使市贩之辈，冒滥冠裳，贤才之人，高蹈畎亩，上坏朝廷名器之公，下遗百姓剥削之害。未及五年，大盗四起，宗庙社稷且不可保，西园私藏，果安在哉！此正《大学》所谓"一人贪戾，一国作乱"者也。

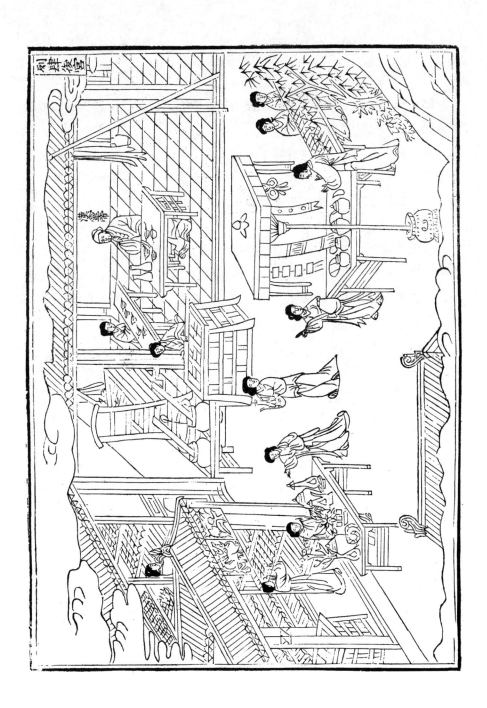

列肆后宫

汉史纪：灵帝作列肆于后宫，使诸采女贩卖，更相盗窃、争斗。帝着商贾服，从之饮宴为乐。

东汉史上记：灵帝于后宫中，盖造铺店，积聚各样货物，使宫中众采女都学外面市井上人，交易贩卖。又使之彼此偷盗，争斗喧哗，故意做出那市井上的模样来。灵帝也穿着外面买卖人的亵衣，装做商贾，随着众宫人在酒肆中饮宴，以为欢乐。

夫灵帝之时，奸邪满朝，权纲不振，天怒人怨，灾变叠兴，乃不知恐惧修省、任贤图治，而游乐宫中，甘同商贾下贱人的勾当，兼且弄狗着冠，为驴操辔，亵尊败度之事无所不为，人心如何不离？盗贼如何不起？东汉之亡也，岂献帝之罪哉！

芳林营建

魏史纪：明帝好土功，大营宫殿，役连岁不休。徙长安钟簴、铜驼、承露盘于洛阳。铸铜人二，列司马门外。又铸黄龙、凤凰置内殿前。起土山于芳林园，使公卿皆负土。树杂木善草，捕禽兽致其中。光禄勋高堂隆、尚书卫觊及司徒掾董寻，皆上疏极谏，不听。

三国魏史上记：明帝睿好土木之功，即位后，大营建宫殿。既作许昌宫，又作洛阳宫，工役连年不得休息。迁徙长安城中秦汉时所造的钟架、铜橐驼及铜承露盘，到洛阳来。用铜铸两个极大的人，号做"翁仲"，摆列在司马门外。又铸成黄龙、凤凰，安置在内殿前面。筑一座土山于芳林园，欲其速成，乃使公卿大臣每都亲自搬土助工。山既成了，使人栽种杂木好草，又捕捉各样禽兽放在中间，就与真山一般。光禄勋高堂隆、尚书卫觊及司徒掾董寻，都上奏疏极谏其失。明帝通不听他，兴作如故。

夫人君以一人治天下，非以天下奉一人也。明帝之时，三方鼎立，力行节俭犹恐不足以为国，而乃劳人动众为不急之务。且公卿大臣，朝廷之所素敬礼者，至使之负土为山，沾手涂足，尤非使臣以礼之道矣。未几，明帝早崩无嗣，不及一享其乐，魏之天下又随为司马氏所篡。彼铜人土山之玩，果为谁而作哉！

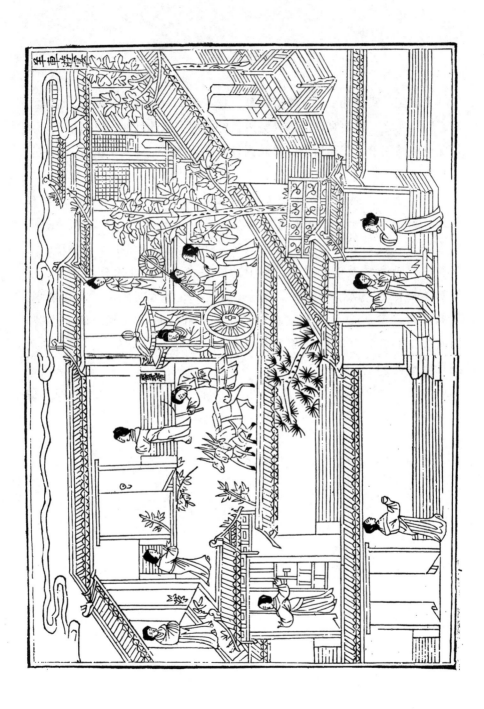

羊车游宴

晋史纪：武帝既平吴，颇事游宴，怠于政事。掖庭殆将万人，常乘羊车，恣其所之，至便宴寝。宫人竞以竹叶插户、盐汁洒地，以引帝车。而后父杨骏始用事，交通请谒，势倾内外。朝政大坏。至其子惠帝，遂有五胡乱华之祸。

晋史上记：武帝自平吴之后，以为天下一统、四海无虞，遂娇纵放逸，好游幸宴乐，不理政事。后宫妇女，多至万人。欲有所幸，不能自决所往，因以羊驾车，任它行去。羊所住处，就在那里住下，宴乐寝宿。于是宫人望幸者多，都把竹叶播在门上，盐水洒在地下，引得那羊来食之，以住帝车而宴寝焉。因武帝这等荒淫无度，不理国事，于是皇后之父杨骏得以专权擅政，交通请托，威福权势，倾动内外，朝政日以坏乱。至其子惠帝又不肖。夷狄交侵，五胡乱华，而中朝之祸自此始矣。

向使武帝平吴之后，兢兢业业，常如前日，则帝亦明达之主也。骏安得而用事？天下何从而启乱哉！

笑祖俭德

宋史纪:宋主骏大修宫室，土木被锦绣。坏高祖所居阴室，起玉烛殿，与群臣观之。床头有土障，壁上挂葛灯笼，麻绳拂。袁颐盛称高祖俭德。宋主曰："田舍翁得此，已为过矣。"

六朝宋史上记：宋主刘骏性好奢侈，嫌他父祖的宫室卑小，乃从新大修造一番，墙壁、门柱上都被着锦绣。宋高祖生前住的去处，叫做阴室，后世以藏高祖的御服。他要把这阴室拆了，改造玉烛殿，因与群臣往那里观看。见阴室里面，床头有个屏障是土做的，墙上挂个灯笼是葛布鞔的，挂个绳拂是麻绳结的。这都是高祖生前常用的器物，质朴俭素，故留之以示子孙也。其臣袁颐因盛称高祖的俭德，欲以感悟宋主。宋主反笑话说："高祖起于农亩而为天子，本是个庄家老。他有这个受用，已是过分了，岂可与今日同语哉！"

夫不念祖宗创业之艰，法祖宗崇俭之德，且嘲诮如此，尚谓有人心乎？未及一年，他就殁在这玉烛殿里。其子子业，济恶更甚，遂被篡弑之祸。《传》曰："俭，德之共也；侈，恶之大也。"岂不信哉！

金莲布地

齐史纪：齐王宝卷，荒淫奢侈，后宫服御，极选珍奇。宠爱潘妃，尝凿金为莲花以贴地，令潘妃行其上。曰："此步步生莲花也。"嬖幸因缘为奸利，课一输十。百姓困穷，号泣道路。

六朝齐史上记：齐主宝卷，荒淫奢侈，凡后宫的服饰器用，必选那极品珍贵奇异之物。宠爱一个女子潘妃，尝以黄金打成莲花，贴在地上，叫潘妃在上面行走。齐主观而悦之，说道："这个是步步生莲花也。"自是，取用浩繁，而嬖爱宠幸之人，乘机以行奸网利，指一科十。由此百姓困穷，无所告诉，惟号泣道路而已。其荒淫奢侈如此。在位二年，竟为嬖臣王珍国等所弑，萧衍因而篡齐。致亡之祸，岂非自取之哉！

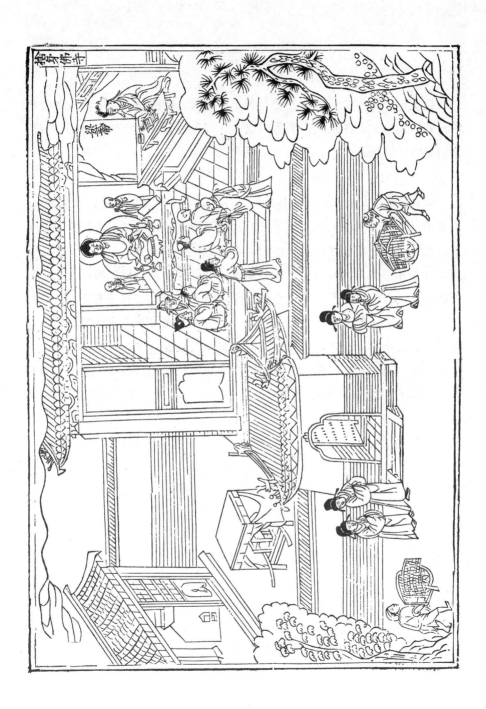

舍身佛寺

梁史纪：武帝幸同泰寺，设大会。释御服，持法衣，行清净大舍。素床瓦器，乘小车，役私人，亲为四众讲《涅槃经》。群臣以钱一亿万奉赎，表请还宫。三请乃许。

六朝梁史上记：武帝惑于佛教，尊信甚笃。亲自幸同泰寺，设为大会，聚集僧俗人众。脱去袍服，穿了僧衣，行清净大舍施之法，修持斋素出了家，把自己的身子舍在寺里。睡的是素床，用的是瓦器，坐的是小车，使唤的只是几个家人，屏去了天子的奉养，件件用度与那出家的一样。又亲升讲堂法座，为僧俗大众讲《涅槃经》。佛家说，人死去精神常存，但示寂灭而已，叫做涅槃，故有《涅槃经》。武帝信之，故亲讲与众人听。文武群臣，见武帝迷惑，舍身在寺里，无可奈何。乃共出钱十万，献在佛前，赎出武帝来，上表请帝还宫听政。武帝初时不肯，恳请三次，然后许之。

夫佛家弃父母、妻子，舍身出家，乃西夷之教，不可以治天下。梁武帝不思宗庙社稷之重，土地人民之托，妄自舍身佛寺，倾国以奉浮屠，不过惑于因果报应之说耳。后来"侯景之乱"，饿死台城，佛安在哉！

纵酒妄杀

齐史纪：齐主洋嗜酒淫佚，肆行狂暴。尝作大镬、长锯、锉碓之属，陈之于庭。每醉，辄手杀人以为戏乐。杨愔乃简死囚，置帐内，谓之供御囚。齐主欲杀人，辄执以应命。

六朝齐史上记：齐主高洋，好酒而荒淫轶乐，肆行狂暴。尝作下烹人的大锅，解人的长锯，与铁锉碓臼等物，摆列庭中，以为刑具。每醉，便手自杀人，以为戏乐。那时，宰相杨愔不忍无罪之人被杀，乃简那该死的囚犯，置列庭帐之内，叫做供御囚。待齐主醉后要杀人之时，就以此囚应命。

夫人命至重，虽犯罪该死，犹且三覆五奏，然后行刑。是以，禹见罪人，下车而泣，重人命也。齐主酷暴若此，岂不大失人心！然齐主即位之初，亦尝留心政事，推诚任使；军国机务，独自裁决：可谓贤主。后来，只因好酒乱性，遂成无道之君。此大禹之所以绝旨酒，而《书》作《酒诰》以为戒也。

华林纵逸

齐史纪：齐主纬，好自弹琵琶，为"无愁之曲"，民间谓之"无愁天子"。于华林园立"贫儿村"，自衣蓝缕之衣，行乞其间以为乐。

六朝齐史上记：齐后主纬，好自弹琵琶唱曲，所唱的曲子音调哀惨，闻者悲伤，反名"无愁之曲"。说他做天子，长享快乐，更无忧愁也。民间相传其事，遂号他为"无愁天子"。尝于华林园内立"贫儿村"，自家穿着蓝缕衣服，妆做乞人的模样，行乞饮食以为戏乐。荒纵至此，焉得不亡！后为周宇文邕所灭。

玉树新声

陈史纪：后主起临春、结绮、望仙三阁，各高数十丈，连延数十间。其窗牖、栏槛，皆以沉檀为之，饰以金玉，间以珠翠。其服玩瑰丽，近古所未有。

上每饮宴，使诸妃嫔及女学士与狎客共赋诗，互相赠答。采其尤艳丽者，被以新声，选宫女千余人歌之。其曲有《玉树后庭花》《临春乐》等，大略皆美诸妃嫔之容色。君臣酣歌，自夕达旦以为常。

六朝陈史上记：陈后主叔宝在位，荒淫无度。起三座高阁，一名临春，一名结绮，一名望仙，各高数十丈，阔数十间。其窗牖、栏杆，都是沉檀好木做成的，又饰以金玉，嵌上珠翠。阁里所摆设的衣服、玩器，都是珍奇美丽之物，近代所未曾见者。其宫室服用奢侈如此。

后主又好为词曲，选宫人能文的，叫做女学士。群臣能文的，如江总、孔范等，都纵容他出入禁中，陪侍游宴，叫做狎客。后主每饮宴，即命诸妃嫔及女学士与狎客每同作诗，一赠一答，以为娱乐，无复顾忌。诸诗之中，拣词语极艳丽的，被诸管弦，新作一样腔调。选宫女千余人都唱此曲，与乐声相和。其曲有《玉树后庭花》及《临春乐》等名目。曲中的说话，大略都是夸美诸妃嫔的容色而已。君臣酣饮狂歌，自晚上到天明。每日是如此，以为常事。其声色游宴之娱又如此。

夫人君为万民之主，当爱养财力，惟恐不足；就业政事，犹恐有过。而后主乃穷奢极侈，流连荒亡，其于民力国事，都不暇顾。《书》曰："内作色荒，外作禽荒。""甘酒嗜音，峻宇雕墙。有一于此，未或不亡。"今后主有四焉，欲不亡得乎！

剪彩为花

隋史纪：炀帝筑西苑，周二百里。其内为海，周十余里，为方丈、蓬莱、瀛洲诸山，高百余尺，台观宫殿罗络山上。海北有渠，萦纡注海内。缘渠作十六院，门皆临渠，每院以四品夫人主之。穷极华丽，宫树凋落，则剪彩为花叶缀之。沼内亦剪彩为荷、芰、菱、芡，色渝，则易以新者。十六院竞以肴羞精丽相高，求市恩宠。帝好以月夜从宫女数千骑游西苑，作清夜游曲，于马上奏之。

隋史上记：炀帝溺于逸游，用度奢侈。于宫中营筑别苑一所，叫做西苑，周围有二百里宽。中为海子，周围亦十余里，海中起方丈、蓬莱、瀛洲等山，以象东海中三神山，各高百余尺。山上都有台观宫殿，罗列于上。海子北边，开一道河渠萦纡回绕，引水注于海子内。沿渠盖院落一十六所，院门都傍临着河渠。每一座院里面，都有宫人美女，而以四品夫人掌管。穷极华丽，以恣游玩。遇秋冬时节，见宫树凋落，则剪五彩绢帛为花、为叶，缀于枝条之间。于池沼中，亦剪彩为荷、为芰、为菱、为芡，贴在水面，与春夏间的景物一般。久之，若颜色改变，又换上新的。其侈靡如此。那十六院中的宫女，彼此各以肴馔精丽相争相胜，以此希恩取宠。炀帝游观无厌，惟目不足，好乘月夜，随从、宫女数千骑遨游苑中。命词人编成清夜游的歌曲，使宫女于马上唱之。未几，又游幸江都，留连不返，遂以失国。

考之于史，隋炀帝之父文帝，性贪好利。洛阳府库，财货山积。炀帝始为晋王，逞杀太子而嗣立。即位之初，见国家财物繁富，遂奢侈纵肆如此。呜呼！朘百姓之膏血，以实府库，而付之于凶狡淫恶之人。贻谋如此，不亡何待？然则，隋室丘墟，不独炀帝之罪，盖亦文帝之过也。夫人主欲为后世子孙长久之计，唯在示之以恭俭仁厚，而审于付托哉！

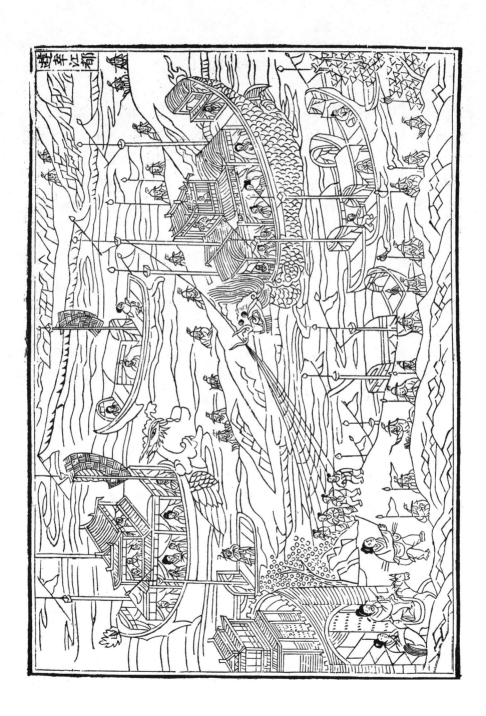

游幸江都

隋史纪：炀帝幸江都，龙舟四重：上重有正殿、内殿、朝堂；中二重有百二十房，皆饰以金玉；下重内侍处之。皇后乘翔螭舟差小。别有浮景九艘，三重皆水殿也。余数千艘，后宫、诸王、公主、百官以下乘之。共用挽士八万余人，皆以锦彩为袍。卫兵所乘，又数千艘。舳舻相接，二百余里。骑兵夹两岸而行。所过州县，五百里内，皆令献食，一州至百舆，极水陆珍奇。后宫厌饫，多弃埋之。

隋史上记：炀帝从水路巡幸扬州江都地方，所乘的龙舟极其高大。一舟四层：上层有正殿、内殿、朝堂，中两层有一百二十间房，这三层都用金玉装饰；第四层是内侍所居。皇后乘的叫做翔螭舟，制度略小些，也一样华丽。别有九只船叫做浮景，一船三层。这九只船都是水殿，以象离宫另馆。其余船数千只，是后宫、诸王、公主、百官以下乘的。共用扯船的夫八万余人，皆以锦彩为衣。还有护卫军士坐的船，又数千只。这许多船在江中，头尾相接，二百余里远。又有马军摆列着在两岸上，夹舟而行。所过州县，五百里内，都要供献饮食。多者就有百车，穷极水陆珍奇品味。后宫厌饫，用不尽的，无处安顿，多弃埋之。

夫炀帝这只为一己之快乐，不顾百姓之困穷，为巡幸之费，一至于此。岂知民愁盗起，祸生肘腋。江都之驾未回，而长安洛阳已为他人所据矣。岂非千古之鉴戒哉！

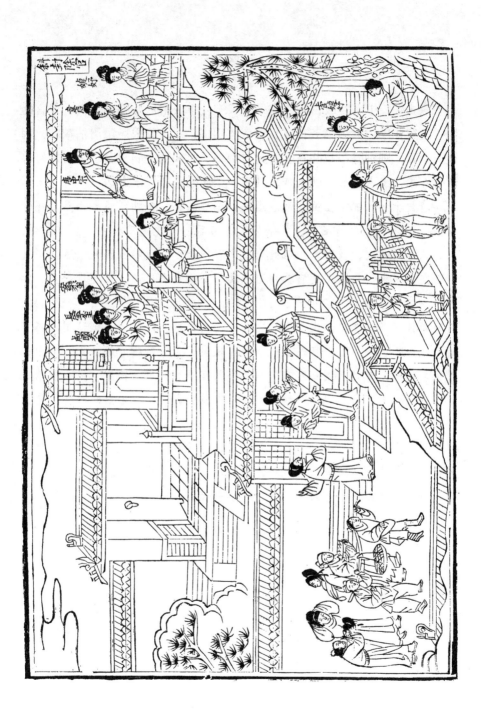

斜封除官

唐史纪：中宗委政宫闱，安乐、长宁公主及韦后妹郕国夫人、上官婕妤、尚容柴氏、女巫第五英儿，皆依势用事，卖官鬻爵。虽屠沽臧获，用钱三十万，则别降墨敕除官，斜封付中书。时人谓之斜封官。上官婕妤等皆有外第，出入无节。朝士咸出其门，交通贿赂，以求进达。

唐史上记：中宗在位，沉溺酒色，不恤国事，把朝廷政务都只委托于皇后韦氏，因此政出多门，朝纲坏乱。韦后的女儿安乐公主、长宁公主，与其妹郕国夫人，及宫人上官婕妤、尚容柴氏、女巫第五英儿，这几个女宠都在内用事，将国家的官爵擅自出卖。不拘什么出身，就是那屠户、卖酒及一应下贱的人，但纳得三十万铜钱，里面就降一道敕书，除授他官，斜封着付中书省发行。也不用文凭，也不由吏部。以此当时把这用贿买官的人，都叫做斜封官。官爵至此，冒滥极矣。又上官婕妤等数人，外面都置买下私宅，有时出到私家来，有时进入宫里去，出入任意，没人敢禁止她。一时朝士都出其门，交通贿赂，以求援引进达。风俗至此败坏极矣。

按史，中宗遭武氏之乱，久罹幽辱，备尝艰辛。一旦复位，正宜总揽乾纲，励精图治可也。乃又溺爱衽席，至使威福之柄，尽出宫门；爵赏之典，下逮仆隶。所谓前车既覆，而后车不以为戒者也。未几，中宗遂为韦后所毒，唐祚几于再倾。呜呼，可鉴也哉！

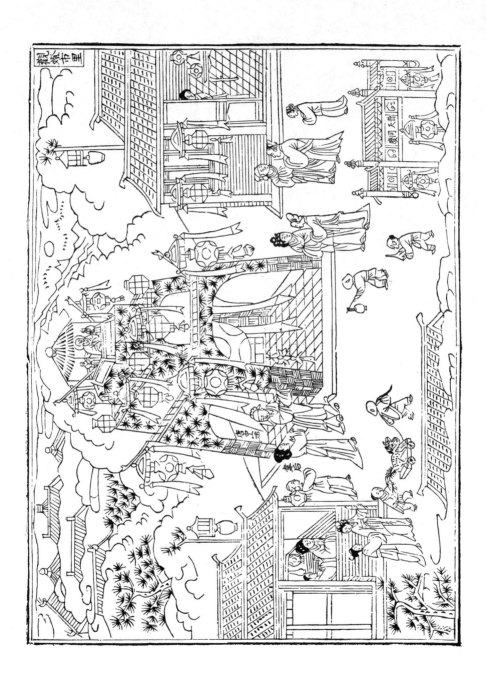

观灯市里

唐史纪：中宗春正月，与韦后微行观灯于市里。

唐史上记：中宗末年，委政宫闱，任情为乐。尝于正月元宵夜，与韦皇后私出宫禁，观灯于街市里之间。

夫人君以万乘之尊，居九重之上，当勤政事，戒逸乐。况中宗遭忧患之后，乃不知戒慎，恣情极意，以天子之贵，观灯市里，混杂于庶民之贱，又且与皇后同行，尤为不可。一则失居尊之体，二则昧防变之智，三则坏宫闱之法，四则倡淫荡之风。一举动之间，犯此四大戒，岂非万世永鉴也哉！

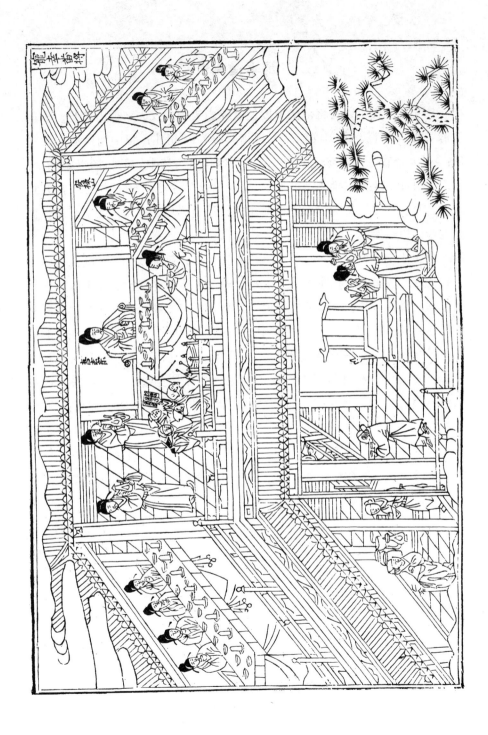

宠幸番将

唐史纪：玄宗以番将范阳节度使安禄山为御史大夫。禄山体肥，腹垂过膝。外若痴直，内实狡黠。上常指其腹曰："胡儿，腹中何所有？"对曰："更无余物，止有赤心耳。"上悦，容其出入禁中。上与杨贵妃同坐，禄山先拜妃。上问："何故？"曰："胡人先母而后父。"上益悦之。常宴勤政楼，百官列坐，特为禄山于御座东间，设金鸡障，置榻，使坐其前，仍令卷帘，以示荣宠。

唐史上记：玄宗宠一个胡人，叫做安禄山，用他做范阳节度使，掌着一镇的兵马。又加他以御史大夫之职。那安禄山身体肥大，腹垂过膝。看他外面的模样，恰似个痴蠢直遂的人，而其心却奸狡慧黠。玄宗尝拍着他的肚子问说："胡儿，你肚里有些什么？这等样大？"安禄山对说："臣腹中更无他物，止有一点报国的赤心耳。"玄宗听说，甚喜，又容他出入宫禁。一日玄宗与杨贵妃同坐，禄山拜见，先拜杨贵妃，后拜玄宗。这是禄山知道玄宗宠幸杨贵妃，故意趋奉，以悦其心。及至玄宗问他："何故如此？"他却对说："我虏人的风俗，先母后父，固如此耳。"玄宗不知其诈，越发喜他。又一日在勤政楼上筵宴群臣，百官都两边侍坐。玄宗令于御座东间，张一副金鸡彩障，设一个座榻，命安禄山特坐于群臣之上，还令卷起帘子，使人看见，以彰其荣宠。

按史，禄山曾犯死罪。宰相张九龄，谓其貌有反相，劝玄宗早除之。玄宗不惟不听，反加尊宠。其后禄山果反，致令乘舆播迁，中原版荡，唐之天下几于沦亡。玄宗始悔之，晚矣。语曰："非我族类，其心必异。"岂不信哉！

敛财侈费

唐史纪：玄宗在位久，用度日侈，常赋不足以供。于是江淮租庸使韦坚，户部郎中王铁，竞为聚敛以悦上意。韦坚引浐水为潭，以聚江淮运船。上幸望春楼观之。坚以新船数百艘，载四方珍货。陕城尉崔成甫，着锦半臂绿衫、红袔首，居前船唱《得宝歌》，使美妇百人，盛饰而和之。上喜，为之置宴，竟日而罢。铁于岁贡额外，进钱帛百亿万，另贮于内库，以供宫中赏赐。上以国用丰衍，故视金帛如粪壤，赏赐无极，海内骚然。

唐史记：玄宗初年，惜财俭用，及在位日久，荒淫无度，费用日侈，年例钱粮不够使用。于是江淮租庸使韦坚，户部郎中王铁，窥见朝廷上用财紧急，争去科敛民财，取悦于上。一日各处转运船只，都到了京城，韦坚要显他的才干，遂引浐水为潭，把江淮一带的运船，都会集潭内，请玄宗亲御望春楼观看。又把新船数百只，装载着四方的珍宝货物。叫陕城县一个县尉，名崔成甫，身穿着锦半臂绿衫，头上裹着红袔，在前面船上唱《得宝歌》，使美妇女百十人，浓妆盛饰，齐声唱而和之。玄宗见了大喜，就在望春楼上摆设筵宴，尽日而罢。王铁又于年例之外，进献钱帛至百亿万，另收在内库里，专供应宫中赏赐。玄宗不知韦坚、王铁原是剥削百姓的骨髓以供上用，只说天下钱财，这等丰富，用之不尽，把金帛看的如粪土一般，赏赐无有纪极。自是民不聊生，而海内骚然变乱矣。

夫天地生财，只有此数。在官者多，则在民者寡矣。自古奸臣要迎合上意，往往倡为生财之说，其实只是设法巧取民财，横征暴敛，由是杼柚空虚，闾阎萧索，以至民穷盗起，瓦解土崩。虽有善着，亦无如之何矣。

玄宗初年，焚锦销金，崇尚俭德，开元之治庶几三代。及在位日久，侈念一生，奸邪承之，聚财纵欲，遂成安史之乱。由此观之，治乱兴亡之判，只在一念奢俭之间而已。可不戒哉！可不畏哉！

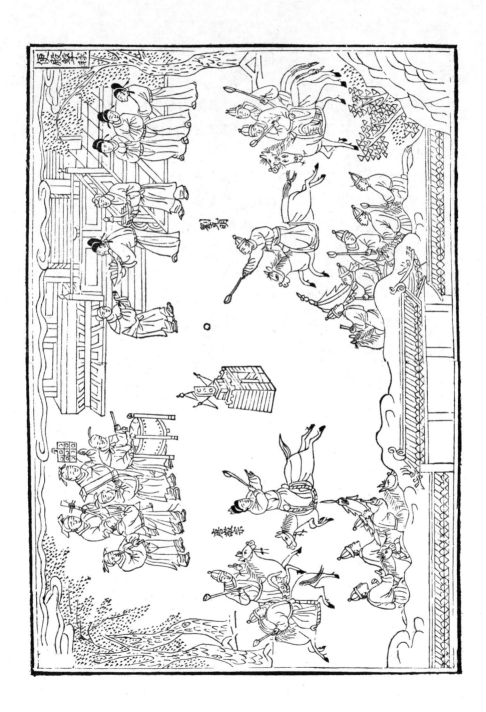

便殿击球

唐史纪：敬宗初即位，即游戏无度，幸内殿击球、奏乐。赏赐左右乐人，不可胜纪。又召募力士，昼夜不离侧，好自捕狐狸。视朝，月不再三。大臣罕得进见。

唐史上记：敬宗初即帝位，那时他先帝梓官还在殡，通不知哀思，只好游戏，没些樽节。常幸各内殿，与宦官刘克明等打球，又命乐工奏乐、鼓吹，喧阗全无居丧之礼。赏赐那左右近侍及乐工，泛滥不可尽记。又把钱去雇募有力的人，跟随左右，日夜不离，好自家去捕捉狐狸以为戏乐。每月视朝，还没有三次，大臣不得进见，政事都荒废了。其后竟遭弑逆之祸。

看史上载，敬宗所行，也有几件好事，本是个聪明之主。只为幼年不曾学问，被群小引诱，遂至于此。可悲也哉！

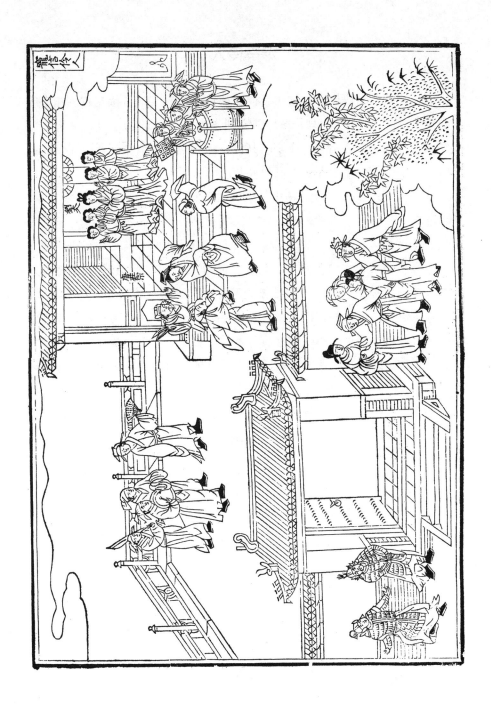

宠幸伶人

五代史纪：后唐庄宗，幼善音律，故伶人多有宠，常侍左右。庄宗或时自傅粉墨，与优人共戏于庭，以悦刘夫人。优人常名之曰"李天下"。诸伶出入宫掖，侮弄缙绅。庄宗信其谗，疏忌宿将，诸将叛之。庄宗为乱兵所弑，侍臣敛庑下乐器，聚其尸而焚之。

五代史记：后唐庄宗，自小时就精通音律，因此教坊乐工多得宠幸，常随侍左右。那时宫中刘夫人有宠，庄宗有时自家涂抹粉墨，妆扮乐工的模样，与众乐工共戏于庭前，以悦刘夫人，使她欢笑。其无耻如此。诸乐工每倚恃庄宗宠爱，通不知上下之分，只叫庄宗做"李天下"。因而出入宫禁，侮弄缙绅士大夫，无些忌惮。又谗谮诸有功大将。庄宗听信其言，渐渐疏忌诸将。所以群臣愤嫉于内，诸将怨惧于外，共奉李嗣源以叛。庄宗中流矢而殂。侍臣取廊下陈设的乐器，堆在庄宗尸上，举火焚之。庄宗平生好音乐、宠优伶，及其死也，与乐器俱焚。所谓君以此始，必以此终者也。

夫庄宗初年，艰难百战，以取天下，是何等英武。一旦天下已定，志满气骄，遂致身弑国亡，贻笑千古。兴亡之机，可畏也哉！

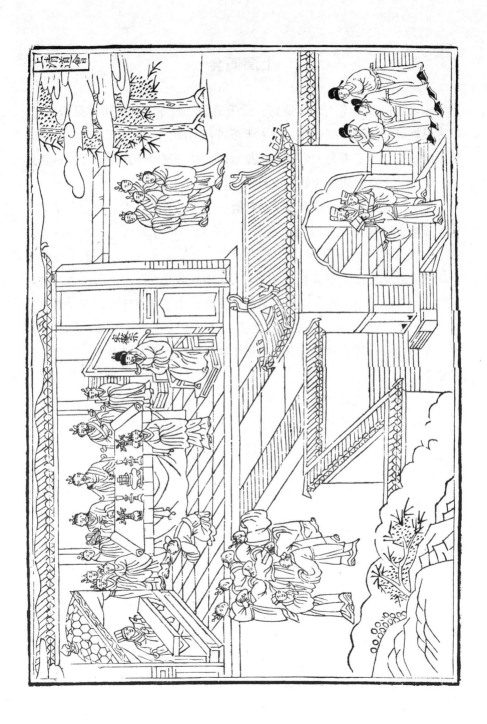

上清道会

宋史纪：徽宗幸上清宝箓宫，设千道会，且令士庶入听林灵素讲经。帝为设幄其侧，灵素据高座，使人于下再拜请问。然所言无殊绝者，时时杂以滑稽媟语，上下为大哄笑，无复君臣之礼。又令吏民诣宫，授神霄秘箓。道箓院上章，册帝为教主道君皇帝。

宋史上记：徽宗崇尚道教，曾替道士林灵素盖一座宫，叫做上清宝箓宫。徽宗每临幸其地，便设大斋醮。但来的，既与斋饭，又与衬，施钱三百，叫做"千道会"。且令士民都入宫，听林灵素讲道经。徽宗设御幄于其旁，着灵素在正面坐着高座，使人于下再拜请问。灵素所讲的，却只寻常，无奇异处。时或杂以诙谐亵狎的言语，上下哄然大笑。无复君臣严肃之礼。又令官民人等，都到这宝箓宫里，传授他神霄秘箓，盖假神其术，言受此箓，可获再生富贵也。道箓院官因上表章，册号徽宗作教主道君皇帝。

夫徽宗为亿兆之君师，乃弃正从邪，屈体于异流，猥杂于凡庶，甚至亲受道号，甘为矫诬。自昔人主溺于道教，至此极矣。卒有北狩之祸，身死五国城，彼所谓三清天尊者，何不一救之欤？

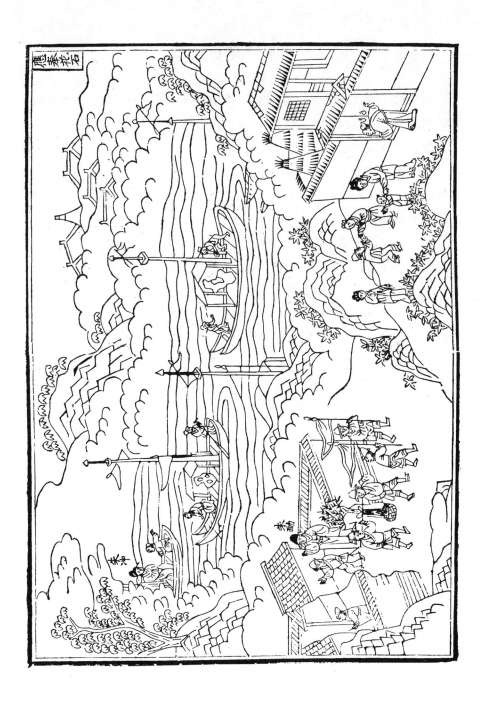

应奉花石

宋史纪：徽宗性好花石。朱冲密取浙中珍异以进，帝嘉之。岁岁增盛，舳舻相衔于淮、汴，号"花石纲"。又置应奉局于苏州，命冲子勔总其事，于是搜岩剔薮，幽隐不遗。凡士庶之家，一石一木，稍堪玩者，即领健卒入其家，用黄帕覆之，指为御物。及发行，必撤屋抉墙以出。斫山辇石，程督惨刻。虽在江湖不测之渊，百计取之，必得乃止。民预是役者，多破产或卖子女以供其需。

宋史上记：徽宗性喜花石。苏州有人叫做朱冲，闻知朝廷要花石，就密求浙江地方奇异的花石进献。徽宗喜他，因此年年加添，所贡渐盛。淮、汴二河中，都是载运花石的船只，络绎不绝，首尾相接，叫作"花石纲"。又置个应奉局在苏州，命朱冲的儿子朱勔总领其事。朱勔既奉朝命，专以购求花石为事。岩穴薮泽之中，通去搜索一遍，虽幽深隐僻去处，也无不到。凡士庶人家里，有一块石，有一棵树，稍稍可玩的，朱勔就领健卒数十人，直入其家，用黄帕遮盖了，就指说此是朝廷御用之物，着他看守。及发行时，必撤开房屋，抉破墙壁以出。如山上有奇石，就令人凿山以取之，用车搬运。催督工程，极其惨刻。虽生于江湖不测之渊，他也千方百计以取之，务要得了才止。百姓每为这差使重累，多破荡家产，又有鬻卖子女以供其费者。

夫花石之玩，何益于事，而徽宗乃好之不已。至于上耗国用，下竭民力，曾不知恤，遂使邦本动摇，强虏内犯，身死沙漠，家族播迁，岂不愚哉！

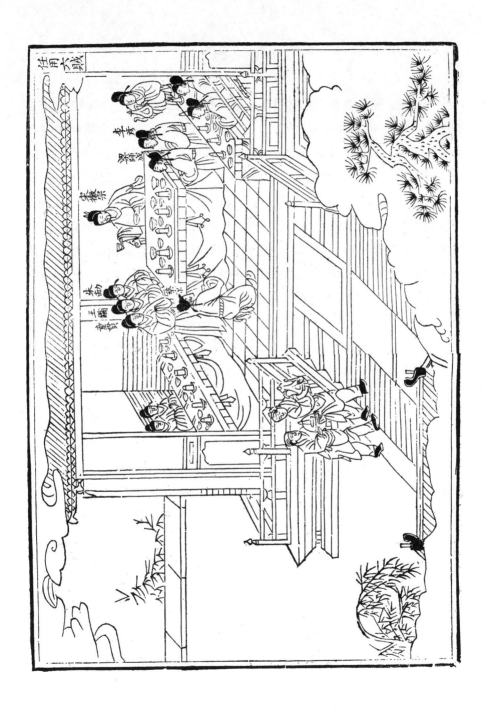

任用六贼

宋史纪：徽宗在位，承平日久，帑庾盈溢。蔡京为相，始倡为"丰亨豫大"之说，劝上以太平为娱。上尝大宴，出五盏玉卮以示辅臣曰："此器似太华。"京曰："陛下当享天下之奉，区区玉器，何足计哉！"上曰："先帝作一小台，言者甚众。"京曰："事苟当理，人言不足畏也。"

由是上心日侈，谏者俱不听。京又求羡财以助供费，广宫室以备游幸。兴延福宫、景龙江、艮岳等工役，海内骚然思乱，而京宠愈固，权震海内。是时，梁师成、李彦以聚敛幸，朱勔以花石幸，王黼、童贯以开边幸，而京为之首。天下号为六贼。终致靖康之祸。

宋史上记：徽宗时，承祖宗累世太平，仓库钱粮充盈满溢。那时奸臣蔡京为相，只要保位固宠，乃倡为"丰亨豫大"之说，劝徽宗趁此太平，欢娱作乐。一日徽宗大宴群臣，将所用的玉盏玉卮示辅臣说："此器似太华美。"蔡京奏说："陛下贵为天子，当享天下的供奉，区区玉器，何足计较！"徽宗又说："先帝尝造一座小台，言官谏者甚众。"蔡京又奏说："凡事只管自己该做的便是，人言何足畏乎？"徽宗因此志意日侈，不听人言。蔡京又另外设法搜求羡余钱粮，以助供应；广造宫室，以备徽宗游观。起延福宫，凿景龙江，筑艮岳假山，皆穷极壮丽，所费以亿万计。天下百姓，困苦无聊，纷纷思乱。而徽宗不知，恣意游乐，宠任蔡京之心愈固。于是，京之威权震于海内矣。那时，又有梁师成、李彦，因聚敛货财得宠；朱勔，因访求花石得宠；王黼、童贯，因与金人夹攻辽人，开拓边境得宠；这些不好的事，都是蔡京引诱开端。所以，天下叫这六个人做六贼，而蔡京实六贼之首。因此，海内穷苦，百姓离心，到靖康年间，金人入寇，京师不守，徽宗父子举家被虏北去，实宠任六贼之所致也。

自古奸臣要蔽主擅权，必先导其君以逸豫游乐之事，使其心志蛊惑，聪明壅蔽，然后可以盗窃威福，遂己之私。观徽宗以玉器为华，是犹有戒奢畏谏之意，一闻蔡京之言，遂恣欲穷侈，酿祸基乱。嗟呼！此孔子所谓"一言而丧邦"者欤！大抵勉其君恭俭纳谏者，必忠臣也。言虽逆耳，而实利于行。导其君侈靡自是者，必奸臣也。言虽顺意，而其害无穷。人主能察于此，则太平可以长保矣。

右恶可为戒者三十六事。自古人君覆亡之辙，大略不出乎此矣。谚曰："前人踬，后人戒。"然世主皆相寻而不改。彼下愚不移，固无足怪。至如晋武、唐玄、庄宗之流，皆英明雄武，又亲见前代败亡之祸；或间关险阻，百战以取天下。及其志得意盈，迷心酖毒，遂至一败涂地，不可收拾。其视中材守成之主，反不逮焉。《书》曰："惟圣罔念作狂。"成败得失之机，可畏也哉！

臣等尝伏读我太祖高皇帝《实录》，与侍臣论及古来女宠、宦寺、外戚、权臣、藩镇、夷狄之祸。侍臣曰："自古叔季之君，至于失天下者，常在于此。"高皇帝曰："朕究观往古，深用为戒，然制之有道。若不惑于声色，严宫闱之禁，贵贱有体，恩不掩义，则女宠之祸何自而生？厚其恩赉，不任以事，苟干政典，裁以至公，则外戚之祸何由而作？宦寺便习，供给使令，不假以兵柄，则无宦寺之祸。不设丞相，六卿分治，使上下相维，大小相制，防身耳之壅蔽，谨威福之下移，则无权臣之患。藩镇之设，本以卫民。使财归有司，兵必合符而调，岂有跋扈之忧？修武备，谨边防，来则御之，去不穷追，则无夷狄之虞。"渊哉睿谟，诚万世圣子神孙，所当遵守而弗失者也。至于端本澄源，正心修身，以销衅孽于未萌，杜间隙于无迹者，则又备在宝训及御制诸书。伏惟圣明留意焉，臣等不胜幸愿！